高等教育国家级教学成果奖一等奖

普通高等教育“十一五”国家级规划教材

新编21世纪市场营销系列教材

广告学
整合营销沟通视角

第8版

蒋晶 苗杰 编著

Advertising

中国人民大学出版社
·北京·

内容简介

本书第1版出版至今近30年，在此期间修订了七次。第8版保持了教材体系的系统性和严谨性，为适应市场环境的变化，全书基于整合营销沟通视角，引入广告学新的理论研究，更新大量广告案例。本书权衡广告学的历史、现在与未来，经典与流行，理论与实践等，希望呈现给读者更丰富的内容。本次修订有以下三个特点：

- 将课程思政融入学科内容之中，将习近平总书记关于“广告宣传也要讲导向”、关于调查研究的重要论述，以及党的二十大报告中关于“创新驱动发展战略”的论述，有机融入各章。
- 基于互联网发展现状，新增整合营销沟通方面的内容，如顾客数据库的建设、接触点管理，以及为选择广告公司而进行的“比稿”等。
- 增加新时代十年中国的企业实践案例、管理思想以及学术成果，设立“广告视角”及“案例分析”专栏，集中展示中国广告行业的发展变化和中国企业的创新实践，如“生态引导与治理同步：小红书的自我监督”“李宁广告中的中国传统文化元素”等。

主要作者简介

蒋　晶　中国人民大学商学院市场营销系副教授，博士生导师，美国南卡罗来纳大学博士，研究方向为广告和消费行为、捐赠行为以及非营利组织管理。在国内外学术期刊发表多篇论文，主持了多项国家级和省部级科研基金项目。

前言

2022年10月16日，中国共产党第二十次全国代表大会在北京召开。习近平代表第十九届中央委员会向大会作了题为《高举中国特色社会主义伟大旗帜 为全面建设社会主义现代化国家而团结奋斗》的报告。党的二十大报告首次将“实施科教兴国战略，强化现代化建设人才支撑”作为一个单独部分，充分体现了教育的基础性、战略性地位和作用，并对“加快建设教育强国、科技强国、人才强国”做出了全面而系统的部署，为到2035年建成教育强国指明了前进方向。

党的二十大报告做出了“以中国式现代化全面推进中华民族伟大复兴”的重大论断，强调“教育、科技、人才是全面建设社会主义现代化国家的基础性、战略性支撑”，提出要“深入实施科教兴国战略、人才强国战略、创新驱动发展战略，开辟发展新领域新赛道，不断塑造发展新动能新优势”。这充分体现了以习近平同志为核心的党中央对教育、科技、人才的高度重视，对高等教育特别是高水平研究型大学提出了新任务新要求，其中人才培养成为重中之重。2018年5月2日，习近平在北京大学师生座谈会上指出：“社会主义建设者和接班人，既要有高尚品德，又要有真才实学。”当今时代面临的许多问题高度复杂，党和国家事业发展对创新型、复合型人才的需要比以往任何时候都更为迫切。教材，作为人才培养环节中的重要一环，也将落实党的二十大提出的科教兴国战略，为培养创新型、复合型人才发挥应有的作用。

自改革开放以来，现代广告学的理论与实践在中国经历了40多年的发展。广告无论是作为一个学科，还是作为一个行业，都获得了长足的发展。但是，横向比较我国和国外的广告理论与实践的发展，能够发现我们提升的空间还很大。因此，编写一本优秀的广告学教材是十分必要的。一方面可以对现有的广告理论和实践进行系统、全面的回顾，另一方面也是更新广告思维的有效方式。一个行业的发展离不开对优秀人才，尤其是高素质专业人才的培养，因此在高等教育中加强对广告人才的深度培养迫在眉睫。

本书第1版出版至今近30年，这期间我们已经修订了七次。当开始修订第8版时，我们深感中国改革开放以来变化之大、变化之快是史无前例的。尤其是近十年来，从宏观层面来看，中国经历了新时代十年的伟大变革——党中央团结带领全党全军全国各族人民，“采取一系列战略性举措，推进一系列变革性实践，实现一系列突破性进展，取得一系列标志性成果，经受住了来自政治、经济、意识形态、自然界等方面的风险挑战考验，党和国家事业取得历史性成就、发生历史性变革，推动我国迈上全面建设社会主义现代化国家新征程”；从微观层面来看，以互联网为代表的数字媒体的蓬勃发展使营销和广告实践发生了翻天覆地的变化，新概念、新媒体、新方法层出不穷。与此同时，这些“新”也表现出脆弱的生命力，很快又被另外的新变化替代。作为研究者，我们既惊喜于行业的巨变，同时也深感责任重大。因此，在修订第8版教材时，我们在不断地权衡广告学的历史、现在与未来，经典与流行，理论与实践等，希望最后呈现的是令人满意的结果。

为了更好地贯彻落实党的二十大报告提出的“六个必须坚持”——必须坚持人民至上，必须坚持自信自立，必须坚持守正创新，必须坚持问题导向，必须坚持系统观念，必须坚持胸怀天下，本次教材修订主要集中于以下三个方面：

第一，在原有学科学习目标的基础上，结合学科内容，增加思政学习目标。围绕思政学习目标，找到思政融入点，增加思政内容，使得思政内容与学科内容有机结合在一起，目标是培养既有高尚品德，又有真才实学的社会主义建设者和接班人。

第二，增加或修订改革开放以来，尤其是新时代十年来中国企业实践案例、管理思想以及学术成果，向学生讲好新时代党和国家事业发展取得的历史性成就、发生的历史性变革，使学生在学习专业知识的同时，了解中国智慧，增强文化自信。

第三，党和国家事业发展对创新型、复合型人才的需要比以往任何时候都更为迫切。因此，增加或修订跨学科内容，以服务于创新型、复合型人才培养目标。

基于上述三方面内容和相应的培养目标，本次修订主要做了如下工作：

（1）更新了理论内容；

（2）更新了行业数据；

（3）新增了思政内容与课后讨论题；

（4）更新了“案例分析”以及“广告视角”专栏中的案例。

本次修订由中国人民大学商学院蒋晶副教授和苗杰教授负责全书体系和体例的设计以及总撰。我们衷心希望本书能对广告学领域的学者、教师、学生以及广告行业从业人员有所裨益。由于水平有限，书中难免存在不够准确和错误之处，恳请读者批评指正。

目录

第13章 媒体选择策略

第14章 广告效果测量

附 录

第1章

整合营销沟通视角下的现代广告

学习目标

- 了解整合营销沟通的定义、内涵和核心思想。
- 了解整合营销沟通的特征。
- 掌握整合营销沟通组合及各组合要素发挥的作用。
- 理解整合营销沟通视角下的广告。

随着营销沟通领域日趋网络化、互动化和全球化，相关营销主体逐渐认识到，特定的传播工具、单一的销售渠道、各自为战的营销组织、浅尝辄止的消费者沟通很难应对日益复杂的市场竞争。营销的成功取决于战略性地整合各类相关传播组织，在深入了解各个营销环节的基础上，针对特定的目标消费群体实施统一、协调的营销传播计划。在这样的背景下，整合营销沟通（integrated marketing communication，IMC）应运而生。

基于消费者导向，整合营销沟通策略是指通过整合不同的传播手段，如广告、公共关系、销售促进、人员推销、直复营销以及互联网营销，树立统一的品牌形象，建立和维护良好的客户关系，为消费者提供更多的感知价值，有效地影响消费者的认知、态度和行为。在整合营销沟通策略的背后，不仅仅是传播手段的整合，更是企业资源的整合。

整合营销沟通是企业经营的一种策略、一种营销理念，而广告是实现这一策略的重要手段之一。因此，从整合营销沟通视角去理解、研究和实践广告具有重要的战略意义。基于这样的思路，本章主要介绍以下内容：（1）概述整合营销沟通理论及其演进；（2）介绍整合营销沟通流程；（3）介绍主要的整合营销沟通手段；（4）探讨整合营销沟通视角下的现代广告。

第 1 节　整合营销沟通概述

一、整合营销沟通的产生和发展

（一）IMC 产生的条件

从 20 世纪 60 年代开始，随着竞争的加剧，越来越多的企业花费大量的人力、物力、财力开展促销活动，其中使用最多的手段是广告，其他手段如销售促进、人员推销以及直复营销也在使用，但作用远不如广告。

从 20 世纪 80 年代开始，由于市场环境的变化、信息时代的到来以及消费者日趋成熟等原因，企业发现单纯花费大量的金钱做广告，无论是平面广告还是视听广告，效果都大不如前。究其原因：一是消费者每天接收到的各类信息平均接近 1 000 条，其中广告信息不仅多，而且辨识度不高；二是消费者对于信息的适应性提高了。有研究表明，20 世纪 60 年代消费者看 6 遍广告就可以记住一条广告信息。但到了 90 年代，理论上这个数字是 90 遍。90 遍广告才能直抵人心，一方面不符合人们对事物的适应性，另一方面也提高了企业的营销成本。换言之，到了这个时期，广告已经不是企业获取经济效益最好的手段，企业往往花了大价钱而广告效果却不尽如人意。

但在同一时期，其他手段如公共关系、直复营销、销售促进以及人员推销进入了迅速发展时期，开始挑战广告的优势地位。例如，有研究显示，对比 1980—1990 年和 2000—2004 年的企业促销投入数据，1980—1990 年美国企业对广告的投入最多，远超过对销售促进的投入。但到了 2000 年以后，企业的广告投入锐减，基本与消费者导向的销售促进投入持平，且远低于交易导向的销售促进投入（见图 1－1）。

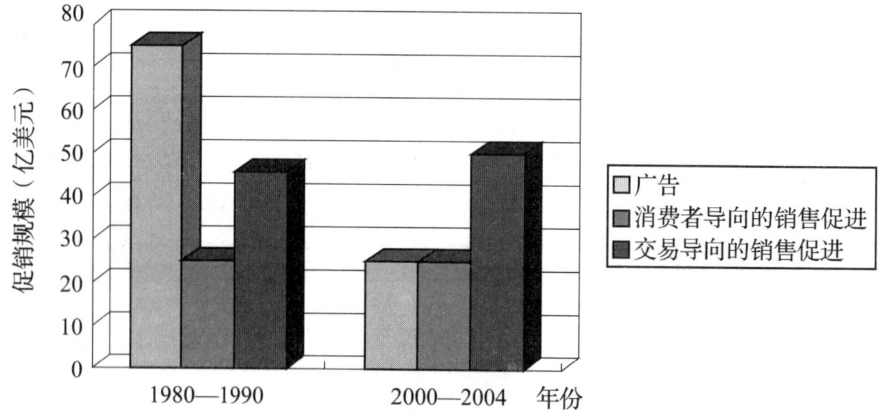

图 1－1　美国企业促销投入对比

资料来源：Belch G E，Belch M A. Advertising and Promotion：An Intergrated Marketing Communications Perspective. New York：McGraw-Hill Irwin，2004.

在这种形势下，一方面，企业开始跳过专业广告公司，去寻求其他渠道进行多样化的促销；另一方面，广告业界迅速做出反应，开始向企业提供包括广告、公共关系、销售促进等手段在内的“一站式服务”。企业希望整合这些促销手段，通过手段之间的取长补短来获得协同效应（synergy effect）。整合营销沟通实践于 20 世纪 80 年代后期和 90 年代初期在以美国为主的发达国家开展起来。

但是，这一时期的整合营销沟通仅停留在实践层面，且只是合并使用几种营销手段，更没有一个专有名词来命名这些实践。换言之，整合营销沟通在当时只是企业营销的一种手段，还不是今天意义上的 IMC——一种经营策略、一种营销理念、一种定位策略。

（二）IMC 的产生和发展

1993 年，由美国西北大学教授唐·舒尔茨、斯坦利·坦纳鲍姆以及罗伯特·劳特朋合著的《整合营销沟通》问世，标志着整合营销沟通理论的产生。此后，这一理论在传播学领域与市场营销学领域得到了广泛应用和拓展。值得一提的是，在传播学领域该理论通常被称作整合营销传播，在市场营销学领域被称作整合营销沟通，这是基于学科特征的一种中文解读。在本章后续内容中，整合营销传播、整合营销沟通及其英文缩写 IMC 会交替使用。

2005 年 5 月，唐·舒尔茨夫妇根据整合营销沟通理念在全球的应用与发展，以及他们亲身参与的企业实践情况，又做出了众多原创性的理论突破，出版了《整合营销传播：创造企业价值的五大关键步骤》一书。他们坚信，整合营销沟通已经开始主导未来的营销传播活动，它同样有助于企业为了应对市场发展的需要而不断拓展和提升其营销传播能力。这本书的问世标志着整合营销沟通的完善和发展，同时也将整合营销沟通理念转化为运作层面的应用程序，赋予这一理念更加丰富的实践意义。在这本书的前言中，舒尔茨教授写道：“自第一本著作出版以来，整合营销沟通已经席卷全球。第一次提出这个概念时，很多人认为整合营销沟通只能在稳定的、数据丰富的以及高度发达的经济条件下实施。而今，这些概念却能够而且已经被形态迥异的市场采用，比如印度和中国、智利与墨西哥、日本与菲律宾。简而言之，正如本书中的个案与实例所示，整合营销沟通是能够在全球进行推广发展的少数方法之一。”

二、整合营销沟通的定义和内涵

（一）IMC 的定义

关于整合营销沟通，学术界和业界都曾给出不同的定义，其中最有代表性的是以下几个定义。

（1）美国广告代理商协会（American Association of Advertising Agencies，4A）将整合营销沟通定义为：“一个作为营销传播计划的概念。确认一份完整透彻的传播计划及其附加价值，这份计划应评估各种不同的传播技巧在策略思考中所扮演的角色——例如一般广告、人员推销、销售促进、公共关系——并且将之结合，通过天衣无缝的整合提供清晰、一致的信息，以发挥最大的传播效果。”

（2）奥美广告公司关于整合营销沟通的定义更具操作性，即“整合营销沟通是指融合各种传播技能与方式，为客户解决市场问题或创造宣传机会。不同的乐器，必要时能够一起合奏，并且演奏出悦耳的和谐之音”。

（3）整合营销沟通的提出者舒尔茨教授则将其界定为：“将所有与产品或服务相关的信息来源加以管理的过程，使顾客以及潜在消费者接触到整合资讯，并且产生购买行为，并维持消费者忠诚度。”之后他又将这个概念进一步深化和细化，指出：“整合营销沟通是一种战略性的商业流程，用来规划、开拓、执行和评估可协调、可测量、具备说服性和持续性的品牌沟通计划，该计划的目标是建立与消费者、中间商、潜在消费者、员工、合作伙伴和其他内部及外部的目标受众的沟通，产生短期的收益回报，并建立长期的品牌与股东价值。”①

（二）IMC 的内涵

上述对整合营销沟通的界定具有一定的共性，都阐述了一个核心的理念，即整合营销沟通是指将一个公司的营销沟通的工具、手段和资源协调整合为一个无缝连接的项目，从而运用最小的成本使其对消费者和其他最终使用者产生的影响最大化。这一整合会影响到一个公司的企业间的、渠道的、消费者导向和内部导向等的全方位沟通。

1. 广义内涵

从广义上讲，完整的整合营销沟通组合应该涵盖营销组合的每一个元素：产品、价格、促销（也称为推广）和分销渠道（见图 1－2），以及为此付出的人力资源和财务资源。从这个视角来看，整合营销沟通不仅仅是手段的整合，更是战略的整合。

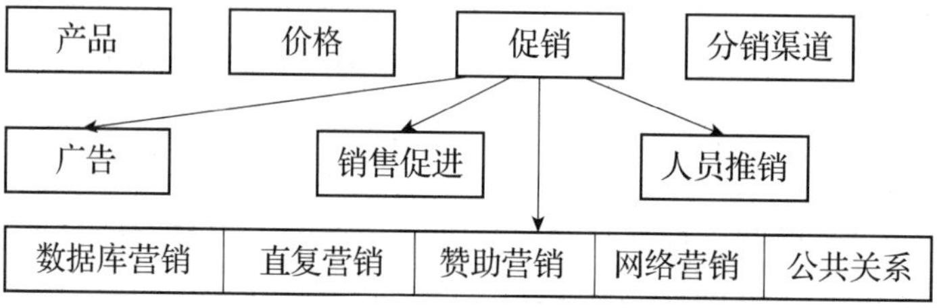

图 1－2 营销组合

资料来源：克洛，等．广告、促销与整合营销传播：第 7 版．北京：清华大学出版社，2015.

正如舒尔茨赋予整合营销沟通新的内涵时所说：“整合营销沟通是指公司把传播目标与企业目标结合起来从而加速获得回报的过程。”他同时指出：“整合营销沟通还是一种整体性的模式，其基本假设之一就是企业组织的所有部分与其他部分是相关联的。IMC 要求企业经理能够同步关注内部顾客和外部顾客；IMC 认为企业的能力在于其品牌以及与现有顾客和潜在顾客的关系；进一步来说，IMC 坚信企业组织的任何事情都可以给其品牌价值和客户关系带来正面或负面的影响。”

① 乔治・贝尔奇，迈克尔・贝尔奇．广告与促销：整合营销传播视角：第 11 版．北京：中国人民大学出版社，2019.

2. 狭义内涵

从狭义上讲，整合营销沟通只涉及促销手段的整合。图1－2显示了主要的促销手段，其中广告、销售促进和人员推销是传统观点中的三个主要手段。随着时代的发展，新近观点认为，除了传统的三个手段外，数据库营销、直复营销、赞助营销、网络营销和公共关系等也成为广泛采用的促销手段。企业通过整合各促销手段来实现促销目标。

三、整合营销沟通的核心思想与特征

（一）IMC的核心思想

整合营销沟通是战略层面的考虑，而不仅仅是战术层面的手段整合。对此，舒尔茨教授称之为“战略性商业流程”。进一步地，这个流程是系统化的，根据环境可即时动态修正，在交互中既可以实现企业的短期财务利益，又可以建立长期的客户关系以实现品牌价值。

整合营销沟通涉及企业的所有利益相关方，既包括外部利益相关方（如政府、媒体、社区），也包括内部利益相关方（如员工、投资者）。通过整合营销沟通可以实现企业的关系管理。从现代企业经营的视角来看，建立和经营好与各利益相关方的关系是企业可持续发展的保障，也是企业核心竞争力的体现。

整合营销沟通的核心思想是“整合”。这里的整合有聚合、优化、流程、全时空等含义。

战术层面上的整合是指将与企业市场营销有关的传播活动一元化，即把传统广告、销售促进、公共关系、直复营销、企业形象识别、新媒体广告等一切传播活动都涵盖在营销传播的范围之内，使企业能够将统一的传播资讯传达给消费者。因此，整合营销沟通也称为“用一个声音说话”（speak with one voice），即营销传播的一元化策略。

战略层面上的整合是指将认知、形象、功能、协调、关系管理、效益以及其他一切可以利用的社会资源进行整合。具体包括以下七个方面：

（1）认知整合。要求企业内外的营销人员达成共识，明确和牢记品牌传播一元化的信息。

（2）形象整合。要求在各种传媒以及品牌的所有接触点上传达一致的品牌形象。

（3）功能整合。要求不同的营销手段、方法和工具的功能能够累积并综合生效。

（4）协调整合。要求不同的营销要素内容和组织形式能够协调一致。

（5）关系管理整合。要求企业内外不同的关系资源以及社会资源协同、共生品牌传播效益。

（6）效益整合。要求企业凡是投资的环节和流程都要降低成本，提高产出，以提升总效益。

（7）一切可利用的社会资源整合。要求企业将社会上一切可利用的，如传媒、金融、运输等资源调动起来。跨行业、跨领域的合并使跨界资源的整合成为可能。

（二）IMC 的特征

第一，采用从外到内的策略，形成消费者导向策略。整合营销沟通是一种从外到内的互动沟通过程，采用外推式的营销方式，综合运用各种营销工具，整合各个利益相关方，以统一的营销计划向特定的目标消费群体传达一致的品牌信息，最终影响消费者的行为。

第二，整合多种传播方法，不再以广告为主。整合营销沟通运用各种形式的传播方法，这些传播方法协调发挥作用。传统的营销沟通以广告为主，整合营销沟通则综合运用广告、公共关系、直复营销、销售促进等多种传播方式，不再拘泥于广告这一种形式。

第三，通过“用一个声音说话”来塑造企业形象。整合营销沟通是将广告、公共关系、直复营销、销售促进等所有营销传播工具组合起来，以统一的声音向各利益相关方传播统一的品牌概念，其最终目的是建立强有力的品牌形象，创立品牌资产。

第四，建立和维持企业与消费者的长期关系，培养消费者的品牌忠诚度。整合营销沟通强调的是建立品牌与消费者及一切利益相关方之间长久的关系，而不是完成短期的销售目标。整合营销沟通以现有及潜在的消费者为基础，建立和维持企业与消费者之间良好的长期互动关系，培养消费者的品牌忠诚度。

第五，通过各种促销手段的整合来影响消费者的认知、态度与行为，最后形成相对稳定的购买行为习惯。整合营销沟通的出发点和落脚点都是消费者，整合营销沟通根据消费者的需求和动机来决定品牌传播的模式和策略，进而制订恰当的营销计划，选择合适的沟通工具，促成购买行为并培养消费者的品牌忠诚度，最终目的是影响消费者的行为。

第 2 节　整合营销沟通要素及流程

一、IMC 流程中的关键要素

整合营销沟通流程共包括五个关键要素，分别是建立顾客数据库、对顾客数据库进行分析与研究、实施接触点管理、创新媒体沟通手段、整合营销沟通组合。下面对这五个要素分别进行介绍。

（一）建立顾客数据库

建立顾客或者潜在顾客数据库是整合营销沟通的起点。顾客数据库是将现有的、可获得的与可接触的顾客或者潜在顾客的众多信息，有组织地汇总成一个系统，以帮助实现企业的营销目标，如维护现有顾客关系，发现忠诚顾客，开发潜在顾客，通过产品与服务满足顾客的需求以及确定广告主题、投放时间和地点等。

1. 顾客数据库的内容

顾客数据库的内容主要包括以下五个方面：

（1）顾客联系方式。包括顾客的姓名、地址和电话号码。

（2）顾客特征信息。指的是顾客的人口统计特征，如性别、年龄、职业、受教育程度、收入、地理位置和所属区域（如城区、郊区）等。

（3）顾客购买记录。如顾客购买过的产品、使用过的服务、购买频次、购买数量、退换货记录、客服联络记录等。有的数据库还包括该顾客对竞争品牌的购买记录。

（4）顾客心理与生活方式情况。与之前的客观数据不同，这部分信息往往需要借助其他研究手段获得，如结合人口统计特征和购买记录可以推测顾客的生活方式、对价格的敏感程度、对新产品的接受程度等。还可以采取一手调研的方式了解顾客的价值观、动机等心理因素。

（5）顾客对促销活动的回应。如是否领券、享受折扣、凑单免运费等。有的数据库还包括顾客对竞争品牌促销活动回应的信息。

此外，在网上购物的时代，数据库还可以涵盖潜在顾客信息，主要体现在以下两个方面：

第一，从现有顾客购买记录里发现的潜在顾客信息。比如由寄送地址簿可获得收件人的姓名、地址和电话号码。根据这些信息，再结合寄送的产品，可以推断出购买者和使用者的关系等，提高潜在顾客的转化率。

第二，从第三方获得的潜在顾客的页面浏览信息，如点击率、浏览习惯、页面停留时间等。这些信息有利于企业进行广告推送等。

2. 顾客数据库的数据来源

顾客数据库的数据来源分为两部分，分别是内部资料来源和外部资料来源。

（1）内部资料来源是指企业自行收集的消费者信息，包括消费者的动态数据和静态数据。获取消费者个人资料的方式有很多，包括传统方式如建立会员制、采用抽奖或者返现等方式，以及新方式如添加商家关注、微信扫码关注公众号等。

（2）外部资料来源是指企业从第三方获取的资料，有可能是委托收集，也有可能是直接购买数据。

（二）对顾客数据库进行分析与研究

建立顾客数据库后，企业需要对顾客数据库进行分析与研究，即通过顾客数据库来分析需要整合的有利元素，明确传播一元化的内容，便于企业制定经营与营销决策。企业对顾客数据库的分析主要包括分类分组、评估、预测等。

（1）分类分组。对顾客进行分类分组，往往是基于某顾客在一定时间内购买该企业产品的频次，分类分组后在数据库里对顾客赋予名称。例如，有的企业根据顾客购买频次的多少将顾客分为“重度”与“轻度”顾客，或者“热”与“冷”顾客等。

（2）评估。企业会基于顾客数据库对顾客的终身价值（customer lifetime value）进行评估，即根据该顾客在能够购买产品的生命时长内购买产品的频次和支付的金额计算出该顾客对于企业的价值。企业会根据该顾客终身价值的高低来制定相应的营销策略。

很多企业开始基于顾客的社交网络价值（social network value）来评估顾客对于企业的价值，并利用这些社交网络价值展开广告与促销活动以及维护顾客忠诚度。如网上订餐平台“饿了吗”将社交红包概念化为一种社会推广框架，即拥有较高社交网络价值的顾客会获得更多的促销奖励。①

（3）预测。企业基于顾客数据库的内容预测顾客未来的消费趋势等。大多数统计分析方法都可以用来分析顾客数据库资料。随着新技术的出现和发展，很多企业采用数据挖掘、机器学习等手段对顾客数据库进行分析，面向顾客提供定制化的营销服务。

（三）实施接触点管理

1. 接触点的含义

实施接触点（touch points）管理即发现每一个可以与顾客接触的时间、地点和场合。在市场资讯超载、媒介噪声干扰强度增大的营销环境中，决定何时、怎样与顾客接触才能实现有效传达更为重要。这是整合营销沟通的重要方法。

接触是整合营销沟通中的核心概念，是指一切将品牌、产品类别以及任何与市场相关的活动等信息传递给顾客或潜在顾客的过程和情景。② 接触点是指顾客每一次看到、听到、遇到或体验到公司或者其品牌的机会。汤姆·邓肯进一步指出，品牌接触点是指顾客有机会面对一个品牌信息的情景，这些接触点是品牌信息的主要来源。对于这些接触点的有效利用是整合营销的目的，即帮助企业建立、维护和强化与利益相关方之间的关系。

2. 接触点分类

基于这一思路，邓肯进一步指出，存在以下四种不同的接触点形式，企业应该对这些接触点进行有效的管理，但在管理力度上存在显著差异。

第一种是企业创造的接触点（company-generated touch points）。这是企业能够在内容与方式上高度控制的接触点，包括企业自行运营的官网、公众号，通过广告、售点展示、邮寄产品目录触及顾客。这是企业能够加大力度管理的一种接触点。

第二种是固有接触点（fixed touch points）。这是企业无法完全在内容与方式上进行控制的接触点，如顾客消费的场所和电子商务平台等。对此企业不能完全掌控，但可以进行协作。

第三种是非预期接触点（unexpected touch points）。对于企业来讲，这是不可预测的接触点，如顾客口碑、来自第三方的评价与评论、自媒体上个人发布的信息等。相对于前两种，对于企业来说，这种形式的接触点更加不可控。但是由于这种接触点的影响力最大，企业必须通过日常口碑管理来减少可能出现的负面影响。

第四种是顾客自主生成的接触点（customer-generated touch points）。主要是指顾客

---

① Gao et al. Social Promotion: A Creative Promotional Framework on Consumers' Social Network Value. Production and Operations Management, 2020, 29 (12).

② 甘碧群，曾伏娥．国际市场营销学．3版．北京：高等教育出版社，2014.

主动与企业发生接触联系，如电话投诉、书面表扬等。对这种接触点，大中型企业都有一套管理措施，如提供免费 400 电话、投诉电话、服务热线、在线客服以及公共邮箱等。

从这些接触点的影响力来看，非预期接触点的影响力最大，尤其是在互联网和资讯时代，来自第三方的评价与评论往往对企业、品牌及其产品的影响很大。从可控性来看，企业对自己创造的接触点的控制力最强，对非预期接触点的控制力最弱。因此，企业必须投入必要的资源加强对各类接触点上的信息发布的管理，加强与顾客互动以及接收来自利益相关方的反馈。

（四）创新媒体沟通手段

创新媒体沟通手段即充分发掘营销及营销投放工具、投放方式和新媒介，利用一切可与消费者接触的通路传递品牌信息。

新媒体正以前所未有的速度增长，其中最引人关注的是互联网的发展。互联网的发展带动了数字媒体的发展，如以手机为代表的移动媒体、以网络为基础的自媒体和社交媒体等。这些新兴的交互性极强的媒体使得沟通实现了双向传播的目标，即企业与顾客之间不再是企业对顾客的信息传递，而是企业与顾客、顾客与顾客之间的多重交互和影响。顾客不仅是产品的购买者、使用者或决策者，也是商品的售卖者、信息的生成者或者信息的发布者等。新媒体蓬勃发展的今天被称为融媒体时代。

在此基础上，新沟通手段与新媒体不断出现。例如，微信地推、关键意见领袖转发、公众号信息推送、微信红包派发等。

（五）整合营销沟通组合

整合营销沟通组合即调动一切沟通要素，除了广告、直复营销、公共关系及人员推销之外，诸如产品包装、商品展示、购买点展示、店面促销、礼品馈赠，以及互联网营销等一切能协助达到营销及传播目标的方法都成为整合营销沟通中的有力手段。

二、IMC 流程

整合营销沟通流程即执行程序包括五个步骤：（1）识别顾客与潜在顾客；（2）评估顾客与潜在顾客的价值；（3）创建并传递信息与激励；（4）评估投资回报率；（5）预算、分配与评估。

第 3 节　整合营销沟通组合

狭义的整合营销沟通理论强调了各种促销手段的整合。这些手段各具优势，也各有不足，所以整合强调的是取长补短，达到协同效果。图 1－3 显示了一些主要的、常用的促销手段，包括公共关系、广告、人员推销、销售促进、直复营销、互联网营销，把它们放在一起，统称为整合营销沟通组合。近年来，整合营销沟通组合已经扩展至包含数字营销、社交媒体等传播方式。

本节主要介绍公共关系、人员推销、销售促进、直复营销以及互联网营销。第 4 节介绍广告。

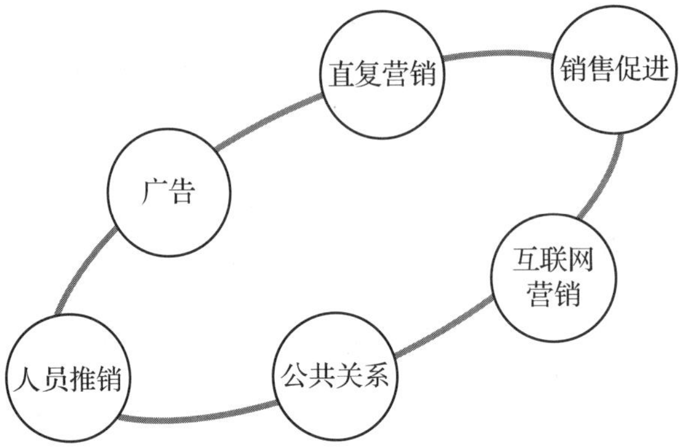

图 1-3　整合营销沟通组合

一、公共关系

（一）公共关系的定义和特点

公共关系（public relations，PR）在不断发展的过程中有多个定义。由于界定的视角不同，这些定义也存在一定的差异。从英文的表述来看，公共关系是指“公众的关系”。从“关系”一词是复数的形式可以看出，“公众的关系”是指企业与多个群体之间的关系。通常，对于营利性组织（即企业）来讲，多个群体是指其所有的利益相关方，如消费者、政府、投资人、社区、媒体、内部员工、上游供应商、下游经销商以及竞争对手等。对于非营利组织（如慈善机构）来讲，多个群体包括捐赠者、受益人、资金募集者、志愿者、社区、社会公众等。

在所有的定义中，格鲁尼格和亨特关于公共关系的定义是最简洁也是最为人们所熟知的。他们认为，“公共关系是对企业与公众之间沟通的管理”①。该定义的核心正是公共关系的基础，是一个实体企业与其受众之间的沟通渠道的建立、使用、维护和发展。此外，定义中的“之间”具有深刻意义，强调了沟通是双向的，即企业不仅向公众发出信息，也要接收来自公众的信息反馈，而很多时候这些反馈有助于鼓励和促进企业决策的调整。

纵观公共关系定义的发展历史可以看到，公共关系的核心特点如下：（1）它是企业与消费者之间的双向沟通；（2）目的是建立企业与消费者之间的良性的关系；（3）该良性关系建立的基础是平等互利、相互尊重信任以及频繁沟通的意愿和机制；（4）企业与公众之间关系的建立、保持和提升是一个长期的过程，对于企业的形象维护和健康发展起到了至关重要的作用。

① Grunig J E，Hunt T. Managing Public Relations. New York：Holt，Rinehart & Winson，1984.

（二）公共关系的作用

很多公共关系活动并不被认为具有典型的市场营销功能。这是由于市场营销部门关注的是顾客以及抵达顾客过程中的渠道成员，比如批发商和渠道商。相反，公共关系部门则关注企业内部和外部的利益相关方，比如员工、股东、公共利益团体、政府等。公共关系的作用体现在如下五个方面。

1. 与利益相关方保持联系

所有企业沟通和传播的接收者都是不容忽视的，任何与企业有接触的个体都应该接收到清晰统一的信息。利益相关方是指那些可以从一个企业的良好运营中获得既得利益的个人或团体，这里的既得利益包括很多项目，比如股东分红、支付给员工的工资、来自上游厂商的购买等。

与利益相关方的沟通非常重要。为了确保沟通的连续性和有效性，企业应该建立一个清晰的、与企业的整合营销沟通计划相契合的并可以传递企业形象的传播策略，企业传递给每个利益相关方的信息都应该相同。此外，为了满足不同受众的期望，每一条信息都应该量身定制。通过量身定制沟通的内容、风格和渠道，每个利益相关方接收到的是与他们产生最好的共鸣效果的信息，这些信息和企业的形象紧密一致。除了与每一个利益相关方进行沟通之外，公共关系部门还必须密切关注每个利益团体的观念和行动，一旦它们的态度、观点或关注点发生变化，公共关系部门就应该立即准备应对这些问题。

企业公共关系部门应确保与公众的各种形式的沟通都与企业的整合营销沟通计划和企业努力保持的形象一致。

2. 维护企业的声誉

企业的声誉是非常重要的。一个深受好评的企业和品牌形象可以在企业经营情况好的时候增加企业的业务量，在企业遇到危机或问题发生时发挥保护作用。消费者在购买产品时对于品牌的偏好会受到企业声誉的影响，人们在做投资决策时会受到企业声誉的影响，人们选择去哪个企业工作也会受到公司声誉的影响，因此测评和管理企业的声誉是非常重要的。

虽然非常重要，但有的企业没有专门安排人员去管理企业形象，企业的领导者很难知道消费者、投资者、员工以及公众如何看待本企业。如果一个企业不知道其他人是如何看待自己的，那么就很难开展公共关系活动。

一个企业要对企业形象进行管理，首先要进行调研和访谈以了解人们是如何看待自己的。企业声誉测评的访谈对象不仅包括企业内部的人，还应该包括企业外部的人。

3. 提高公众对企业正面形象的认知

企业社会责任（corporate social responsibility，CSR）是指一个企业有义务做到有道德、承担社会责任并对社会需求做出积极反应。对社会需求应做出积极反应的领域包括：慈善捐助、赞助当地的活动、销售对环境无害的产品、开展再就业计划、支持社区活动等。

一般来讲，人们都认为愿意承担社会责任的企业的产品或服务质量更好。当企业参与一些公益活动或者提高顾客忠诚的活动时，往往会建立良好的企业形象。那些致力于减少不公平、污染、骚扰等消极活动的企业的诉讼案件更少，同时消费者的负面评价也少。通过承担社会责任，企业可以有效地维护企业形象，提高公众对该企业正面形象的认知。

4．阻止和减少对企业形象的损害

公共关系最大的作用在于对企业形象损害的控制。损害控制是指由于企业的错误、消费者不满导致的负面事件发生时，或者面临一些不公平或夸大的负面压力时，企业做出积极的反应。当负面的公共事件发生时，企业和品牌的形象会受到损害。多年苦心打造的企业形象很可能在短时间内被破坏。“好事不出门，坏事传千里”，负面事件一旦曝光，负面影响会迅速扩大，造成的不良影响会持续很久。因此，企业要通过公共关系管理最大限度地阻止和减少负面事件对企业形象的损害。

5．公共关系助力发挥市场营销职能

公共关系与营销紧密相关。在一家企业中，公共关系部门是和企业的相关利益群体进行沟通的部门。公共关系部门承担的职能与市场营销部门承担的某些职能相似。通常来说，公共关系部门与市场营销部门是相互独立的，相互合作，相互帮助，独立决策。一些市场营销专家认为公共关系应该归市场营销部门管理，如同广告、销售促进一样。然而，另一些人则认为公共关系与广告、销售促进等不同，如果放在市场营销部门是无法充分有效运作的。相反，公共关系部门应该作为市场营销部门的顾问而存在。

（三）公共关系的内容

公共关系包括公共宣传、企业广告、公共关系活动、赞助以及事业关联营销等五项内容。

1．公共宣传

公共宣传（publicity）是指企业面向新闻媒体投递关于产品、组织以及品牌的新闻稿件以获得新闻报道的一种公共关系方式。其目的在于通过新闻媒体向顾客、潜在顾客以及普通公众传递正面的企业信息。由于新闻媒体属于第三方，且具有公信力和权威性，由其发布的企业信息的可信度和社会影响力远远高于广告。换言之，这种公共关系方式可以使企业获得“第三方证言”（third person endorsement）。同时，企业进行公共宣传是不用付费的，无须像广告一样购买版面或者播放时段。因此，公共宣传是一种经济效益非常好的推广手段。

但是，公共宣传也有劣势，最主要的一点就是可控性问题。与广告这种付费方式相比，公共宣传的可控性较低，其原因主要有以下两点。

（1）新闻媒体发挥“看门人”的作用。企业可以面向新闻媒体投递新闻稿件，但是新闻媒体是否采纳发表取决于稿件内容是否新颖、有意义，是否能引发社会关注，还取决于稿件内容与媒体的目标、经营方向以及风格是否匹配。因此，绝大多数企业的新闻稿件都没能在新闻媒体上发表。有的稿件最终在媒体上发表，但其篇幅大小、内容论调以及措辞方式或剪辑片段等也由媒体决定。

（2）企业与新闻媒体的基本诉求存在差异。一般来讲，企业希望好消息被新闻媒体报道，而新闻媒体关注的是话题是否能够引发社会讨论、思辨甚至争议。这样的话题有可能是好消息，也有可能是坏消息。对于企业来讲，新闻报道了好消息能使企业获得第三方证言；但如果新闻报道了坏消息，其影响范围和时间、带来的经济损失与形象损失都是不可估量的。

2. 企业广告

企业广告（corporate advertising）的目的是宣传企业形象，因此又称为企业形象广告。企业广告与商业广告的区别在于卖点不同——前者的卖点基于形象相关元素，后者的卖点则基于产品相关元素。鉴于这样的差别，企业广告属于公共关系范畴，商业广告属于广告范畴，虽然企业在两种广告活动中的版面费/播放费和制作费的支出是一样的。

根据企业形象相关元素性质的不同，企业广告又分为形象广告和议题广告两类。形象广告（image advertising）以企业形象、企业理念、企业价值观等为广告主题，如3M公司在广告中表述的“创新”理念、苹果广告中展示的“think different”等；议题广告（advocacy advertising）反映的是企业对于社会热点问题的观点，如壳牌石油的“洁净天空”，这是壳牌石油面对环境保护这一社会热点问题表达的企业观点。

企业广告对于塑造企业形象的作用是不容忽视的。但企业广告的劣势也是不容小觑的。一是与商业广告相比，企业广告的效果更加难以准确评估，因为它表达的诉求更加间接含蓄，发挥作用需要更长的时间，它的效果更难从其他沟通手段中剥离出来等。二是议题广告往往会被质疑其广告目的，可能会给企业带来适得其反的效果。发布议题广告的企业多为大型或超大型公司，其产品又往往属于争议性产品类别，如汽油、烟草、酒类等。它们的广告往往会被质疑为利用资源在社会问题上混淆视听或操控舆论。鉴于上述两个劣势，使用企业广告要非常慎重。

3. 公共关系活动

公共关系活动是企业为了树立企业形象，促进顾客、潜在顾客以及普通公众对企业和品牌产生喜爱、偏好，同时回报顾客和社会的一种公共关系方式。公共关系活动类型多种多样，包括周年庆典、店庆、新产品发布会、粉丝见面会、电影点映会、时装发布会、公开日、体验屋以及一些大型主题活动等。

策划公共关系活动需要注意以下问题：

（1）公共关系活动是一种人际传播方式，即参与者可以与组织者在现场进行互动交流，因此公共关系活动是态度形成与转变的有力手段。但是态度有正面的，也有负面的，因此公共关系活动的策划与执行需要非常谨慎，避免形成负面态度。

（2）活动需要参与者，因此招募和组织参与者是公共关系活动的一项核心工作。企业往往需要整合其他促销手段如广告来完成招募。

（3）公共关系活动本身的受众很少，因此需要通过新闻媒体的关注与报道来提高覆盖面和影响力。公共关系活动的主题和内容是否能够引起新闻媒体的关注是公共关系活动的一项核心工作。成功的公共关系活动依赖于良好的策划，可以自创话题，也可以借助大型节假日或利用社会热点等创造话题。

4. 赞助

赞助（sponsorship）是企业用财物支持体育赛事、文化活动和公益项目的一种公共关系方式，其目的是通过回馈社会的方式展示企业的社会责任意识，最终达到塑造企业社会形象的目标。同时，赞助也促进了消费者产生购买行为。

成功的赞助应该做到企业产品、品牌形象和所赞助的活动相匹配。良好匹配的结果不仅仅是形象的提升，更是销量的增长。以百威啤酒赞助2018年俄罗斯世界杯足球赛为例：百威啤酒作为2018年俄罗斯世界杯足球赛的啤酒赞助商，在2018年5月8日启动了“FIFA世界杯燃起来”全球营销战役。根据天猫数据，截至2018年6月12日，百威啤酒世界杯定制罐在天猫售出100万听，粉丝数大涨50万，超过过去3年的总和。

5. 事业关联营销

事业关联营销（cause-related marketing）是指企业在承担一定社会责任的同时，借助新闻舆论影响和广告宣传来提升企业形象，提高品牌知名度和顾客忠诚度，最终增加销售的一种方式。

事业关联营销常用的方式有以下三种：

（1）销量决定型。即企业用某产品的利润的一部分来支持公益项目或事业的一种公共关系类型。

（2）企业冠名型。即企业以捐建的方式资助公益项目，如宝洁公司的“宝洁希望小学”项目。

（3）义卖型。即企业组织义卖，将某些指定产品的营业额全部捐献给公益项目，如欧莱雅的“真情互动校园义卖”助学活动。

二、人员推销

人员推销（personal selling）是整合营销沟通组合的重要组成部分之一。然而对于多数营销传播的实践者来说，人员推销却是一个经常被忽视的方面。这是因为在典型的组织管理结构中人员推销是个独立的功能单位，但营销人员不仅是外部营销传播的一个重要组成部分（外部营销传播是最具功效、最灵活的方式之一），也是内部营销传播的一个重要目标群。内部营销传播的目的是确保其成员得到足够的信息去进行营销传播并完成推销任务。不仅销售人员应该被看作一个组织机构中的推销人员，所有员工，无论是否有正式的推销任务，都应该在与外部顾客沟通中扮演营销传播者的角色。

在最佳的组织结构中，关注焦点已从销售人员寻找新客户转向留住现有客户并建立关系。留住客户是比争取客户更能带来收益的策略，此种做法代表了从单纯交易营销到关系营销的营销思维方式的重大转变。不同的学者用不同的方式划分推销任务，有的学者把推销任务分为两大类：（1）服务推销。此类推销把力量集中在现有顾客身上以获得销售量。（2）开发推销。此类推销集中力量将潜在顾客转变为长期顾客。也有的学者将推销任务分为三类，即订单寻求、订单创造、订单获得。

并非所有的推销都是一样的，从图 1－4 中可以看出销售人员的不同任务。从简单的低价值销售到复杂的高价值销售，不同的产品涉及不同的复杂程度。有些销售要求相对低水平的沟通和建立关系的技能，而关键客户经理或者全球客户经理就要有更高水平的技能。成功的企业能够保证销售人员具有的技能与销售任务需要的技能相匹配。

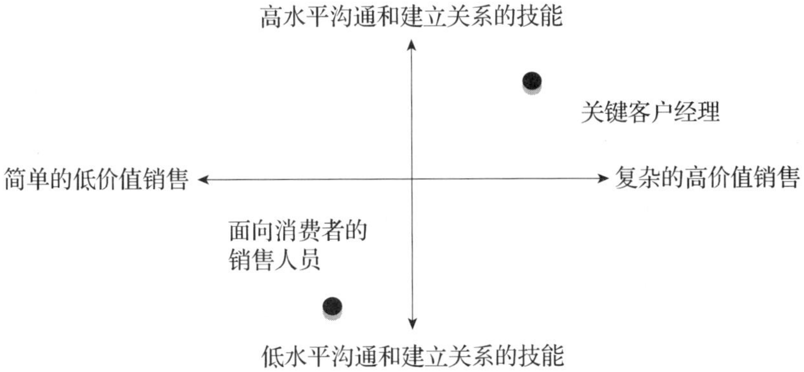

图 1－4　销售角色

资料来源：佩克顿，布劳德里克．整合营销传播：第 2 版．北京：经济管理出版社，2009.

三、销售促进

销售促进（sales promotion）是指在营销传播活动中通过影响促销产品的认知价值或其他激励行动来鼓励行业（中间商）或最终消费者购买其产品或采取其他相关行动。销售促进的目的包括增加销售量、鼓励试用、提高再次购买频率、增加产品使用频率和数量、拓宽使用对象、提高顾客忠诚度、延长产品在市场上的生命周期、引起顾客对产品的兴趣、取得中间商的支持等。

（一）销售促进的内容

销售促进包括销售规划和售点促销两个组成部分。

1．销售规划

销售规划（sales planning）是指在售点陈列产品的活动，目的在于保证产品易取得、显著、突出和有吸引力。例如，为配合电影新片推出而组织的促销活动也是销售规划的一种形式。销售规划在这种情形下发挥了一种支持作用。现在，这种与电影配合的销售规划已经发展成一个产业。

销售规划大部分是在销售点进行的。许多企业甚至邀请销售规划专家专门负责检查本企业的产品在零售店的展示情况，特别是竞争对手也有产品在附近展示时，更要研究检查其产品在店内是否被放置在合适的位置上。例如，大部分著名的零售商会用平面图帮助处理货架的陈列和摆放。平面图方案由总部制订，各个零售商按照方案统一执行。方案根据最近与零售商所签的合同来分配各种产品的货架陈列的空间和位置，制造商的销售规划专家负责检查其产品摆放的位置是否正确。商店将保证产品摆放的正确性，并保持适当的库存。目前，利用现代技术可以实现库存保持、库存补充的自动化。

2. 售点促销

售点促销（point of sales）指的是在商品的买卖场所进行的促销活动。售点即完成销售的场所、支付现金或签署支票的场所，通常是指商场。销售规划体现在售点促销过程中，同时还包括视觉上的商品展示方法，包括与购物有关的软环境，如商场的通道、灯光、招牌、音乐和气味等。超市经常有烘焙或其他让人喜欢的气味，如面包或咖啡的香味，这些都是售点促销的例子。

（二）销售促进背后的推拉策略

推拉策略是理解不同销售促进手段的基础。推拉策略关注的核心问题是产品需求究竟从哪里来。一个产品从生产出来至到达消费者手中是一个过程，这个过程的上游是生产商或制造者，末端是消费者，过程中还有批发商、零售商等中间商。那么在这个过程中，产品需求是如何被激发的？一部分学者认为，产品需求可以从激发消费者开始，即通过促销手段激发消费者对某一产品的需求；另一部分学者则认为，产品需求可以从激发批发商或零售商开始，即通过促销手段激发中间商对某一产品的需求。根据产品需求被激发的方式，前者称为拉式策略，后者称为推式策略。

（1）拉式策略（pull strategy）：其路径是从下至上的，即制造商→消费者→零售商→批发商。换言之，制造商通过各种销售促进手段激发消费者对产品的需求，继而拉动零售商和批发商进行采购。在该策略的指导下，企业往往采用消费者导向的销售促进手段。

（2）推式策略（push strategy）：其路径是从上至下的，即制造商→批发商→零售商→消费者。换言之，制造商通过各种销售促进手段激发批发商和零售商对产品的需求，继而推动消费者的需求。在该策略的指导下，企业往往采用企业导向的销售促进手段。

（3）混合策略（mixed strategy）：目前还有企业采用推拉结合的策略方式，即将推式策略和拉式策略混合使用。很多快消品企业采用混合策略。

（三）销售促进的手段

销售促进的手段包括很多种，大部分与直接激励有关，通常是现金或与现金有关的激励形式。但也有一些手段与传播活动有关，主要包括提供信息或产品展示。

基于推拉策略，销售促进手段主要包括针对终端用户的消费者导向的销售促进和针对中间商的企业导向的销售促进两类。

1. 消费者导向的销售促进

消费者导向的销售促进属于拉式策略下的促销活动，其目的是鼓励终端用户的需求从而拉动分销链上的产品订购。主要手段包括样品试用、优惠券、赠品、打折、竞赛/抽奖、返现/返券等。

（1）样品试用（sample）。样品试用是指企业以免费或降价形式向消费者提供标准数量的或仅用于尝试的样品，以鼓励消费者试用。样品试用可通过零售商小包装销售、邮递、随杂志报纸附送或上门派发的形式完成。

（2）优惠券（coupon）。优惠券是指企业以提供不同程度的价格优惠来引导消费者购买产品。优惠券形式多样、使用范围广且常与销售促进的其他手段如降价等配合使用。优惠券可出现在包装内外、广告中、直接邮递或上门派送的宣传品中和售点促销中。优惠券的兑现率差别很大，有时可能低至 5%或更低。优惠券的一个优点是提供优惠条件诱使最初购买者购买，另一个优点是便于衡量其促销效果。

（3）赠品（premium）。赠品是指企业在推销产品和服务时所提供的礼物，如购买某化妆品可以获得免费的洗漱包或雨伞，购买麦当劳儿童套餐可以获得小黄人卡通人物等。企业提供赠品来回馈消费者的目的不一，如化妆品公司提供赠品是由于赠品上可以印制品牌 logo，而快餐店提供赠品则是吸引消费者重复购买。

（4）打折（discount）。打折是销售促进中最受认可的促销方式，企业会在特定时间段或者在购物节对商品实行全场价格促销，如年底、春节、京东“6·18”、天猫“双11”等，以促进销售的增长。企业也会在商店装修、停业时打折，其目的是清理库存。但是在使用打折时需谨慎小心，这种短期行为可能会对销售产品的价值、利润以及顾客对品牌的评价产生负面影响。

（5）竞赛/抽奖（contest/sweepstake）。企业根据其业务特点和产品特征在每年的固定时段举办竞赛活动，在宣传产品的同时，也希望竞赛活动可以引起公众的注意、引发媒体的兴趣。食品企业经常组织这样的竞赛活动。

与竞赛活动不同，企业组织的抽奖活动往往是不定期举行的，且奖品往往较昂贵，如汽车、旅行等。这种类型的抽奖活动通常是企业收集潜在消费者个人信息的一种有效手段。

（6）返现/返券（refund/rebate）。企业在进行销售促进的时候没有直接给促销的产品打折或者提供优惠券，而是要求消费者以原价购买该产品后，将购物的收据以及个人信息（如姓名、地址和电话等）一同寄给生产厂家。厂家收到这些材料后会将优惠的钱以个人支票的方式寄给消费者。与其他传统的打折降价相比，返现实质上是企业收集客户信息的一个非常有效的手段。

广告视角

北京 2022 年冬奥会建构国家形象的整合策略

体育竞技作为人类社会发展与进步的重要标志，以其去意识形态化的跨文化传播优势与凝聚人类共通情感的生命叙事，在国际关系构建、国家形象塑造中发挥着重要作用。奥运会对国家形象的建构逻辑可以分为三重维度：国家身份符号化的价值认同、国家品牌故事化的身份重构、国家形象立体化的媒介呈现。北京 2022 年冬奥会体现了建构国家形象的整合策略。

（一）顶层设计：明确国家身份定位，搭建品牌战略体系

首先，明确了战略思想、战略定位、战略任务，以“体育强国”作为战略核心，搭建国家品牌战略传播体系。其次，基于奥林匹克文化精神与中华传统文化价值理念的有机融合，提炼具有全球共识与情感共鸣的国家品牌理念，以“可信、可爱、可敬”的中国形象为依据清晰地向世界阐释“我是谁”；通过政府维度、企业维度、文化维度、景观维度、国民维度、舆论维度等六个维度挖掘文化资源和故事资源，建立海内外受众对中国形象的全方位感知；加强网络与数字技术的运用，以AR、VR、3D等数字技术营造“在场感”，让观众体验沉浸式“云观赛”；利用文化产业将冬奥文化与中国传统文化相结合，将中国传统文化元素融入冬奥系列文创产品中，同时依托冬奥主题游戏、影视剧、短视频等文化产品提供感知中国文化、中国形象的多维触点。

（二）价值阐释：凸显情感“共通性”

北京2022年冬奥会秉持“绿色、共享、开放、廉洁”的理念，以“让奥林匹克点亮青年梦想，让冬季运动融入亿万民众，让奥运盛会惠及发展进步，让世界更加相知相融”为目标，全面展现了中国对人类社会未来发展的关切。特别是在全球新冠疫情的严峻考验下，更是要将“人类命运共同体”的理念作为与世界对话的基本逻辑，凸显中国传统文化价值理念与奥林匹克精神理念、中国体育文化与奥林匹克文化的共通性。

（三）多元叙事：打造北京冬奥故事体系

讲故事是人类与生俱来的表达能力，冬奥会既是传播渠道又是叙事场域，具备情感共通的故事内核与叙事丰富的故事资源。为了更好地以故事展现中国文化价值理念，回归中国文化原点，围绕“奥运会＋北京”的故事资源，按照“故事主题＋故事母题”的叙事逻辑打造了北京冬奥会故事体系。

（四）立体传播：建立“参与-互动-传播”社交机制

社交媒体广泛用于奥运会内容传播。北京冬奥会搭建了全方位、立体化的传播矩阵，全面覆盖全球用户的媒介触点，以社交媒体为主建立“参与-互动-传播”机制，特别是通过TikTok、Kwai等海外短视频平台发起北京冬奥话题等线上活动，让全世界关注北京冬奥会的朋友都能够了解冬奥故事、中国故事，进而讨论、分享和传播。

资料来源：https://www.fx361.com/page/2021/1130/9155054.shtml.

---

2. 企业导向的销售促进

企业导向的销售促进是指制造商面向经销渠道所运用的销售促进手段，即通过销售促进使下游的经销商、分销商、批发商以及零售商订购其产品并销售给终端消费者。针对企业的销售促进是基于推式策略，即通过提供促销的手段鼓励渠道的中间商将需求由上至下地推及终端消费者或用户。因此，对中间商的经理级人员、其他销售人员的特别促销措施也应在促销策划方案中考虑到。企业导向的销售促进手段主要有以下六种：

（1）折让。提供给中间商的折扣有不同的方式，如打折/降价——对大宗购买的中间商提供折扣和减价等优惠；目标返点——制造商同意在中间商实现一定的销售目标之后即返还一定的金额给中间商；特别条件——可以通过谈判达成的关于价格或有关支付条件的协议（如延长付款期限）或者其他方面的条件，如特别交货安排或特别包装等。

（2）竞赛与激励计划。这些竞赛与激励计划是针对中间商和售货员的，以鼓励其更好地完成销售任务。例如，可采取与绩效相关的激励方式，即实现销售目标后就可以获得现金或奖品。

（3）售点促销与销售规划。售点促销与销售规划的材料（如货架、展板、免费陈列品等）可由制造商提供给中间商，这样有利于促使中间商优先销售本制造商的产品。

（4）样品。制造商可以提供样品给渠道中间商以帮助它们进行销售。

（5）宣传单/包装/目录。这三种材料的最初目的是提供现有的产品系列的信息、销售价位和订货方式。这些资料也可以提供给渠道中间商用于针对消费者的促销。

（6）联合促销。联合促销的成本由制造商或服务提供商与中间商共同承担。这种销售促进手段不仅可以用于产品的促销活动，而且可以在各种营销传播活动领域中使用。联合促销可能采取由供应商和中间商共同开展的形式，中间商承担部分广告宣传成本，也可以是由多家合作伙伴参加的国际性促销活动。

此外，任何针对消费者的促销活动对渠道中间商来说都很有吸引力。任何鼓励最终用户购买的活动都对渠道中间商有利，所以必须保证任何针对消费者的促销活动都能让中间商详细地了解。

四、直复营销

直复营销（direct marketing）简称直销，是企业通过通信手段向目标客户进行直接销售的一种促销手段。根据通信手段的不同，直销可以分为电话直销、电视直销、邮寄直销以及直接反应广告等几种形式。目前，由于互联网及新媒体技术的发展，新增了直复营销手段如视频直销、邮件直销、短信直销以及自媒体信息营销等。

（一）直复营销方式

1. 电话直销

这是一种最古老的直销方式，至今很多企业仍在使用。企业通过打电话的方式向消费者推荐某种产品，通常分为打出电话直销和拨入电话直销。前者是指由企业打电话向消费者售卖产品，后者是由消费者主动打电话给企业购买产品。后者的成功率高于前者，但后者有时需要配合邮寄目录一起使用，即企业先邮寄目录给消费者，之后消费者主动打电话下单购物。

2. 电视直销

这种方式曾经在欧美、日本非常流行，很多电视台会开辟一个电视购物频道进行产品直销。由于可以进行产品展示和试用且产品价格较低，电视直销取得了很好的效果。家庭日用品、家电和运动器械等经常采用电视直销的方式。

3. 邮寄直销

这种方式 20 世纪 80 年代在美国非常盛行，一些知名企业，如维多利亚的秘密、西尔斯百货公司等的发展都得益于邮寄直销。我国的凡客诚品最开始的运营方式也是邮寄直销。企业通过邮寄产品目录等给消费者，激发消费者按照目录上的购买电话或者网址下单购买产品。其中邮寄产品目录给消费者的方式称为目录营销。

4．直接反应广告

直接反应广告是一种鼓励消费者直接向生产商购买产品的广告形式。随着网络技术的发展、信用卡支付和电子支付等支付手段的完善，直接反应广告的效果愈发明显。这种直接购买方式为企业节省了渠道成本，也为顾客节省了费用和精力。戴尔电脑采用的就是这种方式。

5．基于互联网及新媒体技术的新型直销方式

近年来，随着互联网及新媒体新技术的普及、发展和深化，企业或者个体经营者开始采用新的媒介形式进行直复营销。例如，通过互联网进行的电子邮件直销，通过手机进行的短信直销，通过自媒体平台进行的微博直销、微信直销等。此外，网络直播带货也成了目前比较重要的、有效的直销手段。与传统直销方式相比，这些新型直销方式具有互动性强、实效性强、灵活多变、覆盖率高等特征。

（二）直复营销特征

直复营销被看作是一种借助通信手段进行的推广销售方式。电话和目录邮寄都需要具体的电话和地址，而且是一对一的销售，因此直复营销通常被界定为一种人际沟通方式。它的优势是易于准确地评估效果，易于形成重复购买，易于提高顾客忠诚度；相比广告和其他方式，直销的成本较低。

直复营销的劣势主要表现在：（1）需要建立顾客数据库，这是实现直复营销的基础和前提条件；（2）有些直复营销方式的消费者反馈率较低，如由企业拨出的推销电话、发送的短信、开展的电视购物等。因此如果过于依赖直销方式，会对企业经营产生负面影响。

五、互联网营销

互联网营销（Internet marketing）又称为网络营销，是以国际互联网为基础，利用数字化的信息和网络媒体的交互性来辅助营销目标实现的一种促销方式。互联网是一个整合平台，所有的促销方式都有其网络形式，如网络广告、电子优惠券、网络直播、头条新闻等。

1．互联网营销的优势

互联网营销的优势与互联网的本质特征息息相关，具体如下：

（1）交互性。互联网最大的优势是信息互动传播，用户可以获取他们认为有用的信息，企业也可以随时得到用户的反馈意见。

（2）实时性。企业和消费者之间的互动可以是实时的、动态的，有利于企业及时解决问题，调整经营决策。

（3）传播范围广泛。使用互联网传播信息是跨地区、同步的，传播范围极广。

（4）受众数量可准确统计。

（5）针对性强。网络用户群体特征明显，便于企业找到目标客户，进行精准营销。

（6）形式多样。互联网营销的表现形式包括动态影像、文字、声音、图像、表格、动画、三维空间、虚拟现实等。从目前的网络营销实践来看，短视频营销将是网络营销的重要增长点。

（7）信息资源容量大且具有开放性。

（8）具有可重复性与可检索性。

（9）价格优势。互联网营销的费用较低。以广告为例，获得同等的广告效应，网络广告的有效千人成本远远低于传统广告的每千人印象成本。

2. 互联网营销的劣势

和其他促销手段一样，互联网营销也有明显缺陷，具体如下：

（1）互联网上的信息多，企业进行促销时，效果不容易显示出来。

（2）互联网上的信息刷新快，企业进行促销时，会出现信息尚未抵达消费者就在传递途中被其他信息覆盖的情况。

（3）互联网是目前市场占有率最高的广告媒体，是企业进行广告活动的首选媒体，虽然互联网营销成本较低，但竞争激烈会引发广告价格的上涨，同时有效位置稀缺。

（4）互联网的信息范围广，受众的注意力容易被分散，影响其对产品信息的接收。

（5）互联网的监管不足，真实信息与虚假信息混杂，致使有些消费者对网络信息信任度不高，或者是需要花费很大的精力和认知资源去甄别，不易形成购买决策。

其他互联网相关内容见第 12 章第 4 节。

第 4 节　整合营销沟通与现代广告

一、广告概述

（一）广告的界定

根据美国市场营销协会的定义，广告是指由明确的广告主（如企业）在付费的基础上，采用非人际的大众传播方式，面对广泛人群进行产品、服务、观念等的信息传递的一种说服方式。目前，该定义被认为是最为权威，也是使用最广的定义。该定义的核心内容包括：

（1）广告是一种付费的传播方式。

（2）广告主在广告中应该被清晰识别。

（3）广告是一种目标驱动的、战略性的传播方式。

（4）广告可以影响广泛的潜在消费者或者目标人群。

（5）传统广告是一种非人际的传播方式，是一种单向的大众传播方式。

（二）广告的特征

1. 广告具有投入产出的特点

广告是一种经济形式，因此具有一切经济活动所具有的投入产出的特点。在广告实践中，广告投入包括用于调研、创意、制作、投放以及广告效果测量的所有费用的总和。广告产出包括认知导向的广告产出和行为导向的广告产出两类。

2. 广告必须明确广告主

任何广告都必须明确广告主，即为推销商品或服务，自行或委托他人设计、制作、代理发布广告的法人、其他组织或者个人。这样做的意义在于一方面能使消费者放心购买商品，另一方面如果出现欺骗性广告，容易追究广告主在法律与道义上的责任。

3. 广告需要投入

广告投入已成为企业的一种必要投入，它是市场经济中商品流通费用的一部分。广告主发布广告需要投入费用，用于调研、创意、制作、投放以及广告效果测量，这些费用统称为广告投入。为了提高销售额并树立企业形象，企业需要每年保持一定数额的广告投入。

4. 广告是通过大众传播媒介进行传播的

大众传播媒介是指在信息传播过程中处于职业传播者和大众之间的媒介，包括报纸、杂志、广播和电视四大传统媒介以及互联网和手机两大新兴媒介。

5. 广告是对特定受众的信息传播

广告并不是针对所有人的信息传播，而是针对特定的目标受众的信息传播。广告主应该重视目标受众的特点及心理特征，以尽可能少的广告支出获得尽可能大的广告效果。

6. 广告必须传递准确的信息

在消费者占据主导地位的时代，广告是广告主借助大众传播媒介向目标受众传递产品和品牌信息的载体，所传递的信息必须是准确的。

7. 广告是一门说服艺术

广告的核心目标应该是说服，即通过广告使目标受众记住、接受、理解并相信广告所要传递的内容。广告说服力的形成与整个广告活动有密切关系。

8. 广告具有特定的内容

对于企业来讲，这些特定内容可以是其售卖的产品和服务，也可以是其宣传的理念和观点。根据内容的差异，广告分为商业广告和企业广告，前者侧重于宣传企业的产品或服务，后者侧重于宣传企业的理念和形象。

9. 广告是受管理的信息传播活动

在企业内部，广告是企业经营管理的一部分，广告活动要服从企业的经营战略和营销战略，接受企业营销部门的统一管理。在企业外部，广告是一种社会经济活动，要遵守法律法规，要接受消费者组织的监督和道德的约束。

关于广告特征更详细的介绍见第 2 章第 2 节。

二、整合营销沟通视角下的现代广告

（一）一般意义上对广告的理解

现代广告主要发挥了以下五个方面的作用：

第一，创建产品和品牌的知名度。广告作为一种信息传播方式，以其大众媒体的优势，可以将新产品和新品牌的信息传递给消费者，促使消费者识记品牌，从而提高产品和品牌的知名度。

第二，塑造品牌形象。品牌形象是存在于人们心里的关于品牌的各要素的图像及概念的集合体。任何事物都有形象，品牌也不例外。品牌形象不是固有且不变的，而是消费者联系产品的质量、价格、历史等形成的综合印象。融合了经济性和艺术性的广告对塑造品牌形象起到了至关重要的作用。

第三，提供产品和品牌的信息与知识。作为一种信息载体，广告也是企业能够创造的接触点，广告的首要职责便是向消费者提供相关产品和品牌的信息与知识，协助消费者更好地做出购买决策。

第四，提高消费者对品牌的偏好。优秀的广告，特别是使用情感诉求的广告，可以提高消费者对品牌的偏好。

第五，促进消费者形成购买决策。广告为消费者提供了产品信息，传递了情感因素，还提供了购买理由，便于消费者形成购买决策。

（二）整合营销沟通视角下对广告的理解

IMC 的作用越来越重要，最主要的原因是 IMC 在建立和保持品牌识别与品牌资产上做出了巨大贡献。在市场竞争激烈、消费者成熟的环境下，品牌对一个企业保持竞争优势、获得成功、保持可持续发展态势是必不可少的。

IMC 视角下，所有的营销组合和促销组合都不再是独立的个体，尤其是促销组合手段，广告也不例外。只有将它们系统地、有机地、有目的地整合在一起，才能形成一幅拼图。从 IMC 视角，这幅拼图就是企业和品牌形象，是品牌资产的核心要素之一。

基于上述思路，除了广告传统的功能和作用外，还应该从以下角度理解广告。只有这样才能正确实施广告，确保有效地执行 IMC 策略。总体来讲，因为市场环境的变化，对广告的认识需要发生根本的改变。本书将其总结为“两低一高”，具体内容如下：

1. 降低对广告“全能”作用的认识

IMC 中的核心概念整合反映了认知心理学里的认知模型。基于认知模型，我们对广告的理解发生了根本变化，广告不再是解决企业一切问题的“全能王”。换言之，广告发挥的作用是有限的，可以解决企业的某些问题，如提高知名度，但不一定能解决企业的另外一些问题，如扩大产品销量。从这个思路出发，企业对广告目标的制定、广告策略的执行以及广告效果的评估都应该更具目标导向。

根据认知模型，消费者行为包括认知、态度和行为三个基本元素，其中行为发生变化往往是由于前两个元素发生了变化。放到营销环境里，消费者在认知层面上知道了某品牌产品，获得了相关产品知识，这是消费者购买该产品的前提条件；当消费者的态度层面也发生了变化，如对该品牌产品产生了喜爱之情、购买偏好等，他们就更可能去试用和使用该产品。换言之，如果消费者对某品牌产品经过了认知→态度的路径的话，他们最终的购买行为更易发生，也更易重复购买。

在上述过程中，不同的营销沟通手段的作用存在差异。例如，广告对认知层面的影响最大，即广告有利于提高知名度和增加产品知识；公共关系对态度层面的作用最大，即公共关系活动等有利于塑造、保持以及扭转消费者对品牌的喜爱程度和偏好；销售促进对行为层面的影响则最大，即销售促进可以提高即时销售额。但仅靠销售促进激发消费者的购买决策，与经由认知→态度→行为的路径而做出购买决策相比，前者的购买行为往往是即时的，无法建立品牌忠诚度。

2. 降低对广告“独大”地位的认识

IMC 视角下，广告很难再一家独大。从营销和广告的发展史来看，从 20 世纪 50 年代开始，广告就成为企业最重要的促销手段，很多企业的营销预算就是广告预算，这是由当时的市场情况决定的。但是在如今的市场环境下，消费群体越来越小众——无论是消费习惯还是媒体使用习惯都更加细分，如果企业还是以广告这种大众传播方式去说服更加细分的消费群体，就会出现过度覆盖现象，造成巨大的浪费。

从接触点出发，也说明企业应该降低广告的独大地位。接触点是 IMC 理论中的核心概念。很多企业目前都是从受众接触的角度来制订整合营销沟通方案的，可见接触点管理的重要性。接触点分为四类，分别是企业创造的接触点、固有接触点、非预期接触点以及顾客自主生成的接触点。广告隶属于企业创造的接触点。如果企业仅重视广告的使用，一方面广告的费用仍旧是所有促销手段中最高的；另一方面企业通过广告仅管理了四种接触点中某一种的一部分，会出现媒体选择中需要避免的部分覆盖现象。可见，这不是一个经济效益良好的投入，更不是一个有效的媒体策略。

类比来看，广告和其他五种主要的促销手段都是拼图里的一小片，单独使用哪一片都无法构成图画，即品牌形象；整合使用，也需用好每一小片，放在它应该出现的位置，才能拼成一幅有意义的图画。反之，如果企业没有一张事先设计好的图而进行“盲拼”，其结果是耗费了大量的资源却不知能否拼成一张图或拼成一张什么样的图。从这个角度来讲，IMC 既是一个系统工程，又是一个企业战略问题。

3. 提高对广告“协同”功能的认识

IMC 视角下，广告不仅要发挥传统功能，更应该发挥协同功能。利用自身特质，广告可以是一个信息整合平台。例如，销售促进的信息可以以广告的形式发布；公共关系活动可以在广告中预告；微信公众号既是信息发布平台，又是关系维护平台；短视频既可以用来讨论热点话题，又可以成为汇集粉丝的工具，还是展示发布者的一种广告方式；体育赛事赞助既促进销售，又积累粉丝，还是赛场上耀眼的广告等。

在瞬息万变的市场环境中，随着 IMC 理论与实践的深化以及数字媒体的高速发展，包括广告在内的所有促销手段之间的界限会越来越模糊，其发挥的功能和作用也会越来越多样和多变。

案例分析

百威啤酒 FIFA 世界杯之旅：2018 vs. 2022

每一届世界杯都很热闹。不仅可以看到多支球队之间的竞争，还可以看到很多品牌都在竞争成为赞助商，以获得在世界杯上亮相的机会。业界一直认为与顶级体育赛事的合作能扩大品牌影响力。以 2022 年世界杯“抖音”的观看数据为例，2022 世界杯累计直播观看人次达 106 亿，用户直播总互动 13 亿。从决赛数据来看，2022 世界杯决赛直播观看人数达 2.3 亿，最高同时在线人数达 3 706 万，边看边聊的参与人数达 492 万。边看边聊累计参与人数 1 753 万，赛事直播间累计分享人数 2 608 万，无障碍字幕直播间累计观看人数达 1 905 万。但是，很多时候因为客观环境因素，体育营销也并不一定都会带来可观的企业收益。

百威啤酒常年活跃于各大顶级体育赛事，其间有过成功也有过失败。

2018 年百威啤酒：“FIFA 世界杯燃起来”全球营销战役

作为 2018 年俄罗斯世界杯官方指定啤酒赞助商，百威啤酒正式启动以“FIFA 世界杯燃起来”为主题的全球营销战役。广告主题“FIFA 世界杯燃起来”的潜台词其实是“百威给世界杯助燃”。通过将百威和看球时的激动心情联系起来，为百威注入情感体验，进一步强化百威的存在感。同时百威希望通过系列活动，在世界杯期间点燃全球球迷狂欢能量、共享世界杯的激情与热力。

（1）全球视频广告宣传片。百威在全球范围内推出科技感浓厚的广告宣传大片《FIFA 世界杯燃起来》，打造了耳目一新的酷炫啤酒配送方式，特别呈现 15 秒、30 秒和 90 秒 3 个版本给消费者。大片聚焦数千架无人机的非凡征程：无人机携带着百威啤酒，从位于美国圣路易斯的酒厂发出，一路飞往莫斯科，为世界杯足球场上的球迷送上百威啤酒。90 秒加长版刻画了代号为 Bud 1876 的无人机英勇无畏的冒险征程，它一路克服了重重戏剧性的障碍，飞越全球多个城市，途经里约、上海，最终顺利抵达莫斯科的卢日尼基球场。Bud 1876 将一瓶百威呈递给了场内最后一位尚未拿到啤酒的球迷。该视频在全球 50 个国家和地区播放，覆盖电视及各大线上平台。百威鼓励球迷积极参与社交媒体平台的互动，加入“FIFA 世界杯燃起来”的活动中。

（2）百威“燃光杯”。与以往针对世界杯推出的特色酒杯不同，百威“燃光杯”可以通过声音来激活点亮，随着球迷们的欢呼呐喊声愈发热烈，“燃光杯”将更高频地闪动，生动形象地呈现球迷们的无限热情。在世界杯期间，800 多万只百威“燃光杯”在 50 多个国家和地区被点亮。针对每场比赛，百威在全球推出不同语言版本的 70 多款“燃光杯”与全球消费者见面。例如，百威中国特别推出限量世界杯主题国家瓶，巧妙地在瓶身设计上融入各个国家队元素，让中国球迷为 FIFA 世界杯尽情助威。

除了全球广告大片与百威“燃光杯”，百威还为中国消费者带来了更多惊喜。不但邀请歌手倾情演绎中国特别版宣传片，还推出限量世界杯主题包装。在世界杯期间，百威还在全国 15 个城市与顶级酒店合作，推出“露台观赛派对”，为消费者提供最燃观球体验。

“世界杯是全球观众数量最多的体育赛事之一。对百威而言，这是一个让我们和全球数十亿热情球迷互动互联的绝佳机会。百威此次世界杯营销活动的规模和盛况都是公司历史上前所未有的，我们希望借此契机让全世界球迷通过啤酒紧密联结在一起，分享足球热情。”时任百威英博全球首席营销官傅玫凯（Miguel Patricio）说，“欢乐庆祝、积极乐观和高端体验是百威品牌必不可少的元素，消费者也将在今年世界杯期间的系列活动中持续体验到这些元素的魅力。”

2018年俄罗斯世界杯期间，得益于世界杯的拉动，百威啤酒在美国范围外营收增长了10%。

2022年百威啤酒：当啤酒品牌遇上了禁酒令

2022年世界杯在卡塔尔举行，这是新冠疫情以来的第一场世界杯，全球观众都异常期待。百威啤酒提供了7 500万美元的赞助，取得了在世界杯比赛场次前3小时及赛后1小时期间独家销售啤酒的权利。为此，百威推出了系列营销措施，包括发行“世界杯版国家罐”等。

然而，就在世界杯正式开赛前夕，国际足联突然宣布，与主办国协商后，在世界杯期间，8个比赛场馆及周边区域将禁止向球迷出售酒精饮料。因为卡塔尔盛行伊斯兰教并且总是避免饮酒。即使人们想喝酒，也不能在公共场合喝酒，否则就是违法的。

但是，国际足联也指出，不含酒精的啤酒是可以正常销售的。因此，在世界杯比赛的场边广告牌上，百威的广告展示时，红底白字，有时写的是“Budweiser”，有时后面还跟着一个“ZERO”。根据国际足联的说法，百威旗下的0酒精啤酒“Budweiser ZERO”的销售不会受到影响。但这对百威的销售贡献实在有限。受法令限制，本届世界杯期间，百威无法进行啤酒售卖。百威发言人公开回应称：“情况超出了我们的控制，一些计划中的体育营销活动无法推进。”

2023年1月初，百威啤酒计划通过诉讼弥补因场馆禁酒令造成的损失，诉讼总额为1.74亿美元，包括合同成本、生产成本、物流成本以及利润损失。

资料来源：http://www.sohu.com/a/230929572_100103636；https://m.sohu.com/a/618146468_121419873/；https://baijiahao.baidu.com/s?id=1752865082657137840&wfr=spider&for=pc；https://www.baijiahao.baidu.com/s?id=1754194009161375021&wfr=spider&for=pc.

讨论题

1. 试分析百威啤酒在2018年全球营销战役中通过哪些手段与消费者进行了沟通。还可以通过哪些手段促进营销目标的实现？
2. 以百威2022世界杯之旅为例讨论企业应该如何应对突发的环境因素造成的影响。
3. 对比百威2018和2022世界杯之旅，讨论企业营销活动的影响因素及解决方案。

基本概念

企业广告（corporate advertising）
企业社会责任（corporate social responsibility）
直复营销（direct marketing）
整合营销沟通（integrated marketing communication）

互联网营销（Internet marketing）
人员推销（personal selling）
售点促销（point of sales）
公共宣传（publicity）
公共关系（public relations）
拉式策略（pull strategy）
推式策略（push strategy）
销售规划（sales planning）
销售促进（sales promotion）
赞助（sponsorship）
接触点（touch points）

思考题

1. 浅析整合营销沟通的核心思想。
2. 公共关系的内容主要包括什么？公共关系在整合营销沟通中的作用体现在哪些方面？
3. 什么是销售促进？销售促进的手段有哪些？
4. 举例说明整合营销沟通在中国企业发展中发挥了什么作用？

第2章
广告导论

学习目标

- 掌握广告的定义、特征与分类。
- 理解广告的交叉学科属性。
- 理解广告的作用。

现代广告学是一门综合交叉学科，它包含很多学科的研究成果和相关理论，至少涉及以下几个学科：传播学、心理学、市场营销学、美学以及艺术学。为了对广告学有更全面的认识，本章将从广告与市场营销的关系视角出发对现代广告学进行介绍，从中发现广告与营销的内在一致性。

我们首先介绍广告学的研究对象和内容，其中包括广告的定义；其次介绍广告的特征、分类及作用。

第1节　广告学的研究对象与内容

"广告"一词源于拉丁语 advertise，有"注意""诱导""广而告之"的意思。汉语中"广告"一词的主要意思就是广而告之。但事实上，并非所有被广而告之的信息或事物、所有能进行广而告之的工具都称为广告，而且广告也并不是简单的广而告之。因此，在全面系统地对现代广告进行研究之前，首先应明确它的性质与定义及广告学的研究对象与内容。

一、广告的性质与定义

（一）广告的性质

1. 广告的一般性与特殊性

广告首先是一种传播方式，其涉及的传播问题具有一般性。鉴于其一般性，早期学术界和业界都将广告学划分为新闻传播类学科，广告学的核心内容是广告信息的传递。

然而，并非所有的传播方式都是广告，广告具有自身的特殊性，因而广告学被认为是研究广告传播特殊性的学科。近年来，随着对广告学特殊性的重视，学术界和业界扩大了广告学的外延，即广告学的核心内容不仅是信息传递，而且是企业通过提高广告的投入产出比来实现其营销目标的一种重要的经济现象。广告学的核心内容已经由一种传播方式扩展为经济领域的一种现象。

2. 广告的本质是一种经济现象

广告的本质是一种经济现象，它具有一切经济活动所具有的投入产出特征，这也是界定广告的出发点。

首先，广告是一种付费的信息传播方式，只有当某种信息传播方式与企业经营活动挂钩，并且本身具有投入产出特征时才构成广告。非经济性的广而告之，如政府公告，文化教育机构的启事声明，防止空气污染、增进公共福利等的社会公益性宣传，都不能称为纯粹的广告。虽然它们具有广告的部分特征，但并不具有广告的本质特征。所以，我们把这种不以盈利为目的的广告统称为广义广告、公益广告或者公共服务公告（public service announcement，PSA）。在绝大多数情况下，如果没有在广告前加特定定语，则广告泛指以盈利为目的的、付费的、属于经济现象的商业广告。

其次，当新闻具备广告的本质特征时，新闻也可看作是一种广告形式。新闻可以用来宣传企业，有时一条新闻会使一个企业兴旺或衰败。但不能由此认为新闻是广告的一种类型，因为新闻不与企业的投入挂钩。近年来，有些企业把新闻也看作广告的一种形式并称之为软广告（soft advertising/advertorial）。除了因为新闻的传播功能以及新闻会给企业带来经济效益外，另一个原因在于新闻报道有时与费用索取联系在一起。在这种情况下，这种报道已不是新闻，应视为广告，是一种采用新闻形式的广告。

3. 广告是属于经济领域的现象

首先，明确广告是属于经济领域的现象有利于在理论上把握广告的本质特征，避免将广告看成纯艺术、纯传播、纯信息的问题。当然，正是因为广告具有信息传播和表现艺术的特征，才使得它区别于其他经济活动和营销活动。其次，明确广告属于经济领域的现象有利于在实践操作中纠正错误认识。例如，企业应该考虑的不再是做不做广告，而是如何做好广告的问题。再如，企业应该把广告费用列为投资支出，继而核算成本，计算投资收益，实现对广告的科学管理。最后，明确广告是属于经济领域的现象对于工商行政管理部门界定一种活动是不是广告具有重要的实践指导意义。

4. 广告具有社会价值，也要讲舆论导向

广告除了具有经济价值以外，还应该具有社会价值。换言之，广告不仅能够用来宣传和售卖产品，还是一种宣传方式，是传递价值观的载体之一。因此，好的广告不仅有助于企业销售产品，而且能够服务于社会，弘扬正确的舆论导向，宣传社会主义核心价值观。2016 年习近平总书记在党的新闻舆论工作座谈会上指出，“新闻舆论工作各个方面、各个环节都要坚持正确舆论导向”“副刊、专题节目、广告宣传也要讲导向”。广告经营作为媒体工作的重要一环，也应该旗帜鲜明地“讲政治、讲导向，始终坚持正确的政治方向和舆论导向”，为引领社会风尚、普及主流价值做出重要贡献。

（二）广告的定义

对广告进行界定反映了人们对广告特点和性质的认识。20 世纪 60 年代以来，国内外学者对广告的认识经历了一个从部分认知到完整了解的演化过程。

1. 国内业界和学术界对广告的界定

国内广告业界长期以来都是以广告在《辞海》中的定义为标准定义，根据《辞海》，广告指的是向公众介绍商品、报道服务内容或文娱节目等的一种宣传方式。虽然该定义在相当长的时期内产生了很大影响，但是从今天的业界实践视角来看，该定义具有一定的片面性，因为它仅强调了广告是一种信息传播方式，并未探讨其本质、来源以及组成部分。

除了业界，国内广告学术界对广告也进行了界定，目前主要采用的是唐忠朴在《实用广告学》一书中的定义。根据《实用广告学》，广告指的是通过一定的媒介平台和媒体渠道，把有关商品或服务的知识和信息有计划地传递给观众（或消费者）的一种宣传方式，其目的在于扩大商品和品牌的知名度与影响力、促进销售、影响舆论。该定义不仅强调了广告是一种信息传播方式，而且明确了广告的部分核心特征，如计划性，目标人群（或受众人群）以及广告与企业经营、品牌影响的关系。

2. 国外对广告的界定

国外广告学术界从不同的视角出发也对广告进行了界定，其中较为通用、广为人知的定义分别来自哈佛企业管理丛书中的《企业管理百科全书》和美国市场营销协会。根据《企业管理百科全书》一书，广告指的是为了付费的广告主（如企业）的利益，针对目标人群，寻求有效的说服手段销售商品、服务或观念的一切销售信息。该定义由于涵盖了较为全面的广告的构成部分而被学术界和业界广泛接受。此后的关于广告的定义都与此定义有重叠。因此，该定义也被认定是最具有代表性的定义之一。

近年来，国外广告学术界主要采用美国市场营销协会提出的广告定义。美国市场营销协会认为，广告是指由明确的广告主（如企业）在付费的基础上，采用非人际的传播方式，即大众传播方式，面对广泛人群进行产品、服务、观念等的信息传递的一种说服方式。目前，该定义是最权威，也是采用最广的一种定义。

3. 广告定义的共同特征

尽管国内外广告学术界对于广告的定义并未统一，但各种定义存在一些共同的特征，具体如下：

（1）广告是一种付费的传播方式，其费用包括制作费用和购买时间、版面的费用。

（2）广告的付费方即广告主（如企业）在广告中应该能清晰识别。

（3）广告是一种目标驱动的、具有战略性的传播方式，例如有些广告的目的是传递产品、服务以及品牌信息，有些广告的目的是影响消费者的购买行为。

（4）广告可以影响范围广泛的潜在消费者或者说是目标人群。

（5）传统广告是一种非人际传播方式，即信息在传播过程中是单向的，缺乏目标受众与广告主（如企业）之间的互动。然而，依赖于互联网等新媒体形式的广告，由于这些媒体平台本身具有的互动性、多元性与及时性，新媒体广告（如互联网广告、手机App 广告、短视频广告等）突破了传统媒体的单向传播的局限。

二、广告学的研究对象与内容

广告作为一种经济现象，同其他经济现象一样，具有特有的活动方式和内在的运行规律。了解和掌握这些方式、特点与规律有利于引导、改善和优化广告效果。由于广告具有投入产出的性质，因此成功的广告不再是简单的信息传递，而是能够给企业带来可观的经济效益。成功的广告需要关注五个方面的问题，包括：（1）对谁广告（to whom）；（2）广告什么（what）；（3）怎样和在哪里做广告（how and where）；（4）什么时间投放广告（when）；（5）由上述问题带来的广告管理问题。这五个方面也是广告学的研究对象与内容。

（一）对谁广告

现代广告学需要关注的第一个问题就是广告对象，即明确对谁广告。作为经济现象的广告不是面向所有人群的信息传递，而是针对特定对象进行的有目的的信息传递，这些特定对象通常称为目标受众或者目标人群。广告目标受众的选择是由企业的战略、经营目标及目标市场决定的。明确目标受众是确定广告主题、进行广告创作表现、选择广告媒体渠道等问题的前提条件，也是最终评价广告效果的依据之一，因此对谁广告是第一个需要关注的问题。

从表面上看，对谁广告是一个简单和易解决的问题。在实际操作中，对谁广告却具有复杂性和多样性，原因如下：

1. 广告的一般性与特殊性之间存在冲突

广告的一般性是指广告首先是一种信息传播方式，因此广告应该具有美学特征和艺术表现形式。广告的特殊性是指广告同时是一种经济现象，因此广告需要促进企业经济效益的增长。然而在实际操作中，广告的一般性与特殊性之间往往存在冲突。主要体现在如果企业过于关注广告的美学特征和艺术表现形式，将广告当作纯艺术作品来创作，就会忽略了广告与经济效益之间的关系。

例如，日本汽车制造商日产（Nissan）发布的“享受旅程”（“Enjoy the road!”）系列平面广告一改汽车广告以性能为卖点的传统，采用幽默卡通故事进行产品宣传。该广告获得了奖项，然而，从后续的销售数据来看，该广告并未提升到店人数和销售额。该案例反映了现代广告实践中最常见的问题——把艺术创作与最终销售割裂的广告多数是不成功的。

2. 广告的目标受众与企业的目标市场的范围存在差异

虽然广告的目标受众是由企业的目标市场决定的，但是广告的目标受众并不能完全等同于企业的目标市场。

首先从质上看，企业的目标市场强调的是企业的产品或服务的使用者群体，而广告的目标受众往往不仅包含使用者群体，还包含实际购买者群体。因此，广告需要同时说服使用者和购买者。然而在很多情况下，产品或服务的使用者和购买者并不一致，如果广告只倾向于其中一方可能会造成广告效果的偏差。例如，在某次广告创作评奖中，获一等奖的是一个关于儿童铅笔的广告，该广告设计得古典淡雅，符合购买者成年人的审美特征，却忽略了使用者儿童的审美特点。

其次从量上看，广告的目标受众可能大于或小于企业的目标市场。如果企业的目标市场中一部分人已非常熟悉本企业的产品或服务，那么在一定时间内，这部人可以不作为广告的目标受众看待，广告对象则是企业目标市场中的其他潜在消费者。

（二）广告什么

广告学需要关注的第二个问题就是广告内容，即明确向受众传播什么信息，这是现代广告学要研究的最重要的问题之一。学术界对于应该广告什么进行了广泛的讨论和调查研究，提出了以下四个方面的广告内容。

1. 广告采用的独特销售主张或卖点的扩展性

独特销售主张（unique selling proposition，USP）或者卖点（selling point）是指广告在面向目标受众传递信息时强调的主要内容。早期的广告内容主要侧重于产品的属性特征，即硬性卖点（hard selling）。例如手表走时准确、冰箱可以制冷、空调可以降温或者取暖等。这样的广告内容的优势在于能够在 30 秒标准电视广告时长里让目标受众对该产品有直观而清晰的了解，劣势是如果仅局限于产品属性或者特征的介绍，本产品在同类产品中的辨识度不高。为了扬长避短，近期的广告在突出产品的属性等硬性卖点的同时，开始强调生活方式等软性卖点（soft selling）。例如，宝马广告既展现了该产品具备良好的驾驶性能，又突出了该产品所隐喻的成功人生。上述广告在内容上实现了从硬性卖点到软性卖点的扩展，提高了产品和品牌的辨识度，有利于企业在激烈的市场竞争中脱颖而出。

尽管突出独特销售主张或者卖点是广告的主要特征，但应该避免在一个标准时长的广告中传递多个卖点，无论是软性卖点还是硬性卖点。有些电视广告试图在短短 30 秒内告诉消费者一种商品的诸多属性或者特征，其效果往往不佳。从消费者处理信息的视角来看，多种信息同时需要处理往往会引发消费者认知资源耗竭或者惰性心理，继而导致信息接收失败。广告学术界就此提出了广告内容应该“一时一事”的主张，即在 30 秒标准电视广告时长里传递单一卖点，从而有利于目标受众处理该条广告信息，继而影响其后续的行为反应。

对于“一时一事”原则也存在反对意见，有学者认为在广告中只突出一个元素既不能完整反映该产品具有的优势，也不够经济合算，因此提出了“概念赋予式广告”来解决这个问题。例如，雀巢公司在广告中赋予其产品“味道好极了”这样一个概念。一方面这是一个概念，符合“一时一事”原则，可以助力消费者对该广告信息的加工处理；另一方面，该概念的内涵具有多样性，即消费者在看到或者听到“味道好极了”这样一句广告词时会有不同的解释，如口感润滑、口味纯正、无与伦比等。

2. 广告内容的艺术性与经济性的平衡

广告学术界对于平衡广告内容的艺术性与经济性的认识反映了对于广告从一般性到特殊性的认知演进过程。在早期的广告实践中，较为普遍的现象是把广告的重点放在艺术表现的创意上，忽视了该产品或者品牌应该体现的主题和内容。一些广告公司将广告看作艺术作品，提出其服务宗旨就是创意，忽视了广告的经济性特征。现代广告学界强调广告的终极目标是促进产品销售并塑造品牌形象，这样的终极目标使得广告成为重要的市场营销手段。

基于广告的终极目标，设计广告时需要回答两个问题：消费者为什么买这种产品，而不是其他同类产品或替代品？消费者为什么买这种品牌的产品，而不购买其他同类品牌的产品？回答这两个问题的过程就是广告公司对该产品有别于其他产品或者品牌的独有特征的提炼过程，继而形成广告卖点的雏形。在此基础上，结合创意与艺术设计形成广告，将产品卖点有效地展示给广告的目标受众。

3. 广告内容的延续性

在近年来的广告实践中，我们经常看到一些企业因为做了某个广告而声名鹊起，但很快就悄无声息。这些案例反映了现代广告界经常遇到的问题——广告内容是否有延续性。企业树立品牌形象一方面需要长期传递相同的信息，另一方面也要克服相同信息的重复出现所引发的消费者感官适应。从消费心理的视角来看，当人们长期接收到相同内容的信息时，就会产生感官适应，从而导致对该信息内容熟视无睹。因而企业在进行广告设计的时候，既要考虑广告内容在一定时间内的一致性，也要考虑其主题与卖点的新颖性。两者同时考虑体现了广告内容的战略性延续。

4. 科学地确定广告内容具有重要的理论与实践意义

对广告内容进行战略性思考，明确其扩展性、艺术性、经济性、延续性等特征，有利于企业开展良性健康的市场营销活动。近年来，我国部分企业在营销和广告中缺乏战略性思考，出现了在“波浪”中艰难前行的局面。换言之，企业做广告，销售量就上升；广告一停，销售量马上直线下降，于是再进行广告投入（见图2-1）。

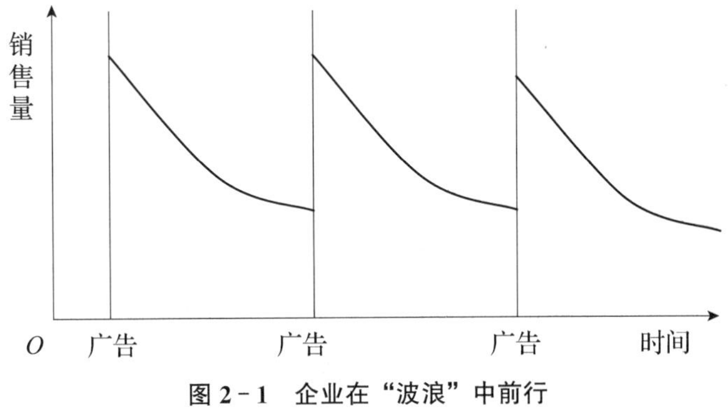

图2-1　企业在“波浪”中前行

同理，从产品生命周期的视角来看，企业在“波浪”中前行所反映的广告投入和销售额之间的不良发展模式也会对产品的发展产生不利影响。对新产品来说，始终无法进入成熟期；对已进入成熟期的产品来说，“波浪”中前行意味着产品生命周期的缩短，更不要说进入衰退期的产品了。

上述现象与广告内容的确定关系密切。在广告是市场问题的前提下，如何科学地确定广告的主题和内容，是广告管理的重要内容，也是广告学的一个重要理论问题。

（三）怎样和在哪里做广告

广告学需要关注的第三个问题是如何表现广告主题和采用何种媒体渠道投放广告，即广告主题的艺术表现形式和广告的媒体选择。

1. 广告主题的艺术表现形式

通过科学的手段与分析可以确立广告的主题，但是要使广告主题被消费者接受，则必须依靠有效的艺术表现形式。广告主题解决的是“说什么”，而广告表现形式或广告创意解决的是“怎么说”的问题。“说什么”是科学问题，可以通过科学的理论与方法、严谨的市场调查进行分析确定；而“怎么说”是艺术问题，是通过恰当的美学元素、有效的广告创意而形成的，两者缺一不可。不同的“说什么”和“怎么说”会导致截然不同的广告效果。

广告的艺术表现形式是广告最终与消费者见面的形式，其好坏决定了广告活动的成败。从这个意义上说，广告的艺术表现形式或广告创意是广告活动的中心问题。广告艺术表现形式的失败意味着整个广告活动的失败，广告的前期调查、主题和内容的确定以及创意策划都变得毫无意义。同时，广告的后期传播也纯粹变成一种浪费，广告效果更无从谈起。正是基于上述原因，我国广告从业人员曾提出“以创意为中心”这一原则来服务于企业。换言之，广告的艺术表现形式既是广告活动中最具挑战性、最富创造力的部分，也是广告区别于其他经济或艺术活动的一个重要特征。与此同时，广告作为一种经济活动的特点也决定了广告必须同时面对目标市场及目标受众，不能闭门造车，仅局限于艺术创作。

2. 广告的媒体选择

广告设计并制作完成后，影响广告“怎么说”的另一个重要因素就是选择正确、有效的媒体渠道进行广告投放。在实践中，约有80%的广告费用用于媒体投放，因此正确地选择媒体渠道直接关系到广告投资能否产生效益和如何实现效益最大化。换言之，广告媒体选择是一个以尽可能少的媒体投入获得尽可能大的传播效果的策略，是广告“怎么说”的重要研究问题。

媒体选择主要关注以下两个问题，分别是：(1) 所选择的媒体的目标受众与企业的目标市场的吻合程度，吻合程度越高说明该媒体越合适，最佳的媒体选择是实现全面覆盖。(2) 所选择的媒体渠道的投放费用的成本效益，即印刷媒体的每千人印象成本（cost per mille，CPM）或者广电媒体的每收视点成本（cost per rating point，CPRP）。该成本是通过将媒体版面或者播放时间的费用与该媒体覆盖面或者收视率之间的比率乘以1 000而获得的。在其他因素相近的情况下，该数值越低说明该媒体选择的效益越大。

（四）什么时间投放广告

广告学需要关注的第四个问题是广告时间，即选择一个恰当的时机和具体的时间进行广告投放，时机或时间选择错误会导致整个广告活动不尽如人意或者失败。

1. 广告投放时机

时机（timing）是指客观存在的主观判断。基于这一定义，广告的投放时机既包括客观的时间，也包括主观选择的机遇。利用时机进行营销，业界称之为“借势营销”。例如，伊利借“冠军闪耀2022”限定包装，吸引大家点击展开奥运健儿的介绍并搭配虎年专属虎啸，为奥运健儿加油，借此献礼北京2022年冬奥会；Bilibili网站在2020年五四青年节时推出了《后浪》演讲，利用情怀制造了热点，《后浪》一出，B站股价一夜之间增长了5%；华特·迪士尼影片公司和华夏电影发行公司选择在2009年5月汶川地震一周年之际展映记录卧龙国家级自然保护区震前原生态的电影《熊猫回家路》。恰当的投放时机有助于目标受众产生联想，提升目标受众对品牌和产品的关注度，更好地接收广告主通过广告所传递的产品、企业以及品牌信息。此外，通过借势营销，企业的经济效益也会相应提高。广告作为借势营销的一部分，也发挥着相同的作用。

2. 选择广告投放时机的影响因素

广告投放时机的选择是一个战略性问题。为了确定恰当的投放时机，广告主应该考量以下三个方面：市场的总体情况和行业竞争态势，产品的属性、特征和所属的产品生命周期阶段以及外部环境因素。

首先，市场的总体情况和行业竞争态势对广告时机选择存在影响。一般情况下，广告主会采用“先入为主”的广告投放时机策略，因为消费者涉足某个新的消费领域时，往往会购买其首先想到的品牌。广告学者由此提出了先动效应（first mover effect），也就是先入为主。但是，如果企业的产品和品牌已经错过了先入为主的机会，该产品的广告无论在创意上还是时机上都需要另辟蹊径。

其次，产品的属性、特征和所属的产品生命周期阶段对广告时机选择存在影响。具体而言，是关于广告投放日程和投放频率的问题。广告投放日程又称作媒体排期，是指将一年的时间划分成不同的阶段，每个阶段执行不同的广告投放强度。按照强度的变化程度，投放日程分为连续式、起伏式、脉冲式三种形式。

连续式投放日程（continuity scheduling）是指广告主采用一种规则的、连续的且以同样的强度贯穿全年的广告投放方式。消费者日常使用频率较高的产品，如洗发水、食品等适合采用这种投放方式。

起伏式投放日程（flighting scheduling）是指广告主采用一种不规则的、间歇性且投放强度只体现在某些季节的广告投放方式。消费者使用的季节性产品，如冬季使用的滑雪用品、电暖器，夏季使用的电风扇、空调适合采用这种投放方式。

脉冲式投放日程（pulsing scheduling）是指广告主将上述两种方式进行整合后采用的一种广告投放方式，即广告主进行全年的广告投放，但是会在该类产品的消费高峰时期进行高强度的投放，在其他时段则进行少量的投放。如在节日期间巧克力广告投放力度会加大，在开学之际学习用品广告投放力度会加大等。

另外，广告投放频率与产品所属生命周期阶段密切相关。当产品处于导入期时，为了尽快将产品推向市场，让更多的消费者了解产品，广告投放的频率较高；当处于成长期和成熟期时，广告投放维持在一个稳定的频率，与其他的市场策略一起来维护市场份额、稳定客户群体；而当处于衰退期时，广告投放的频率锐减以降低成本。

最后，外部环境因素对广告时机选择存在影响。在营销领域中，外部环境通常包括政治与法律、经济、技术以及社会文化风俗，其中的社会文化风俗对广告时机选择的影响最为重要。如果广告主能够借助重要的、大型的、全国范围的主题活动进行广告投放，通常会取得良好的投放效果。例如，安踏在 2022 年北京冬季奥运会期间进行运动产品的广告宣传等。

（五）广告管理

企业只有对广告活动进行科学的管理，广告的策划与执行才能获得成功。从微观角度看，广告的科学管理依赖于企业经营管理的科学化，依赖于对广告活动特点和规律的认识。同时，广告管理的科学化也促进了企业经营管理的科学化。今天，广告已成为企业经营活动的一个必不可少的组成部分。从宏观角度看，还必须加强和完善有关广告的法律法规建设以及广告行业的自律意识建设，以保障广告主和消费者的合法权益，促进我国广告业蓬勃健康地发展。

广告具有四个基本的组成部分，广告的科学管理是对这四个组成部分的科学性的提升。

（1）广告策略。广告策略是指广告背后的逻辑和计划，用以指导广告制作的方向和焦点，每一个有效的广告都是对策略的完美执行。企业在进行广告设计和执行之前，会根据企业战略和市场营销策略制定广告策略，指出广告应该实现企业的什么目标，以什么方式、通过什么媒体渠道对消费者关注的问题与疑虑进行沟通。

（2）广告创意。广告创意体现了广告的核心内容，并以一种引人注目的方式展现出来，如苹果公司的“非同凡响”（think different）。

（3）广告执行。广告执行是指在策略和理念的指导下的细节实施，包括摄影和摄像、脚本、演员模特、录制环境等。企业往往会根据自己的广告预算对上述内容进行调整，以获得预算范围内的最好的实施效果。

（4）媒体选择。所有的广告信息都需要通过恰当的媒体渠道传递给目标受众，企业根据目标受众的情况选择合适的媒介形式。

三、广告学的理论基础

广告学是一门综合性的边缘科学，不仅涉及经济问题，还涉及社会和政治问题；不仅涉及美学和艺术问题，还涉及心理学、传播学、市场营销学等领域的问题。广告学要充分利用这些学科的交叉研究成果来推动广告学的演化和发展。

第一，广告学与市场营销学有着密切的联系。一方面，市场营销学的研究成果可直接运用于广告学。现代企业的营销思想，包括整合营销沟通策略、企业目标市场细分、选择与定位的理论和方法、全球化与区域化策略等，都是广告学可直接运用并进行研究的。另一方面，不同行业、企业或者商品的经营规律直接决定或限制了广告的传播、表现、创作的内容或形式，因而形成了各自特有的广告规律，如食品行业、药品行业以及争议性产品（烟酒）行业等。

第二，作为研究说服艺术的科学，广告学与心理学尤其是消费心理学有着密切的联系。心理学研究人类个体的心理活动的一般规律和特点，消费心理学则侧重于研究消费者在购前、购中和购后的心理变化和行为反应，以及影响购买决策的个体特质和环境因素。基于心理学和消费心理学，广告学研究如何运用这些规律和特点来实现说服目标。

第三，广告要利用各种艺术手段来实现其说服目标，因此广告学与美学、艺术以及平面设计有着不可分割的关系。同时有些优秀的广告还体现了文学、历史以及国学的精髓。文学与艺术通过自己特有的形式去影响、传达、感染，甚至支配人们的情感，并改变人们的观念和行为。基于上述交叉学科的优势，广告也正在形成自己独特的艺术特征。

第四，广告学还依赖企业经营管理学的研究成果来探索广告管理的方法和策略，实现广告的科学管理。例如，制定广告战略，做好广告调查和预算，取得尽可能大的广告效果等。此外，从整合营销沟通视角入手，做好广告与其他推广手段的整合，实现沟通的协同效应等。

第五，广告学的发展与科学技术的进步有着直接密切的联系。科学技术的发展一方面对广告的表现形式、创作构思等的变化和发展起着决定性影响，另一方面不断地为广告传播提供新平台和新方式。互联网及其相关新技术作为新型媒介形式，近年来以超常的增长速度、超强的互动性和信息更新的及时性，迅速成长为最重要的广告传播平台。在很多国家，基于网络的广告投入早已超过传统媒体广告的投入。同时，因为互联网的独特性，网络广告也运用了独特的诉求和表现方式，继而关于网络广告的学术研究也成为现代广告学研究中的重要组成部分。此外，科学技术的发展还为广告策略的制定、广告效果的测量、广告制作以及广告调研方法的丰富等提供了新的技术手段和保障。

综上所述，广告学呈现了交叉学科的特征，反映出当代学科发展相互渗透、相互作用的趋势。因此，广告学的发展既要依赖经济的发展，又要依赖上述相关学科的发展。广告学既是一门有自己独立研究对象和特定范畴体系的专门学科，同时又是一门综合性的边缘学科。广告不仅能够帮助企业获得经济效益，也能传递正确的舆论导向和价值观，帮助企业获得社会效益。

第2节 广告的特征

作为一门综合性的边缘学科的研究对象，广告具有九个特征。

一、广告具有投入产出的特点

广告是一种经济形式，因此具有一切经济活动所具有的投入产出的特点。在广告实践中，广告投入包括用于调研、创意、制作、投放以及广告效果测量的所有费用的总和。但是与广告投入有明确的界定相比，广告产出的界定仍存在很多争议，一方面在于广告自身的特点导致产出的测量指标的不确定性和不易衡量性，另一方面在于广告行业涉及的参与者众多，各自的权责不明确。

（一）广告产出的测量指标的不确定性和不易衡量性

在探讨广告产出的测量指标的不确定性和不易衡量性对于广告产出界定的影响之前，应该明确两个方面的问题，即广告产出了什么和产出的特征是什么。

1. 广告产出了什么

现代广告学术界认为，广告通常在商业环境中发挥七个方面的作用，包括打造产品与品牌的知名度、树立品牌形象、提供产品和品牌知识、说服受众、提供激励促进受众采取行动、提供品牌提醒、强化购后产品和品牌体验。这七个作用中的部分内容逐步演化为广告产出的主要内容。基于认知模型，上述广告产出可以分为两类，分别是认知导向的广告产出和行为导向的广告产出。

（1）认知导向的广告产出——包括品牌知名度、产品知识、品牌形象以及品牌提醒。认知导向的广告产出往往通过市场调研数据进行衡量。长期以来，广告学术界一直认为广告最重要的产出就是创建品牌，每一个广告必须首先为创建品牌做出贡献。著名广告大师大卫·奥格威有一句名言："每一广告都是对品牌形象的长期投资。"换言之，创建品牌是广告的责任。上述论述不仅强调了广告的结果，也强调了广告的系统性。我们将在后面章节对此进行详细介绍。

（2）行为导向的广告产出——包括受众采取的试用、购买行动以及对购后体验的强化。行为导向的广告产出往往通过销售数据进行衡量。广告学强调，广告除了提供认知层面的贡献，还必须使广告主的产品获得长期且稳定的销售成果，避免出现在"波浪"中前行的不良模式。长期稳定的销售成果依赖于广告整体策划的科学性和艺术表现的有效性。一般情况下，广告的短期效果比较明显，这是导致"波浪"产生的原因。绝大多数情况下，短期效果不是企业追求的效果，企业需要通过广告获得长期稳定的销售成果。同时，从产品生命周期的视角来看，新产品希望通过广告更快地进入成熟期；成熟期的产品希望通过广告尽可能延长成熟期并在竞争中获得优势。

2. 广告产出的特征是什么

了解了广告产出的内容之后就可以发现这些产出具备一定的特征，而这些特征决定了尽管广告是一种经济形式，但在某种情况下它是无法和其他经济形式一样进行准确测量和计算的，无论该产出是认知导向的还是行为导向的。

广告产出具有如下特征：（1）广告产出对企业利润的影响是间接的，很难完全准确地用利润来直接衡量。通常情况下，广告促进了销售额的增长，而销售额的增长带来利润的增加。（2）品牌的创立是长期的，广告的这种累积效果在短期内是无法用数字来衡量和计算的。（3）促进销售额增长的因素很多，广告只是其中之一。因此，销售额增长中广告到底起了多大作用，在技术上很难精准测算。近年来，随着科学技术和调查技术的发展，很多企业通过数学建模尝试对广告投入、销售额以及利润之间的关系进行准确测算。

此外，与广告产出的测量相比，广告的艺术表现形式的有效性更难量化测算。因此，广告表现的事前测试就显得极其重要，其基本原则是广告的艺术表现形式绝对不能由广告主的艺术偏好决定，而必须由广告受众的接受程度来决定。

综上所述，正是由于广告产出具有这些特征，很多广告主无法直接确定广告的效果，或者说广告产出的测量指标是不确定和难以衡量的。此外，如果把广告看作一种投资，就要求广告主像对待其他投资管理一样对待广告，应该确立投资目标、投资战略与策略，对投资效果进行准确评价。这是对广告学进行研究的最基本的出发点。

我们将在第 14 章中对广告效果测量的原理与方法进行详细介绍。

（二）广告行业参与者权责的不明确性

广告行业的参与者众多，主要包括广告主——通过广告向目标受众发布产品信息的公司或者个人；广告公司——独立的广告制作机构；媒体——拥有沟通渠道的组织，广告主借助其平台将广告信息发送给目标受众；供应商——协助广告主进行广告活动的其他辅助机构如调研公司、制作公司、多频道网络（MCN）等；目标受众——接收广告信息的特定人群。

一则广告的制作通常都会有上述参与者参与，因为各方参与者的利益和目标存在差异和冲突以及广告行业的立法尚未完善，广告行业有时会出现无责任或者责任不清的态势。其原因主要是存在多个责任方，但各方又都无法准确地界定和测算广告产出。尤其是广告在播出后的广告效果没有达到企业的预期目标时，责任应由谁负很难界定。

广告行业呈现无责任或者责任不清的态势会引发若干严重问题。第一，由于利润高、需求量大且责任含混不清，广告公司的数量呈现迅猛增长的势头，曾经出现一年之间广告公司数量翻一番的现象。第二，广告行业呈现的无责任或责任不清状态不利于整个行业的发展以及整体广告水平的提高。第三，广告行业的无责任或责任不清状态扰乱了正常的经济秩序，拒绝付款或者三角债在广告主和广告公司之间经常出现。第四，上述混乱状态不利于政府对广告行业实施监管。

二、广告必须明确广告主

任何广告都必须明确广告的信息是由谁发出的，即广告主是谁。广告主是指为推销商品或服务，自行或委托他人设计、制作、代理发布广告的法人、组织或者个人。明确广告主的意义在于：一方面，能使消费者放心购买商品；另一方面，如果出现欺骗性广告，易于追究广告主在法律与道义上的责任。因此，“广告必须明确广告主”被世界各国以法律形式规定。

三、广告需要投入费用

广告主发布广告需要投入费用，用于调研、创意、制作、投放以及广告效果测量的所有费用的总和统称为广告投入。为了提高销售额并树立企业形象，企业需要每年保持一定数额的广告投入，并保证下一年的广告投入比上一年有一定比例的增长。

广告投入已成为企业的一种必要投入，它是市场经济中商品流通费用的一部分。广告投入的高低取决于同行业的平均投入水平，同时必须以企业的经营战略为依据并服务于企业的市场营销策略。但是，广告投入具有不变费用的性质，即在一定时期内一次投入后是不变的。不变费用的一个特点就是随着商品销售量的增加，单位商品成本会随之下降。但前提是只有成功的广告才会使单位商品成本下降。商品销售量与费用水平的关系如图2－2所示。在特定情况下，如果广告活动非常成功，其投入费用不仅不会增加单位商品成本，反而有可能降低单位商品成本。

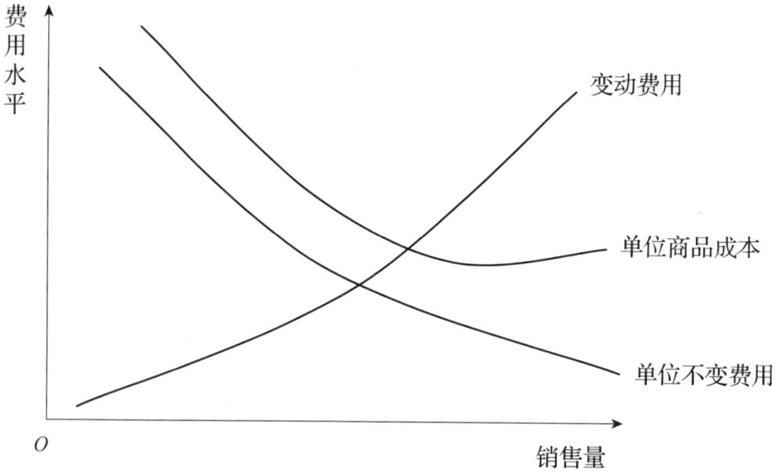

图2－2 商品销售量与费用水平的关系

四、广告通过大众传播媒介进行传播

传播学学者根据媒介特征，将媒介分为人际传播媒介和大众传播媒介，其中大众传播媒介定义为在信息传播过程中处于职业传播者和大众之间的媒介，包括报纸、杂志、广播和电视四大传统媒介，以及互联网和手机两大新兴媒介。此外，户外广告平台，如路牌、交通工具、霓虹灯、橱窗、建筑物、气球、包装等，也划归为大众传播媒介。随着科学技术的进步，业界在不断地开发和利用新媒介，如社交媒体平台，并取得了意想不到的广告效果。与一对一的人际传播媒介相比，传统大众传播媒介的本质是一对多、单向的传播模式；但新媒介凭自身特征打破了单向传播模式。

五、广告是对特定受众的信息传播

广告是广告主用来传播产品和品牌信息的一种手段，广告的目标受众必须明确。换言之，广告并不是针对所有人的信息传递，而是针对特定的目标受众的信息传递。因此，并非广告的传播范围越广、时间越长就越好。在广告投入日趋增长的今天，不能界定清楚目标受众就进行广告传播会给企业造成巨大的浪费。为了提高广告的投入产出比，无论是广告媒体的选择、广告主题的分析和确定，还是广告的表现形式和创作，广告主都应该重视目标受众的特点及心理特征，以尽可能好的广告投入获得尽可能好的广告效果。

六、广告必须传递准确的信息

广告是广告主借助大众传播媒介向目标受众传播产品和品牌信息的载体，所传递的信息必须是准确的。同时，我们也应该看到信息时代的到来和发展使得广告的主导地位由广告主向消费者转变，继而影响了企业在广告内容上秉持的原则。具体来讲，在广告主占据主导地位的时代，企业在进行广告实践时通常会采用“我说什么你听什么，我什么时间说你什么时间听”的原则；而在消费者占据主导地位的时代，企业在进行广告实践时秉持“我说的内容是你需要的，我说的方式是你喜欢的，我说的时候是你愿意听的时候，我提供的信息是准确全面的，协助你进行判断与选择”的原则。上述主导地位的转换对广告管理水平的提高提出了新的要求。

七、广告是一门说服艺术

广告学强调广告的经济性，即广告的主要目的是促进销售、获得利润、树立良好的品牌形象等。早期对于广告的研究大多来自传播学。传播学学者指出，作为一种信息传播手段，广告的核心目标应该是说服，即通过广告实现说服目标，使目标受众接受、理解并相信广告所要传递的内容。

“说服”在不同学者的广告定义中均有所体现。例如，有学者指出，广告是“使用大众传播媒介明示信息来源的一种说服”；还有学者提出，广告是“付费的信息传播，其最终目标是改变消费者的态度，以利于商品或服务的销售，并诱导消费者产生购买行为”。上述对广告的界定都从一个侧面强调了广告的说服特征。广告说服力的形成与整个广告活动有密切关系——广告从主题确定、艺术表现形式直至信息传递，都涉及说服问题，说服贯穿广告学研究的全过程。

八、广告具有特定的内容

广告应该具有特定的内容。对于企业来讲，这些特定的内容可以是其售卖的产品和服务，也可以是其宣传的理念和观点。根据内容的差异，广告分为商业广告和企业广告。

前者通常被认为是硬性销售策略，后者被认为是软性销售策略。从使用频率来看，前者的使用频率远高于后者。

1. 商业广告

商业广告是凸显企业的产品，以宣传单一或系列产品为主要对象的广告。通常以产品的主要属性为卖点，具有信息集中、醒目、具体等特征。商业广告产生的效果比较直接，容易激起消费者的购买欲望。此外，宣传服务的广告也属于商业广告范畴。

2. 企业广告

企业广告是凸显企业理念和观点的广告，主要包括以下两类：一类是形象广告——以宣传企业形象、企业理念、企业价值观等为内容的广告，如3M公司在广告中表述的“创新”理念；另外一类是议题广告——通过广告表达企业对于社会热点问题的观点，如壳牌石油在广告中展示的“洁净天空”的观点，旨在表达壳牌石油对环境保护的关注。

企业广告通常发挥如下作用：（1）通过树立某种消费观念来树立品牌形象，引导和带动产品销售；（2）为品牌或品牌形象附加一个概念，形成与其他品牌的差异；（3）有助于品牌定位，在消费者心目中确定一个品牌的位置。

九、广告是受管理的信息传播活动

广告学除了重视广告的微观环境——企业如何科学地管理广告，也关注广告的宏观环境——国家机关对广告行业的立法监管。广告是企业经营管理的一部分，广告活动要服从企业的经营战略，为实现企业的经营战略服务。同时，广告是企业促进销售的一个重要手段和组成部分，因此企业的广告运营要接受企业营销部门的统一管理。广告是一种社会经济活动，既涉及由此获取经济利益的各种机构，也涉及由此获取客户价值的普通消费者。此外，广告中塑造的人物形象和生活方式也影响了整个社会的发展。因此，政府机构应该对广告行业建立行之有效的立法与监管机制，而广告主和广告公司等机构必须遵守相关的法律法规和政策，并接受市场监督管理部门的监督、检查、控制和指导。

综上所述，广告是指以盈利为目的的广告主，通过大众传播媒介，针对特定的目标受众所进行的有关产品、服务和观念等的信息传播。同时，广告还是准确且有说服力的推广方式和受管理的信息传播活动。

第3节　广告的分类

根据不同的指标，广告有以下八种分类方法。

一、根据传播媒介对广告的分类

根据传播媒介进行分类是最常见的广告分类方式之一。根据媒介本身具有的不同自然属性，广告分为以下四类：

（1）印刷广告（print advertisements），又称为平面广告，指以印刷方式表现广告内容的广告，其形式主要有报纸广告和杂志广告。这类广告的共同特点是保留时间较长，费用支出弹性较大，发行量是衡量其成本效益的重要指标之一，其中报纸发行量是订阅量和零售量的总和，杂志发行量指的是传阅量。

（2）视听广告（broadcasting advertisements），指借助电波这种物理现象传播广告内容的广告，主要包括电视广告和广播广告，目前影院视频广告也划归视听广告。这类广告的共同特点是传播面广，覆盖面大，费用较高，一般借助瞬时记忆产生效果，收视率或者收听率是衡量其成本效益的重要指标之一。

（3）户外广告（outdoor advertisements），早期的户外广告是指在建筑物外表或街道、广场等室外公共场所设立的霓虹灯、广告牌、路牌、橱窗、气球、公交站台等传播广告内容的广告。近年来，学者将电梯电视广告、移动广告和礼品广告也归为户外广告。其中移动广告（mobile advertisement）是指以交通工具作为媒体平台表现广告内容的广告，如汽车、轮船、飞机广告等；礼品广告（specialty advertisements）是指商家在售卖其产品的零售店提供的免费使用的礼品上传播广告内容的广告，如啤酒厂家在售卖其啤酒的餐厅提供的免费使用的杯垫上印上该啤酒的品牌标识。这类广告具有制作简单，收费较低，容易吸引人们的注意力和便于记忆等优点。

（4）新媒体广告（new media advertisements），指借助新媒体平台传播广告内容的广告，主要包括互联网广告和手机广告。这类广告具有传播面广，覆盖率高，及时性强，互动性好，费用相对不高等优点。

二、根据地点对广告的分类

根据地点的不同，广告可分为销售现场广告和非销售现场广告。

（1）销售现场广告，指设置在商业街、购物中心、商店、超市等销售场所内部及其周边地区（如门口、甬道）的广告，主要包括橱窗广告、货架陈列广告、商店内的灯箱广告、商店内的招贴广告以及真人扮演的玩偶广告等。

（2）非销售现场广告，除销售现场广告以外的一切广告形式统称为非销售现场广告，一般是以露天或者公共场合的物质或者工具传播信息的广告，如路牌广告、招贴广告、交通工具广告、霓虹灯广告、建筑物广告等。

三、根据传播区域对广告的分类

根据传播区域的不同，广告分为国际性广告、全国性广告、区域性广告、地区性广告和针对某一具体单位甚至某类人的广告。广告主应根据自己的目标受众选择相应的广告传播区域。

四、根据内容对广告的分类

根据内容不同，广告分为商业广告、企业广告以及商业广告和企业广告相结合的广告三类，不同内容的广告产生的广告效果存在差异。

（1）商业广告，凸显企业的产品或服务，其卖点是产品或服务的主要属性。此类广告有助于进行直接的产品或服务推广，使企业获得直接的广告效果。

（2）企业广告，凸显企业的理念和观点，宣传的是企业的理念、价值观、经营哲学以及使命等。其目的是树立企业形象，维持企业信誉，提高企业知名度，引起消费者对企业的关注和好感，使他们了解企业的价值观和文化。此类广告使企业获得间接、累积的广告效果。

（3）商业广告与企业广告相结合的广告，既凸显企业的产品或服务，又凸显企业的理念和观点，旨在促进企业获得直接与间接的广告效果。但是，在实际操作中，如果将两者结合在一起，势必会给目标受众带来众多的广告信息，从而损害目标受众对广告内容的接收和记忆，可能削弱广告的冲击力。

五、根据投放时间对广告的分类

根据投放时间的不同，广告分为时机性广告、长期广告和短期广告。

（1）时机性广告，指为传播某些特殊的、有明确时间要求的信息所做的广告。包括在新产品问世、展销会开幕、价格变动、企业开业等某些对商品销售有利的时机所做的广告。它要求在尽可能短的时间内将信息传达给特定消费者。

（2）长期广告，指在一段较长的时间内连续进行的广告。主要包括与企业战略有关的、为了创立名牌、长时间不间断地对某一种商品做的广告。

（3）短期广告，指在短时间内做的广告，如季节性广告等。

六、根据播放频率对广告的分类

播放频率是指在一定时间内两次广告播放之间的间隔时间。根据播放频率的不同，广告分为以下三种类型。

（1）高频率型广告，指在一段时间内不间断地、频繁地播放的广告。

（2）低频率型广告，指在一段时间内不间断但播放次数较少的广告。

（3）间断型广告，指在一定时间内间隔较长时间才播放一次的广告。

在播放广告期间，上述三种广告每一次广告的时间长度构成的模式有水平式、上升式、下降式和交错式四种（见图2-3）。

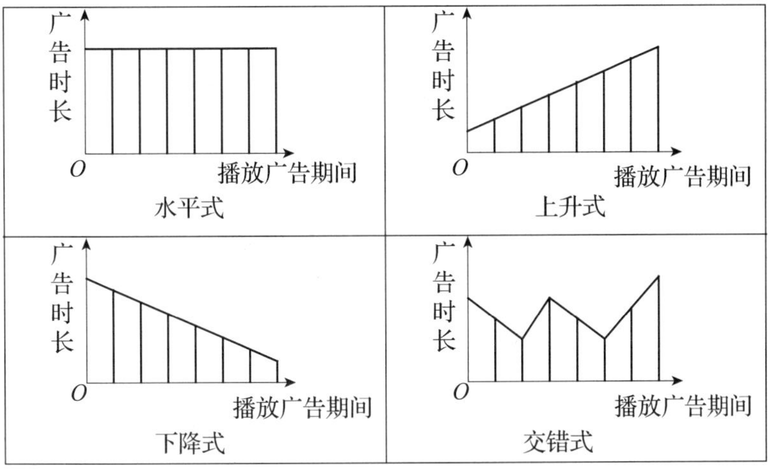

图2-3　广告时间的四种模式

七、根据艺术表现形式对广告的分类

根据艺术表现形式的不同，广告分为图片广告、文字广告、表演广告、演说广告、情节广告以及页面横幅广告等六种形式。广告主有时采用单一的艺术表现形式，有时采用几种艺术形式相结合的表现形式，以弥补单一的艺术表现形式的不足。

（1）图片广告，指以摄影、绘画、电脑图像设计等为手段，以诉诸视觉的写实或创作为形式的一种平面广告形式。

（2）文字广告，指单纯以文字作为表现形式的广告，常见于标语广告、印刷品广告等。

（3）表演广告，指用各种表演艺术形式进行表达的广告，如电视广告、视频直播广告和销售现场广告经常采用这种形式。

（4）演说广告，指用语言艺术来推销商品的广告，主要有广播广告和销售现场广告等。

（5）情节广告，指以故事或事件作为内容的广告表现形式。

（6）页面横幅广告，指在网页上、手机App里以图标作为表现形式的广告，是目前互联网广告和手机广告最主要的表现形式，受众点击该广告就可以进入产品页面。

八、根据诉求方式对广告的分类

根据采用的诉求方式的不同，广告分为理性诉求型广告和感性诉求型广告。

（1）理性诉求型广告，指采用特定的理性诉求方式来展示广告内容的广告。具体来讲，此类广告往往对产品的属性和特征进行详尽的说明。高价耐用品、专用商品、高科技产品等会采用理性诉求型广告。

（2）感性诉求型广告，指采用特定的情感诉求方式来展示广告内容的广告。此类广告会利用人类情感中的一些永恒的主题如爱情、死亡、友谊、离别等，以及一些特殊的感情追求和体验来展示广告内容。这样的展示方式容易引起消费者的共鸣、同情、信任和喜爱，使得消费者对该产品、品牌或企业产生特有的感情，并引发最终的购买行为。化妆品、饮料、食品、服装等往往会采用感性诉求型广告。

第 4 节　广告与市场营销

广告作为一种市场营销手段，其理念随着市场营销的发展而不断变革与深化。市场营销（以下简称“营销”）特别是营销组合（marketing mix）的观念经历了从 4P 到 4C 再到 4R 的转变。广告作为营销组合的一部分，其运作理念也在不断更新。下面分别从 4P、4C 以及 4R 的视角阐述广告的核心理念，并在本节的最后介绍不同营销理论下的广告职责。

一、 4P 视角下的广告

杰罗姆·麦卡锡于 1960 年在其《基础营销》一书中，第一次将企业的四个营销要素归结为营销组合，即著名的营销 4P 理论，包括产品（product）、价格（price）、渠道（place）和促销（promotion）。4P 理论将营销看成是促进交换的过程，符合 1985 年美国市场营销协会对营销的定义，即市场营销是对理念、产品及服务进行设计、定价、促销及分销的计划和实施过程，从而产生满足个人和组织目标的交换活动。

在 4P 框架中，广告作为一种促销方式而存在。这意味着广告和打折、代金券、试用品一样，都是为促进销售而存在的。因而，早期的广告多以刊登打折、试用信息为主。广告的第一使命是促进销售，这个理念一直延续至今。

二、 4C 视角下的广告

4C 理论是由美国营销学家罗伯特·劳特朋教授在 1990 年提出的。与 4P 理论中以企业需求为导向不同，4C 理论以消费者需求为导向，重新界定了营销组合的四个基本要素，分别是顾客（customer）、成本（cost）、便利（convenience）和沟通（communication）。与 4P 理论强调交换不同，4C 理论强调价值管理。在 4C 理论框架下，广告不仅是促进销售的一种方法，而且是一种营销沟通手段。

（一）价值管理

4C 理论强调以顾客为中心的价值管理，把整个企业的营销管理过程看成是客户价值管理的过程。企业通过消费者分析进行市场细分、目标市场选择，并在此基础上确定提供给市场的独特价值并进行定位。同时，为支撑企业的独特价值主张，企业需要在生产、服务、分销各个方面提供价值。此外，为使顾客能感知到企业提供的价值，企业需要进行双向的营销沟通活动，将企业的独特价值主张传递给目标顾客。广告作为营销沟通的手段，执行的正是价值沟通的职能。通过广告，企业向顾客传递商品的价值主张，以影响顾客的购买行为。

2004年，美国市场营销协会将营销定义更新为：市场营销既是一种组织职能，也是为了组织自身及利益相关方的利益而创造、传播、传递客户价值并管理客户关系的一系列过程。新时期美国市场营销协会对营销的定义也反映了4C理论中的价值管理的理念（见图2-4）。而现代广告在此理念下，执行的正是传播客户价值的职能。

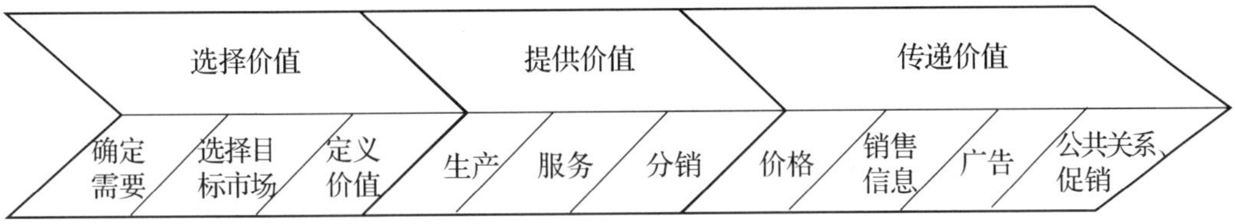

图2-4 营销价值管理

资料来源：麦肯锡工作手册。

2013年，美国市场营销协会将营销重新定义为：市场营销是在创造、沟通、传播和交换产品的过程中，为顾客、客户、合作伙伴以及整个社会带来价值的一系列活动、过程和体系。最新的营销定义反映出在新的经济环境和竞争情况下，尤其是在互联网及信息技术突飞猛进的今天产品沟通以及传播的重要性。而广告作为产品沟通及传播的传统核心手段，在推广产品和服务、传递价值、塑造产品品牌及组织形象方面的重要性更加突出。

（二）营销沟通

营销沟通是指企业或品牌通过与顾客进行双向的信息交流，建立共识从而达成价值交换的过程。营销沟通的形式主要有广告、公共关系、销售促进、直复营销、人员推销以及互联网营销等，统称为整合营销沟通组合。企业、大众媒体和消费者都可以是信息的直接发布者。

首先，企业可以是信息的直接发布者。当企业是信息的直接发布者时，采用的营销沟通形式主要有广告、公共关系、人员推销、电话直销、销售促进以及互联网营销等，其中广告是企业营销沟通最主要的手段之一，需要与其他营销沟通形式配合，共同完成品牌的营销沟通任务。

其次，大众媒体可以是信息的直接发布者。大众媒体作为信息发布平台，采用的营销沟通形式主要是公共关系中的新闻宣传，往往以新闻、专题报道等形式出现。公共关系活动的信息内容可能是企业策划的，但其信息发送与否、发布内容的长短等是由大众媒体来决定的，因此大众媒体也被称为信息的“看门人”。对于企业来讲，利用大众媒体的新闻和专题报道进行信息传播具有可信度高和免费的优点，但同时也具有可控性差、容易引发逆效应等缺点。

最后，在社交媒体盛行的今天，消费者成了信息的直接发布者，其传播效果往往好于以上两类传播方式。当消费者直接发布信息时，他们采用的沟通形式主要是口碑传播、利用网络发布评论、在自媒体平台发布消息等。这些传播方式具有可信度高、影响大、灵活度高以及成功率高的特点。

三、4R 视角下的广告

4R 营销理论是由美国学者唐·舒尔茨在 4C 营销理论的基础上于 21 世纪初提出的新营销理论。与 4P 理论强调交换、4C 理论强调价值管理不同，4R 理论侧重于关系管理。4R 理论包括关联（relevance）、反应（response）、关系（relationship）、回报（reward）四个基本要素（见图 2－5），强调企业随着市场的发展需要从更高层次以更有效的方式在企业与顾客之间建立新型的主动性关系。

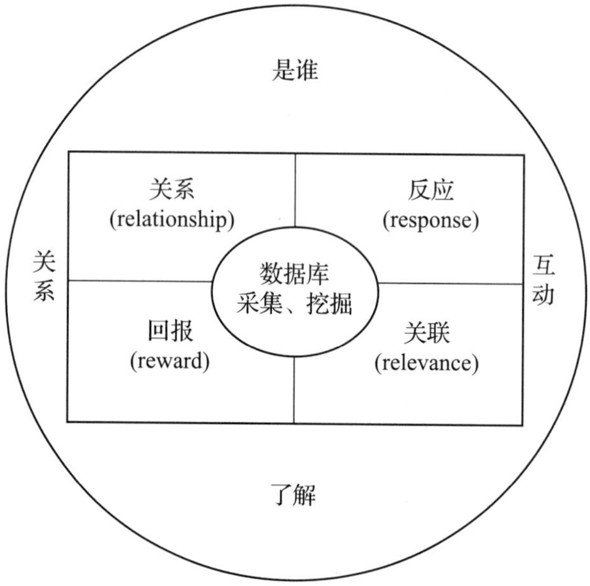

图 2－5　4R 理论模型图

下面对 4R 的四个基本要素分别进行阐述。

第一，关联。4R 理论认为企业与顾客是一个命运共同体，建立并发展与顾客之间的长期关系是企业经营的核心理念和最重要的内容。

第二，反应。在相互影响的市场中，对经营者来说，最现实的问题不在于如何控制、制订和实施计划，而在于如何及时了解顾客的需求并从推测性商业模式转变为高度回应需求的商业模式。

第三，关系。在企业与顾客的关系发生了本质性变化的市场环境中，抢占市场的关键已转变为与顾客建立长期稳固的关系。与此相适应产生了五个转向，分别是：（1）从一次性交易转向强调建立长期友好的合作关系；（2）从着眼于短期利益转向重视长期利益；（3）从顾客被动适应企业销售转向顾客主动参与生产过程；（4）从相互的利益冲突转向共同的和谐发展；（5）从管理营销组合转向管理企业与顾客的互动关系。

第四，回报。任何交易与合作关系的巩固和发展都是经济利益问题，因此，一定的合理回报既是正确处理营销活动中各种矛盾的出发点，也是营销活动的落脚点。

与4P理论以企业需求为导向和4C理论以消费者需求为导向不同，4R理论是以竞争为导向的，强调顾客关系管理。在这种关系营销的视角下，广告的主要职责转变为建立关联和维护关系。由于开展关系营销，企业往往建有顾客信息数据库，对数据库信息的挖掘将有助于企业实现一对一精准营销。在顾客信息充分的条件下，广告传递的信息也将更加精准、互动性强。

四、不同营销理论下的广告职责

综上所述，4P理论、4C理论和4R理论是看待营销活动的不同视角，它们之间不是相互代替的关系，而是相互补充的关系。不同视角下的广告哲学与广告职责也不尽相同，如表2-1所示。4P理论下的广告职责是帮助企业进行促销，4C理论下的广告职责是协助企业与顾客进行价值沟通，而4R理论下的广告是用来建立和维系企业与顾客关系的手段。这三种营销理论有助于我们从企业、消费者以及竞争视角观察和理解广告活动。现实的广告活动往往综合运用了上述三种营销理论。

表2-1　不同营销理论下的广告职责

营销理论	营销哲学	广告职责
4P	创造交换	促销
4C	价值管理	价值沟通
4R	关系管理	关系的建立、维系

第5节　广告的作用

在广告实践不断演化的过程中，广告发挥了不同的作用。早期的广告通常发挥的是识别产品生产者的作用，直到现在广告也在一定程度上发挥这一作用。随着科学技术的进步，广告不仅起到了识别生产者的作用，还起到了传递产品与企业信息的作用。总体来讲，现代广告对经济、企业以及消费者都产生了深远的影响。

一、现代广告对经济的作用

经济发展是广告产生与发展的根本原因，同时广告发展又进一步促进了经济发展。因此，广告投入水平成为衡量一个国家或地区经济发展水平的重要标志之一。广告在促进经济发展中发挥了如下作用：

第一，广告已经成为促进产品生产与流通的不可缺少的重要因素之一，这种作用随着社会化大生产及经济发展而变得越来越重要。因此，广告是推动整个经济发展的重要因素之一。

第二，作为一种重要的新战略资源，信息在推动社会进步中起着越来越重要的作用。广告作为信息的一种形式，不断促进着生产与生产、生产与流通、生产与消费以及流通与消费之间的联系。广告已成为现代社会再生产顺利进行的不可缺少的条件。社会生产日趋细密的分工、消费个性化的发展、市场范围的迅速扩大等，都构成了广告发展的客观基础。

第三，广告的发展有利于促进产品由商品化向品牌化的转化，一方面可以更好地满足日益成熟的消费者需求和消费升级，从而推动经济发展；另一方面也有助于我国的产品与企业走入国际市场，促进全球经济繁荣。

二、现代广告对企业的作用

总体上说，广告对于企业的作用主要体现在如下八个方面：

第一，创建产品和品牌的知名度。新产品问世时面临的首要问题便是无人知晓，广告作为一种信息传播方式，可以将新产品和新品牌的信息传递给消费者，促使消费者识记品牌，从而提高产品和品牌的知名度。

第二，塑造品牌形象。品牌形象是存在于人们心里的关于品牌各要素的图像及概念的集合体。任何事物都有形象问题，品牌也不例外。早在 20 世纪 60 年代，奥美广告公司创始人大卫·奥格威提出品牌形象论，他认为品牌形象不是固有且不变的，而是消费者联系产品的质量、价格、历史等形成的综合印象。从该视角出发，每一个广告都应该看成是对品牌形象的一种长期投资。进一步来讲，匹配的品牌形象对产品的销售至关重要，其典型案例就是美国菲利普·莫里斯烟草公司推出的万宝路香烟。从 20 世纪 50 年代中期开始，万宝路将其产品重新定位为男子汉香烟，并通过广告强调男子汉气概，将产品和“牛仔”“骏马”“草原”等形象结合在一起，形成了万宝路香烟的美国西部牛仔品牌形象，同时也促进了销售。

第三，提供产品和品牌的信息与知识。作为企业与消费者沟通的一种手段，广告的首要职责便是向消费者提供相关产品和品牌的信息与知识。同时，消费者也需要通过广告来了解产品和品牌的信息与知识，以便更好地做出购买决策。

第四，提升消费者对品牌的偏好。优秀的广告，特别是一些使用情感诉求的广告，可以提升消费者的偏好。广告学学者提出的情感转移（affect transfer）解释了消费者会因为对广告的好感而偏好广告中的产品或者品牌这一现象，明星代言就是基于这个原理开展的一种广告实践。

第五，说服消费者做出购买决策。创建现代广告的六位巨人之一的阿尔伯特·拉斯克尔及其团队首次提出了广告是一种“纸上推销术”（sales in print），这一概念的核心内容是广告作为一种说服艺术和企业的营销沟通手段，可以改变消费者对产品和品牌的认知，从而影响消费者的购买行为。

第六，提供引发消费行为的诱因。亚伯拉罕·马斯洛在《动机与人格》一书中指出，人类的大部分行为是受动机支撑的，也就是说，引发人类产生行为需要提供诱因，消费行为也不例外。广告作为一种信息传播活动，可以通过信息刺激来唤醒人们的需要，从而使人们产生购买动机。

第七，进行品牌提示。广告作为营销沟通手段，具有品牌提示功能。对于并非家喻户晓的品牌，消费者并不是在任何时间都能记住品牌，这就需要对消费者进行提示。

第八，强化过去的购买体验和品牌体验。广告作为营销沟通手段，通过信息的传递来强化消费者对于产品和品牌的进一步了解，从而使其更加明确自己的购买行为是正确的。这种购后的正面感受有助于提升消费者满意度，继而形成品牌忠诚。

三、广告对消费者的作用

第一，广告是消费者获得商品信息的一个重要来源，有助于消费者做出有效决策。早期消费者的商品信息主要来源于自己看到的和听别人说的，随着市场经济的发展、竞争的加剧以及媒体技术的发展，消费者的商品信息更多地来源于广告。广告提供的信息是多方面的，包括商品具有的属性特征，售卖的地点、时间和价格等。这些信息是消费者制定购买决策时的必要条件。

第二，广告能影响和改变消费结构与消费行为。人们的消费观念和行为是学习的结果，广告促进了人们的消费观念和行为的变化与发展。从这个角度去理解广告的作用比用恩格尔系数解释需求与消费行为更具可操作性和实用性。在广告活动中，应充分利用广告的以下作用来影响和改变消费结构与消费行为：

（1）广告的诱导作用。广告可以通过图片、影像以及声音等起到示范作用，而示范可以产生诱导作用，形成示范效应。示范会诱导需求、改变观念，从而引起消费结构与消费行为的变化，这也是广告产生说服效果的原因之一。但值得重视的是，应该避免负面的诱导作用，如超前消费、炫耀性消费等。

（2）广告的引导与指导作用。广告产生的示范效应也会促发引导和指导作用。广告界提出了“企业应参与消费生活的设计”，就是说企业不应跟在消费后面去简单地适应需求，而应走在消费前面去引导和创造消费。消费过程实际上是一个心理权衡过程，如传统意识与求新观念、风险与效用等矛盾充满这一过程。因此，通过广告对消费者的消费决策过程进行适当的引导与指导，有助于消费者优化其购买决策过程。

（3）广告的文化影响作用。文化在社会生活中发挥着重要作用，广告是文化的一种类型。与其他文化类型一样，广告也在不断地传递意识和观念。这些意识和观念一方面能够唤起人们对新需求的认识和接受，推动整个社会进步；另一方面也在消费者头脑中植入了刻板印象，如性别的刻板印象，固化认知，从而阻碍人们做出正确的决策。

基本概念

软广告（soft advertising/advertorial）
每千人印象成本（cost per mille）
每收视点成本（cost per rating point）
户外广告（outdoor advertisements）
印刷广告（print advertisements）
视听广告（broadcasting advertisements）
卖点（selling point）
先动效应（first mover effect）

思考题

1. 简述现代广告学的研究对象。
2. 简述广告的特征。
3. 简述广告的分类方法。
4. 阐述广告与市场营销的关系。
5. 谈谈你对广告作用的理解。

第3章
广告历史

学习目标

- 了解中国广告行业发展的三个阶段。
- 了解国际广告的演进和发展现状。
- 了解广告代理制的演进和现状。

无论在国外还是在国内，广告都是以一种偶然的经济现象出现的，而且年代久远。例如，中国广告萌芽于3 000多年以前的殷商时期；国外的广告雏形在公元前8世纪到公元前3世纪之间出现两河流域地区。本书提供的电子版附录1A～1C总结了我国古代的广告类型，附录2概括了国外原始广告时期的广告类型。①

尽管广告的使用可以追溯到古代，但广告直到近代才成为一个行业和一门学科。从这个视角讲，广告是一个年轻的行业和年轻的学科。纵观广告历史可以看出，广告的演进和发展是与经济发展密不可分的，它对现代经济生活和社会生活的影响与渗透作用越来越大。同时，广告对现代企业经营活动的作用也不可忽视。

在本章中，我们将讨论广告行业和学科的演进与发展过程，以及广告公司的发展和经营的一般过程。本章内容说明了我国广告行业的发展是一个不断实现科学化、制度化的过程。

第1节　中国广告的演进

从鸦片战争开始，中国广告从传统向近现代转化，开始了现代广告学的成长与发展之路，其发展经历了三个阶段。

一、从传统到近代的转变时期的广告（鸦片战争到新中国成立前）

从鸦片战争到新中国成立前的这段时间称为从传统到近代的转变时期。在这一时期，

① 这两个电子版附录可在中国人民大学出版社网站下载。

我国广告的发展表现为：（1）使用报刊和广播电台等大众媒体，出现了一系列新型的广告形式（advertisement form）；（2）广告行业迅速发展，出现了广告部门、广告公司、专业从业人员、行业协会，行业监管也初见雏形；（3）作为一个新兴学科，广告教学和科研正式开展起来。下面就上述三个方面进一步阐述。

（一）广告形式的发展

此时期广告的发展经历了四个历史阶段，包括鸦片战争前后、辛亥革命前后、五四运动时期以及 20 世纪二三十年代。广告形式的发展结合这四个历史阶段来介绍。

1. 鸦片战争前后广告形式的发展

鸦片战争前后，现代形式的报刊开始在我国出现，并越来越显示出其优势，成为我国近代最有影响的广告媒体。按照出现时间的先后顺序，以下五个报刊在中国近代广告史上发挥了重要的作用。

（1）1815 年 8 月 5 日，英国传教士马礼逊和米怜在马六甲创办了《察世俗每月统记传》，这是世界上第一份中文近代报刊。在创刊号上，主编米怜发表了《告贴》，宣布该报刊免费发行，这是我国近代报刊上最早的广告。该报刊代表了鸦片战争前发行的一类刊物，即由外国传教士在东南亚一带创办的教会刊物，同时登载少量广告。

（2）1827 年 11 月 8 日，英国鸦片商人马地臣出资在广州创办了《广州纪录报》（*The Canton Register*），这是我国境内出版的第一份英文商业报纸，旨在为英国商人和其他国家商埠向中国销售商品提供商业信息服务。货价行情和航运消息占据主要篇幅，也刊登时事新闻与评论，具有强烈的政治色彩。该报刊代表了鸦片战争前后发行的另一类刊物，即为适应英国等国家经济扩张的需要而创办的以沟通商情、促进商品交换为主的商业报纸。

（3）1853 年 8 月，英国传教士麦都思在香港创办了《遐迩贯珍》，这是鸦片战争后在中国境内出现的第一个中文杂志和新闻性刊物，以刊登国内新闻为主，也经营广告业务，发行到广州、厦门、福州、宁波、上海等地。鸦片战争后，首开中文刊物刊登广告之先河的即《遐迩贯珍》。

（4）1872 年 4 月 30 日，英国商人美查同伍华特、普莱亚、麦洛基合资在上海创办了《申报》。《申报》从创刊到 1949 年 5 月 27 日停刊，是我国近代出版时间最久、影响最大的一份商业报纸。《申报》创立之初就注重广告经营，在创刊号上就刊登了 20 则广告。针对一些华商小本经营、市场地位不高的特点，《申报》推出了洋贵华廉的特殊广告政策，赢得了大批华商广告客户，可谓明智之举。从发行第二年起，《申报》的一半版面为广告所占。

（5）1893 年 2 月 17 日，英国商人丹福士在上海创办了《新闻报》，这是上海另一份重要的报纸。《新闻报》的纸张颇为特殊，纸薄不印背面，上下相背印刷，广告的面积占近 3/4，而新闻夹杂其中，并不显眼。广告很注重排版，标题、正文和插图相得益彰，广告刊发水平从内容到形式都有了大幅提高。据《新闻报》30 周年纪念册记载："近来广告几占篇幅十之六七""广告费的收入，每年几及百万元"。

2. 辛亥革命前后广告形式的发展

随着广告的增加，广告的表现形式也发生了变化。西洋式的插图及直译文字逐渐被中国风格的插图与说明文字取代，同时，与一般市民生活有密切关系的广告也逐渐增加。辛亥革命以后，全国报刊数量激增，革命者创办的报刊也开始刊登广告。换言之，辛亥革命前后，商业报刊和革命报刊是两大主要广告载体。

（1）商业报刊广告。与鸦片战争前后外国人主办的报刊不同，这一时期的商业报刊陆续改由中国人主办，如之前提到的《申报》和《新闻报》。这个时期的广告，无论是收费方式、页面设计还是经营管理方式，都开始表现出现代广告的特征。以《申报》为例，首先，1909 年美查公司中方经理席子佩将《申报》收回经营，鉴于当时民族企业已经有了较大的发展，广告价格几经调整，最终采用按行来收费的方式。其次，广告的排列方法也开始分为前幅、后幅、长行、短行等几种。最后，1912 年史量才接办《申报》后，更加注重广告经营，广告版面越来越大。此外，《申报》报馆内特设广告推广科，将广告招揽作为该科的主要业务。科内分设广告外勤组与广告设计组，分别负责招揽生意和改进广告设计、代客户绘制广告图样、撰写文字说明等。广告已成为《申报》的经济命脉。

（2）革命报刊广告。《中国日报》是兴中会创办的第一份机关报，也是最早宣传资产阶级革命的报刊，1900 年 1 月 5 日由陈少白在香港创办。该报以揭露和声讨清政府的腐败无能及卖国行径，宣传反封建和资产阶级民权思想等为主要内容。该报也刊登广告，如甲辰年正月十九（1904 年 3 月 5 日）的头版皆为广告，报头右边为报价，下方为商品广告。另外一个例子来自《民报》，该报于 1905 年 11 月在东京创办，是同盟会的机关报。该报第 1～26 期共有广告 279 则，篇幅占 218 页半，其中全页刊登广告的占页面总数的 54.8%，半页刊登广告的占页面总数的 28.6%。最多的时候广告版面达 20 多页。与纯粹的以盈利为主的商业媒体不同，革命报刊上刊登的广告内容主要还是契合其“救亡图存”“振兴中华”的报刊主题，广告大多以宣传国货为主。另外，非收费广告占了相当大的比重。例如，《民报》上刊登的代理或推广革命书刊、本报启事告白等非盈利性广告约占广告总数的 59%，远高于占比 18%的商业广告。

3. 五四运动时期广告形式的发展

在群众运动推动下，报刊事业得到了迅速发展，报纸成为一种成本最低、传播效果最好的广告媒体。上海、天津等地的一些外资与民营报刊都大量刊登广告，呈现出广告版面不断扩大、广告种类不断增加、制作艺术显著提高、图文并茂等主要特征。

除了上述广告表现形式上的变化，这一时期的革命报刊不仅宣传反帝反封建的革命思想，也刊登了大量民族工商企业的广告，以提高国货的信誉，配合抵制洋货运动。这一时期的革命报刊有《新青年》（原名《青年杂志》）、《每周评论》、《湘江评论》，以及《天津学生联合会报》等。

4. 20 世纪二三十年代广告形式的发展

除了报刊广告和印刷品广告稳步发展以外，其他现代形式和内容的广告也开始出现并迅速发展起来，包括广播广告、路牌广告、橱窗广告、霓虹灯广告、交通工具广告，后四类在现代广告学中被统一划归为户外广告。

（1）报纸成为最主要的广告媒体，各大民营报纸刊登了大量的广告，广告版面越来越大。据戈公振的《中国报学史》一书记载，在 1925 年 4 月发行的几种报纸中，广告占版面的比例分别是：北京《晨报》52.7%，天津《益世报》62%，上海《申报》42.7%。

（2）杂志广告也很活跃，其中销量最多、影响最大的是邹韬奋主编的《生活周刊》。1923 年，《生活周刊》每期销量超过 15 万份，主要登载书刊和一般日用品广告。邹韬奋对于广告的选择和刊登有严格的限制，如“登载广告，不应该专为了营业收入，而应该同时顾到多数读者的利益”“本报对于所刊登的广告，也和言论新闻一样，是要向读者负责的”等。① 他还认为应把广告和美化版面结合起来，不能让广告割裂新闻。

（3）除报刊广告外，印刷品广告也得到了进一步发展，相继出现了产品样本、免费赠阅的企业内部刊物、企业主办的专业性刊物以及月份牌等不同形式的印刷品广告。其中，“月份牌”年画广告是我国最早出现的商品海报，也是我国最早出现的为推销商品服务的商品艺术。它最早出现在上海，是 1896 年上海四马路鸿福来吕宋大票行随彩票附送的《沪景开彩图》。其大量出现则是在 20 世纪初到二三十年代。上海、广州、香港、重庆等地的洋行和商号，如烟草公司、银行、酒家、药房等，都开始采用这种深受国人喜爱的传统年画，附上商品广告，在年末岁尾随商品赠送给顾客。此外，广告招贴、包装装潢、品牌商标等均以优美的图画和设计吸引人，并成为专门的艺术。

（4）伴随着外资、官方以及私营广播电台的出现，广播广告也开始拥有一方天地。广播广告的出现是近现代广告史上的又一件大事，标志着广告能够向消费者更迅速地传递产品信息，从而使广告的影响更大、更广泛，到达率更高。

首先，外国商人在华设立的广播电台拉开了我国视听广告的序幕。1922 年 12 月，美国人奥斯邦在上海成立了中国无线电公司，并于 1923 年 1 月 23 日开始播音，这是我国境内出现的第一家广播电台。该台的播出内容包括音乐演奏、娱乐唱片、国内外新闻及推销无线电器材的广告。1924 年 5 月，经营无线电器材的美商开洛公司在上海建立了一家广播电台，除播送中英文新闻、中外音乐等节目外，还播送天气预报、商情、广告等，其中广告内容主要是外商广告，用来推销来自国外的产品。

其次，官方广播电台开播即承揽广告业务，促进了广播广告的发展。1926 年 10 月，哈尔滨无线广播电台建立，广播内容有新闻、音乐及钱粮行市等。1927 年，北洋政府交通部又在天津、北京相继建立了无线广播电台。

最后，私营广播电台开始大量出现，主要以广告业务为主，为公司推销产品，同时以广告收入维持日常运营。从邝赞于 1927 年 3 月在上海建立第一家由中国人办的私营广播电台开始到 1936 年，上海已有内资私人电台 36 家、外资私人电台 4 家、国民政府电台 1 家、交通部电台 1 家。

（5）路牌广告在古代是主要的广告形式，后让位于报刊广告，但在整个广告业务中仍占有相当的份额。与过去刷在墙上的简陋的路牌广告不同，这个时期的路牌广告以非常新颖的形式再次出现。例如，有的广告公司将五彩印刷的招贴广告贴在牌面上，后来

① 丁淦林．中国新闻事业史．北京：高等教育出版社，2002.

又改为用木架支撑、铅皮装置、油漆绘画等。这些路牌广告设计新颖、色彩鲜明，十分引人注目。当时有不少公司，如法兴、克劳、美灵登、华商等，都把路牌广告作为主要收入来源。

（6）橱窗广告从反映不同的社会民俗如“麒麟送子”“招财进宝”等，开始向生动活泼、诗情画意转变。我国最早的橱窗广告出现在 1917 年在上海开业的先施百货公司的橱窗里。到了 20 世纪 30 年代，上海永安、新新、大新等百货公司也纷纷采用橱窗广告方式。它们的橱窗布置美观整洁，商品陈列整齐有序，橱窗广告生动活泼，充满诗情画意。

（7）霓虹灯经制作可形成广告文字和图形，即为霓虹灯广告。上海最早的霓虹灯广告是 1926 年出现在南京路伊文斯图书公司橱窗内的“皇家打字机”英文霓虹灯广告。

（8）交通工具广告，由于制作简便、收费较低、传递面广等原因，在当时非常盛行，包括电车广告、汽车广告、轮船广告、火车广告等。

（二）广告行业的发展

这一时期，我国广告行业发展较快，出现了广告部、广告公司、专业广告画师、行业协会，对广告行业的监管也开始加强。广告对经济生活，特别是对经济发达地区的经济生活，产生了较大影响。

（1）随着民族工商业的崛起，许多大企业都设立了广告部，如华成烟草公司、信谊药厂、上海新亚药厂和生产三星牌牙膏的中国化学工业社等。

（2）广告公司也迅速增加，20 世纪 30 年代是上海广告业的鼎盛时期，大大小小的广告公司有近 20 家，其中以联合广告公司的规模最大。另外，外国人也在我国开办广告公司，如上海克劳广告公司和美灵登广告公司等。这一时期产生了一批有一定水平的专业广告公司和广告人才，在经济发达地区特别是上海，广告的发展令人瞩目，新中国成立后最早的一批广告公司就是在此基础上发展起来的。

（3）专业广告画师开始出现，如胡伯翔、张光宇等。

（4）为了获得共同的利益，解决同行业之间的纠纷，上海市广告业同业公会于 1933 年成立，1950 年更名为上海市广告商业同业公会。

（5）随着广告行业的发展，对广告的管理和社会监督也提上日程。许多报馆的广告简章都规定，“有伤风化及损害他人名誉，或接近欺骗者，概难照登”。当时全国报界联合会还通过了《劝告禁载有恶影响于社会之广告案》。但是囿于当时的半殖民地半封建的经济特征和长期不稳定的政治经济态势，政府对广告的总体监管力度不够。

（三）广告学科的发展

这个阶段广告的教学和研究正式开始。北京大学新闻学研究会负责人徐宝璜撰写的我国第一部新闻学著作《新闻学》于 1919 年出版，标志着我国广告研究的开始。1920—1925 年上海圣约翰大学、厦门大学、燕京大学等都开设了广告课程，标志着我国广告教学工作的开始。

二、在波动中前行的中国近现代广告（新中国成立后到 21 世纪前）

新中国成立后我国广告行业的发展深受环境的影响，呈现出波动的态势。1956 年以后我国开始实行高度集中的计划经济体制。在这种经济体制下，商品交换过程实际上成为分配过程。企业间的经济联系是通过计划而不是市场来实现的，这在客观上削弱了广告的作用，因此在这一历史时期我国广告业的发展比较缓慢。1979 年以前的很长一段时间，广告一直被看作是资本主义的产物，其发展受到限制。广告理论研究的缓慢也造成了这一历史阶段的广告行业发展比较缓慢。1979 年以后的广告发展与商品交换的发展、竞争机制的引入及企业转轨有直接关系。特别是在社会主义市场经济理论提出以后很短的时间内，我国广告业快速发展。

（一）广告行业发展的三个历史阶段

1. 新中国成立之初的改造和缓慢发展阶段

新中国成立后，党和政府首先对旧的广告业进行了改造，使其为社会主义建设服务。北京、上海、天津等几十家广播电台不久就增播了广播广告；《北京日报》《解放日报》《文汇报》《大众日报》等报纸开始创刊、复刊，并刊登广告。但这一时期我国广告业的发展一直比较缓慢。

2. 1956—1979 年的争论与抑制发展阶段

1956 年 6 月，刘少奇视察中央广播事业局，对轻视广告的思想提出了批评，并肯定了广告对社会主义经济建设的积极作用。但是，关于广告是不是资本主义产物的争论始终没有停止。1957 年，商业部派视察员赴布拉格参加了国际广告工作者会议，这是新中国成立后第一次与国际广告界进行业务交流。1958 年在北京召开的专题会议传达了国际广告工作者会议的精神。视察员介绍了外国广告业的发展状况，并对我国广告业的发展展开了讨论，归纳了我国社会主义广告应具有的特点是政策性、思想性、真实性、艺术性，这在当时应该说是一种进步。但是，1979 年以前，特别是"文化大革命"期间，我国与国际广告界的接触几乎断绝。广告被斥为资本主义的产物，被视为资本主义社会腐朽和浪费的表现。许多老字号被取消，霓虹灯广告被砸毁和拆除，多种广告媒体被取缔或受到限制，广告几近灭绝。

3. 1979—2000 年的快速发展阶段

改革开放之初，之前被视为"资本主义附属"的广告，其恢复及合法性备受质疑。[①]广告的正名尤为必要。1979 年 11 月 8 日，中共中央宣传部发布了《关于报刊、广播、电视台刊登和播放外国商品广告的通知》（以下简称《通知》），指出"为了适应'四化'建设和对外贸易发展的需要，促进科学技术交流，增进中国人民对各国情况的了解和增加外汇收入，各报刊、广播、电视台在刊登和播放国内广告的同时，可开展外国商品广告

① 孙美玲．解构与重构：20 世纪中国广告业合法性的获得．浙江传媒学报，2018（12）．

业务”。《通知》被认为是“新中国第一个正式指导广告工作的文件”，明确了“发展广告的方向”，是对广告的一种正名。[①]

自此开始，媒体开始播放或刊登广告，如1979年1月28日上海电视台播出了上海药材公司的参桂补酒广告。同年2月10日，《文汇报》开始刊登广告。4月，《人民日报》刊登了汽车、地质仪器等商品广告。此后，全国各地的广告公司雨后春笋般地出现，如1979年8月北京广告公司成立，1980年长沙广告公司成立等。此外，行业协会也应运而生，如1981年中国广告艺术协会筹备委员会在北京成立，1983年中国广告协会成立。

20世纪90年代初，随着中国改革开放由观念突破转向制度创新以及全国市场的形成，国家开始明确支持和鼓励广告的发展。1993年3月，国务院转批国家计委《关于全国第三产业发展规划基本思路》的通知，正式将广告业归入第三产业。1993年7月，国家工商行政管理局、国家计委印发《关于加快广告业发展的规划纲要》，第一次“从国家层面正面肯定广告在社会主义市场经济中的重要作用”。[②] 自此，中国广告行业进入了蓬勃发展阶段。

（二）广告学科的发展

广告业的发展客观上要求对广告进行研究和分析，尽快培养广告人才。1983年厦门大学新闻传播系设立了广告学专业，开启了我国广告教育的先河。此后在1983—1992年10年间，陆续有6所高等院校开办了广告专业，如中国传媒大学、中国人民大学和深圳大学等。到90年代后期，我国开设广告专业的院校约有90所。广告作为一个学科在20世纪90年代中后期开始迅速发展，论文数量平稳上升，迎来了广告研究的快速发展时期。《现代广告》《广告大观》《中国广告》《国际广告》纷纷创刊，有关广告的书籍也开始大量出版。

（三）广告行业的立法与监管

首先，为了使广告更好地为经济建设服务，国家工商行政管理局设立了广告司，各地相应成立了广告处、广告科等或派专人管理广告，在全国范围内逐步建立起较为完整的广告管理体系，并使之不断得到充实和发展。其次，加强了广告的立法工作。1982年2月，国务院发布了《广告管理暂行条例》。同年，国家工商行政管理局发布了《广告管理暂行条例实施细则》。1987年10月，国务院颁布了《广告管理条例》。为了进一步贯彻执行《广告管理条例》，国家工商行政管理局于1988年1月发布了《广告管理条例施行细则》。《中华人民共和国广告法》1994年10月27日经第八届全国人民代表大会常务委员会第十次会议通过，1995年2月1日起施行。自此，我国广告进入有法可依、有法必依的健康发展轨道。

---

① 孙美玲．社会、观念与实践：历史制度主义视野下的新中国广告学研究70年（1949—2019）．新闻与传播研究，2019（11）．

② 同①．

（四）广告界的学术会议与国际联系

同一时期，我国的广告学术会议频繁召开，探索学术界和业界非常关注的宏观与微观问题，如广告经营与管理、广告效果等。中国广告协会每年举办一次全国广告学术会议，其学术委员会也定期组织学术讨论并出版论文集。学术界与业界形成了“紧密相连的互动机制”①。

与此同时，我国广告界与国际广告界的联系和合作日益密切。1984 年 10 月，我国首次派代表出席了在东京召开的第 29 届国际广告大会，并相继参加了第 30～32 届国际广告大会，同时参加了各地区广告大会及各种研讨会。我国在国际广告组织中的作用越来越重要。

三、稳步发展的中国现代广告（2000 年至今）

进入 21 世纪，我国广告行业的发展呈现出良好的态势。在 20 多年的时间里，无论是广告投入、行业规模、增长速度，还是学科建设的深度和广度，都以惊人的速度持续稳定地向前发展。

（一）广告发展的五个历史阶段

2000 年至今，伴随着我国经济的不断发展，广告行业也进入了前所未有的高速发展阶段。虽然中间略有回落，但总体呈现出稳健上升的发展趋势。

1. 第一个阶段：2000—2006 年

我国广告行业在这一阶段的发展呈现出迅速增长和平稳回落的态势。如图 3－1 所示，2000—2006 年，广告市场的规模以平均两位数的速度增长，到了 2003 年我国广告市场的规模突破千亿元，达到 1 078.68 亿元，当年增长幅度高达 19.4%，达到了这一时期发展的顶点。此后广告市场规模的增长速度有所回落，到 2006 年，我国广告市场规模达到 1 573 亿元，比 2005 年增长了 11.1%，但是该年度的广告增长幅度相比 2005 年还是下降了 0.9 个百分点，比 2003 年则下降了 8.3 个百分点。

2. 第二个阶段：2007—2009 年

我国广告行业在这一阶段的市场规模增速呈现缓慢上扬的态势，同时各种媒介广告的占比发生了巨大变化，电视广告市场规模占绝对优势，但网络广告市场规模逐渐超过了传统的报刊广告市场规模。CTR 媒介智讯发布的《2007 上半年广告市场研究报告》显示，2007 年上半年我国广告市场同比增长 12%，其中电视广告的增幅为 15%，市场占有率为 80%，位列四大媒体之首。与此同时，除杂志和电视外，电台和户外广告市场的增幅比 2006 年同期都有不同程度的放缓，其中电台广告的增幅从 2006 年的 29%跌落至 13%，户外广告的增幅从 10%下降至 3%。报纸则呈现负增长状态，其市场增幅为

---

① 孙美玲．社会、观念与实践：历史制度主义视野下的新中国广告学研究 70 年（1949—2019）．新闻与传播研究，2019（11）；杨培青．广告学术研究要立足现实，展望未来．1997 年中国广告年鉴，北京：新华出版社，1998.

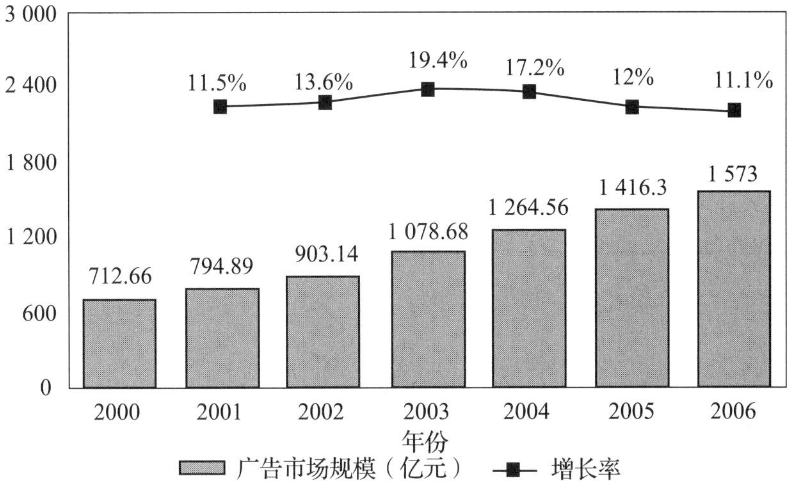

图 3-1　2000—2006 年中国广告市场规模及增长率

资料来源：https://www.samr.gov.cn/.

—1%。到 2010 年，网络广告异军突起，规模增长很快。根据易观国际的相关数据，2010 年我国网络广告的市场规模达 115.63 亿元，年均复合增长率为 26.2%。

3. 第三个阶段：2010—2014 年

在这一阶段，我国广告行业进入空前活跃时期，无论是广告公司数量、从业人数还是市场规模，都呈现迅速增长的态势。根据中国产业信息网的数据，我国在 2011 年已经成为全球第三大广告市场，2014 年我国广告市场支出增幅超过美国、日本、德国、英国等发达国家。如图 3-2 所示，2010—2014 年我国广告市场从 2 340.5 亿元增长到 5 605.5 亿元，每年均有较大幅度的增长。但与此同时，增长率却呈现下滑趋势，尤其是 2013 年。2013 年我国广告市场的规模虽然达到 5 019.75 亿元，但年增长率较往年有所下降。究其原因，我国经济结构性调整和 GDP 增速的放缓使得我国广告市场增长率逐年下降并趋于平稳。

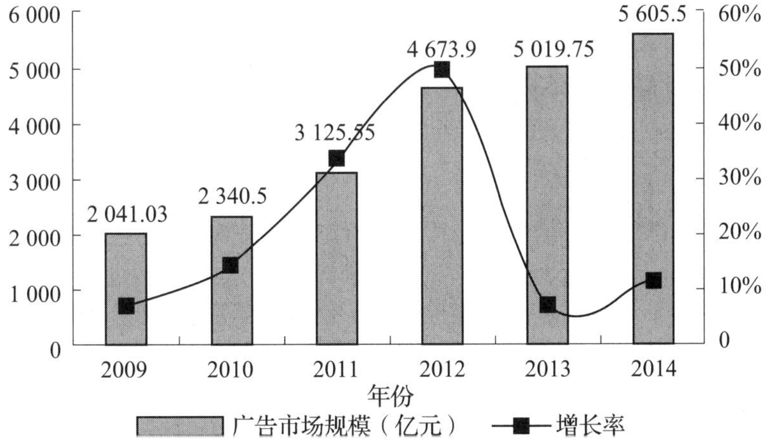

图 3-2　2009—2014 年中国广告市场规模及增长率

资料来源：https://www.bg.qianzhan.com/report/detail/459/150715-c63ac42b.html.

同一时期，各类媒介广告的占比也发生了变化。首先，传统广告支出同比增幅下降。

CTR 媒介智讯发布的《2014 年中国广告市场回顾》显示，2014 年我国广告市场总体增长 2.2%，但是包括电视、电台、报纸、杂志、传统户外等在内的传统广告市场的增幅首次出现下降，微降至 1.7%（见图 3-3）。

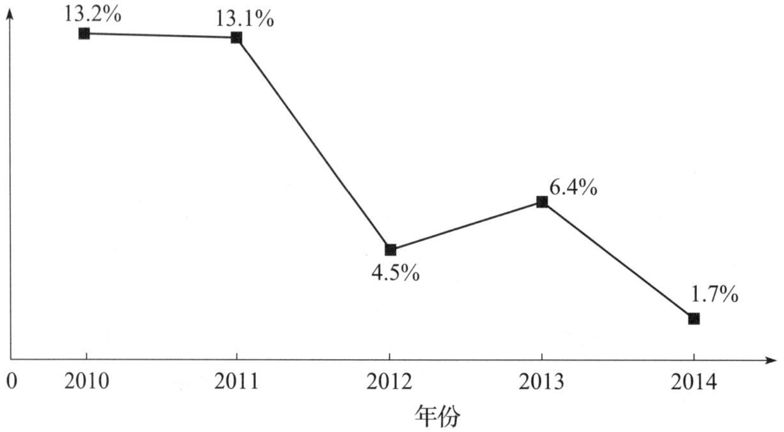

图 3-3　2010—2014 年传统广告支出同比增幅

资料来源：https://www.wenku.baidu.com.

进一步来看，传统媒体广告和新兴媒体广告的占比继续发生变化，传统媒体广告支出持续下降，而新兴媒体广告支出却高速上扬。2010 年以后我国传统广告市场呈现增长放缓的趋势，2014 年首次出现了下降，主要源于新兴媒体广告对市场的蚕食。如图 3-4 所示，2013 年传统广告市场占比为 86%，新兴媒体广告市场占比为 14%；而 2014 年传统广告市场占比为 83%，新兴媒体广告市场占比为 17%。传统媒体广告市场的衰退与新兴媒体广告市场呈现方兴未艾的趋势形成了鲜明的对比，而这一趋势将在未来很长一段时间内继续保持。

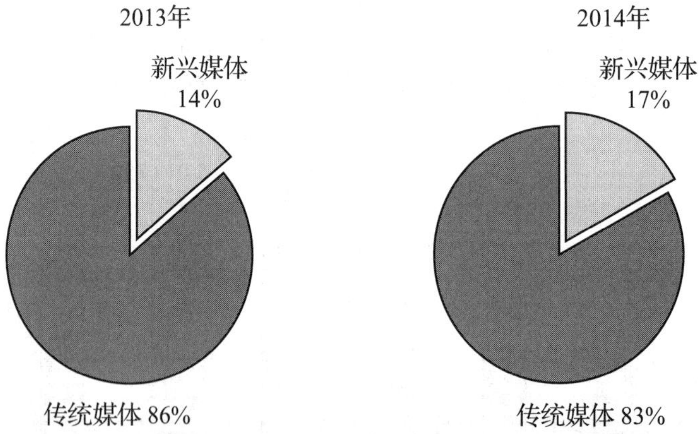

图 3-4　2013 年和 2014 年新兴媒体和传统媒体市场份额对比

说明：传统媒体包括电视、报纸、杂志、电台、传统户外，新兴媒体包括商务楼宇视频、影院视频、交通类视频、互联网（不包括关键词搜索、垂直搜索数据及定向广告数据）。

资料来源：https://www.wenku.baidu.com.

具体到各种媒体，其广告支出占比都发生了巨大的变化。如图 3-5 所示，传统广告中电视、报纸、杂志广告的增长率分别出现了不同程度的下降，其中报纸广告下降的幅度最大，为 18.3%，杂志广告下降了 10.2%，电视广告下降了 0.5%。在新兴媒体中，影院视频广告和互联网广告快速增长，增长率分别超过了60%和30%。根据EnfoDesk易观智库的相关数据，我国互联网广告市场在2010—2011年经历了爆发式增长，增长率分别达到76.6%和79%，2012—2014年增长率保持在35%以上。

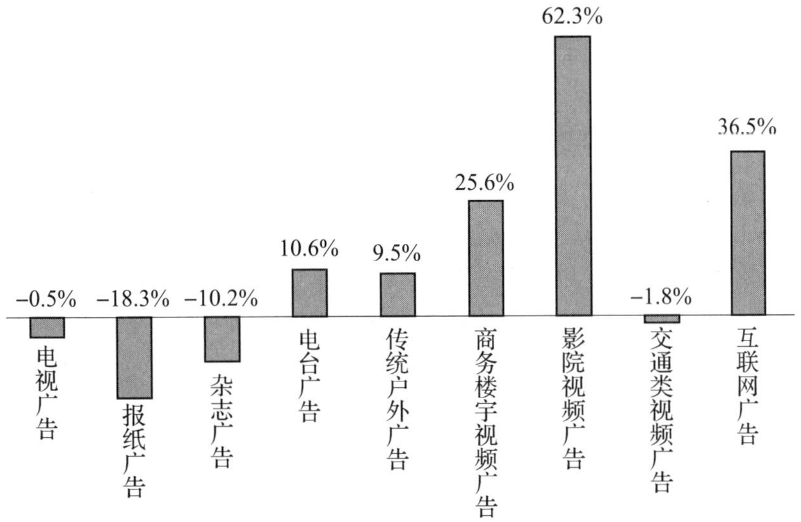

图3-5 2014年各类媒介广告支出同比变化

资料来源：https://www.wenku.baidu.com.

4. 第四个阶段：2015—2018年

在这一阶段，我国广告市场的总体规模仍然不断扩大，我国广告业在全球广告业中的贡献逐渐增多，地位迅速提高。根据中国产业信息网的相关数据，2015年我国广告支出增长率是美国的2.4倍，到2018年我国广告支出将超过美国。如图3-6所示，2015年我国总体广告市场规模达到了5 973亿元。2017—2018年国内经济和消费的良好表现促进了广告行业的整体向好趋势，2017年全国广告市场规模达到6 896亿元，占GDP的比重为0.8%。到2018年将超过7 000亿元。与此同时，年增长率变化不大，广告行业的发展趋于平稳。

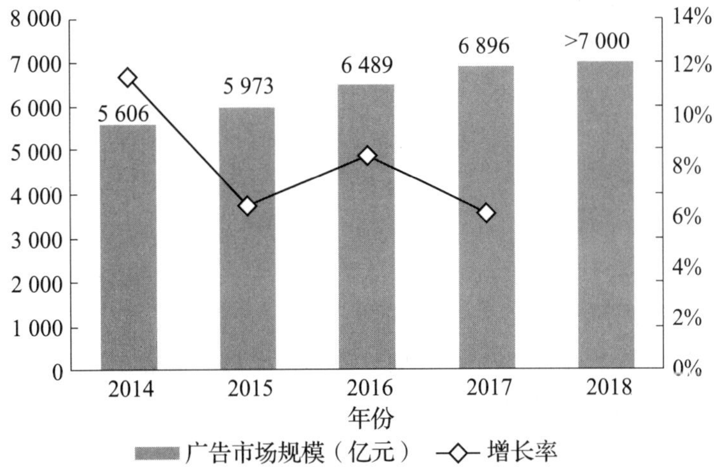

图3-6 2014—2018年中国广告市场规模及增长率

资料来源：https://www.chyxx.com/.

进一步来看，电视、广播、报纸、杂志、互联网五大媒体的市场规模和增幅的变化有所不同，其中互联网广告市场的增幅最为显著。根据中国产业信息网的数据，互联网广告2015年增幅达19%，占全球广告市场的29.5%，2015—2018年保持13%的平均增长速度，2017年超过电视广告成为全球最大的广告媒介。我国互联网广告市场规模从2015年的2 093.7亿元增长到2018年的4 186.7亿元。精准营销、互动营销等依托数字媒体和无线终端技术的新型传播方式成为广告行业重要的增长点。

与此同时，传统媒体广告的规模逐步缩小，尤其是2015—2016年。但是，在经历了连续两年的下降后，由于互联网流量红利结束，2017年我国广告市场的传统媒体板块广告投放的整体下降趋势有所缓和。根据中国产业信息网的数据（见图3-7），电视广告出现了止跌回升态势，从2016年下降3.7%逆转为2017年增长1.7%，2018年第一季度增幅达16.5%，积极推动了广告市场的整体增长。同时，广播广告的增幅也在进一步扩大，截至2018年第一季度，增幅达到15.8%。此外，报纸、杂志、传统户外和交通类视频广告的降幅均有所收窄。

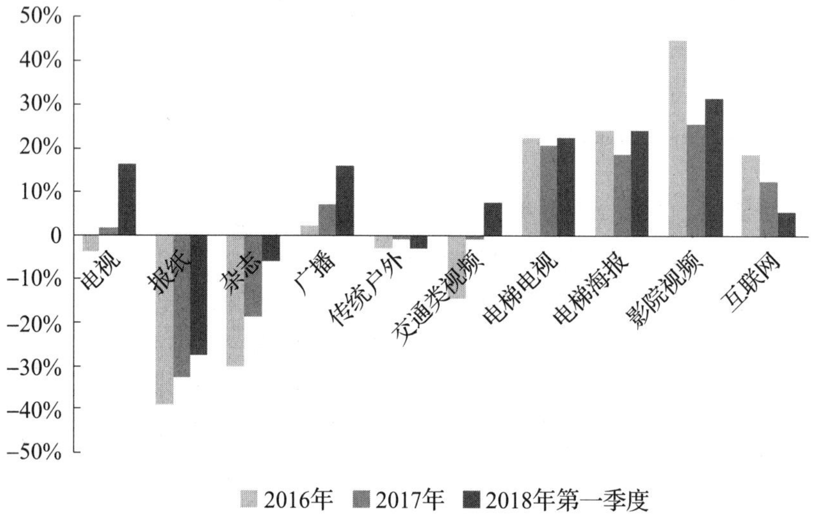

图3-7 2016年至2018年第一季度媒体板块增幅

资料来源：https://www.chyxx.com/.

5. 第五个阶段：2019年至今

进入第五个历史阶段，我国广告行业的规模呈现了总体平稳扩大的趋势。在2018年市场规模达到7 000亿元之后，从2019年开始，我国广告市场规模实现了平均每年1 000亿元的增长。如图3-8所示，2019—2022年，我国广告市场规模从8 674.3亿元增长到11 069.5亿元。2021年广告市场规模超过10 000亿元，同比增幅超过11%。其中互联网广告在2022年达到了7 237.9亿元，同比增幅达10.5%。①

就新媒体而言，2019—2022年，总体发展态势平稳。电商类广告、短视频广告、在线视频广告、社交广告以及泛资讯广告成为五种主要的广告形式，如图3-9所示。

① http://www.360doc.com/content/22/1021/11/13672581_1052583295.shtml.

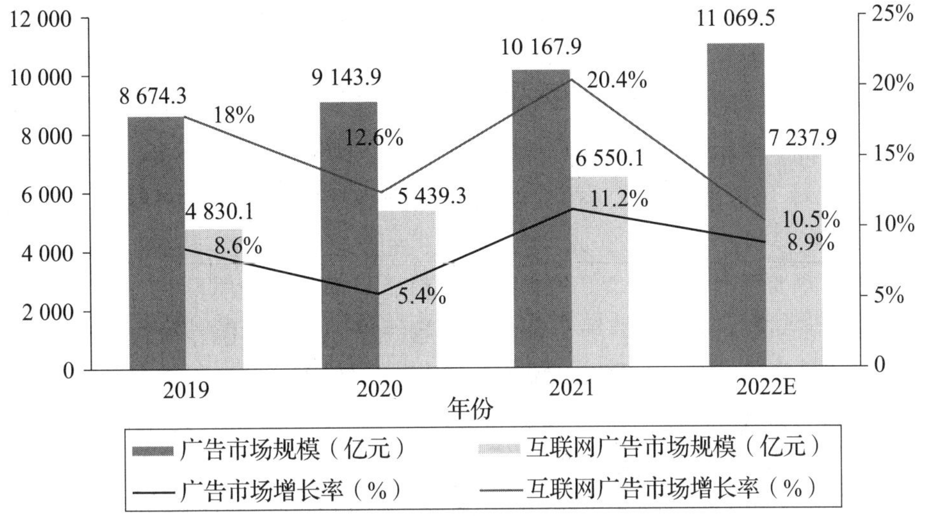

图 3-8　2019—2022 年我国互联网广告市场规模及增长率统计

资料来源：https://www.data.chinabaogao.com/.

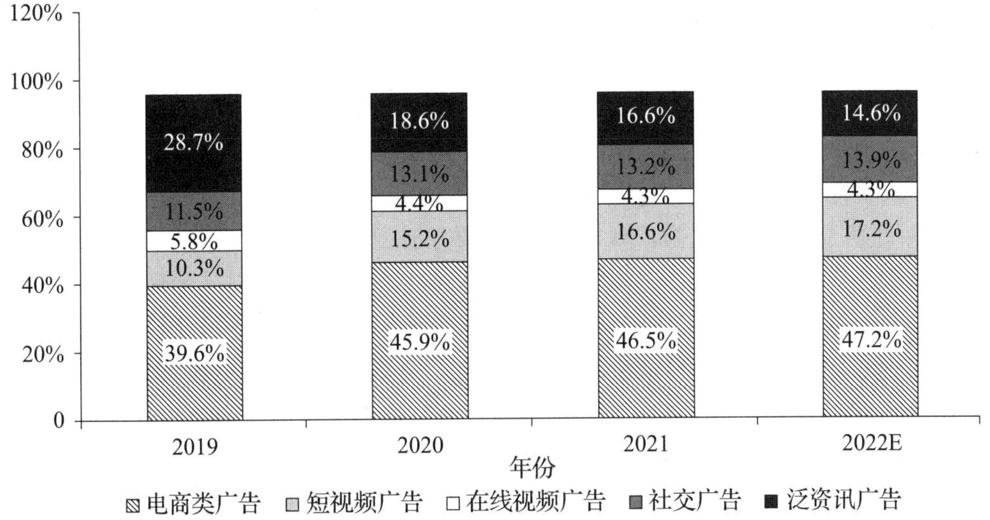

图 3-9　2019—2022 年我国五种广告形式的市场份额分布

资料来源：https://www.data.chinabaogao.com/.

电商类广告在此四年间保持投入第一的位置，总体呈上扬态势，从 2019 年市场份额为 39.6%到 2022 年 47.2%。类似地，短视频广告和社交广告也呈现了总体上扬态势。但泛资讯广告市场份额的波动比较大，且呈现了下降趋势，从 2019 年 28.7%下降到 2022 年 14.6%。

（二）广告学科的发展

我国广告行业高速而稳步的发展促进了广告学科的进一步发展。在历时将近 40 年的学科建设中，学界公认的发展成就包括“专业数量快速增加，实现了从量的发展到质的飞跃；学科实力与地位不断提升；师资队伍不断壮大；课程与教材呈现百花齐放的局面；交流平台构建步伐不断加快”[①]。下面分别介绍广告专业高等教育的发展和广告学术研究的进展两个方面。

1. 广告专业高等教育的发展

随着广告行业快速发展对专业人才需求的增加，我国开办广告学专业的学校也迅速增加，截至 2017 年 7 月，全国共有 306 所高等院校开办了广告学本科专业（不包括仅开设广告学课程的高校）[②]；截至 2022 年底，该数字上升到 336 所，约占本科高校总数的三分之一多。还有少量学校开设了广告学硕士项目、广告学博士项目。因为广告学早期与新闻的发展紧密联系，所以广告学专业大多设置在新闻传播学院。虽然商学院或者管理学院没有设置广告学专业，但是会开设相应的广告学课程。

2. 广告学术研究的进展

广告学术研究的成果以研究报告、著作、论文等形式呈现，其研究内容主要分为两个部分，分别是广告学科建设和广告研究主题。

从广告学科建设来看，现有大部分的研究都将广告学定位于新闻与传播学的一个子学科，研究学者也多来自高等院校的新闻与传播学院，但也有学者从交叉学科视角对广告学进行研究，他们往往有法学、管理学、中国文学等专业背景。从 1994—2017 年国家社科基金立项数据来看，59 个广告学相关的立项项目中，有 48 个项目（81.4%）所属学科为新闻传播类，11 个项目为其他类，其中法学背景的项目关注广告的法律规制，管理学背景的项目关注广告效果，中国文学背景的项目则专注广告史。[③]

从广告研究主题来看，学者们既关注宏观问题也关注微观问题。根据 2007—2016 年 CSSCI 索引期刊论文的数据，现有研究主要集中于广告产业（18.6%）、广告信息（15%）、广告与社会文化（13.7%）、广告策略（11%）、广告法规与治理（10.9%）、广告效果（9.6%）、广告历史（8.8%）以及广告教育与研究（7.4%）。同一时期的国家社科基金立项项目也反映了相似的特征，其中广告伦理与监管（28.8%）、广告效果（22%）和广告史（18.6%）三个主题占比最大，占立项总量的 69.4%。

2021 年，广告研究主题发生了变化。根据 2021 年 CSSCI 索引期刊论文的数据，研究主题主要集中于广告史与广告教学（14.3%）、消费者获取信息的过程（13.8%）、数字广告形态（13.8%）以及广告理论创新（12.5%）。[④] 此外，同一时期的广告研究开始采用实证研究方法，通过实验法和问卷调查法等来收集实证研究需要的数据。对于广告类型的研究除了传统媒体外，开始重视对新兴媒体广告的研究。以 2021 年 CSSCI 发表的论文为例，针对传统媒体和新型数字化媒体的研究论文比例为 1∶2。

---

① 赵恒煜．我国广告学博士研究生教育现状、问题与思考：基于 28 所院校的统计分析．广告大观（理论版），2019（2）.

② 莫莉，等．中国广告学科定位与发展走向：基于 CSSCI 十年研究综述（2007—2016）的启示与建议．广告大观（理论版），2017（5）.

③ 赵新利，等．从国家社科基金立项项目看广告学术研究热点．广告大观（理论版），2018（3）.

④ 顾明毅，郑子涵．2021 年我国 CSSCI 核心期刊广告学研究综述．新闻爱好者，2022（10）.

第2节 国际广告的演进和发展

国际广告的发展经历了原始时期（15世纪以前）、萌芽时期（15世纪初到19世纪中叶）和大发展时期（19世纪中叶到1945年）。根据现代广告的定义——广告是借助一定的大众传播媒介进行信息传递的沟通方式，本节对国际广告早期的演进和发展的介绍也将从最古老的大众传播媒介报刊的出现，也就是国际广告萌芽阶段开始。

对于国际广告的演进和发展，我们侧重于以下两个历史时期：一个是15世纪初到1945年，另一个是2010年至今。这两个阶段广告的演进和发展都与现代广告学息息相关，其中第一个时期的广告借由四大传统媒介的发展而演进，第二个时期的广告伴随着互联网等新兴媒介的发展而演进。为了便于区分，我们称第一个时期为近代，第二个时期为现代。

一、近代国际广告发展概况（15世纪初到1945年）

（一）萌芽阶段（15世纪初到19世纪中叶）

1. 广告行业发展概况

1445年是广告史上值得纪念的一年，因为在这一年德国人古登堡发明了金属活字印刷。因其铸制的字母整齐划一，一次排版可连续印出许多张，这种技术逐渐为各国采用。金属活字印刷的应用促进了广告传播载体的快速发展，印刷媒体及报刊的陆续出现在很大程度上改善了广告传播途径单一化的状况，广告传播范围也由小众变为大众，广告成本大幅削减，广告效果大为提高，人类的广告活动由原始形态的口头、实物、招牌、标识、文字广告等传播方式进入印刷广告时代。

（1）15世纪末，在英国的墙壁上常贴着一种称为“喜求斯”的手抄广告传单，“喜求斯”是拉丁文，意思是“如果谁喜欢的话”。

（2）1609年，德国出现了世界上现存最早的定期印刷报刊《德国观察周刊》。此后，报刊在各国大量发行，使广告的影响进一步扩大。从17世纪开始，几乎无报不登广告，广告从初级阶段进入相对发达时期。

（3）1645年1月，*The Weekly Account* 杂志第一次开辟了“广告栏”，专门刊登广告，并且正式使用“advertisement”一词。

（4）1650年，英国《新闻周刊》在“国会诉讼程序”栏目登载了一则寻找被盗的12匹马的“寻马悬赏启事”，这被认为是世界上第一则名副其实的报纸广告。

（5）1666年，《伦敦报》正式开辟广告专栏，这是第一个报纸广告专栏。随后各报争相效仿，这标志着广告正式成为报纸收入的主要来源之一。从17世纪中期开始，报纸业以及随之发展的报纸广告业都在稳步发展，广告的报纸版面占比也越来越高。

（6）17世纪后半期，英国报纸上开始刊登食品广告，如1675年7月报纸 *Public*

Advice 上刊登的咖啡广告。广告内容如下："旧交易所后边的巴少鲁密街上，有种叫咖啡的饮料。这是一种医学上认为对健康非常有益的饮料，它具有助消化、提精神、使人精神愉快的作用，还能对眼睛溃烂、感冒咳嗽、身体衰弱、头痛、水肿、风湿、维生素C缺乏病等其他很多疾病有疗效。每日早晨和下午 3 时出售两次。"从内容上看，这则广告反映出当时人们对食品状况已有一定的了解，以及当时的商品广告的一些情况。这则广告同时说明了产品的销售时间、地点和产品的功效。更为重要的是，这则广告反映出当时的广告创作者对广告作品已经有了创意的自觉。从表现手法上讲，这是一则典型的理性诉求型广告，语言风格简洁，对于其产品咖啡的功效引用了权威部门的意见，即"医学上认为"。可见，早期报刊广告在表现手法上并不仅仅是对产品进行平铺直叙的说明，而是加入了一些文字表现上的技巧，反映出最早的广告创意理念。

（7）1704 年 4 月 24 日，美国《波士顿新闻通讯》创刊，在其创刊号上刊登了一则广告，内容如下："本报纸向所有需要出售或出租房屋、土地，被盗或丢失货物的人出租版面刊登广告。"该广告成为最早的媒体为自己做广告的范例。

（8）1704 年 5 月出版的《波士顿新闻通讯》第三期上刊登了付费广告，这是美国报纸上最早刊登的付费广告。

（9）19 世纪以后，随着报刊发行量的增大，广告量也在不断增加。以《泰晤士报》为例，1815 年发行量为 5 000 份，到 1844 年为 23 000 份，到 1854 年达到 51 648 份；1800 年平均每天刊登 100 条广告，到 1840 年每天刊登 400 条。据统计，英国在 1837 年有报纸 400 多种，日刊出广告 80 000 余条。在美国，1830 年有 650 份周刊、65 家新闻日报刊登了广告。

（10）杂志广告和车厢广告也在这一历史时期相继出现，如 1844 年美国的《南方信使》杂志刊登了杂志广告，1850 年美国纽约市一家名叫露易·泰勒的百货店在马车外挂了一幅广告，这则广告被认为是美国最早的车厢广告。

2. 广告代理制发展概况

广告代理店最早出现在 17 世纪的欧洲和美国，如 1610 年英国两位骑士在詹姆士一世的命令下创立了最早的广告代理店，1612 年法国的雷纳德创立了高格德尔广告代理店，1841 年美国人胡珀在纽约、帕尔默在费城分别创立了广告代理店。尽管代理店在此时已经出现，但是代理制度却晚了整整两个世纪，直到 19 世纪中前期才在美国出现。

（1）1841 年，福尔尼·帕尔默在美国费城开办了第一家广告公司，开始时该公司只为客户购买报纸广告版面，广告的文字、设计工作仍由报刊承担，公司从中抽取 25%的酬金。由于这项工作有助于增加报纸的收入，广告代理工作受到了报业的欢迎。具体的经营方式是从报刊那里廉价批发一定数量的广告版面，然后再零售给广告客户，这一经营模式使广告代理业从报纸中分离出来，形成一个独立的广告经营实体，并同客户、媒体形成相对固定的代理关系和佣金制度，广告代理业由此诞生。

（2）1845 年以后，帕尔默相继在波士顿、纽约开办了广告分公司，从此广告代理业日益繁荣。

（3）1865 年，出现了广告批发代理商，它们向 100 家报纸预订固定的广告版面，再分售给不同的买主，价格由广告代理商自定。广告代理商实际成了报刊的独家广告经纪人。

（二）广告大发展阶段（19世纪中叶到1945年）

1. 广告公司的出现和发展

1868年，韦兰·艾尔在美国宾夕法尼亚州的费城建立了艾尔父子广告公司，这是国际上第一家专业广告公司。在此后的30年间，该广告公司为广告行业的发展做出了很多贡献。

（1）首创了公开契约制度，即代理店必须对广告主的媒体选择或广告制作负责，相应地，广告主要付给代理店实际版面价格的一定比率作为佣金，当时的佣金比率是25%。

（2）1879年，艾尔父子广告公司为一家打谷机企业制作媒体计划表，首先从州政府取得了谷物生产资料，然后选择适合市场的报纸媒介并拟定广告计划，最后是广告的管理工作。

（3）1890年左右，艾尔父子广告公司开始使用报价单销售版面，并开始为客户撰写文案，广告代理工作范畴更为全面。

随着广告公司的不断发展、广告业务范围的不断扩大，广告公司不仅安排广告，还专门配备了一定数量的编辑、写作和美工人员负责广告的制作。同时，在这一时期广告公司的收入也逐年增加。到20世纪末，美国大大小小的广告公司共有8 000多家，其中营业额超过1 500万美元的大公司约有40家，营业额在500万～1 000万美元的中型广告公司有54家。

2. 广告形式的发展

（1）报刊广告的进一步发展。工业革命给纸质媒介带来了重大影响，各国报业相继进入以廉价报纸为代表的近代报刊大众化时期。高速轮转印刷机的应用降低了印刷成本，1850年一台高能印刷机每小时可印1万张报纸。随着市场的繁荣以及各国对报刊限制的放松，广告数量不断增加，广告费成为报刊的重要收入来源，使得从经营的角度来看，廉价报纸的销售成为可能。从19世纪中期开始，报刊经营全面走上商业化轨道。

（2）广播广告的出现和发展。广播广告具有传播迅速及时、活动空间广、价格便宜等优点。美国商业广播电台创立于1920年，在1926年出现了全国性广播电台之后，广播电台便成为主要的广告媒体。1928年美国无线电广播广告的费用已达1 050万美元。当时，全世界有57个国家拥有广播电台，听众达7 500万人，并以每年10%的速度增长。

（3）电视广告的出现和发展。电视出现以后，广播广告的地位有所下降。世界上第一家电视台于1936年在英国建立，美国于1939年开始建立电视台并于1941年6月正式开始做商业电视广告。第二次世界大战的爆发使各国电视事业的发展进入了停滞期。第二次世界大战结束后，电视台的发展突飞猛进，1965年美国有726家电视台，其中有578家是商业电视台，美国90%的家庭拥有电视机。在美国，电视广告的收入占现代四大媒体广告总收入的60%左右。

（4）其他广告形式的出现和发展。世界上第一个霓虹灯广告出现在法国，随后逐步扩大到法属殖民地和英属殖民地，并于1923年进入美国。霓虹灯广告在20世纪30年代普及，进入60年代，霓虹灯广告的形式更加多样。

户外广告在17世纪就有所发展，到了1870年，户外广告的收入已经占到商业广告收入的30%，其中比较常见的是酒店广告牌、彩票海报以及药品广告等。到20世纪初，由于汽车的数量不断增加，户外广告的重要性进一步提高。户外广告多以图画为主，向来往的行人不断重复宣传，给人留下了深刻的印象。

还有一种广告形式是以广阔的天空为背景，利用飞机、气球，书写或悬挂巨幅广告文字，以引起公众的注意。例如，英国空军少校萨维奇在1913年开始组织烟雾空中广告实验，并于1922年在英国一个赛马场上空首次表演，飞机在空中利用烟雾写下了"Daily Mail"（《每日邮报》）的字样。空中投光广告最早出现在美国纽约，由9.1万支烛光投光机在50米高空投射而成，给人以新奇壮观的感受。

3. 广告学科的建立和发展

美国是现代广告行业的发源地，也是当今世界广告业最发达的国家之一。随着广告行业的发展，对于高素质的专业从业人员的需求也相应提高，广告作为一门学科也在美国应运而生。后续各个国家在大学里开设广告课程或者广告专业都或多或少借鉴了美国广告学专业的教育模式。

美国广告学专业的形成始于课程的开设。1905年，纽约大学率先在大学开设了正式的广告学课程。1913年和1921年，密苏里大学新闻学院先后开设了全美第一个广告学本科专业和第一个广告学研究生课程。1900—1950年，美国共有72所高等院校开设了广告学课程，分别设置在商学（50%）和新闻学（43.1%）两个学科领域。[①] 之后，经过严格的学科归属论证后，广告学在美国被转归到新闻与传播学领域。相关数据显示，到2013年，美国139所设置广告学专业的大学中，有126所将其设置在新闻传播学院或者文理学院，仅有13所将其归入商学院或者管理学院。[②]

二、现代国际广告发展状况（2010年至今）

1. 广告行业发展概况

从2010年开始，全球广告行业进入了成熟期，行业增长速度与GDP增速基本持平，保持在4%～5%之间，行业集中度提高，市场规模稳中有升，总量巨大。

（1）2010—2014年的数据显示，2011年全球广告市场规模达到4 597亿美元，比2010年增长7.3%；2012年市场规模继续扩大，达到4 757亿美元，但同比增长有所回落，在3.5%左右；2013年市场规模为4 943亿美元，同比增长为3.9%；2014年市场规

---

① 罗志超．美国高校广告教育发展研究．广告大观，2014（4）．

② Ross B I，Richards J I. Where Shall I Go to Study Advertising and Public Relations?．Lubbock，TX：American Academy of Advertising，2013.

模突破了5 000亿美元，达到了5 195亿美元，同比增长为5.1%（见图3-10）。中国产业信息网的数据进一步显示，从地区广告市场规模来看，北美和欧洲等经济发达地区的广告市场规模较大，发展较为成熟，但是其同比增长率却低于亚太和拉美地区等新兴市场。以2014年为例，北美和欧洲市场的同比增长率分别约为4.6%和2.4%，但包括中国在内的亚太地区（日本除外）和拉美地区的同比增长率则分别是10.1%和13%，其中拉美地区的广告市场规模增长率最高。

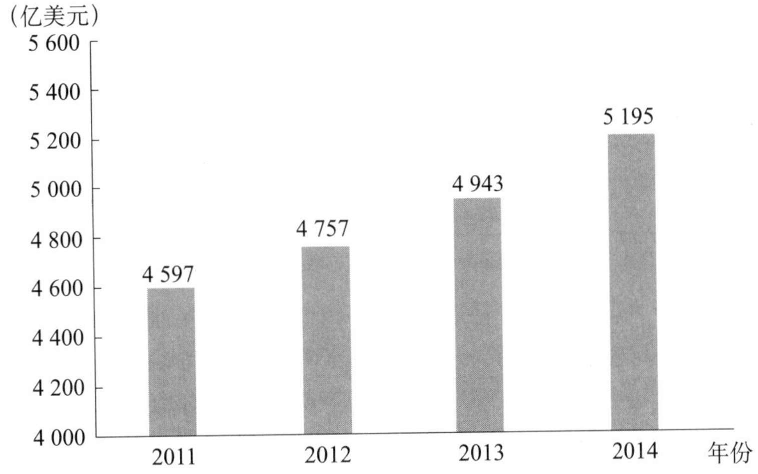

图3-10　2011—2014年全球广告市场规模

资料来源：https://www.cnii.com.cn/.

（2）2015—2018年间，全球广告市场规模持续扩大，平均年增幅保持在3%～5%之间。此外，全球广告支出与GDP的增长保持一致（见图3-11）。中国产业信息网的数据进一步显示，尽管新兴市场增长迅猛，但美国仍旧是全球新增广告支出的最大贡献者。2015—2018年，在预期的全球广告市场的770亿美元增长中，美国占26%。

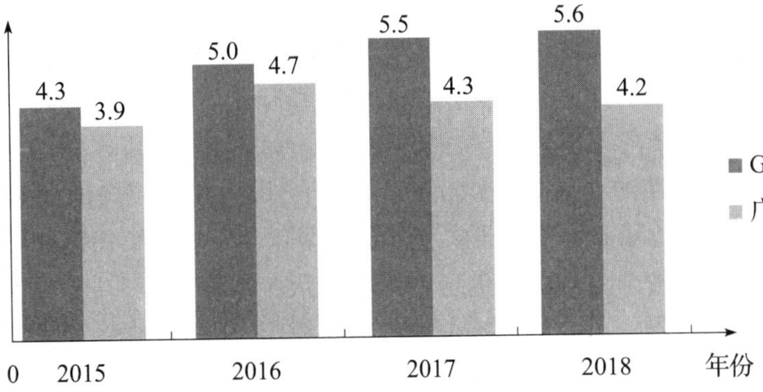

图3-11　2015—2018年全球广告支出和GDP的年度增幅（%）

资料来源：https://www.chyxx.com/.

与此同时，对比2014年和2017年对全球广告市场贡献最大的10个国家，美国、中国和日本保持了贡献最大的前三名。表3-1显示，2017年美国的广告市场规模达到了约1 972亿美元，中国达到了约580亿美元，日本达到了484亿美元。

表 3-1 全球十大广告市场规模 单位：百万美元

2014 年广告市场规模			2017 年广告市场规模		
1	美国	176 236	1	美国	197 174
2	中国	45 406	2	中国	58 008
3	日本	45 002	3	日本	48 400
4	德国	24 597	4	英国	26 803
5	英国	22 595	5	德国	25 773
6	巴西	15 715	6	巴西	19 181
7	法国	13 149	7	阿根廷	15 860
8	澳大利亚	12 271	8	法国	13 034
9	韩国	11 386	9	澳大利亚	13 017
10	加拿大	11 127	10	韩国	12 717

资料来源：http://ocn1996.yixie8.com/homepage/.

（3）2019—2022 年间，由于新冠疫情影响，广告行业市场规模出现了波动。Statista 数据显示，2019 年广告规模突破了 6 000 亿美元，达到了 6 017 亿美元，同比增长了 4.1%。2020 年受新冠疫情影响，广告规模有所下降。2021 年全球广告行业市场规模开始恢复，市场规模达 6 825 亿美元，同比增长 17.05%，其中数字广告增长达 52.9%。

2. 广告行业科学化管理

（1）调查公司的出现为广告活动的开展提供了科学依据。由于大规模应用现代通信技术和计算机信息处理技术，广告公司朝着为广告主提供完善的信息服务的方向发展，为生产企业在市场调查、产品设计、生产和销售以及售后服务等方面提供全面的咨询服务，并帮助企业进行决策分析。20 世纪 70 年代后，国外相继出现了大型调查公司，这些公司采用科学的调查方法和调查技术，对广告前和广告后的市场情况进行调查，为更加有效地开展广告活动提供了科学的依据。世界十大调查公司中，美国有 6 家，德国、英国各有 2 家，这十大调查公司的调查费用占世界调查费用总额的 30%。

（2）国际广告协会组织的建立加强了广告行业的国际化协作。为了协调各国广告业的发展，国际广告界相继成立了各种行业性协会组织。1938 年，国际广告协会成立，总部设在纽约，是一个国际性的非营利组织，也是世界上最大和最权威的国际广告组织。与此同时，各国也相继创立了自己的广告协会。这些国际性广告组织积极开展国际合作，举办各种会议和展览，经常开办各种培训班，培养了众多专业广告人员。同时由于商业贸易的国际化，各国的广告公司或广告组织也经常组织国家间的合作。世界上比较著名的全球性广告组织是国际广告协会、国际 ABC 组织和世界广告行销公司。

（3）广告立法强化了广告行业的规范化管理。各国政府通过立法或行业协会的自律行为对广告加强管理，以达到规范广告行业，使其健康发展的目的。英国先后制定了《广告法》《商标法》《医药治疗广告标准法典》《销售促进法典》等法律；美国广播事业协会 1975 年制定了《美国电视广告规范》。美国还成立了美国广告委员会。1963 年国际商会通过了《国际商业广告从业准则》。

3. 广告学科建设

这一阶段的广告学科建设主要体现在理论研究方面，研究主题与内容不断深化。一方面，广告理论的分支越来越多，如广告心理、广告动机、广告主题、广告策划、广告媒体、广告环境、广告标题、广告效果等，各理论分支有专门的研究对象。学者们采用生理实验、实验室实验以及田野实验等方法，来观测消费者观看广告的生理心理反应，这些方法有助于找到效果更佳的广告。

另一方面，对广告学的研究越来越综合化，广告学成了一门综合性学科，其范围涉及新闻学、心理学、管理学、美学、伦理学、经济学等学科。例如，同样要研究消费者的消费决策过程，学者们既可以从心理学的视角探索消费者的有限理性决策的影响因素，也可以从经济学视角挖掘消费者的理性决策的影响因素。研究结果对广告行业的实践具有重要的指导意义。

第 3 节　广告公司的发展

广告主进行广告活动一般有两条途径，一是大企业可以利用自己的广告部门开展全部广告活动，最后委托媒体单位进行传播；二是广告主委托广告公司开展广告活动。广告经营业是指专门为广告主开展广告活动的行业，广告公司（advertising agency）是广告经营业的基本组织形态，是指受委托专门提供广告设计、制作、代理服务的法人，具备必要的专业技术人员、制作设备，并依法办理公司登记，从事广告活动的组织。广告产业属第三产业，广告公司是服务性行业组织。广告公司的发展是推动广告事业发展的重要因素之一。

一、广告公司的演进

（一）国际广告公司

最早的广告经营业雏形可追溯到 1630 年的法国，但广告公司真正得以发展是在 19 世纪中叶以后，主要是因为当时作为最主要的印刷媒体之一的报纸发展起来了。因此，了解广告公司的发展历史应该从 19 世纪中叶开始。从那时起至今，根据经营活动的内容不同，广告公司的发展经历了三个历史阶段。

第一阶段是从 19 世纪中叶到 20 世纪初，这是广告公司形成与发展的时期，当时的广告媒体主要是报纸媒体。在这个特定的历史时期，广告公司的经营模式是代理制度，即广告公司在媒体与广告主之间承担代理买卖报纸版面的责任。广告公司先从媒体如报商、出版商处购买这些印刷品的版面，然后卖给广告主，从中获取利润。这时的广告公司虽然是代理的形式，但是已经具备企业的基本特征。

第二阶段是从 20 世纪初到 20 世纪 50 年代，这是广告公司迅速发展的时期，当时的广告媒体不仅有印刷媒体，还出现了电波媒体。在这个特定的历史时期，广告公司无论在数量上还是组织形式上都有了很大发展。广告公司除了进行媒体版面与时间的买卖和代理之外，最重要的是负责广告的设计和制作。这时出现了“广告人”的概念，但并无严格定义，一般泛指专门从事广告工作的人，广告业开始聚集一批专门人才。关于如何选择有效的广告主题、如何进行广告创意等基本问题开始形成了初步的理论。

第三阶段是从 20 世纪 60 年代至今，这是现代广告公司层出不穷的时期，也是广告界很多重要的理论提出的时期。现代广告公司不仅仍进行媒体方面的买卖和代理，而且拥有一部分传播媒体及媒体开发能力。现代广告公司不仅负责广告的创作和制作，而且协助和参与广告主的经营过程，这也是现代广告公司最主要的特征。现代广告公司协助广告主对自己的产品进行潜在市场调查，负责开展与广告有关的多种调查活动，协助广告主和有关部门进行广告效果测定等。广告公司促进了广告主经营和广告管理的发展。

（二）中国广告公司

近 30 年来，我国广告业有了很大的发展，且发展速度惊人。进入 21 世纪后，虽然全国广告行业经营额增幅放缓，但总额持续上扬。根据国家市场监管总局广告监督管理司和中国经济信息社联合发布的中国广告业发展指数，截至 2021 年底，全国广告业事业单位和规模以上企业的广告业务收入首次突破 1 万亿元，达到 11 799.26 亿元，同比增长 20.38%。

二、广告代理制的演进和现状

我国广告公司主要分为综合性广告公司和专业性广告公司两类。无论是哪种类型，其经营模式都是代理制。广告代理制是广告主与广告公司、广告媒体与广告公司在委托-代理关系的基础上，实现广告交易行为的经营模式。广告主委托广告公司实施广告传播计划，广告媒体通过广告公司承揽广告业务，广告公司作为广告主和广告媒体的双向代理，为广告主和广告媒体提供双向服务（见图 3－12）。广告代理制的实施能理顺广告主、广告公司、广告媒体之间的关系，推动广告产业分工现代化的发展。

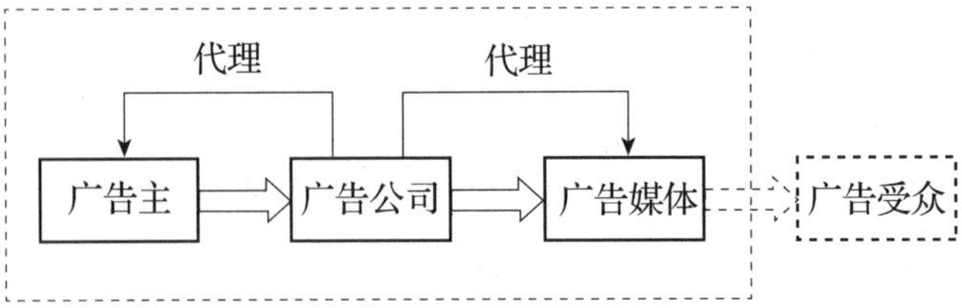

图 3－12　广告代理制的运作机制

（一）我国广告代理制的历史

我国现代广告代理制的问题在 20 世纪 80 年代初就随着西方现代广告理论的引入而被

提及，但未引起广告理论界和实业界的注意。到了 80 年代中期，随着我国市场经济的发展，特别是广告市场体制的改革，一部分广告公司和广告客户才开始意识到广告代理制的重要性。北京广告公司、广东省广告公司开始尝试实行广告代理制，对国内广告界产生广泛影响。

我国的广告代理制是从 20 世纪 90 年代发展起来的。1990 年 5 月 30 日，国家工商行政管理局采纳了在温州实行广告代理制的建议，下达了《关于在温州试行广告代理制的通知》，9 月 1 日起正式实施。温州模式的内容就是“两个过渡，一个结合”。所谓“两个过渡”是指：一是从审查代理制过渡到策划代理制，即先以广告代理单位的审查代理和客户自我策划为主，在审查代理过程中逐渐拥有相对稳定的广告客户，建立机构，培养人才，提高市场调查研究、营销战略战术制定等能力，最终过渡到策划代理制；二是暂时保留主要媒体的媒体广告代理权，待条件成熟时再撤销，转向综合广告代理制。所谓“一个结合”，即形式审查与实地审查相结合。

为了尽快建立与国际接轨的广告活动机制，1993 年 7 月，国家工商行政管理局、国家计划委员会联合下发《关于加快广告业发展的规划纲要》的通知，标志着我国广告代理制的基本确立。

（二）我国广告代理制的模式

第一种模式是无代理模式，即广告主和广告媒体直接发生交易，中间不经过第三方。这种模式仅在一些技术含量低的广告业务中出现，例如报纸的分类广告和中缝广告。广告主和广告媒体绕过了广告公司这一中间环节，减少了中间费用。

第二种模式是纯广告媒体代理模式，即广告主的广告媒体购买和广告媒体排期均由广告公司完成，而广告内容由广告主下属的广告部门独立完成。对于一些技术保密性强的行业或特殊行业，广告内容不宜由外来者策划。在广告公司（主要是媒体购买公司）能够提供较优惠的媒体折扣的时候，广告主使用这一模式可以降低广告预算。

第三种模式是纯广告代理模式，即广告主与媒体之间发生媒体购买关系，而广告策划、创意等部分由广告主委托广告公司完成。对广告主而言，这样既可以利用广告公司的智力优势，又可以省去付给广告公司的媒体回扣，从而降低广告预算。但广告主单独与媒体谈判，未必能获得理想的媒体版面或时间，也不一定能获得较优惠的媒体折扣。

第四种模式是客户代理模式，即广告主与广告媒体之间通过第三方广告公司进行交易，有一级代理、二级代理，甚至多级代理。广告公司为广告主提供包括创意策划和广告媒体代理在内的全面代理。[①]

广告视角　2022 年度中国广告公司 50 强

① 姜智彬，张士勇．广告公司经营与管理．合肥：合肥工业大学出版社，2006.

三、广告公司经营过程的发展

（一）广告公司经营的一般过程

广告公司的经营过程是随着经营内容的发展而发展的，是一个闭回路的过程。第一个回路是广告公司在接受广告主委托后，进行有关广告调查策划并向广告主提出广告策划及策划建议书，由广告主认可后进行其他项目。第二个回路是进行广告效果测定，即一般由广告公司或者专业调查公司面向目标消费者进行广告效果测试，测试结果将反馈给广告主。广告公司毕竟是企业，一般企业管理的规律与方法完全适用于广告公司的管理。管理是从经营中分离出来的一项职能，管理目的应服从于经营目的，经营的特点也决定了管理的特点。下面以美国 BBDO 广告公司的经营管理方式为例介绍广告公司标准的经营模式。

（二）美国 BBDO 广告公司的经营管理模式

美国 BBDO 广告公司是世界上最大的广告公司之一，创建于 20 世纪 30 年代。因为是由四个合伙人联合创立的，所以公司的全称是以这四个人的姓氏联合命名的，即 Batten，Barton，Durstine & Osborn。今天，BBDO 在世界各地包括中国在内拥有数百家分支机构。该公司于 1991 年进驻中国，其中文名称为天联广告公司。但业界习惯称之为 BBDO 广告公司，下文简称为 BBDO。

在全球广告行业，BBDO 一直以其广告创意方面的突出成就而闻名。该公司提出的“四点法”是其成功的秘诀之一。BBDO 在世界各地的分支机构都按照四点法作业，包括识别主要的潜在消费者，了解潜在消费者的问题，认清产品，突破创作障碍。在每一个环节中，BBDO 都开发了相应的程序或者方法，促进这些目标的实现。

1. 识别主要的潜在消费者

BBDO 认为广告必须首先对潜在消费者市场情况有透彻的了解。潜在市场研究一般包括人口分布、消费态度、消费行为、生活方式及购买形态等。为此，BBDO 在纽约设立了资料管理服务中心，对其所属的分支机构提供消费者的背景资料，而且在各地分支机构也设有小型的资料管理中心，存储与本地消费者有关的背景资料及当地市场的基本资料。该中心提供的资料类型有如下五种：

（1）背景情况分析资料，包括营销报告、广告创作及媒体活动报告、市场状况分析报告、品牌占有率以及市场细分报告等。

（2）营销资料分析报告，包括对经济生活方式、详细市场资料以及不同市场相互影响的研究分析，以供制订市场计划时参考。

（3）市场分析资料，从多种角度对市场做简明分析，包括对销售渠道、成本、媒体占有率等方面的分析等。

（4）广告竞争情况资料，提供多种媒体的费用和市场调查资料。

（5）新产品及样品资料，提供新产品国际销售渠道的调查资料、产品样品资料等。

2. 了解潜在消费者的问题

BBDO 认为必须了解主要潜在消费者的问题是四点法的重点。为此，BBDO 创建了问题探索系统，其操作程序分为以下两个阶段，包括列出潜在消费者的潜在问题并进行分析和研究。

首先，列出潜在消费者的潜在问题。为了发现潜在消费者在使用某产品时会产生什么样的问题，研究专家邀请部分消费者，首先让他们试用某个产品，之后提供渠道让消费者对产品使用过程中出现的问题一一描述。专家会尽量启发消费者提出各种不满和抱怨等负面意见，他们并不收集正面意见。BBDO 的资料显示，使用这种方法对每一个这样的测试都可以列出 100 个左右的问题，这些问题中有些是关于产品的真正缺陷，有些则反映了消费者在使用该产品时所引发的心理问题。

其次，进行分析和研究。PDS（problem detection study，问题检测研究）是 BBDO 独创的一种方法，用这种方法可向广告主提供潜在市场机会中有效、可靠又经济的调查，用这种方法还可以分析世界各地消费者对同一种商品的要求和不满。BBDO 认为要使某一新的商品打入市场，最有效的方法是使消费者改变以前使用某种旧商品的习惯并找出这些旧商品的问题。新商品以能解决旧商品问题的姿态出现，这样就能改变消费者的购买习惯，转而购买新商品。

3. 认清产品

如果广告制作者对商品的基本销售对象及其存在的问题不清楚，就会闭门造车，制作的广告很难打动消费者，更谈不上改变消费习惯。

BBDO 为此制定了一种方法，即列出同一类商品的所有品牌，研究到底哪些品牌在相互竞争，并请消费者回答某一特定品牌商品存在的问题及其使用情况，然后将所有资料输入电脑，将消费者改变选购品牌的心理因素进行分类整理。这样就可能获得影响消费者购买决定的因素，这是制作广告的重要依据。此外，BBDO 还研制了一套新商品如何接受旧商品挑战的方法，这种方法称为销售试验预测，用于对消费者的购买兴趣进行分析判断。为此，BBDO 研究了一套模型用来预测。这套模型存于美国，分布在世界各地的分支机构均可索取使用。

4. 突破创作障碍

BBDO 认为制作广告的两大致命障碍是：（1）为创作而创作；（2）根本谈不上创作。第一种情形也许能将广告信息传递出去，但效果不佳；第二种情形根本无法引起消费者的兴趣。为此，BBDO 也推出了一系列行之有效的方法，协助广告文案人员突破这些创作障碍。同时，为了提高广告的创作质量，也遵守广告主国际组织的规定，BBDO 对国际广告客户建立了协调制度——协调工作由 BBDO 在美国的总公司负责，各分支机构要遵从总公司的广告与市场决策，也可以结合各地的实际状况灵活应对。

基本概念

广告形式（advertisement form）
问题检测研究（problem detection study）
广告公司（advertising agency）

思考题

1. 中国现代广告的发展分为哪几个阶段？
2. 现代国际广告发展状况是怎样的？
3. BBDO广告公司提出的四点法的具体内容是什么？
4. 举例说明中国广告是如何体现中国传统文化的。
5. 浅析新时代广告专业人才应该具有的能力与素养。

第4章
广告法律与伦理

学习目标

- 理解广告的法律与行政管理所涵盖的内容。
- 了解《中华人民共和国广告法》的主要内容和相关管理规定。
- 了解社会舆论与道德对广告活动的约束作用。
- 了解消费者组织对广告的监督作用。

和其他经济活动一样，广告活动也是一种受到一定约束、限制和控制的活动，即对广告要进行监督管理及伦理约束，其中监督管理是指通过法律法规进行监管，伦理约束是指社会舆论与道德约束。广告主在进行广告活动之前和活动过程中都必须了解相关的法律法规和行为规范，行使权利并承担义务。对于广告活动的管理，无论是法律法规监管还是社会舆论与道德约束，其目的都是促进商品生产、扩大商品流通、发展国际贸易、维持正常的社会经济秩序、保护消费者的合法权益，使广告更好地为建设社会主义精神文明与物质文明服务。

具体来讲，对广告的监督管理与伦理约束主要包括以下三个部分：(1) 广告的法律与行政管理；(2) 广告道德约束；(3) 各级组织对广告的监督。

第1节　广告的法律与行政管理

广告的法律与行政管理是指市场监督管理部门依据广告法和其他有关的法律法规，对广告活动进行监督、检查、控制和指导。《中华人民共和国广告法》规定，县级以上地方市场监督管理部门主管本行政区域的广告监督管理工作。广告问题的最终法律解决依赖于市场监督管理部门和法律部门。法律管理具有规范性、权威性、强制性和稳定性。

一、我国的广告法律法规概况

我国对于广告的立法开始于1982年，至今共颁布了以下有关广告的法律法规。

(1) 1982年2月6日国务院发布了《广告管理暂行条例》，于同年5月1日起实施。

该条例共 19 条，界定了管理范畴与管理内容，明确了管理机关、广告主资质，界定了广告经营单位，是我国广告立法的开始。

（2）1987 年 10 月 26 日国务院颁布了《广告管理条例》，于 1987 年 12 月 1 日起实施，同时《广告管理暂行条例》（1982 版）废止。《广告管理条例》共 22 条，除了完善《广告管理暂行条例》外，明确规定了广告不得欺骗用户和消费者，不能有国旗、国徽、国歌等内容，禁止做卷烟广告等。

（3）1994 年 10 月 27 日第八届全国人民代表大会常务委员会第十次会议通过《中华人民共和国广告法》（以下简称《广告法》），于 1995 年 2 月 1 日起施行，同时《广告管理条例》（1987 版）仍在实施。《广告法》共 6 章 49 条，是我国广告法领域的基本法律。在法律和行政法规的引导下，国家工商行政管理局还颁布了很多规章和行政解释。它们构成了我国广告法专门的法律体系。

（4）2015 年 4 月 24 日第十二届全国人民代表大会常务委员会第十四次会议表决通过了新修订的《广告法》，于 2015 年 9 月 1 日正式开始施行。该法共 6 章 75 条，具有以下 10 个亮点，包括完善广告准则、明确定义虚假广告、约束广告代言人、禁止烟草变相广告、规范 10 岁以下不得担任代言人、规范互联网广告、加强对媒体的监管、明确公益广告的责任、追责监管不到位、允许广告主自证清白等。2018 年《广告法》进行了第一次修正，2021 年《广告法》进行了第二次修正。2021 修正后的《广告法》是我国目前管理广告的最主要的法律规定。

（5）2018 年 2 月《工商总局关于开展互联网广告专项整治工作的通知》发布，针对群众反映强烈的直播带货等问题，市场监管部门持续加强对网络直播营销广告行为的监管。

（6）2020 年为促进直播营销新业态健康发展，国家市场监督管理总局发布《关于加强网络直播营销活动监管的指导意见》。

（7）随着互联网快速发展，广告产业数字化进程加速，互联网广告产业规模迅速扩大，网络广告也逐渐成为监管重点。为了依法规范互联网广告活动，保护消费者合法权益，促进互联网广告业健康发展，维护公平竞争的市场经济秩序，2023 年国家市场监督管理总局发布《互联网广告管理办法》（以下简称《办法》，完整版见书末附录 2）。该《办法》共 32 条。

二、《广告法》（2021 年修正）概况

《广告法》（2021 年修正）共 6 章 74 条，全文见书末附录 1。

（一）《广告法》（2021 年修正）的主要内容

1. 界定了与广告相关的基本概念

广告法对广告、广告主、广告经营者、广告发布者、广告代言人等进行了定义，分别是：

（1）广告是指商品经营者或者服务提供者承担费用，通过一定媒介和形式直接或者间接地介绍自己所推销的商品或者服务的商业广告。

（2）广告主是指为推销商品或者服务，自行或者委托他人设计、制作、发布广告的自然人、法人或者其他组织。

（3）广告经营者是指接受委托提供广告设计、制作、代理服务的自然人、法人或者其他组织。

（4）广告发布者是指为广告主或者广告主委托的广告经营者发布广告的自然人、法人或者其他组织。

（5）广告代言人是指广告主以外的，在广告中以自己的名义或者形象对商品、服务作推荐、证明的自然人、法人或者其他组织。

2. 规范了广告的行为原则

（1）对广告的真实性提出了更高的要求，并且对违背真实性的广告的处理强度超过了以往任何一次广告条例的规定。

（2）对广告的行为准则进行了严格的规范，具体内容如下：

1）维护国家的尊严和利益，如广告中绝不允许使用或变相使用中华人民共和国国旗、国徽、国歌；

2）广告内容必须有利于人民的身心健康，如广告中绝不允许含有淫秽、色情、赌博、迷信、恐怖、暴力的内容，不得含有民族、种族、宗教、性别歧视的内容等；

3）广告绝不能有损公共利益，任何妨碍社会安定和危害人身、财产安全，损害社会公共利益，妨碍社会公共秩序和违背社会良好风尚，妨碍环境、自然资源或者文化遗产保护的广告，都将受到查处；

4）广告必须促进商品和服务质量的提高，保护消费者的合法权益；

5）对利用广告进行不正当竞争做出了明确规定。

（3）对重点商品包括药品、医疗器械、烟草、食品、酒类、化妆品、美容，以及不利于未成年人身心健康的网络游戏的广告管理制定了详细的规定。

（4）详细规定了广告活动中广告主、广告经营者、广告发布者、广告代言人的行为规范，主要包括广告合同、广告中的不正当竞争行为、广告验证制度、广告收费管理等。

（5）对户外广告的管理提出了更明确的规定，主要包括对户外广告设置规划和管理办法、户外广告的形式和内容的规定。

3. 明确了广告的法律责任

《广告法》(2021年修正）对违反上述行为准则的广告所应承担的法律责任进行了详细的规定。

（二）《广告法》（2021年修正）的主要变化

（1）删去第二十九条中的“并向县级以上地方市场监督管理部门办理广告发布登记”。

（2）删去第五十五条第三款、第五十七条、第五十八条第三款中的“吊销广告发布登记证件”。

（3）删去第六十条。

（4）明确了国务院市场监督管理部门主管全国的广告监督管理工作。

（5）取消了广告发布登记。

（6）取消了农药、兽药广告审批。

三、对重点/争议性产品广告的管理

重点/争议性产品（controversial product）是指和人类生存与健康休戚相关的产品。囿于篇幅，本部分仅介绍医药、食品、烟草以及酒类四种重点/争议性产品，以及优质名牌和获奖商品的广告规定。企业在发布其他重点产品广告时，必须查阅有关规定并认真执行。

（一）医药广告管理

1. 对医药广告的规定

医药广告主要是指针对药品、医疗和医疗器械发布的广告。《中华人民共和国药品管理法》对医药广告有明确规定，大体可归纳为以下七点[①]：

（1）除中药、中药饮片外，必须使用注册商标，并在药品包装和标签上注明。

（2）药品广告必须经省级广告审查机关批准。

（3）药品广告的内容必须以国务院卫生行政管理部门或省、自治区、直辖市卫生行政部门批准的说明书为准。国家规定的应当在医生指导下使用的治疗性药品在广告中必须注明“按医生处方购买和使用”。

（4）外国企业在我国申请办理药品广告，必须提供生产该药品的国家（地区）批准的证明文件、药品说明书和有关材料。

（5）私人行医广告要经县（市）和县（市）以上卫生行政管理部门同意，出具批准行医的证明和审查批准广告内容的证明，方可刊播和张贴。

（6）类药品是指对某种疾病有防治效果的食品、化妆品及其他商品。类药品广告一般要有省一级卫生行政部门核准的有关文件，有效期两年，期满后要重新申请。

（7）兽药和农药广告应提交省一级农牧渔业行政管理机关审查批准的证明、药检或植保部门批准的文件。

2. 不得发布广告的药品

（1）麻醉药品、精神药品、毒性药品、放射性药品。

（2）治疗肿瘤、艾滋病，改善和治疗性功能障碍的药品，计划生育用药，防疫制品。

---

① 《中华人民共和国药品管理法》于 2019 年 8 月 26 日第十三届全国人民代表大会常务委员会第二十次会议第二次修订，自 2019 年 12 月 1 日起施行。

（3）《中华人民共和国药品管理法》规定的假药、劣药。

（4）戒毒药品以及国务院卫生行政部门认定的特殊药品。

（5）未经国务院卫生行政部门批准生产的药品和试生产的药品。

（6）国务院卫生行政部门明令禁止销售、使用的药品和医疗单位配制的制剂。

（7）除中药饮片外，未取得注册商标的药品。

3. 药品广告中禁止出现的内容

（1）科学地表示功效的断言或者保证，含有绝对化的语言和表示，含有违反科学规律，明示或者暗示包治百病、适合所有症状的内容。

（2）说明治愈率、有效率及获奖的内容。

（3）贬低同类产品，与其他药品、医疗器械的功效和安全性进行比较或进行药品使用前后的比较。

（4）利用医药科研单位、学术机构、医疗机构或者专家、医生、患者的名义和形象作证明，或者使用儿童的名义和形象，以儿童作为广告诉求对象。

（5）含有直接显示疾病病状、病理和医疗诊断的画面，使人感到已患某种疾病，使人误解不使用该药品会患某种疾病或者加重病情，直接或间接怂恿任意、过量使用药品。

（6）含有“无效退款”“保险公司保险”等内容。

（7）法律、行政法规禁止的其他内容。

（8）药品的商品名称不得单独进行广告宣传，广告宣传使用商品名称的，必须同时使用药品的通用名称。

（9）农药广告不得使用绝对化断言，不科学地表示功效的断言或者保证，不得使用违反农药安全使用规程的文字、语言或者画面，不得含有法律、行政法规禁止的其他内容。

4. 对处方药与非处方药广告的管理

（1）处方药只准在专业性医药报刊和媒体上进行广告宣传，不能在大众传播媒介上做广告；非处方药经审批可以在大众传播媒介上进行广告宣传。①

（2）禁止药品生产、经营企业以宣传注册商标、企业名称（字号）形式，变相在大众传播媒介上发布处方药广告。②

（二）食品广告管理

食品是指各种供人食用或饮用的成品和原料，以及按照传统既是食品又是营养品的物品，但是不包括以治疗为目的的物品。食品广告包括普通食品广告、保健食品广告、新资源食品广告和特殊营养食品广告，具体规定如下：

（1）发布食品广告，应当遵守《中华人民共和国广告法》《中华人民共和国食品卫生法》等国家有关广告监督管理和食品卫生管理的法律法规。

---

① 《处方药与非处方药分类管理办法（试行）》于 1999 年 6 月由国家药品监督管理局发布，2000 年 1 月 1 日起施行。

② 《关于禁止以注册商标企业名称等形式变相发布处方药广告的通知》（工商广字〔2003〕第 58 号）。

（2）农业生产单位要发布食品广告，应出具乡、镇人民政府或其主管部门同意发布广告的证明；工商企业应出具食品卫生许可证和营业执照。

（3）申请发布涉及食品成分、营养价值和其他有关食品卫生科学内容的广告，应持有食品卫生监督机构填发的《食品广告审批表》。

（4）食品广告不得使用医疗用语或者易与药品相混淆的用语，不得直接或间接地宣传治疗作用，也不得借助某些成分明示或暗示该食品的治疗作用。此外，食品广告中不得使用医疗机构、医生的名义或形象，广告中涉及特定功效的，不得使用专家、消费者的名义或形象作证明。

（5）食品广告不得含有“最新科学”“最新技术”“最先进加工工艺”等绝对化的语言或表示。

（6）保健食品的广告内容应当以国务院卫生行政部门批准的说明书和标签为准，不得任意扩大范围。保健食品不得与其他保健食品或药品进行功效对比。普通食品、新资源食品、特殊营养食品广告不得宣传保健功能，也不得借助某些成分来明示或暗示其保健作用。

（7）国外企业进行食品广告，要办理食品广告审批手续，一般应持进口食品卫生许可证向省或省级以上食品卫生监督机构申办。国外企业在我国举办食品展览会，分发食品样品，必须事先提交所属国（地区）政府卫生部门颁发的产品质量卫生证明，经我国省一级卫生监督机构批准。

（三）烟草广告管理

烟草广告是指烟草制品生产者或经销商发布的，含有烟草企业名称、标识，烟草制品名称、商标、包装、装潢等内容的广告。烟草包括卷烟、雪茄、烟丝、复制烟叶等烟草制成品和烟叶等烟草制品原料。具体广告规定如下。

（1）禁止发布烟草广告的场所和媒体包括：1）禁止在各类等候室、影剧院、会议厅堂、体育比赛场馆等公共场所发布烟草广告；2）禁止利用广播、电影、电视、报纸、期刊发布或变相发布烟草广告。

（2）烟草广告中禁止出现的内容包括：1）吸烟形象；2）未成年人形象；3）鼓励、怂恿吸烟的内容；4）表示吸烟有利于人体健康，如解除疲劳、缓解精神紧张的内容；5）其他违反国家广告管理规定的内容。

（3）烟草广告中必须标明“吸烟有害健康”的忠告，忠告语必须清晰、易于辨认，所占面积不得少于全部广告面积的 10%；只有在销售现场可以进行烟草广告。烟草企业的馈赠实物广告必须报市以上市场监督管理部门批准。凡是以烟草企业或烟草商标名义举行的赞助广告活动，必须经省以上市场监督管理机关审查批准。

（4）在各类临时性广告经营活动中，经过广告监督管理部门批准，允许利用烟草经营者名称、烟草制品商标为活动冠名、冠杯，但不得通过广播、电视、电影、报纸、期刊发布带有冠名、冠杯内容的赛事、演出等广告。

（5）烟草经营者利用广播、电视、电影、报纸、期刊发布下列五类广告时，不得出现烟草制品的名称、商标、包装、装潢。出现的企业名称与烟草商标名称相同时，不得以特殊设计的办法突出企业名称。1）社会公益广告；2）迁址、换房、更名等启事广告；3）招工、招聘、寻求合作、寻求服务等企业经营广告；4）广播、电影、电视节目首尾处出现的鸣谢单位或者赞助单位名称；5）报纸、期刊、报花、栏头上标明的协办单位名称。

（四）酒类广告管理

酒类广告是指含有酒类商品名称、商标、包装、制酒企业名称等内容的广告。

1. 酒类广告中禁止出现的内容

（1）鼓动、倡导、引诱人们饮酒或者宣传无节制饮酒。

（2）饮酒的动作。

（3）未成年人的形象。

（4）表现驾驶车、船、飞机等具有潜在危险的活动。

（5）诸如可以“消除紧张和焦虑”“增强体力”等不科学的明示或者暗示。

（6）把个人、商业、社会、体育或者其他方面的成功归因于饮酒的明示或者暗示。

（7）关于酒类商品的各种评优、评奖、评名牌、推荐等评比结果。

（8）不符合社会主义精神文明建设的要求，违背社会良好风尚和不科学、不真实的其他内容。

2. 发布酒类广告应遵守的规定

（1）在电视上，每套节目每日发布的酒类广告，在特殊时段（19:00—21:00）不超过两条，普通时段每日不超过 10 条。

（2）在广播中，每套节目每小时发布的酒类广告不得超过两条。

（3）在报纸、期刊上，每期发布的酒类广告不得超过两条，并不得在报纸第一版、期刊封面上发布。

3. 其他规定

（1）在各类临时性广告活动以及含有赠送礼品的广告中，不得将酒类商品作为奖品或者礼品出现。

（2）我国对烈性酒的广告管理采取限制措施。40 度以上（含 40 度）酒除销售现场外，原则上不允许做广告，国家级、省部级优质烈性酒广告须经省一级市场监督管理部门批准；39 度以下（含 39 度）酒广告必须标明酒的度数。

（五）优质名牌和获奖商品广告管理

（1）广告中必须注明获奖级别、颁奖部门和获奖年度，绝不能使用文字游戏，对消费者产生误导。

（2）凡是要在广告中标明“优质”商品称号的，必须提交政府颁发的优质产品证书，并在广告中标明优质称号、颁发时间和颁发部门。

（3）凡是要在广告中标明质量标准的商品，应提交省辖市以上标准化管理部门或质量检验部门认证合格的质量检验机构的证明。

四、专项广告管理

专项广告（special advertising）是指以特定的方式举办的广告活动，主要包括赞助广告、印刷品广告等。

（一）对赞助广告的管理

赞助广告是由赞助单位集资，为发展和兴办某种公益事业而进行的一种广告活动。不带广告宣传的赞助活动不属于此范围。

1．举办赞助广告活动应具备的条件

（1）提供赞助广告费的企业必须是在完全自愿的条件下，有计划、有目的地开展赞助活动。

（2）被赞助的项目和活动必须是缺少经费来源或需要国家提供经费的。

（3）被赞助的项目和活动必须是有益于社会公益，有助于社会主义精神文明建设的体育、文化和社会福利事业。

（4）举办赞助活动的单位必须能够为赞助企业的产品和服务提供相应的广告宣传。

2．编制赞助广告计划

举办赞助的单位要编制赞助广告计划，内容包括：

（1）举办赞助广告活动的理由和名目。

（2）赞助广告的项目、费用预算总额和用途。

（3）赞助广告的收费标准。

（4）赞助广告宣传的具体实施方案。

（5）有关主管部门批准举办的文件。

3．管理赞助广告经费

（1）赞助广告收费标准应本着收支平衡的原则，协商确定。

（2）企业经批准支付的赞助广告费要按年编制预算，可列入销售费用。

（3）举办赞助广告活动的单位对赞助广告费用收支要单独核算，专款专用，不得私分或用于请客送礼。

（4）赞助广告费中直接用于广告宣传的部分，必须计入广告经营单位的营业总额，按规定上缴税利。

（5）体育广告是赞助广告的一种独特类型。体育广告必须由有营业执照的体育服务公司或广告公司代理。体育活动结束60天内，主办单位应将广告收支结算报送财政、审计机关。

（二）对印刷品广告的管理

凡通过张贴、摆放、发送、邮寄等形式发布及介绍商品或者服务的散页、招贴、宣传册等均为印刷品广告。

印刷品广告管理的重点是经营性印刷品广告的管理，即广告经营单位向广告主收取费用而出版、印刷企业名录、名优产品图册以及各种票证的广告。此类广告一般由广告公司经营，必须按规定审查广告内容。经营全国性或地方性企业名录和名优产品图册，必须出具国务院有关部门或省一级政府有关证明，由市场监督管理部门审查，并核发临时性或一次性广告经营许可证。

印刷品广告发布的监管范围如下：印刷品广告中不得出现新闻、报道及其他非广告信息。发布印刷品广告，不得妨碍公共秩序、社会生产及人民生活。在法律、法规及当地县级以上人民政府禁止发布印刷品广告的场所或区域，不得发布印刷品广告。发布固定形式印刷品广告应当向广告经营者所在的省、自治区、直辖市的市场监督管理局办理登记；跨省发布固定形式印刷品广告，由广告经营者所在的省、自治区、直辖市的市场监督管理局初审后，报国家市场监督管理总局登记。

市场监督管理部门发现内容违法的印刷品广告，应当责令其改正，广告内容严重违法的，责令违法当事人销毁印刷品。对内容违法的印刷品广告所宣传的物品，可以依法先行登记保存。法律法规规定对上述物品可以作扣押、封存、没收等处理的，从其规定。

含有广告内容的票据、包装、装潢、产品说明书等印刷广告，可以不标明“广告”标志。

五、对于比较广告的管理

比较广告（comparative advertising）也称为竞争性广告或对比广告。根据欧盟《比较广告议案》，“任何广告无论以何种方式，或直截了当，或以间接方式，或以某种隐含暗指的手段，涉及自己的竞争对手，或提及其产品和所提供的服务项目，即构成比较广告”。目前部分国家或地区允许企业采用比较广告的方式，如美国和欧盟国家；也有的国家明令禁止使用比较广告，如日本。我国《广告法》规定，广告不得贬低其他生产经营者的商品或者服务。所以总的来讲，目前我国还不允许企业使用比较广告。

比较广告有自身的优势和劣势。从优势方面讲，一方面比较广告使企业必须更科学地分析自己所处的市场，明确自己的优势和劣势，发现有效的广告卖点；另一方面消费者能够从比较广告中获得更多的商品信息，有助于做出正确的购买决策。从劣势方面说，比较广告也给企业、行业乃至社会带来了很多问题，其中最大的问题是如何把握“比较”的尺度以达到公平与公正，避免产生误导，避免恶意损害竞争对手的产品等。

为了解决这个“度”的问题，美国颁布了法规来规范比较广告的使用，具体的规定如下：

（1）广告主必须对产品的特点及有关方面作客观比较，结论必须有依据，广告主必须能够对比较结果的准确性提供令人信服的论据。

（2）比较广告不能使相互竞争的产品、品牌在市场上造成混乱，不能相互诋毁，更不允许利用竞争者的商标和商号。

（3）比较必须全面，其中包括对自己不利的比较等。

六、对广告主的管理

《广告法》规定，广告主应对广告内容的真实性负责。广告主申请广告审查，应当依照法律、行政法规规定向广告审查机关提交有关证明文件。广告审查机关应当依照法律、行政法规规定做出审查决定。广告审查机关应当通过政府网站及时向社会公布批准的广告。发布药品、医疗器械、农药、兽药等商品或服务的广告及法律、行政法规规定应当进行审查的其他广告，应当在发布前依照有关法律、行政法规规定由有关部门对广告内容进行审查；未经审查，不得发布。

七、对广告经营者和媒体的管理

《广告法》规定，广播电台、电视台、报刊出版单位从事广告发布业务的，应当设有专门从事广告业务的机构。广播电台、电视台、报刊出版单位的广告业务，应当由其专门从事广告业务的机构办理，并依法办理兼营广告的登记。

广告经营者、广告发布者应按照国家有关规定，建立健全广告业务的承接登记、审核、档案管理制度。

广告发布者向广告主、广告经营者提供的媒体覆盖率、收视率、发行量等资料应当真实。

法律、行政法规规定禁止生产、销售的商品或者提供的服务，以及禁止发布广告的商品或者服务，不得设计、制作、代理、发布广告。

八、广告收费管理

我国现行的对广告收费标准的管理，是依据浮动价格和备案价格两种价格形式进行的。浮动价格是指由国家规定基价和浮动幅度，允许价格在浮动范围内变化；备案价格是指由商品所有者自行定价，国家物价机关或市场监督管理部门批准备案。

广告收费标准除国家另有规定外，由广告经营者、广告发布者自行制定。制定广告收费标准及收费办法，应符合下列要求：

第一，广告收费标准应当根据提供广告服务的工作繁简和广告的覆盖面及收听率等情况，以广告的服务成本为基础，加上合理的利润，参照当地广告市场同一期间、同一档次、同种服务项目的价格水平合理确定。

第二，广告收费应当实行同一广告服务项目同质同价，不能根据不同服务对象制定不同的收费标准及收费办法。

第三，严格执行国家有关禁止牟取暴利的规定，广告服务的利润率不得超过省级人民政府价格主管部门会同有关业务主管部门测量公布的同一期间、同一档次、同种服务项目的平均利润率的合理幅度。

第四，广告收费应当合理、公开，收费标准和收费办法应当向物价部门和市场监督管理部门备案。广告经营者、广告发布者应当公布其收费标准和收费办法。

九、主要的广告违法行为

在广告活动中，出现以下行为的广告主会受到处罚并追究刑事责任：

（1）无照经营；

（2）超越经营范围；

（3）开展不正当竞争；

（4）发布虚假广告；

（5）不履行验证手续；

（6）发布冒牌新闻广告；

（7）发布禁止的烟酒广告等。

对于明显犯罪行为，如假冒商标行为、借助广告出售假冒伪劣商品、偷税漏税、贪污受贿等，按刑法有关规定追究刑事责任。

第 2 节　广告道德约束

除了法律与行政管理，广告活动还应该受到社会舆论的监督与道德约束。广告道德是指由特定社会经济关系决定的、在广告活动中发生的人们之间关系的行为准则和规范的总和。道德在社会生活中发挥作用的范围比法律广泛得多，道德与法律既相互补充又相互渗透。解决广告问题不仅要依靠法律，还需要靠社会舆论与道德。从国内外广告实践来看，最常见的问题就是欺骗性广告。这些广告违背了广告道德，严重的情况下触犯了法律，也会受到法律的制裁。本节将首先介绍欺骗性广告，之后从科学管理的视角提出相应的举措。

一、欺骗性广告的界定、分类与表现

凡广告内容与事实不符，广告主的许诺没有兑现的广告，均属欺骗性广告（deceptive advertising）。欺骗性广告又可分为诈骗性广告和不真实广告两类。

（一）诈骗性广告

1. 诈骗性广告的界定

诈骗性广告是指广告主、广告制作单位或广告制作人员在主观上存在要欺骗消费者的意识。

2. 广告主在诈骗性广告中的表现

（1）在广告中做出根本不可能实现的或根本不准备实现的许诺，许诺本身是欺骗和吸引消费者购买的手段。

（2）把质量低劣的商品说成是优质商品，如骗取或假冒某些权威机构的名义，制造虚假的消费者“感谢信”进行广告宣传等。

（3）隐瞒商品的重大缺陷，特别是那些会给消费者生理或心理造成严重危害的缺陷，常见于药品、食品、低压电器、服装鞋帽等的假冒伪劣商品广告中。

（4）有意夸大商品的优点或用途，利用文字游戏等愚弄消费者。

（5）利用消费者缺乏商品知识愚弄消费者，如利用缺乏论证的科学结论，随意标上高科技术语，只提供英文说明书等。

（6）利用广告使消费者产生某些恐惧心理或不健康心理，消费者为了消除恐惧，只能购买广告主推荐的商品。

3. 广告制作单位在诈骗性广告中的表现

（1）用含混不清的表现使消费者产生错觉。

（2）用夸大的表现方式使消费者形成错误概念，有时甚至构成诈骗。

（3）无原则地与广告主勾结，共同欺骗消费者。

（4）用广告表现使消费者产生恐怖感，也是广告制作单位“创意”的结果。

4. 媒体单位在诈骗性广告中的表现

媒体作为广告的载体，也是影响诈骗性广告传播的重要一环。虽然广告主对广告内容与发布方式具有可控性，但是媒体也在其中发挥了把关人的作用。从发达国家的经验看，很多媒体单位为了维护自身信誉，对什么样的广告可以刊登有明确规定。例如《纽约时报》规定拒绝下列形式的广告：

（1）有诈骗嫌疑的广告。

（2）内容空泛足以使人误解的广告。

（3）攻击他人的广告。

（4）保证包治百病的广告。

（5）淫秽、粗俗、邪恶、憎恶或侮辱人的广告。

（6）利用“回邮即寄”办法以劣质商品欺骗消费者的邮购广告。

（7）有关释梦及星象占卜的广告。

（8）足以损害消费者金钱、健康、道德的广告或认为不值得刊登的广告等。

（二）不真实广告

1. 不真实广告的界定

不真实广告属于欺骗性广告的另外一种形式，也称为失真广告，指的是虽然广告主和广告制作单位在主观上并无欺骗意图，但客观上却造成有违事实的和具欺骗效果的广告。严重者也要受到法律制裁。与诈骗性广告相比，通过主观努力和科学管理，不真实广告是可以避免的。

2. 不真实广告的成因

（1）广告媒体对广告表现的限制。首先，广告媒体限制广告的播放时间和版面等，在很短的时间内在有限的版面上把一个问题完全讲清楚是很困难的，因此往往只注意强调了一面，而忽视了另一面。其次，广告媒体使广告的表现形式受到了限制，如电视、广播的表现形式非常有特点，投放印象型广告很有效，但投放详细说明型广告往往效果不尽如人意。

（2）广告主对自己的商品过于自信。这一般是由缺少市场调查造成的，也是广告主产生主观偏见的原因之一。

（3）理解上的差异。首先，广告主与消费者对同一商品及其表现可能会产生理解上的差异。其次，广告制作人员与消费者对同一商品也会有理解上的差异。因此，要重视对消费者心理与理解能力的调查。

（4）广告主忽视或根本不了解商品在使用过程中可能给消费者带来的损害。

（5）广告主或广告制作人员本身缺少商品知识。

（6）广告主的许诺在客观情况发生变化时不能实现。

（7）广告使用了国家级、最高级、最佳等用语，使消费者产生错觉。

（8）低水平的制作造成广告失真。

二、科学管理视角下的广告管理

（一）维护广告的真实性

真实性广告（truthful advertising）是指广告的内容实事求是，提出的承诺可以实现，而且作为一个整体不会给人造成误解。对企业来说，广告的真实性是提高企业信誉、树立良好形象的关键因素之一，一则欺骗性广告或不真实广告对企业形象的损害是不可估量的。因此，维护广告的真实性是广告管理最重要的内容之一，它直接关系到消费者的利益、社会再生产的顺利进行以及广告事业的健康发展。世界各国对真实性广告都有明确规定，现在以中国和美国为例进行说明。

中国的《广告法》中关于广告真实性的主要要求如下：

（1）广告内容必须清晰明白、实事求是。

（2）不得以任何形式弄虚作假，欺骗或误导消费者。

（3）有缺陷的处理商品、试制和试销商品，都应当在广告中注明，不得使人误解。

美国联邦最高法院对广告的真实性的规定如下：

（1）广告的每段叙述文字都应是真实的，作为一个整体也不应让人产生误解。

（2）广告不得模糊或掩盖事实真相。

（3）不得设法在广告中使读者对辞藻的真实含义或对一项许诺的内容产生忽视和误解。

（4）广告不得施展圈套伎俩来诱导人们采取购买行动。

保证广告的真实性需要遵守以下原则：

（1）实事求是，不随意夸大商品的优点或特点，商品在某些条件下可能会对消费者生理或心理造成损害的，必须在广告中注明。

（2）广告表现不能给人造成错觉或误解，要坚持艺术性和真实性的统一。
（3）广告主的许诺必须是有根据的、能够实现的。
（4）有关商品知识的宣传是正确的。
（5）广告不能用给消费者设圈套的办法达到销售目的。

（二）采用健康的广告内容与表现方式引导消费者

广告是社会意识形态的反映，也会通过本身特有的说服力影响社会意识形态。因此，在广告的管理上既要防止虚假广告，避免商品交换以不等价的方式进行，维持商品交换的正常进行，又要正确地引导消费，避免个人与社会财富的浪费。此外，还应该对低劣、不健康、有碍市容的广告内容与表现方式进行严格管理。主要原则如下：
（1）对具有反动、淫秽、丑恶、迷信内容的广告要坚决清除和取缔。
（2）广告业的发展应与我国经济发展相适应，为整个经济发展战略服务。
（3）广告应维护民族尊严，树立民族自尊心和自信心，反对崇洋媚外。
（4）广告不能影响人们正常的生活、学习、休息和娱乐，不能造成环境污染。
（5）广告不能违反保密规定等。

（三）保护合法的广告宣传以维护正常的经济秩序

保护合法宣传并处罚和取缔非法广告是维护正常经济秩序的基本手段。我国广告法对以下问题都有明确规定：
（1）广告必须遵循的原则和验证手续。
（2）广告费用开支管理。
（3）广告活动中的权利和义务的管理。
（4）广告要有利于企业竞争，不得诽谤他人、抬高自己。
（5）保护消费者的权益等。
上述规定对发挥广告的作用有重要意义，是广告活动必须遵守的。

（四）广告行业的自律

广告行业的行业规范包括广告的专业经营机构、广告媒体制定的广告自律条文和规定，或同行业团体机构共同制定的广告公约。

2008 年，中国广告协会发布了《中国广告行业自律规则》，对广告行业的发展起到了积极的推动作用。该规则包括六个部分 36 个条款，规范了广告内容、广告行为、自律措施、规则体系。

广告视角

生态引导与治理同步：小红书的自我监督

2021 年 11 月，工信部通报 38 款违规 App，涉及超范围索取权限、过度收集用户个人信息等问题，小红书 App 在列。

小红书是一个生活方式平台和消费决策入口，通过机器学习对海量信息和人进行精准、高效匹配。2019年6月，小红书入选“2019福布斯中国最具创新力企业榜”。针对违规等问题，小红书积极应对。

1. 进行了制度建设和规范

2022年4月15日，小红书发布公告称，为维护真实互动的社区氛围，拟逐步开放“个人主页展示账号IP属地”功能。

2022年5月，小红书上线《社区商业公约》，首次系统地表达了社区的商业规范主张，倡导品牌和商家践行“真诚经营、用心创造”的价值观，开展有创造力的商业活动，实现“商业与社区共生共赢”。

2022年9月14日，小红书在创作中心“规则百科”上线《小红书未成年人内容管理规范》，强调对七大类涉及未成年人的内容加强管理，保障未成年人安全使用社区产品。

2. 开展内部治理活动

小红书基于对大量的用户的走访调研，将“避免炫耀远超常人的消费能力”“是否对他人有用”作为重要判定标准写进了小红书用户规范《社区公约》。不一味简单粗暴地将“展示富有”直接判定为炫富，而是将传播效果作为重要的衡量标准。在治理标准逐渐明晰后，小红书加速了对炫富内容的治理。2022年4月25日至5月8日，平台共处理1 100多篇与炫富相关的违规内容，部分违规案例包括：(1) 伪造人设，博取流量；(2) 无有用信息的刻意炫富；(3) 宣扬奢侈浪费的不良价值观。

消费市场需要清朗的环境，上海市消费者权益保护委员会支持和鼓励小红书加大力度打击各种炫富套路。

平台的治理动作也得到了用户的积极响应。众多小红书博主集体发声，号召内容生产者“真诚分享，抵制炫富”。

资料来源：https://sghexport.shobserver.com/html/baijiahao/2022/05/11/738479.html；https://baijiahao.baidu.com/s?id=173018071182 0874129&wfr=spider&for=pc；https://baijiahao.baidu.com/s?id=17320677 29540118824&wfr=spider&for=pc；https://baijiahao.baidu.com/s?id=1744111296260806644&wfr=spider&for=pc.

第3节　各级组织对广告的监督

除了法律规定和道德约束外，广告还需接受各级组织的监督管理，其中主要包括以下两个方面：各级市场监管部门的监督管理和社会监督。

一、市场监管部门的监督管理

随着我国广告市场规模逐年扩大，新技术、新业态、新模式不断涌现，加强对广告市场的监管力度成为重中之重。因此，自党的十八大以来，各级市场监管部门坚持深化改革、强化监管和优化服务一体推进，广告监管在探索中不断创新和发展，推动了广告产业健康持续发展。2016 年，习近平总书记做出“广告宣传也要讲导向”的重要指示，广告监管工作步入新的阶段。为了加强市场对广告行业的监管力度，国家市场监督管理总局（以下简称市场监管总局）广告监督管理司先后颁布了一系列重要的审查与管控通知。①

（1）各级市场监管部门需要严格开展“三品一械”广告审查工作。为此，市场监管总局先后发布了以下工作通知。

2018 年 12 月 4 日，市场监管总局发布《关于做好药品、医疗器械、保健食品、特殊医学用途配方食品广告审查工作的通知》。

2019 年 12 月 24 日，市场监管总局发布《药品、医疗器械、保健食品、特殊医学用途配方食品广告审查管理暂行办法》，2020 年 3 月 1 日起施行。开展“三品一械”（药品、医疗器械、保健食品、特殊医学用途配方食品）广告审查工作，既是落实党中央、国务院工作部署的重要体现，也是落实市场监管总局深化商事制度改革要求、强化广告事中事后监管工作的重要基础。

（2）为了加强对重点领域的规范，市场监管总局发布了以下管控通知。

针对教育培训领域，2021 年市场监管总局会同中央宣传部、中央网信办等八部门联合印发《关于做好校外培训广告管控的通知》，推动建立校外培训广告管控长效机制。

针对文娱行业，为了扎实推进文娱领域综合治理，印发《市场监管总局关于认真开展文娱领域综合治理扎实做好市场经营活动监管工作的通知》。

（3）针对医疗美容广告乱象，市场监管总局印发《医疗美容广告执法指南》，会同国家卫健委等八部门联合印发《打击非法医疗美容服务专项整治工作方案》，明确医疗美容广告监管重点，统一执法标准，强化协同联动。

二、社会监督

社会监督即社会监督管理、消费者监督或舆论监督管理，是消费者和社会舆论对各种违法违纪广告的监督与举报。各种类型的消费者组织是消费者为维护自身合法权益不受侵害而形成的社会团体，这些社会团体将原本分散的力量整合成集合力量，通过对广告的监督以及由此形成的间接管理，对广告控制和约束越来越强。

第二次世界大战后，世界消费者运动蓬勃发展，消费者的地位受到世界各国政府经济主管部门的重视。中国消费者协会于 1987 年 9 月加入国际消费者联盟组织②，成为正式会员。消费者组织集中反映了消费者的意愿，在保护自己的权益，反映自己的意见，促进商品生产发展，促进整个社会经济繁荣等方面起到越来越重要的作用。

---

① http://www.ccoic.cn/cms/content/36422.

② 1995 年，国际消费者联盟组织更名为国际消费者协会。截至 2022 年 12 月，该协会拥有来自 115 个国家或地区的 250 多个消费者组织。

1. **中国消费者组织**

我国的广告社会监督组织主要指中国消费者协会和各地设立的消费者协会（有的称消费者委员会或消费者联合会）。中国的消费者协会于1984年12月经国务院批准成立，是对商品和服务进行社会监督的保护消费者合法权益的全国性组织。

中国消费者协会及各地的分会在工作中与市场监督管理、商品检验、标准化、物价、卫生等部门保持密切的联系，并得到了它们的协助和支持。中国消费者协会出版了自己的刊物——《中国消费者报》，并建立了网站（http://www.cca.org.cn），建立起消费者权益保护监测信息网络体系。

中国消费者协会的宗旨是：对商品和服务进行社会监督，保护消费者的合法权益，引导广大消费者合理、科学消费，促进社会主义市场经济健康发展。1994年1月1日，我国正式实施《中华人民共和国消费者权益保护法》，中国消费者协会真正开始有法可依。中国消费者协会对消费者的权利进行了如下概括：

（1）了解商品和服务的权利。

（2）选择商品和服务的权利。

（3）获得安全、卫生的商品和服务权利。

（4）监督商品和服务价格、质量的权利。

（5）对商品和服务提出意见的权利。

（6）受到商品和服务损害时索取赔偿的权利。

2. **国际消费者组织**

（1）美国消费者运动发起较早，1914年就成立了经营改善协会。经营改善协会是美国消费者保护运动的主要机构之一，它对消费者的咨询提供比较详尽的解答。其活动目标为：1）防止扰乱正常商业秩序和揭露虚假广告宣传，保护消费者合法权益；2）调查虚假、欺骗广告和销售手段，并予以揭发。经营改善协会在美国有100多个分支机构。另一重要机构是消费者同盟，它是目前美国最大的消费者运动机构。它的一项重要工作就是从事商品比较试验，并将结果向消费者公布，供消费者购买商品时参考。此外，美国是世界上第一个查处互联网广告欺诈案的国家。1995年11月，美国经营改善协会所属的全国广告审查委员会第一次宣布其对互联网络中的虚假广告的处理决定。

（2）英国消费者协会从1957年开始实施对各种商品的检验和试验，向消费者提供优质商品资料。

（3）法国消费者协会成立于1951年，由宗教团体、妇女同盟、工会、消费者协会组成，是消费者利益的主要代表。其主要活动包括对消费者提出的问题，如商品、质量、价格与使用方法等进行调查研究，并提供资料。

（4）德国于1953年成立了消费者同盟，主要以主妇同盟、消费者团体作为活动中心，定期出版《购物指南》等刊物，并通过电台、电视台对消费者进行商品知识宣传教育。此外，德国的商品检验基金会在消费者和商品生产者中很有权威性，其出版的《测试》杂志由于公正、客观和科学性而享有很高的威望。

（5）日本民间有日本消费者协会、主妇联合会、日本广告协会和广告审查机构等，在推广商品知识、提高消费者对自身权益的认识、揭发欺骗性广告和保护消费者方面起到了很大作用。日本消费者组织制定了消费者运动六大原则以推动消费者运动的发展。六大原则主要包括：1）确保公平竞争。2）确保消费者在丰富的商品中自由选择。3）正确地普及商品知识。4）尊重消费者的意志。5）完善消费者组织。6）增强消费者的社会责任感。

案例分析

从可乐大战到 Facebook 信息流广告：比较广告的悄然变化

比较广告也称为竞争性广告。由于相关法律的规定，有些国家允许做此类广告，有些国家目前不允许。

此类广告之所以受到限制或者不被允许，是因为此类广告往往会对比自己的产品和竞争对手的产品，其主题和对比内容往往会引起争议甚至因涉嫌不实表述而引发诉讼。在美国，竞争性广告是允许发布的，如之前百事可乐和可口可乐进行广告大战时，就采用这种手法创作了系列广告。

以其中一则为例：静静的街旁，两台自动售货机并排立在冰天雪地里，百事可乐的售货机前，一条被人们踩踏出来的小道清晰可见，而旁边的售货机已经被冰雪覆盖，无人问津的售货机前一个足印也没有。虽然在冰雪的掩盖之下，看不到可口可乐的字样，但是热烈的红色和特有的波浪线，让每一个看到广告的人在第一时间都认出这是可口可乐的售货机。

从广告表现来看，百事可乐真的将可口可乐狠狠地踩在了脚下，但是也表现出百事可乐在与可口可乐的竞争中追逐得多么辛苦。作为“第二名”的百事可乐要想获取更多顾客的注意，不得不使出浑身解数。诚然，百事可乐也确实获得了很大的成功，但代价是高于可口可乐数倍的广告费用。

目前很多美国企业仍旧会采用竞争性广告，但广告文案已经悄然发生了变化。一则来自 Facebook 的广告案例展示了不同的“竞争性广告”。在 Tentsile 广告中，Tentsile 的报价不是它的产品，而是在测试其产品与竞争对手的产品后的调查结果报告。主要文字如下：我们测试了盗版 Tentsile 产品，消费者不用再吃亏啦！紧随其后的是引人注目的标题“看看我们的新发现”。该广告文案足够有趣，会让感兴趣的受众产生点击阅读结果的兴趣。

资料来源：https://baijiahao.baidu.com/s?id=1730798244069989845&wfr=spider&for=pc.

讨论题

1. 试分析案例分析中的两则广告是怎样实现对比效果的。

2. 对比可乐大战和 Facebook 广告并讨论对比广告（竞争性广告）的变化，以及使其产生变化的环境因素。

3. 根据上述案例评价比较广告的优势与劣势。

基本概念

比较广告（comparative advertising）
专项广告（special advertising）
争议性产品（controversial product）
真实性广告（truthful advertising）
欺骗性广告（deceptive advertising）

思考题

1. 简述广告监督管理及伦理约束所涵盖的内容。

2. 诈骗性广告的表现有哪些?

3. 比较广告的优势和劣势有哪些？如何避免比较广告引发的争议或者法律纠纷?

4. 我国对重点/争议性产品的广告做出了怎样的规定？这样规定的意义是什么?

5. 浅析广告从业人员职业素养是如何体现社会主义核心价值观的。

6. 浅析我国政府和各级组织在广告监管中如何体现党的二十大报告提到的“人民至上”。

第5章
广告效果的理论基础

学习目标

- 了解认知心理学的基本概念。
- 理解广告产生效果的心理机制。
- 了解广告产生效果的影响因素。
- 理解广告产生的说服结果。

学术界和业界一直关注广告效果，其中三个常见的问题是：广告为什么能产生说服作用？广告是如何产生说服作用的？广告产生了哪些说服结果？

广告为什么能产生说服作用？——本章将对广告效果的理论基础进行介绍。大量的理论研究和实证研究探讨了广告效果的理论基础，提出了一系列能够指导广告实践的理论模型，其中认知心理学视角是本章的重点。此外，业界也对广告效果的原理进行了讨论。

广告是如何产生说服作用的？——本章将从广告内容的信息构成与媒体传播两个视角对此进行介绍。从传播学视角来看，信息（如一则广告）是否能够产生说服作用取决于广告信息、媒体传播和传播者。因为广告的传播者都是广告主，所以本章侧重于前两个方面的内容。

广告产生了哪些说服结果？——本章将从广告提高品牌知名度和熟悉感，建立产品形象与内涵两个方面进行介绍。

第1节　广告产生效果的心理机制

广告活动最终是要通过消费者的心理过程来产生功效的。因此，我们在研究使广告发挥功效的一般规律之前，必须对广告刺激带来的心理过程有所了解。

心理学有很多流派。不同的流派，如行为心理学、潜意识理论以及人本主义流派等，对广告功效的产生有不同的阐释。

行为心理学派的始祖约翰·华生在进入商界后，运用他的心理学理论来指导广告活动。他发现新产品的销售曲线的增长与动物或人的学习曲线的增长有惊人的相似之处。

在华生的心理学理论中，心理学研究的不是意识而是行为，而行为是外部刺激的产物。华生因此提出了著名的刺激-反应（S-R）模型。在 S-R 视角下，广告是刺激（stimulus），而企业主所期望的顾客购买行为是反应（response），广告希望达成的目标就是在产品与消费者购买行为之间建立条件反射。

心理学中的潜意识理论同样被用于广告研究。哈佛大学教授杰拉尔德·扎尔特曼提出了扎尔特曼隐喻抽取技术（ZMET），该技术用来研究消费者深层次的认知和动机，其研究结果有助于企业发现广告主题，并提出恰当的创意。ZMET 既是一种基于人类潜意识的理论研究，又是一种极具操作性的市场调研方法。我们将在第 8 章详细介绍这种技术。

人本主义流派以马斯洛需求理论为代表。亚伯拉罕·马斯洛在《动机与人格》中提出了动机理论，指出动机是人类行为的指引，对消费者动机进行研究有助于我们对消费者行为的理解。广告研究中的卖点问题实质上就是基于动机理论提出的。卖点是提供给消费者的利益点，而消费者之所以将这种商品属性感知为利益，是因为他有相关的需求。通过企业的营销沟通，消费者的需要被唤起，进一步发展成为对商品的购买动机。对于消费者来说，企业宣传的卖点是消费者购买商品的理由。消费者从卖点之中感知价值。

近年来对广告研究多从认知心理学的视角进行，因此，下面着重介绍广告效果的认知心理学理论基础。

一、认知心理学的基本概念

认知心理学的基本概念包括认知、情感、态度、动机以及行为。

（一）认知

个体认知主要涵盖以下六个方面，包括感觉、知觉、注意、记忆、学习、联想。

1. 感觉

感觉（sensation）是客观刺激作用于感觉器官，经过大脑的信息加工活动所产生的对客观事物的基本属性的反映。通过感觉，我们获取外部世界的最原始资料。作为认知过程的初级阶段，它为知觉的形成提供了基础。

感觉依其信息来源，分为内部感觉和外部感觉。内部感觉反映机体本身的状态，包括动觉、平衡觉和机体觉。外部感觉包括视觉、听觉、味觉、嗅觉和肤觉，其中肤觉又可细分为温觉、冷觉、触觉和痛觉。

广告作为一种信息刺激，主要通过作用于消费者的视觉和听觉起作用。这不仅与现阶段媒体的特性有关，也与视觉和听觉在人们生活中所扮演的角色有关。人们在生活中获取的大量信息是通过视觉和听觉来完成的。

2. 知觉

知觉（perception），也称为感知，是人对客观环境和主体状态的感觉与解释过程。

这个过程不仅同某种感觉相联系，而且往往是视觉、听觉、肤觉等协同作用的结果。在知觉过程中，人脑将感官刺激转化为整体经验。因而，知觉是人对客观事物和身体状态整体形象的反映。

心理学家常常把感觉和知觉看作两种不同的心理过程，认为感觉是人对客观事物基本属性的反映，知觉是人对事物整体的反映。看到一个物体的红颜色是感觉，而看到一个红色的苹果则是知觉。知觉是人对物体的多种感觉（视觉、嗅觉等）的综合。

消费者在处理广告信息的过程中，首先通过感受器官感觉到广告中传达的视觉、听觉信息；随后，根据形成的认知模式对这些感觉信息进行组织，从而形成对广告及广告中传达的产品和品牌的认知。

3. 注意

注意（attention）是指心理活动对一定对象的有选择的集中。注意可以指向外界事物，也可以指向自己的行动或思想。注意并不是一种独立的心理过程，而是心理过程的一种共同特性。人在注意什么的时候，总是在感知着、记忆着、思考着、想象着或体验着什么。

人在同一时间内不能感知很多对象，只能感知环境中的少数对象。而要获得对事物的清晰、深刻和完整的反映，就需要使心理活动有选择地指向有关对象。集中注意的对象总处于意识的中心，其余的对象则处于注意的边缘，或处于注意的范围之外，以致不能被清楚地意识到或未被意识到。

广告作为一种信息传播活动，要产生效果，首要条件就是要引起消费者的注意。如今是信息过载且碎片化的时代，消费者每天接收大量的信息，使消费者注意到产品本身就是个难题。优秀的广告创意及明确的广告主题易引起消费者的注意。但是，在重视引起消费者注意的同时又引发了另一个问题。广告公司沉溺于使用一些吸引眼球的手法，以致消费者的关注点集中在广告的边缘信息上，忽略了产品本身。因此，应该强调消费者对产品和品牌本身的注意，而不是简单地对创意的注意。

4. 记忆

记忆（memory）是指认知过程中对信息的输入、编码、存储和提取。记忆是人脑对过去经验的反映，包括识记、保持、再现与再认四个基本过程。

（1）识记是记忆的开始阶段，是信息的输入和编码。识记具有选择性，只有环境中那些引起人们注意的刺激，才能在感觉和知觉的基础上形成记忆。

（2）保持是记忆过的信息在头脑中的存储，即已经识记的信息在头脑中得以巩固的过程。人们通过保持来丰富个体经验，为再现准备资料。

（3）再现与再认，也称回忆，是对存储的信息进行提取，使之恢复活动。有些已存储的信息由于某种原因不能被提取，即不能再现，但当刺激重新出现时仍能加以确认，这个确认的过程称为再认。再现与再认都是识记和保持的结果。信息不能很好地保持，在应用时不能及时提取的现象称为遗忘。心理学家赫尔曼·艾宾豪斯对人类的记忆规律进行了深入的研究，绘制了著名的人类记忆“遗忘曲线”。他指出，先学习到的知识刚开始会以很快的速度被遗忘，随后遗忘的速度会减缓，已经长时间记住的东西则很难被彻底忘记。

在人的识记过程中，当前的外部信息和内部信息结构以及期待倾向都在信息加工过程中起作用。因此，识记材料的性质、数量、内容，识记时的情境，人们已有的知识、经验、动机、情绪和某些个性品质等主客观因素，都对记忆的效果有一定影响。广告活动的效果建立在消费者对产品和品牌信息记忆的基础上。广告信息如何使消费者易于记忆至关重要。例如，有实验表明，对图像的记忆效果是对数字记忆效果的 1 000 倍，因此广告中经常使用图片来表达所要传递的信息。

5. 学习

从心理学视角来看，学习是由某种经验产生的一种相对持久的行为变化，是通过神经系统不断接受外部信息来获得新的行为模式的过程。消费者学习是消费者不断积累消费知识、经验和技能，调节并完善其消费行为的过程。① 因此，企业往往通过广告为消费者提供产品知识与使用方式展示，用以鼓励消费者学习，从而促进其购买行为的产生。

6. 联想

联想是指在意识中两个或更多事物间的联系。一般来说，在外部特征和意义上相似或相反的事物，在空间上和时间上同时出现或相继出现，这些反映在人脑中并建立联系，以后只要其中一个事物出现，就会在头脑中引起与之相联系的另一事物的出现，这便是联想。

消费者通过对广告的学习会形成对品牌的联想。品牌联想即消费者看到某个特定品牌时，从他的记忆中所能引发的对该品牌的任何想法，包括感觉、经验、评价、品牌定位等。而这些想法可能来自消费者在日常生活中的各个层面，如消费者本身的使用经验、朋友的口口相传、广告信息以及其他各种营销方式。上述各种不同的来源均可能在消费者的心中建立根深蒂固的品牌形象，进而影响消费者对该品牌产品的购买决策。

（二）情感

情感反应映射出我们对某些事物的感情。情感（affect）指的是能够刺激欲望、触动情绪和产生感情的事物。对品牌或广告的喜好是广告主关注的一种重要的情感反应。

情绪（emotion）和情感在有些场合通用，但仍存在不同。人们常把短暂、强烈的具有情景性的情感反应看作情绪，如愤怒、恐惧、狂喜等；而把稳定持久的、具有深沉体验的情感反应看作情感，如自尊心、责任感、热情等。实际上，强烈的情绪反应中有主观体验，而情感也在情绪反应中表现出来。通常所说的感情既包括情感，也包括情绪。

以往，广告主一直认为理性是最有效的说服路径。然而，越来越多的研究表明，感性方法在态度和行为方面的影响大于理性方法。佛罗里达大学分析了 23 000 名消费者的反应，得出了类似的结论——在预测行为方面，情绪反应比认知反应更有效。因此，为了唤起消费者对产品和品牌的喜爱，越来越多的广告主采用感性诉求来传达信息，如幽

① 江林，丁瑛．消费者心理与行为．7版．北京：中国人民大学出版社，2022.

默、爱和恐惧等。对于某些产品类别来讲，感性诉求的广告比理性诉求的广告更利于消费者记忆。典型案例就是南方黑芝麻糊的广告，从1991年首次发布以来，广告中传达的温馨与爱在中国人心中留下了不可磨灭的印象。

（三）态度

态度（attitude）是指个体对人、物、事的反应倾向。态度可以是肯定的、否定的或者中立的。肯定或否定的态度，尤其是那些包含强烈情感的态度，能刺激人们采取行动或不行动。营销传播就是用来建立、改变或者强化态度的。

态度包括三种成分：认知成分、情感成分和意动成分。

（1）认知成分反映个人对态度对象是否了解，在消费环境中，认知成分主要是指消费者对产品知名度和产品知识的了解程度。

（2）情感成分反映个人对态度对象是否喜爱，在消费环境中，态度成分指的是消费者对产品的喜欢和偏好程度。

（3）意动成分反映个人对态度对象的行动意图，在消费环境中，意动成分指的是消费者对产品的试用和购买意愿或行为。

（四）动机

动机（motivation）是指行为发生的起因，即个体进行某种形式活动的主观原因。它可以是有意识的，也可能是无意识的。

与动机相关联的概念是“需要”。需要是指个体对内外环境的客观需求（包括人的生理需求和社会需求）的反映，表现为个体的主观状态和个性倾向性。需要是产生行为的原始动力，也是个体积极性的源泉。当需要被唤醒时，个体将产生动机，而动机将促发个体的行为。因此，有效的广告需要唤醒消费者的需要，使其产生对商品的购买欲望。为了强化消费者的动机，广告和诸如促销等其他营销传播工具通过刺激物——礼品、奖品、竞赛，来鼓励人们做出反应。

（五）行为

营销学关注的行为（action）主要是消费者行为。消费者行为是指消费者为获得产品或服务而进行的搜寻、比较、选择、购买、使用以及是否重购等活动。促成某种行为反应通常是广告最重要的目标。换言之，广告的有效性往往是通过其激发人们行动的能力来衡量的，例如试用或购买产品。购买行为是外显的、可测量的。按照认知心理学的观点，营销者需要改变消费者的认知和态度，继而引发消费者的行为反应。

二、学术界提出的经典广告效果理论模型

经典广告效果理论模型主要包括效果层次模型、AIDA模型、思考—感觉—行动模型、多面模型以及广告反应模型。

（一）效果层次模型

效果层次模型（hierarchy of effects model）是描述消费者对信息的反应过程的一种模型，它把消费者对品牌从一无所知到实际的购买行为的反应过程，看成是由认知、情感和行动三个阶段组成的一个依次的运动过程（见图 5－1）。其中认知阶段是指消费者对品牌的知晓或理解，这个阶段包括对品牌存在的感知，对其属性、特色或优势的知晓、了解或理解；情感阶段指消费者的感觉或者是对于特定品牌的喜好程度，这一阶段包括较强程度的喜爱、偏好或者信任；行动阶段指对品牌采取的行动如试用、购买、使用或者摒弃。

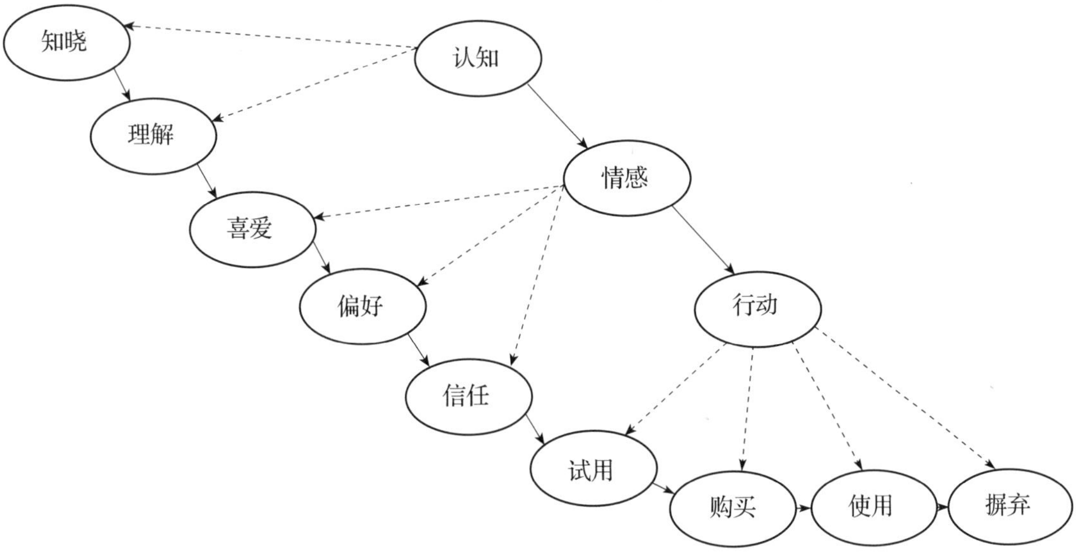

图 5－1　效果层次模型

效果层次模型认为，反应层次的每一个阶段都是一个必须实现的因变量，并且可以作为传播过程的一个具体目标。传播者由此知道消费者处于反应层次的哪一个位置，将要面临什么样的传播问题，比如是提高品牌的知名度，还是提高产品的认知度，抑或强化对品牌的忠诚度等，由此确立广告活动的目标。

（二） AIDA 模型

AIDA 模型（model of AIDA）是沿用已久的解释广告效果的模型，它是由埃尔莫·里维斯于 1898 年提出的。AIDA 分别指代注意（attention）、兴趣（interest）、欲望（desire）和行动（action）。该模型认为，广告首先应能引起注意，然后引发兴趣和欲望，最后激发行动（见图 5－2）。这一模型区分出四种效果，并预测了在某一步骤上它们之间如何相互关联。因为 AIDA 模型假定消费者从注意开始，以行动收尾，所以它也被视为效果层次模型的一种形式。AIDA 模型广泛运用于广告文案写作中。文案写作常常要求标题能够引起受众的注意，正文开头引起受众的兴趣，正文中间使受众产生信任和购买欲望，结尾促使受众采取行动（购买）。

图 5－2　AIDA 模型

尽管广告主经常应用效果层次模型和 AIDA 模型进行广告创作，但是这些模型也存在一定的局限性。这些模型假定消费者的反应是一个阶段接着一个阶段，有先后顺序，但事实并非总是如此。有时，消费者可能只是因为冲动突然做出购买决策，而对产品本身并无太多的认知。在使用过后，消费者才对产品有更深的认识。在做出重大商品决策时，消费者往往通过搜寻信息来评估不同的方案，在深思熟虑后做出购买决策，这样的购买行为往往比较理性。这种理性的、信息驱动的决策过程与 AIDA 模型所阐述的思想完全一致，但冲动型购买则刚好相反。因此，效果层次模型、AIDA 模型存在的局限性需要从其他视角来解决，由此也可以丰富我们对广告效果的理解。

（三）思考—感觉—行动模型

思考—感觉—行动模型是一个相对比较简单的模型，它试图扩展层级问题。该模型认为，广告激发了人们对广告信息的思考，感受产品的某些属性，然后才采取行动，如试用或购买。这个模型也根据产品的类型和当时的购买情形，区分出了不同的反应路径（见表 5－1）。

表 5－1　思考—感觉—行动模型不同的反应路径

路径	认知目标	举例	广告目标
思考—感觉—行动	了解、兴趣	电脑游戏、光盘	提供信息与激发情感
思考—行动—感觉	了解、理解	学校、电脑、假期	提供信息，加以论证
感觉—思考—行动	需要	新衣服、摩托车	创造欲望
感觉—行动—思考	欲望	化妆品、时尚品	接受心理诉求
行动—感觉—思考	冲动	棒棒糖、软饮料	形成品牌熟悉度
行动—思考—感觉	习惯	谷物、洗发水	强化消费者满意度

（四）多面模型

广告效果的多面模型除了考虑认知、情感/情绪、行为因素，还考虑了联想和说服。根据广告带来的消费者的反应，将广告的功效总结为以下六种心理效果：感知（意识）、理解（认知）、感觉（情感/情绪反应）、关联（联想）、信任（说服）、行动（行为）。六种心理效果对应着消费者不同的心理过程。广告正是通过对这些心理变量的作用来实现其功效的（见图 5－3）。

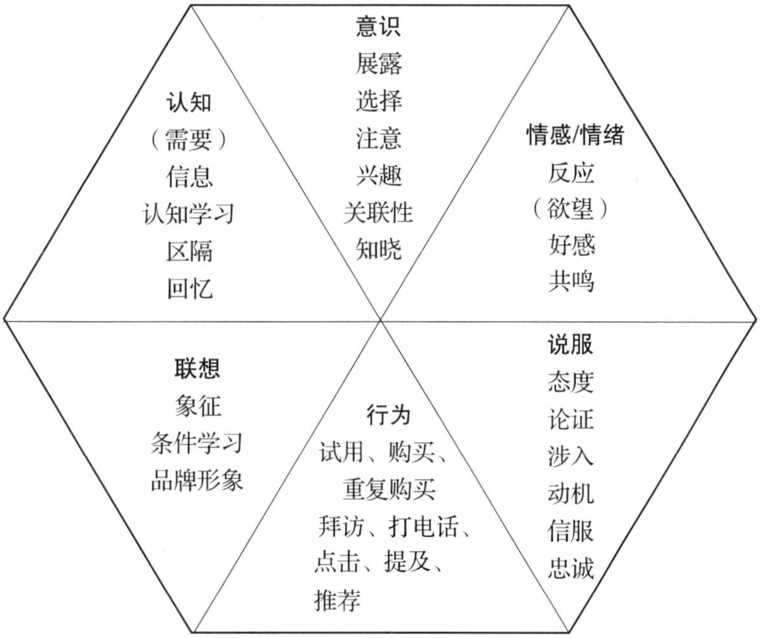

图 5－3　广告效果的多面模型

（五）广告反应模型

广告反应模型（advertisement response model，ARM）最早由美国广告学者曼特等人基于精细加工模型（elaboration likelihood model，ELM）提出，它的理论框架如图 5－4 所示。从这一模型可以看出，一则成功的广告首先应引起注意，这一点与其他模型是一致的。之后，受众对广告信息的处理是沿两条路线进行的，分别是中心路径（central route）与边缘路径（peripheral route）。如果沿中心路径处理广告信息的话，消费者的关注集中于与广告产品、品牌直接相关的信息，如口味、新产品测试、功效、成分等。而如果沿边缘路径处理广告信息的话，消费者的注意力则集中于与广告本身密切相关的信息线索，如音乐、广告模特等形象符号。

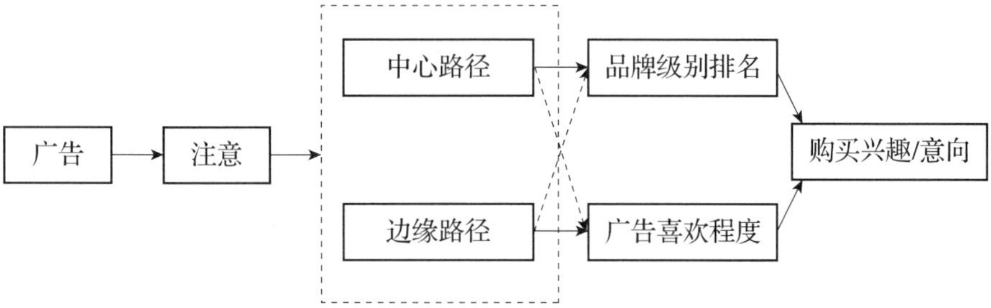

图 5－4　广告反应模型

两种信息路径所导致的结果及其时间持续程度是不同的。首先，中心路径会直接导致受众形成对于产品、品牌的态度，如喜欢、讨厌、一般等，而对品牌的态度则会影响受众的购买兴趣或购买意图。从时间持续程度看，在中心路径条件下，受众对品牌的态度较为持久，而且不容易改变。其次，与中心路径相比，边缘路径则会直接影响广告受众对广告作品（表现）本身的喜欢程度，这虽然也会影响受众对产品、品牌的态度评价和购买兴趣。但从时间上看，这一态度只是暂时的，容易随相关边缘信息线索的隐没而丢失。受众对广告的印象只是一种瞬时或短时记忆。

三、业界对于广告效果的讨论

业界对广告发挥效果的原理也进行了深入的探讨和总结，产生了很多具有实践指导意义的思想。我们以其中两种比较典型的观点为例进行说明。

第一种是美国 BBDO 广告公司提出的基于广告内容的效果讨论。BBDO 总经理汤姆·狄龙认为，广告产生效果包括以下过程：

（1）建立熟悉感，即让大家都知道某种物品及其一般用途，这是广告所提供的有决定性的基本价值，是其他功能的基础。

（2）起到提醒作用，在某些情况下，单靠这一功能就可使广告成功。

（3）传播信息，即使某种信息通过广告达到更大范围的传播。

（4）改变人们的生活惯性，即广告可以敦促人们克服惯性并行动起来。

（5）提高商品的附加价值，即在商品有形价值之上增加主观的无形价值。

第二种是莱维奇和斯坦纳提出的基于消费行为形成特征的效果讨论。他们认为消费行为根据其特征可分为三个阶段，而广告效果的发挥则伴随着这些不同的阶段。

（1）学习阶段（认知），通过广告使产品知名度提高，并使消费者了解该产品。

（2）感觉阶段（情绪），通过广告使消费者对广告产品产生好感和偏好。

（3）行动阶段（欲望），通过广告说服消费者进行购买。

从以上三个层级来看，学习阶段是通过广告的信息传播完成的，而感觉和行动阶段是广告内容与表现形式、广告与产品整体促销手段综合作用的结果。这一理论成为许多广告公司进行广告策划的基础。

第 2 节　广告产生效果的影响因素

从传播学的视角来看，广告是一种信息传播活动，具备大众传播方式的基本特征。因此，在分析影响广告产生效果的因素时，我们往往会从传播学的理论视角去探索。传播学理论指出，信息传递是否有效取决于三个基本要素，分别是传播者（信源）、传播内容（信宿）以及传播渠道（信道）。传播内容与传播渠道复杂多变且尤为重要，本节重点介绍广告信息和媒体传播对广告效果的影响。

一、广告信息对广告效果的影响

广告效果与广告信息之间存在重要关系，因此有必要对构成广告的信息进行研究。

广告信息通过广告信息构成与广告信息障碍两个方面影响广告效果。

（一）广告信息构成

广告信息主要由直接信息和间接信息两部分构成，直接信息是广告主题内容的重点，但间接信息也不能忽视。事实上，单纯的直接信息在广告中是没有的。由于广告总是借助某种艺术形式来表达直接信息，所以广告的信息是综合性的。如任何一行文字，由于书写方式不同，在形成直接信息的同时也形成了间接信息。区分直接信息与间接信息在广告主题、广告创意中具有重要意义。一个高档商品由于广告表现粗制滥造而被消费者误认为是假冒伪劣商品或一般商品的例子很多。

直接信息是指用通用符号传达的广告信息。文字、企业与产品名称、商标、包装及外观等一目了然、一听就明白的信息都属于直接信息。简单地讲，能直接告诉广告受众的信息均构成直接信息。

间接信息是指广告所形成的感知上的信息。任何一个广告都通过一定的艺术形式来传递间接信息。广告涉及的艺术形式包罗万象，如语言艺术、色彩与构图、音乐、表演与舞蹈等。虽然形式本身不构成具体信息，但能形成消费者对广告信息的感知。以平面广告为例，间接信息按特征分类，至少包括以下四种：

（1）由构图所形成的感知。构图的比例、力场、空白、韵律等都会使人形成不同的感知，如不平衡的构图会使人不舒服，继而产生没有完成、粗制滥造和不可信的感觉。同样的构图要素可以形成完全不同的感觉（见图 5－5）。

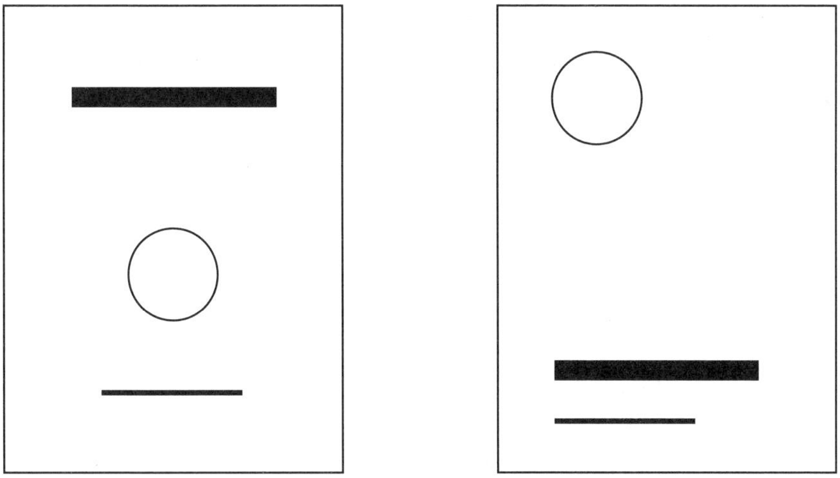

（a）严肃的、传统的　　（b）活泼的、现代的

图 5－5　同样的构图要素形成不同的感觉

（2）由色彩所形成的感知。不同的色彩会形成不同的感知，如红色让人觉得喜庆激动，绿色让人觉得平静平和等。同样，不同的色彩组合会形成所谓俗或雅、活泼或严肃、神秘或浪漫等不同的感觉。这种由色彩所形成的感知会影响人们对产品特性的感受。例如，消费者认为苹果电脑时尚，而联想电脑比较耐用。这种感知的形成除了源于产品本身的差异外，还源于消费者对于两个产品的外观色彩——银色与黑色——的感受差异。

（3）由广告附加价值所形成的感知。所谓广告附加价值是指为强化某一直接信息而附加的内容。如强化开阔的效果，用大海做背景；如展现美丽，就让模特穿戴漂亮服饰进行展示等。这里大海与模特就是附加价值。附加价值本身会带来各种联想与感觉。

（4）由情节所形成的感知。广告经常借助简短的故事情节来传达或强化某些信息，而情节本身可能形成严肃、幽默、庄严等感觉。

（二）广告信息障碍

由于间接信息涉及心理学与行为学的许多问题，广告信息变得很复杂。广告既然是一种信息沟通手段，那么信息沟通可能产生的障碍在广告传播中也是不可避免的。同时，广告总是借助一定的艺术表现形式传播信息，这也增加了产生信息障碍的可能性。广告信息障碍的产生环节与表现主要有以下五个方面。

1. 提炼广告主题时可能产生信息障碍

广告主题是广告产生效果的基础，也是可能形成信息障碍的环节。构成广告信息的因素要服务于广告主题的表达，而广告主题需要突出产品的属性特征，或者是某种理念与情感，这样的广告才能对目标受众的购买行为产生影响。广告主题的确定首先受到目标受众的影响，一个有效的广告主题是建立在对目标受众的认知的基础上的。其次，广告主题的确定也会受到媒体的时间与空间限制，广告因此能够传递的内容是有限的。如果广告不能确立一个有效的、吸引人的、有说服力的主题，则后续的创意、执行都将变得毫无意义。关于广告主题的详细内容见本书第9章。

2. 把内容艺术化的过程中可能产生信息障碍

广告主题转化为语言或视觉形式的过程就是艺术化过程，也就是广告创意与广告表现阶段。此阶段经常出现的信息障碍主要表现在以下三个方面：

（1）不能准确传递主题。主题越复杂，准确传达就越困难。艺术形式和手段的局限可能导致信息走样。

（2）产生非预期的联想或感觉。一则广告的表现细节比较多，目标受众对于信息的接收又具有选择性，因此会产生和企业预期完全不同的联想或感觉，有时甚至忽略了该企业产品或者对企业产品产生负面看法。

（3）错误地或完全相反地传递主题。由于广告设计、制作人员对产品或广告主的意图理解存在偏差，这种情况经常出现。

在这个环节上形成障碍的因素很多，其中广告创意、设计和制作是关键。具体内容见第10章和第11章。

3. 广告在投放过程中可能产生信息障碍

广告在制作完成后就进入投放环节，这一环节产生的信息障碍大多源于所选择的媒体渠道的质量。例如，由于报纸的印刷质量不高影响了产品的展示，尤其是那些以产品外观为主要诉求的广告信息。媒体选择的具体内容见第13章。

4. 消费者在接收广告信息时可能形成信息障碍

导致消费者在接收信息时产生信息障碍的因素很多，其中大部分是企业难以控制的。

但是，经过科学的分析，尤其是随着大数据技术的发展，企业可以将这些影响减小。接收信息时产生的信息障碍主要源自以下三个方面：

（1）消费者对媒体的接触情况直接影响接收效果。不同的消费者对媒体的接触情况是不同的。从年龄来看，年轻人更倾向于使用网络媒体，老年人则更易于使用传统媒体；从受教育程度来看，受教育程度高的人更偏向于纸媒，受教育程度低的人可能更倾向于电视媒体等。如果企业的广告针对年轻人群体，却采用了报纸或杂志作为传播渠道，通常会产生信息障碍。

（2）消费者对媒体的注意力直接影响接收效果。消费者对不同媒体的注意力是不同的。消费者在阅读报纸和杂志时的注意力较高，看电视时注意力则较低。在这种情况下，如果企业的广告是理性诉求型的，则采用平面广告的效果会优于电视广告。

（3）媒体的被记忆程度不同也会影响接收效果。研究显示，很多消费者在看电视的同时都会干些别的事情，如做家务、看手机等，因此电视被当作"被动式"媒体，但消费者在阅读报刊的时候会积极投入，因此报刊被当作"主动式"媒体。这种主动与被动反映了消费者的参与度，也决定了所传递信息的被记忆程度。主动式媒体的信息传递的被记忆程度高，而被动式媒体则低。

具体内容见第 13 章。

5. 消费者在理解广告信息过程中可能产生信息障碍

广告信息的传递过程可理解为一个编码和解码过程，其中编码是企业对广告主题和内容的加工、处理，而解码是消费者对接收的广告信息的了解和理解。从图 5－6 可以看出，要使广告信息准确传递，必须使最后的解码内容等同于编码内容。如果解码内容不能等同于编码内容，就形成了信息障碍。从心理学视角来看，消费者不仅对信息接收具有选择性，对信息理解也具有选择性。也就是说，消费者会根据自身的情况、经历以及当时的心境等，有选择地对广告的一些内容进行理解，而对另外一些内容则视而不见。影响消费者进行选择性理解的因素包括以下四个方面：

（1）消费者的年龄、性别、知识水平等人口统计特征。

（2）消费者的生活经历。

（3）消费者的个性特征、价值观以及生活方式。

（4）消费者的心理因素。

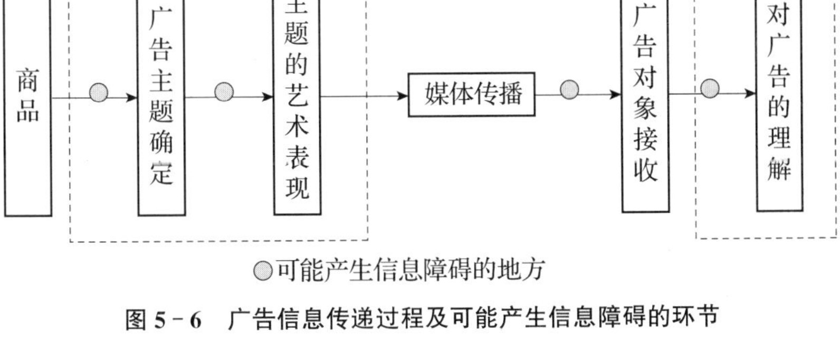

图 5－6　广告信息传递过程及可能产生信息障碍的环节

从以上分析可以看出，正确地传播广告信息并不是轻而易举的事情。要想使一则广告成功，必须认真对待上述每一个影响因素，才可能克服信息障碍。

二、媒体传播对广告效果的影响

在广告活动中，媒体投入一般占广告总投入的80%左右。媒体传播的成败对广告效果的发挥具有决定性影响，主要表现在以下五个方面：

1. 媒体选择和使用

媒体选择和使用是决定广告有效性的前提，不仅涉及媒体的目标受众与企业的目标受众的覆盖程度和范围是否匹配的问题，而且涉及媒体自身形象和影响力的问题。对于后者，企业希望自己选择的媒体能够带来“晕轮效应”。广告效果的发挥是一个综合过程，是广告作用于消费者心理的过程。不同的广告对于同一消费者、同一广告对于不同消费者都可能产生不同的效果。因此，广告效果的发挥是特定的广告作用于特定目标市场的过程，这就是要认真对待媒体选择的原因。

2. 媒体组合策略的制定

任何一种媒体都有一定的局限性，因此，在进行广告活动时，需要有计划、有步骤地选择和整合多种媒体，充分发挥不同媒体的特长，获得协同效应。只有这样，才能以尽可能少的费用获得尽可能大的传播效果。

3. 媒体播放频次和播放时间

媒体和广告数量发展的无限性与消费者接触媒体的有限性之间的矛盾，决定了媒体播放频次和播放时间的重要性。媒体播放频次和播放时间既涉及广告的费用支出，又影响广告效果。

4. 媒体开发和新媒体运用

创造性地开发已有广告媒体，充分利用新兴广告媒体，对企业的产品和品牌形象的树立、广告传播效果的提升起到事半功倍的作用。

5. 媒体费用支出

对媒体费用进行认真核算和科学策划具有重要意义，它直接关系到广告主的投入产出效益。虽然广告可以提高企业的竞争力，但有时媒体费用增加过多也可能增加单位产品的成本，从而降低产品的竞争力。媒体费用水平与竞争力之间的关系如图5-7所示。

由图5-7可以看出，当媒体费用水平超过 X 点以后，虽然由广告形成的竞争力继续提升，总竞争力却不再提升。从理论上看，X 点是媒体费用支出的最佳点，虽然在实践中这一点很难确定，但媒体使用中的这种边际效益递减规律应引起注意。

值得注意的是，在图5-7中可以抽象出产品实际的获利水平。假定广告数量增加会使销售量增加，从而使获利水平提高。同时，广告费用增加又意味着获利水平下降。由于任何产品都有自己的生命周期曲线，即市场占有率达到一定程度时，销售增长速度会出现恒定现象，也就是进入所谓的成熟期。因此，在理论上，广告数量增加并不总是导致销售量增加，即二者之间不是线性关系。广告费用与总获利水平之间的关系如图 5－8 所示。在广告实践中，应该正确理解广告投入与效益的关系，以免产生广告投入与效益同步增长的错觉。

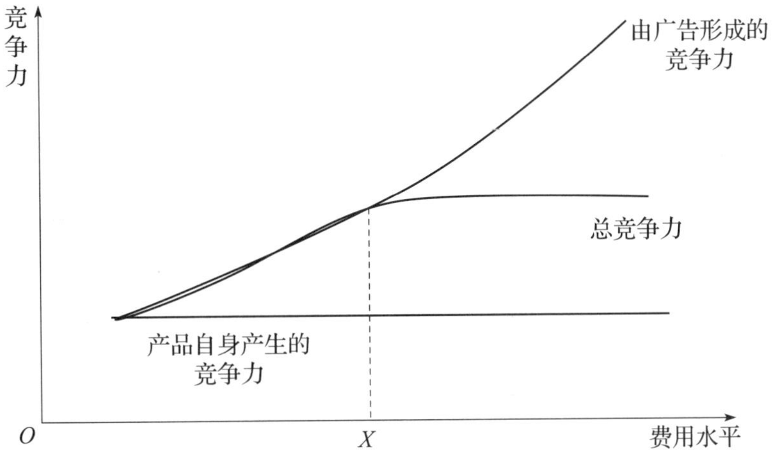

图 5－7 媒体费用水平与竞争力的关系示意图

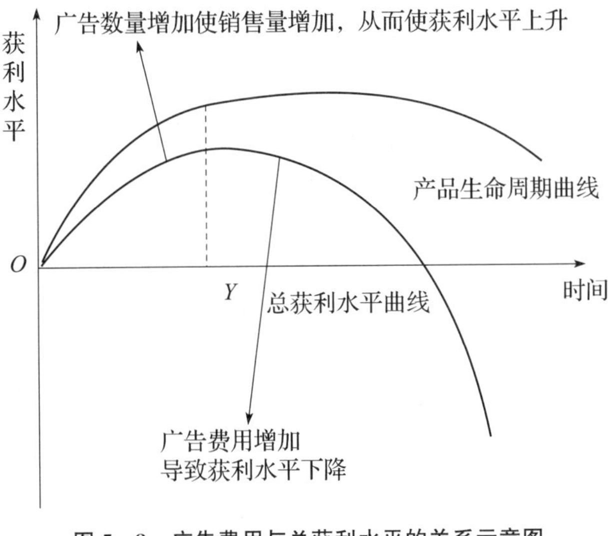

图 5－8 广告费用与总获利水平的关系示意图

上述五个方面的内容将在第 13 章中进一步阐述。

第 3 节 广告产生的说服结果

广告并不改变产品本身，因为它不是生产过程，既不会改变产品自身的价值，也不会改变产品的使用价值。那么，广告的说服结果究竟是什么？大量的学界研究和业界探索显示，广告产生的说服结果主要体现在两个方面：（1）知名度与熟悉感；（2）产品的形象与内涵。

一、通过广告使产品获得知名度与熟悉感

产品和品牌通过广告会被越来越多的人知晓，消费者逐渐对产品和品牌产生熟悉感。而知名度（awareness）和熟悉感（familiarity）是缩短消费者与产品和品牌之间的距离、克服信息障碍的重要因素，是广告在进行了一定数量的传播后能够产生的说服结果之一。

（一）知名度与熟悉感的重要意义

在现代社会中，产品极大丰富、信息过载导致未做广告的产品几乎失去了成功的可能，原因如下。

（1）知名度是成功的前提。同类产品的极大丰富和可替代性使得任何一种产品都可能被淹没在产品的汪洋大海中，因此，让消费者知道存在某种产品和品牌就成为企业必须重视的问题。知名度的提高意味着成功概率的增大，虽然实际上两者并不存在同步增长的线性关系。换言之，知名度是成功的必要条件，但不是充分条件。

（2）知名度和熟悉感能克服信息障碍。不知名意味着陌生、不了解，消费者会产生防御心理。虽然消费者在购买过程中偶然发现该产品和品牌，但由于不熟悉不了解，他们会延迟购买或者不购买。因此，通过广告能够提升知名度与熟悉感，从而促进消费者产生购买行为。

（3）知名度能有效地引导消费。随着消费者日益成熟，他们判断一种产品的性价比的能力也在不断提高。消费者从依赖产品属性来判断产品性能转向依赖品牌来判断产品性能，因为他们认为品牌本身意味着一种保证、一种许诺和一种概念。因此，企业通过广告可以传播品牌名称，树立品牌形象并转达品牌理念，从而引导消费。

（4）广告会对消费者的判断产生重要影响。消费者对很多产品的判断能力是有限的，因为他们不可能具有对所有产品，如科技产品、药品以及食品等，进行判断的专业知识和能力。因此，广告中提供的产品特性、产品知识、品牌信息以及其他情感诉求会帮助消费者进行判断与决策。

（二）知名度与熟悉感的局限性及其产生的原因

虽然广告能够提高产品和品牌的知名度与熟悉感，但如果企业在广告中只注重产品外观识别与品牌识别，或者说只在产品与品牌记忆上下功夫，有可能会产生局限性。

1. 知名度与熟悉感的局限性

（1）仅以品牌名称为诉求的广告的局限性。此类广告是指以各种文字形式或其他艺术形式来强化品牌名称的广告，其目的是建立品牌名称的知名度与熟悉感。但是这些广告仅注重宣传品牌名称，忽略了产品属性特征等内容，导致消费者的记忆和实际购买决策脱节。

（2）仅以产品一般用途为诉求的广告的局限性。此类广告是指以产品的一般用途或者通用属性特征为主要内容的广告，如手表走时准确、电视图像清晰、空调四季如春等。

由于消费者对于广告里的一般用途或者通用属性早已了然于心，最终会出现两种情况：一种是由于没有新信息导致接收失败；另一种是消费者仅记住了这些产品属性，却没有记住品牌。

（3）只强调产品外观识别的广告，这类广告相比以品牌名称为诉求的广告表现出的问题更大。人们看了广告以后，可能连品牌都不知道。

2. 局限性产生的原因

首先，同类产品和品牌数量的无限增加与消费者对产品信息的有限记忆形成了矛盾。大量消费心理学的研究结果都表明，消费者记忆的产品品牌一般在 5～10 个之间。因此，仅靠大量广告去加强消费者对品牌的记忆，作用是非常有限的。

其次，为了强化产品与品牌记忆，广告的播放数量和频率都大幅增加，而这样的增加会导致一个行业的平均广告费用的迅速上升，引发行业内的“火拼”现象，这对生产企业是不利的。

再次，广告仅靠数量取胜会导致企业的产品销售总额长期在波动中前行，广告一做，销售量上涨；广告一停，销售量就下降。同时，其他企业的同类产品广告一增加，该企业的销售量也会下降。

最后，虽然加强产品和品牌记忆是广告发挥功效的基本手段，也能产生一定的效果，尤其是短期播放大量广告以后，会产生使人过目难忘的广告表现，但仅做到这一点是不够的，还必须充分注意广告对产品形成一定形象概念的作用，没有经过认真策划的形象概念及品牌概念有时对产品和品牌会产生负面的作用。

二、通过广告使产品具有自己的形象与内涵

广告虽然不能改变产品本身的价值及使用价值，却可以改变某一特定品牌产品的形象或给该品牌产品增加和强化一个概念或者内涵，这是广告发挥效果的一个重要体现。

1. 一个产品通过广告可能会形成或被赋予的内涵

（1）能满足或充分满足某种消费需求，专为某类消费者服务，满足某类个性需求，满足某种新的需求等。

（2）该产品具有的一些特殊的、其他同类产品或替代品所不具有的特征。

（3）在同类产品中的个性化形象、个性化概念。

（4）在同类产品中的位置，包括在档次、品质、价格等上的位置。

（5）市场细分或创建一个新的细分市场概念。

（6）其他特殊的概念。

2. 一个产品通过广告形成或被赋予内涵的重要意义

首先，被赋予概念或内涵是品牌生存和发展的基础。当一个品牌的产品具有一个特定的概念以后，就形成了区别于其他同类产品或者竞争对手的品牌定位，这对一个品牌和产品的长期发展是至关重要的。一个准确的定位就如同一棵树找到了适合自己的土壤，它的成长和茂盛就有了基础。“找到一块适合自己的土壤”是定位问题，需要进行认真的

市场调研和策划，而要“成长和茂盛”，需要广告发挥作用。

其次，被赋予概念或内涵有助于为同类产品的进入树立壁垒。在一个细分市场中，如果一个品牌的概念涵盖了这个市场最重要的部分，并被消费者广泛接受，就为后来者或同行进入这个市场筑起了壁垒和台阶。这种状况一旦形成，要进行市场重组就非常困难，在某些情况下甚至是不可能的。在成熟的市场中，这种情况较多见。这就是先入效应。在现代激烈的市场竞争中，品牌的胜利更多取决于市场运作和广告策划，而不只取决于产品本身。

最后，被赋予概念或内涵有利于消费者在做出购买决策时首先想到某产品和品牌。当我们提到某类产品时，总会首先想到某些品牌。如咖啡——“雀巢”，方便面——“康师傅”等。当我们要购买具有某种特点的产品时，就会联想到与之相应的品牌。这种“首先被想到”的现象就是品牌概念发挥作用的结果。“首先被想到”会使一个企业的产品具有更高的市场占有率，成为市场的领头品牌。

上述内容将在第6章中进一步介绍。

案例分析

用内容引发全民共情：伊利开始2022冬奥之旅

2021年10月27日，2022北京冬奥会正式吹响了倒计时100天的号角。作为2022年北京冬奥会官方合作伙伴的伊利，带来了全新的品牌广告宣传片《100天后见》，为其冬奥会营销拉开了序幕。在广告短片中，一个名叫李福来（谐音“立 flag”）的姑娘，带着一句“世上99%的事，都能在100天内干出来”的名言，立下了在100天减到100斤的目标。短片的创意和想法极为简单、直接。其中的巧思在于，伊利以“用100天去实现一个小梦想”来使大家的梦想与冬奥梦想同步冲刺。

该广告宣传片上线后，迅速在全网刷屏，一个原本静态的节点事件，顿时演变成持续裂变的全网互动。对于品牌来说，奥运营销是一场注意力的抢夺，一场观众心智的重塑。奥运营销不仅可以帮助品牌深入消费者内心，更为品牌注入了更深层次的文化内涵与价值。

伊利针对活动的核心诉求，结合大家热议的冬奥倒计时100天，在微博同步推出话题“100天后见”。用“100天后见”将奥运与全民产生强关联，以树立目标的形式，从“小梦想”出发，使全民自发参与到活动中来。

与此同时，伊利携手其品牌代言人为活动转发助力。除此之外，还特别联合众多知名奥运健儿助力活动传播。在奥运健儿的助力下，持续提高话题内容热度，吸引众多网友纷纷参与其中，在评论区留言，立下目标。

上线一天，伊利相关话题已成为微博上广为大家热议的冬奥话题，合计阅读量6.3亿+，讨论量217.3万+。除了话题引爆外，伊利官方微博此条内容的互动量达近百万，数据分析显示，该博文转发层级达到8级，对比以往众多品牌的博文互动量来看，一般传播层级在5级左右就已经达到了“破圈”扩散的效果，伊利真正做到了引爆全网。

如今越来越多的品牌借助体育精神，以更贴近大众的视角传递品牌的价值观。而真正成功的奥运营销不单单是大曝光，更要将奥运精神与品牌内核高度契合，从而实现传递品牌核心理念和提升品牌影响力的目的。伊利此次不仅率先在微博上开启了冬奥营销，更为其他品牌在冬奥营销上提供了新思路。

资料来源：https://www.163.com/dy/article/GNDFU6890552EDKG.html.

讨论题

1. 对伊利《100天后见》的广告表现进行综合评价。
2. 论述伊利《100天后见》的广告表现对广告效果的影响。
3. 你认为广告片《100天后见》赋予了伊利品牌什么概念？

基本概念

广告反应模型（advertisement response model）
精细加工模型（elaboration likelihood model）
注意（attention）
态度（attitude）
知名度（awareness）
中心路径（central route）
情绪（emotion）
熟悉感（familiarity）
效果层次模型（hierarchy of effects model）
学习（learning）
边缘路径（peripheral route）
中心路径（central route）
AIDA模型（model of AIDA）
动机（motivation）
知觉（perception）
感觉（sensation）

思考题

1. 简述效果层次模型和AIDA模型的内容并思考二者的关系。
2. 简述广告信息障碍的产生环节及表现。
3. 为什么广告效果与媒体选择和使用密切相关？
4. 一个产品通过广告形成或被赋予内涵的重要意义是什么？

第6章
品牌定位策略

学习目标

- 理解定位理论的基本内容。
- 了解领导者品牌在不同市场的进入策略。
- 掌握品牌定位的原则。
- 理解不同定位策略下广告主题的确定。

习近平总书记高度重视品牌建设工作，强调“推动中国制造向中国创造转变、中国速度向中国质量转变、中国产品向中国品牌转变”“实现技术自立自强，做强做大民族品牌”，为加强品牌建设指明了方向。[①] 国务院办公厅在2016年发布了《关于发挥品牌引领作用推动供需结构升级的意见》（以下简称《意见》），提出设立“中国品牌日”，并于2017年起将每年5月10日设为“中国品牌日”。《意见》强调“大力宣传知名自主品牌，讲好中国品牌故事，提高自主品牌影响力和认知度”，鼓励各类媒体平台在重要时段、重要版面安排自主品牌公益宣传。

近年来我国品牌影响力稳步提升，对供需结构升级的推动引领作用显著增强。两组数据印证了中国品牌建设的积极进展：世界品牌实验室发布的2021年世界品牌500强榜单中，我国有44个品牌入选，居世界第四位；近几年中国品牌百度搜索热度占品牌总热度比例从45%提升至75%，是海外品牌3倍。[②]

品牌已经成为企业发展与国家形象深化的重中之重，品牌定位（brand positioning）也成为企业必须关注的问题，没有明晰独特的定位，品牌无法取得成功。在如今产品信息过载、品牌极大丰富且高度同质化、消费者日趋成熟的市场环境下，企业的营销策略的制定与执行离不开准确的品牌定位。而广告作为企业营销策略的一个组成部分，又是企业用来和目标市场进行信息沟通、形象与概念传递以及说服购买的一个重要手段，广告实践也必然要接受品牌定位策略的指引。因此，本章就定位理论的基本内容、品牌定位的原则以及定位策略与广告主题的确定等进行介绍。

---

① 庹震．为品牌建设高质量发展营造良好舆论氛围．（2022-12-13）．https://baijiahao.baidu.com/s?id=1752056667167723976&wfr=spider&for=pc.

② 丁怡婷．做强做大民族品牌．（2022-12-08）．https://export.shobserver.com/baijiahao/html/559134.html.

第1节 定位理论的基本内容

1969年，艾尔·里斯和杰克·特劳特在美国营销杂志《广告时代》和《工业营销》上发表了一系列文章，提出“定位”（positioning）概念。20世纪70年代以后，他们又相继出版了《定位》《营销战》《营销革命》等著作，定位理论日趋成熟，宣告了一个营销新时代——“定位时代”的到来。2001年，定位理论（也称品牌定位理论）被美国市场营销协会评为有史以来对美国影响最大的营销观念。

一、定位理论产生的市场条件和基本内容

（一）定位理论产生的市场条件

定位理论的产生符合当时的市场环境——产品信息爆炸、品牌极大丰富且高度同质化、市场竞争更加激烈，其中信息爆炸的影响更为深远。

定位理论是信息爆炸的产物。近30年来的信息数量是过去5 000年信息量的总和；同样，广告数量也在无限增长。在我国，20世纪80年代和90年代初，一个品牌经常能做到家喻户晓，但放到今天的环境里，就变得艰难而复杂。大量的信息很容易造成传播渠道堵塞，而信息仍然在以难以想象的速度增加，这就形成了一个恶性循环。在传播过度的社会里，一方面，要提升品牌竞争力，就必须进行大量的信息传播；另一方面，信息越多，就越容易造成消费者的思维混乱，反而使消费者无所适从。在信息过载的市场环境里，企业需要寻求手段来凸显自身优势、对抗竞争对手，定位理论就是为了应对这样的市场环境提出的。

（二）定位理论的基本内容

所谓品牌定位，就是把一个品牌植入消费者的头脑，或者说，通过广告为品牌在消费者的心中明确一个形象、确定一个位置，使消费者在需要解决某一特定的消费问题时，会首先想到某一品牌的商品。定位并不改变产品本身，而是使产品在消费者心目中以某种形象占据一个有利的位置，且这个形象与位置都是相对于竞争对手而言的。这好比在消费者头脑中建立一个二维坐标或者三维坐标，把自己的品牌定位在某一点上，使消费者在购买该类产品时，能从整个坐标的若干品牌中准确地找到某一品牌。

定位策略包括两个基本要素：一是某产品和品牌具备的特征是什么；二是与竞争对手相比，某产品和品牌的差异是什么。现有消费行为研究指出，消费者的购买决策往往依赖于品牌或者产品的差异化。因此，企业做好品牌定位策略工作，一方面可以通过为消费者提供清晰而独特的形象，使消费者后续的购买决策有据可依；另一方面也使得企业能够在激烈的市场竞争、信息过载的环境里更加突出自己的品牌，为企业的可持续发展提供保障。

市场竞争在经历了产品数量、产品质量、品牌竞争后，竞争的焦点集中在品牌差异化上，品牌定位因而成为竞争的核心。事实上，市场上许多产品和品牌的差异化是通过品牌定位、品牌的有效宣传而实现的，如可口可乐的“经典”形象、百事可乐的“青春”形象等。

品牌定位是企业通过精确的市场细分、准确的目标市场选择、明确的定位策略，并通过大量的宣传手段如广告，在消费者的头脑中创造出来的一个品牌形象。这个创造出来的品牌形象是消费者对企业传递的信息的一种整体感知，并不是实际存在的。既然是一种创造出来的感知形象，那么企业除了创造之外，还可以改变和重塑现有形象。在这个过程中，广告发挥了重要的、不可或缺的作用。

二、运用品牌定位理论理解营销和广告

广告是市场营销的一个环节，如何看待营销问题，决定了如何看待广告问题，以及使用何种广告策略和方法。营销领域存在许多营销理论，对企业具体的营销活动，如广告活动，都有一定的指导意义，其中定位理论的意义尤其深远。

（一）STP 战略

市场细分（segmentation）、目标市场选择（targeting）与市场定位（positioning）并称为 STP 战略。STP 是市场营销的核心内容，是制定营销策略 4P 的基础和前提。菲利普·科特勒把定位提到了战略的高度。他说：“解决定位问题，能帮助企业解决营销组合问题，营销组合（产品、价格、渠道、促销）是定位战略与战术运用的结果。”

市场是一个综合体，是多层次、多元化的消费需求的集合体，任何企业都不能满足所有需求。企业根据不同的需求、购买力等因素把市场分为由相似需求构成的消费群，即若干的子市场，就是市场细分。企业满足不同细分市场的能力是不同的，要根据具体情况选择规模比较大、增长潜力强、能带来更多利润的目标市场。准确的市场定位是以目标市场为基础的。但是，应该看到，市场定位对企业营销而言仅仅是第一步。企业把自己的品牌定位于某一目标市场，仅仅是一个目标。要实现这个目标，还有赖于市场定位。

根据科特勒的 STP 理论，企业开展的市场开拓和营销活动是一个市场细分、选择目标市场和进行市场定位的过程，其中市场定位建立在市场细分和选择目标市场的基础之上。市场定位是确定企业的产品和服务在消费者心目中的位置，其成功与否还取决于消费者是否对企业的这一主观愿望产生认同。因此，企业的市场定位策略能否产生效果取决于企业能否有效地传达企业的定位诉求。

（二）品牌定位的目标：成为一个领导者品牌

1. 领导者品牌的含义

定位理论为理解营销和广告提供了一个新视角。定位理论要求企业在进行营销传播

时，从过去由内向外的思考方式转变为由外向内的思考方式，其中“内”是指企业，“外”是指消费者。市场定位的目标是在消费者头脑中确定一个位置。

品牌定位研究的是如何使一个品牌成为领导者品牌（leader brand），这也是品牌定位最主要的目标之一。“历史表明，第一个进入人们头脑中的品牌所占据的长期市场份额通常是第二个品牌的两倍、第三个品牌的三倍。而且，这种比例关系不会轻易改变。”[①] 第一个进入消费者头脑、在消费者的头脑阶梯中处于第一位的品牌，就是领导者品牌。

领导者品牌的含义包括两个层次：一是消费者在不同品牌中进行选择的时候所能想到的第一个品牌。例如，要喝可乐时，大多数人马上想到的就是可口可乐。二是与同类品牌相比，在市场占有率上处于第一位的品牌。例如，可口可乐在碳酸饮料市场上占据绝对的优势地位，其销量远远高于处于第二位、第三位的品牌。

2. 成为领导者品牌的意义

（1）领导者品牌具有其他品牌所不具有的优势。首先，当消费者涉足某一消费领域时，领导者品牌会首先被想起。其次，当经销商经销某类商品时，领导者品牌会首先被想到。最后，当求职者、优秀人才希望从事某一行业时，领导者品牌所在的企业会首先被选择。这样，一个企业就进入了良性循环。这种优势是其他品牌，特别是后进入的品牌无法比拟的。

（2）“最大”一般也会被认为“最好”。第一品牌的销量总是远远高于第二品牌。可乐市场上，可口可乐超过百事可乐；汉堡包市场上，麦当劳超过汉堡王；我国的方便面市场上，康师傅强于统一；速溶咖啡市场上，雀巢超过麦氏。领导者品牌就意味着市场份额的绝对优势和竞争中的绝对实力。同时，占绝对优势的品牌对于大多数消费者而言意味着更好的品质保证、更优良的售后服务以及更多的附加价值。

（3）领导者品牌意味着恒久不变的竞争优势。美国一家研究机构跟踪了自 1923 年以来 25 个行业的领导者品牌的变化，结果显示，只有 3 个品牌失去了领导地位，其余的 22 个品牌多年来一直稳居第一。这些数据也说明，领导者地位一旦确立便是非常稳定、难以动摇的，将使领导者品牌长久地居于绝对的竞争优势地位。领导者品牌更多内容见本章第 2 节。

三、品牌定位理论的基本思想

（一）品牌定位的理论基础

品牌定位理论是建立在心理学研究的几个结论的基础上的，包括知觉对感知的影响，记忆的顺序与限制以及记忆的选择性。

1. 知觉对感知的影响

人们只注意他们所期望看到的事物，这实际上是由于人的知觉对感知的影响。例如，如果把 10 种啤酒的标签全部撕掉，消费者的感觉立刻会变得迟钝，很少有人能真正区分

① 里斯，特劳特．定位．北京：中国财政经济出版社，2002.

出酒的优劣。但是，一旦把标签贴上，消费者的感觉似乎立刻灵敏了很多，很容易区分各种酒的优劣，并品尝出自己所期望的口味。由于消费者不是专家，对于同一商品，消费者往好的方面和往坏的方面去感觉，结果会截然不同。此外，人们总是排斥与自己以前的知识和经验不相符的东西，但实际上自己并没有太多的知识和经验，往往会产生认知偏差。

2．记忆的顺序与限制

人们在复杂的生活中，记忆一般都会按照一定的顺序进行。心理学家的研究表明，人们不能同时与 7 个以上的事物打交道。因此，“7”有时被视作一种记忆极限。同样，人们在为满足特定需求选购商品时，也会在头脑中对同类商品做出一定的等级划分，就如同一个阶梯。某些商品阶梯多一些，某些则很少。在同类商品中，处在第一位（或领导者地位）的商品，因其在人们记忆阶梯上处于“首位”，才可能被消费者选择，继而扩大市场份额。

3．记忆的选择性

人的记忆是有选择的。对于司空见惯的东西，人们往往不会去记忆，如家里的楼梯有几级，办公室里有几排桌椅等。人们不可能同时与众多信息打交道，尤其是在今天这个信息爆炸、广告泛滥的时代。消费领域中品牌概念的混乱最终会让消费者无所适从，而当消费者不能识别自己应该购买的商品时，他们往往就会放弃购买。因此，定位清晰的品牌更容易让消费者记住，也更容易在消费者需要的时候被想起。

（二）品牌定位中的误区

1．更好品质的误区

一般认为，一件商品比同类商品具有更好的质量时就可以击败竞争对手，但事实并非如此。一方面，如果市场上已有领导者，质量较好的商品也不一定会被接受；另一方面，如果企业把全部精力和时间都放在质量改进上，而在此期间竞争对手却把精力与时间放在确立领导者地位上，那么企业的商品可能很难超越竞争对手。

2．品牌延伸的误区

从理论上讲，如果企业声誉卓著，利用企业形象或品牌形象进军新的领域很容易成功，但事实并非如此。实际上，声誉卓著本身包含着产品定位，如可口可乐是碳酸饮料，美的主打家电，抖音是短视频平台等。如果可口可乐去生产家电，抖音进军碳酸饮料市场，那么消费者大概率是不会购买这些产品的。因此，制定品牌延伸策略时，要考虑新领域与旧领域的相关性，往往关联性越强，原有领域的成功对新领域的影响就越大。同时，新旧领域越近，越多资源可以共享，越有利于企业节约资源和降低成本。

3．高科技的误区

如果某产品在消费者心目中没有一定的市场位置，即使它使用了最先进的科技成果也可能失败。如北京某食品研究所推出的一种“高科技”饮料，属发酵类商品，具有发酵类饮料所具有的所有营养及功效，但产品始终打不开销路。究其原因，很可能是国内市场上根本不存在这个市场位置，或者是该产品有很多的替代性产品，而这些替代性产品又先进入市场。找不到市场的产品是无法存活的。因此，定位不是凭空想象出来的市场位置。

4. 产品和品牌名称的误区

产品和品牌名称与产品销量及企业成功存在密切关系。这些名称不仅是文字+图案的组合，还是一种对品牌形象的联想，因为产品与品牌名称本身也是一种信息传递。换言之，消费者会从产品或者品牌名称去推断产品的特征、质量、品牌形象以及其他附加价值。例如，“美的”暗示的是美好生活从厨房家电开始；“今日头条”暗含的是实效性强的新闻等。因此，明晰且有内容的产品和品牌名称更容易成功，反之可能导致失败。

第2节　领导者品牌概述

如果企业的目标是成为一个领导者品牌，那么首要任务就是进行市场分析。之后企业可以针对不同的市场环境提出适合的定位策略。市场环境包括三种类型，即全新市场、有领导者品牌的市场和无领导者品牌的市场。

一、进入全新市场

全新市场的特点是一个市场还没有在真正意义上建立、同类产品还没有大量涌入之前的市场类型。在全新市场里，第一个出现在消费者面前的品牌比较容易成为领导者品牌。成为领导者品牌最直接、最有效的方法就是第一个进入市场，第一个在市场上做广告，这就是“首先进入、最先广告”策略。

在全新市场上做广告时，其广告主题的策划也最简单，基本公式就是“产品类型+品牌名称”，如速溶咖啡+雀巢，方便面+康师傅，豆浆机+九阳。以雀巢咖啡为例，该品牌在20世纪80年代初进入中国市场，是第一个进入中国市场的咖啡品牌，也是首先投放广告的咖啡品牌，麦氏（后改名麦斯威尔）仅比它晚进入几个月一直处于第二的位置，时至今日也无法超越雀巢在中国速溶咖啡市场上的地位。

以首创者身份进入市场的品牌，通过传播“我们发明了这种产品”或者“我们是第一个进入这个市场的产品”的概念，在广告投放量足够的情况下，比较容易成为领导者品牌。

二、进入有领导者品牌的市场

有领导者品牌的市场的特点是：在一定的地理区域内，如一个地区、一个省、一个国家，对于某一消费领域，绝大多数消费者头脑中的品牌排序是相同的。同时，已经有一个品牌在市场占有率上具有绝对优势。如在我国市场上，当被问及买什么牙膏时，绝大部分消费者会回答高露洁、佳洁士；买手机，会回答华为、苹果；买方便面，则会回答康师傅、统一等。

在这种已经有领导者品牌的市场中，进入的关键是进一步细分市场，即从市场中切割出一个子市场，把自己做成该子市场的第一是成为领导者品牌的基本思路。但是，需要注意以下两个方面：一是切割出来的子市场足以支撑企业的生存与发展，这是前提条件；二是细分出的市场概念绝对不能与领导者品牌相似，而应该有明确的特点，这是必要条件。例如，OPPO 手机将自己的品牌定位于“更多年轻人选择的拍照手机”，就反映了一个进入有领导者品牌市场的企业是如何发现细分市场并进行准确定位，从而获得成功的。具体来讲，企业可以采用下列策略进行定位，从而成为新的细分市场的领导者。

（一）寻找并传播对立的市场概念

知彼知己，百战不殆——在有领导者品牌的市场上首先要做的是厘清领导者品牌所传递的概念是什么，然后研究战胜它的可能性。采用与领导者品牌相似的概念鲜有成功，因为先入效应带来的竞争优势是很难打破或者超越的。因此，一个企业要想在新的细分市场上成为领导者品牌，往往需要另辟蹊径，即提出和传递一个与目前领导者品牌完全对立的概念。

营销史上最经典的案例是七喜广告。七喜与可口可乐都是碳酸饮料，但后者是碳酸饮料行业的领导者品牌，历史悠久，市场占有率具有绝对优势。七喜采取了避强定位策略，推出了“七喜：非可乐”的广告，其中“非可乐”与“可乐”是对立的概念。过去，在美国市场上，一提到饮料，人们首先想到可口可乐。而七喜第一个把碳酸饮料市场分成了可乐类饮料和非可乐类饮料。其效果是，当人们不想喝可乐类饮料时，便会首先想到七喜。七喜在很短的时间内使自己成为非可乐类饮料中的领导者。自 1968 年七喜采用非可乐的概念以来，它在美国饮料市场上始终占据着非可乐类饮料的首位。

运用这种概念重新细分市场的例子还有星巴克咖啡。2011 年 4 月星巴克在中国推广免煮咖啡，面对强大的市场领导者品牌雀巢，星巴克选择了避强定位策略。它将其速溶咖啡品牌定位为“免煮咖啡”，即在现磨咖啡和速溶咖啡市场外新增了一个市场，且成了该市场的第一个。“免煮咖啡”既强调了该品牌咖啡便捷如速溶咖啡，又强调了口感如现磨咖啡，取得了定位成功。

（二）针对现有领导者品牌的不足之处进行定位

在相对成熟的市场上，企业还可以针对领导者品牌的不足之处进行品牌定位，有时还可能以自己的品牌取代现有领导者品牌，成为新的领导者。

泰诺取代拜耳成为阿司匹林药品市场新的领导者就是一个典型案例。在泰诺的阿司匹林问世之前，拜耳的阿司匹林在美国的止痛药市场上占据统治地位，但是拜耳的阿司匹林具有致命的缺陷，就是副作用很大，主要是刺激胃黏膜、引起哮喘或过敏反应、造成胃肠道隐性出血。针对这些致命的副作用，泰诺推出了“幸好有泰诺”的广告，强调泰诺阿司匹林弥补了这些缺陷，是“为千百万不应服用阿司匹林的人着想”，是可以替代拜耳的阿司匹林的新型止痛药。泰诺击败了拜耳成为止痛药中的第一品牌，改变了止痛药市场的格局。

但是，在实际操作过程中，要特别注意以下前提条件：一是领导者品牌确实存在致命的缺陷；二是自己的产品确实能够弥补这个缺陷。发现领导者品牌的致命缺陷可能并不难，要弥补这个缺陷，就要受到技术、资金、时间等方面的限制。只有能够弥补缺陷，才有资格、有能力对现有市场进行重新洗牌。

三、进入无领导者品牌的市场

无领导者品牌的市场的特点是：在一定的地理区域内，如一个地区、一个省、一个国家，对于某一消费领域，绝大多数消费者头脑中的品牌排序都不相同。同时，没有一个品牌在市场占有率上具有绝对优势。与有领导者品牌的市场相比，进入无领导者品牌的市场时，企业会有更多的机会。但与全新市场相比，进入无领导者品牌的市场时，由于已经存在有一定规模且相对稳定的竞争者，企业需要更加慎重，也需要更多的资源支持。具体的进入策略如下。

（一）采用“品牌＋概念”策略进行宣传

在这类市场上往往谁第一个投放广告，谁成功的可能性就最大。我国市场上的一些领导者品牌，很多都是第一个投放广告的品牌，如九阳豆浆机、康师傅方便面、燕京啤酒、农夫山泉矿泉水等。第一个投放广告不需要特别的艺术表现形式，采用“品牌＋概念”策略进行直白的宣传往往是最有效的，如海飞丝洗发水推出的“去头屑，海飞丝”广告、小红书的“标记我的生活”的口号等。其目的就是让消费者在涉足某一消费领域时，能首先想到自己的品牌。这一策略与进入全新市场的策略相似。

（二）找到并成为新细分市场的领导者品牌

企业可以进一步细分市场，通过广告等宣传手段建立“品牌”和“概念”的联系，如变频专家——海信，啤酒精品——燕京等。下面是一些常用的市场细分变量。

1. 价格

根据价格，可以把市场细分为高端市场、中端市场和低端市场。细分出高端市场往往是企业采用的一种策略。例如，我国电视机市场总体上是没有领导者品牌的。但是，索尼电视机却在高端市场做成了领导者品牌。细分出低端市场是企业可以采用的另外一种策略。例如，在我国空调市场形成初期，几个大的品牌分割了全部市场。奥克斯在进入空调市场的时候，选择了低端市场，成为低价空调中的第一品牌。

2. 地理位置

从地理位置的角度进行市场细分，也是争夺市场的一个有效办法。例如，长虹在全国市场不是绝对的领导者，但在四川省却是。我国的啤酒企业比较分散，基本上呈地域性分布，几大品牌各霸一方，形成寡头垄断格局。各大品牌几乎都采取了按地区细分市场的战略，如燕京按照“巩固北京市场，扩大华北市场，开发全国市场，进入国际市场”

的市场战略快速稳定地发展，首先在北京立足，然后将市场扩大到华北地区。这种细分是企业摆脱无序状态并成为领导者的一种有效途径。

3. 年龄

市场还可以按年龄“横向细分”。哈药六厂的护彤感冒药按照年龄为自己在感冒药市场上“切”了一块足够大的“地盘”——儿童感冒药市场；强生以同样的方式使自己成为儿童护肤品中的领导者品牌。

4. 性别

除了按年龄细分，横向细分的另一个角度是性别。最经典的案例就是万宝路香烟。菲利浦·莫里斯公司重新塑造了一个富有男子汉气概、举世闻名的万宝路香烟新形象，并以牛仔形象来强化这种新的定位。这一按性别进行的市场细分改变了万宝路的命运，万宝路香烟销量在美国各品牌香烟中的排名迅速上升。20 世纪 80 年代中期至今，万宝路香烟销量一直居世界各品牌香烟销量的首位，成为全球香烟市场的领导者品牌。这一地位的取得主要归功于从性别角度进行的市场细分。

5. 心理因素

还可以根据消费者在购买商品进行决策时的某些心理因素进行市场细分。20 世纪 70 年代，瑞士制表业陷入严重的危机，其全球市场占有率由 43%降至 15%。虽然首先开发出石英手表的是瑞士而不是日本，但是瑞士却从时代潮流中败下阵来。斯沃琪（Swatch）就是在这样的环境中开发出来的一种防震、准确、价格低廉而且有多种色彩可供选择的塑料手表。斯沃琪对整个手表市场进行了一次细分，占领了时尚的塑料手表这块“阵地”。斯沃琪使手表从原来单纯的计时工具和传统的身份象征，转变成为一种时尚品，就像服装一样。“斯沃琪唯一不变的就是它不断地在改变。”随着时尚潮流的不断推进，斯沃琪也不断改变外观、推出新产品并改进现有产品。根据时尚这种心理进行的市场细分，不仅使斯沃琪成为时尚手表、塑料手表细分市场上的领导者品牌，而且使其在全球的市场占有率也上升至 51%，这意味着它也成了整个手表市场中的领导者品牌。①

第 3 节　品牌定位的原则

一、值得企业注意的定位原则

导致企业和品牌失败的原因很多，可能是竞争力问题，也可能是产品质量问题，还有可能是因为企业违背了基本的定位原则。以下原则值得企业注意。

---

① http://www.cn-bijou.com.

1. 争做第一原则

只争第一，而不是更好，因为人们经常将第一当作最好的。要想使产品深入消费者的头脑，就应当想办法使自己成为某方面的第一，而不是仅仅提供更好的产品。“争做第一”胜过“做得更好”。

可乐型饮料业的两大巨头可口可乐与百事可乐的竞争由来已久，但最后胜出的仍然是可口可乐。在各类产品中，领先的几乎总是那些最先进入顾客头脑中的品牌，如IBM、可口可乐。通用电气公司的成功是显而易见的，因为它的各个品类均以专家的姿态出现并处于领先地位。

一个公司不可能成为各方面的专家，人们通常对专注于特定业务和产品的公司印象深刻，他们将这些公司视为所在领域的专家，认为它们拥有超过其他企业的知识和专业技术。例如，在消费者头脑中，IBM是计算机行业的“第一”，是专家。但是，IBM如果离开了计算机行业就不会有现在的成功，它曾在与施乐争夺复印机市场时失败。

2. 竞争导向原则

定位在本质上是一种对抗性的营销策略，为自己的公司或品牌定位是为了对抗其他公司或品牌。所以不能在真空里盲目地定位，而要以竞争为导向。从竞争的角度分析自身以及竞争者的定位策略，是为了赢得相对于竞争品牌的比较优势。竞争导向不是对“顾客是上帝”的否定，也不是对“消费者导向”的否定，而是为了更好地对抗其他公司或品牌。在市场竞争中，企业仅仅满足消费需求是不够的，还要应对来自竞争对手的挑战。企业需要有竞争导向的思维方式。

广告视角

消费者导向 vs. 竞争导向

科特勒的营销体系强调了消费者导向的重要性，但是在一定程度上忽略了竞争导向的重要性。同样，在劳特朋的4C理论中，消费者的需求被放在极其重要的位置上。但在当前的经营环境中，只要消费者导向就足够了吗？答案是否定的。企业要想赢得消费者，必须使企业的产品符合消费者的需求；企业要想留住消费者，就必须使产品和服务能够持续地满足消费者的需求。

但仅靠满足消费者的需求是远远不够的，因为企业通过市场调查获得了消费者的需求信息，其他企业也可以获得消费者的需求信息并开发出满足消费者需求的产品。同样的营销措施，相似的产品或服务，消费者为什么一定要选择你呢？在这种情况下，企业想要比竞争对手在获取消费者方面有更大的优势，就必须了解竞争者，并能获得相对的竞争优势，即所谓的“知彼知己，百战不殆”。而且，在一定阶段，消费者的需求总是有限的，或者说他们对需求的意识是有限的。当初电脑刚发明的时候，谁都没有想到电脑会有这么多功能，并且电脑的功能还会扩展，很多功能当初根本无法想象。因此，消费者需求的产生是一个“拉”的过程，而不是企业只能被动适应。所以，在现在的竞争环境中，企业不仅要坚持消费者导向，也要坚持竞争导向。

以竞争为导向进行定位，要弄清竞争对手的优势所在，以及如何把它的优势变成劣势。可口可乐是具有百年历史的老产品，它的配方目前为止只有几个人知道。然而，百事可乐却发现了可口可乐绝对强势中的劣势——历史悠久，因为历史悠久既可以理解为优点，又可以理解为年长，甚至是“老”。百事可乐针对这一点给自己定位，使自己成为新一代——百事一族的选择，确立了“年轻人的（可乐）”的核心定位。喝百事可乐意味着青春、活力和时尚。

采取竞争导向的另一个原因是，领导者定位与跟随者定位有许多不同之处。对领导者来说有效的东西，对跟随者不一定有效。领导者定位的关键是，必须第一个进入潜在消费者的头脑，然后按照这一定位持续开展营销活动。跟随者定位的关键是，寻找消费者头脑中没有被别人占领的市场空白。因此，领导者与跟随者在与竞争对手竞争时采取的手段也不一样。领导者主要是在加强自己的品牌定位的同时，拦截竞争对手的竞争行动，维护它已经在消费者头脑中占据的位置。而跟随者主要是进攻，同时还要防御其他品牌抢占其市场空间。

---

3. 聚焦原则

舍弃次要的信息，才能突出重点；敢于牺牲某些利益，才能将营销诉求聚焦于一点，使自己的品牌成为“第一”。市场营销中最强有力的战略是通过定位将焦点集中在一个简单的名词或概念上，使自己的品牌在潜在消费者的头脑中拥有一个独特的概念，以及一个独特的、无法被其他品牌取代的位置。聚焦于一点要胜过同时兼顾两个、三个甚至四个方面，这是市场营销中需做出的最大的牺牲，同时也能获得最大的成功。例如，沃尔沃定位于安全、耐用，放弃了对外观、速度、性能等的追求。舍弃某些属性，一定程度上就等于放弃了一部分市场。但是，有所失才有所得。

另外一个例子来自宝洁公司。宝洁公司的洗衣粉品牌有9个，通过定位实现了各品牌的差异化，如汰渍（Tide）——洗涤能力强；奇尔（Cheer）——洗涤能力强且不褪色；奥克多（Oxydol）——能使衣服变白；格尼（Gain）——加酶洗衣粉，气味清新；波德（Bold）——加了植物柔顺剂，柔顺无静电；象牙雪（Ivory Snow）——品质柔和，适合洗涤婴儿衣服；卓夫特（Dreft）——适合洗涤婴儿衣服、尿布；达诗（Dash）——高价值产品，价格便宜，洗涤能力同样强；时代（Era）——专去顽固污渍。洗衣粉有许多属性，宝洁的9个品牌各定位于一个属性，舍弃了其他属性，赢得了细分市场的消费者，同时9个品牌又使宝洁避免了失去争夺所有洗衣粉市场的机会。

4. 概念竞争原则

市场营销从一定程度上讲是概念的竞争，而不仅仅是产品质量或服务的竞争。在营销世界中，不存在最好的产品或服务，有的只是存在于潜在消费者头脑中的概念。创造出可以为消费者接受的概念或者发现消费者头脑中已经存在的概念，实际上相当于发现一个新的市场。

企业不要企图去改变消费者头脑中已经形成的概念，因为消费者总是坚信自己头脑中的概念才是对的，很少有人会承认自己的错误。在消费者心目中，海飞丝是“去头屑”的代名词，美团意味着“半小时送货上门”，沃尔沃则等于“安全”。如果企业销售的汽车要与沃尔沃竞争，实际上就是要与“安全”这一概念竞争。如果在这一概念上企业赢不了，也就没办法战胜沃尔沃。

5. 独创性原则

两种不同的品牌不可能在消费者头脑中共同拥有同一个定位概念，因此必须避免定位雷同。当竞争对手已经在消费者头脑中形成了某种概念，占据了某一位置时，企业想用相同的概念去赢得消费者，结果只能是徒劳。不要使用其他公司已经拥有的定位概念。仅仅因为其他公司的定位概念带来了巨大的经济效益，就去追寻同样的概念，是不可能成功的。定位是寻找市场空白，寻找未被其他品牌占据的消费者的大脑空间，为自己找到一个独特的定位概念。沃尔沃已经以“安全”占据了消费者的头脑，其他品牌的汽车在定位时如果仍然从“安全”这一点出发，就很难成功。

定位概念要独特且有创新性。不要试图在消费者头脑中与已经占有绝对优势的品牌争夺其定位概念，而应该寻找独特的尚未被其他品牌使用的定位概念，使其成为消费者心目中的“第一”，并归自己专有。

6. 占据头脑原则

定位不是对产品做的事情，而是对消费者头脑做的事情。进入人心比进入市场更重要。捷足先登，进入潜在消费者的头脑，是营销成功的关键。七喜不是第一个生产汽水的，雀巢不是第一家生产速溶咖啡的，但是，它们都成了所在领域的领导者品牌。定位的最终目的是征服消费者的头脑，即在消费者头脑中成为某方面的第一，占据一个难以被其他品牌夺走、取代的位置。

二、品牌定位中应注意的问题

1. 求全定位

许多企业总是希望将品牌的所有好处都告诉消费者，似乎不这么做就无法打动消费者，但是传递的信息太多，可能无法给消费者留下任何印象。

2. 缺乏恰当的定位

品牌定位的关键是要抓住消费者的心。产品同质化导致现在的市场上很验证找到独一无二的产品。一个品牌要脱颖而出，就必须尽力创造差异点，只有与众不同才能吸引人们的注意力。纵观我国企业的广告宣传，其中一些很难让人了解其品牌与其他品牌的差异是什么，也无法让人了解其品牌定位是什么，这些广告存在的问题是定位不足或缺乏恰当的定位，无法使消费者知道这些品牌究竟意味着什么，独特在什么地方，从而无法为消费者提供一个购买理由。

3. 定位混乱

很多企业在进行品牌管理时容易出现定位混乱（confused positioning）现象。派克钢笔质优价高，曾经是身份和地位的象征。后来，派克公司把派克品牌用在低档笔上，结果非但没有顺利打入低档笔市场，反而丧失了一部分高档笔市场，市场占有率大幅下降。原因是派克品牌在顾客头脑中出现了定位混乱，顾客被搞糊涂了，不知道派克是高档笔，还是一般的廉价笔。许多成功人士购买派克笔，看重的不仅仅是笔本身的用途，而是其作为身份和成功的象征。一旦派克笔被认为是廉价笔，他们自然就不会再购买了。

4. 过度延伸定位

任何一个品牌都有生命周期，要想保持自己的品牌长盛不衰，就必须解决好品牌延伸问题。品牌延伸要注意消费者从原有品牌的心理定位向新品牌转移的承受能力，尽量提高新产品与老产品的关联性。可口可乐公司的品牌延伸很成功，在推出新产品的同时并没有否定原有产品，推出了雪碧、芬达等品牌下的不同产品。

当某一品牌的定位理念占据了顾客的头脑，获得成功后，许多企业就难以抗拒品牌延伸的诱惑。品牌延伸可以扩大目标市场的范围，但是盲目的品牌延伸反而可能损害原有的定位，其中最容易毁掉一个品牌的做法是过度延伸定位（over-extended positioning），即把该品牌盲目延伸到其他品类上。

如果系列品牌或子品牌策略锁定的是一个定位，那么目标群体就相同，实际上企业就失去了品牌延伸的价值。而如果延伸定位，就等于要在消费者头脑中更改原有的定位概念。品牌名称是将品牌挂在目标消费者头脑中原有产品阶梯上的钩子，钩子越复杂，消费者就越记不清某一品牌处在哪一阶梯上。如果子品牌跳出了母品牌的定位，将会出现特劳特描述的“跷跷板”现象。一个名称不能代表两个完全不同的产品，也锁定不了两个概念。一个起来的时候，另一个就会掉下去。一旦子品牌出现问题，母品牌将会付出惨重的代价。

总之，品牌延伸一定要慎重。品牌过度延伸虽然在短期内能带来一定的效益，从长期来看却是失败之举。

三、重新定位

成功的定位要求始终如一。定位理念一旦确立，就不应轻易改变，所有的营销活动都应致力于使该定位理念在消费者心目中留下深刻的印象。但是，并不否认在原有的定位已经不适应市场现状——市场状况的改变、技术的迅猛发展与变革、产品的创新以及产品线的延伸、消费者态度与偏好的变化，无法占据消费者头脑的情况下，需要重新定位（repositioning）。

重新定位的基本思想和基本原则与定位是相同的。重新定位是在原有定位难以适应消费者和市场新的发展需要的情况下，寻找新的焦点和消费者头脑中新的“空隙”。重新定位追求的是在新的改变了的环境中，使企业的品牌脱颖而出，成为第一，占据消费者的头脑。例如，当健康观念渐渐深入人心时，企业把原有品牌定位为绿色食品，可能会取得很大的成功。重新定位成功的例子还有很多，如自行车——传统定位为代步工具，重新定位为健身休闲用品。

四、保持领导者品牌

企业产品品牌要获得领导者地位，主要问题是能首先进入人的心中，而要保持这一地位，有效的办法是不断加强最初的观念。如可口可乐的典型广告“只有可口可乐，才是真正的可乐”。在这种宣传下，其他同类产品只能模仿真正的可乐，可口可乐成为衡量其他产品的标准。“我们发明了这种产品”是施乐、宝丽来等品牌确立其领导者地位的主要力量。

保持领导者品牌应该注意以下两个方面：一是领导者品牌不要产生这样的错觉，即我已在某类产品中占据了领导者地位，我也一定能在其他领域取得这样的地位；二是如果领导者品牌推出新产品，不应使新产品影响已有产品的领导者地位，否则可能会出现“赔了夫人又折兵”的结果。

第4节　定位策略与广告主题的确定

广告是企业经营中的一个环节，广告主题的确定首先要考虑企业的营销策略。如果把营销看作一场战争，企业只有打败对手，才能占领消费需求这块阵地。从这样的思想出发，战争中的一些基本策略也适用于营销。战争中的最基本策略可以归纳为以下四种：(1) 进攻策略；(2) 防御策略；(3) 侧翼策略；(4) 游击策略。下面就这四种不同的策略对广告主题确定的影响做一些分析。广告主题的其他内容见第9章。

一、进攻策略与广告主题

进攻策略一般适用于如下情况：企业和竞争对手几乎同时发现了一种消费需求，即发现了一个新市场。这时，企业和竞争对手都希望自己能最大限度地占领这个新市场。于是双方的策略均为进攻。企业和竞争对手的最终胜负在于谁能被消费者首先想到，即战争的前线就在消费者的头脑中。这时，双方均应以品牌定位的思想和方法确定广告主题。但是企业是否使用进攻策略，首先要看自身与竞争对手的实力对比。如果与对手实力差距很大，就只能采取其他策略。有市场并不意味着谁都能够进入。

二、防御策略与广告主题

采取防御策略的通常是领导者品牌。虽然领导者品牌已经占领了很大一块市场，但是市场空隙仍然存在。只要存在市场空隙，就会不断有竞争者想进入。这时领导者品牌所要采取的基本策略就是防御。

从战争史总结的规律看，防御一般是有优势的。在营销这场战争中，领导者品牌所具有的优势也是后来的进攻者所不具备的。当消费者涉足某一消费领域时，首先想到的就是该领域的领导者品牌。所以，领导者品牌可以轻易战胜实力与自己相当甚至超过自己的其他品牌。领导者品牌在遇到进攻时要做的是：一方面，重复自己在获得领导者品牌时的概念；另一方面，对手从哪里进攻，就在哪里把它打败。

三、侧翼策略与广告主题

侧翼策略一般适用于如下情况：试图进入已有领导者品牌的市场或由几个大品牌占领的市场，如我国的手机市场。在这种市场上，进入者绝不能采取正面进攻的策略，而应采取侧翼策略。要想正面打败领导者品牌或其他大品牌，除非自己的实力远远超过它们，否则是不可能的。

使用侧翼策略，最好能确立与领导者品牌相对立的概念，但这并不是在所有领域都能做到的。如果做不到这一点，就要利用产品的某些优点或特点，从原有市场中细分出一个市场，并使自己成为这个细分市场的领导者品牌。

苹果是不会和 IBM 发生正面冲突的，因为它的概念是图形图像处理最好的计算机。这个概念做到今天，已经出现了这样的情况：广告公司如果没有苹果机，就会被认为是不专业的；印刷厂如果没有苹果机，就无法开业和经营。这就是侧翼策略取胜的典范。

四、游击策略与广告主题

游击策略主要适用于中小企业。中小企业的资产可能不及大企业广告费的零头。中小企业是不是就无法开拓市场了？答案是否定的。中小企业只要方法正确，照样有可能做成大企业。中小企业打市场的关键是取得局部优势，集中兵力打歼灭战。

一般情况下，大企业开拓市场是在全国范围内进行的，其广告费可能高达几千万元，但具体到一个中小城市，通常只有几十万元。因此，中小企业应在大企业影响最小的地方，按品牌定位的思路，使这个地方的消费者在涉足某个消费领域时首先想到的不是某个大品牌，而是自己所生产的产品。这样，通过一个城市一个城市地打歼灭战，中小企业也可能做出一个大品牌。

五、形象在广告中的重要性

从消费者心理的角度对企业形象、品牌形象及它们与产品的关系进行综合分析，是确定广告主题的重要工作。按照现代经济学的观点，企业力来自三方面，即商品力、销售力和形象力（见图 6 - 1）。这一观点在 20 世纪 60 年代后甚为流行。今天看来，虽然需要进一步修正，但它综合揭示了商品与企业形象的关系。

形象力最终形成的结果是消费者深信不疑。经济学家多尔丁所著《形象》一书认为："形象就是'深信不疑'，它不一定与真实情况完全吻合。只要是在脑海中所构造出来的、自己相信是真正事实的事物，以及类似真实的事物或虚像等，均可称为形象。人们都是

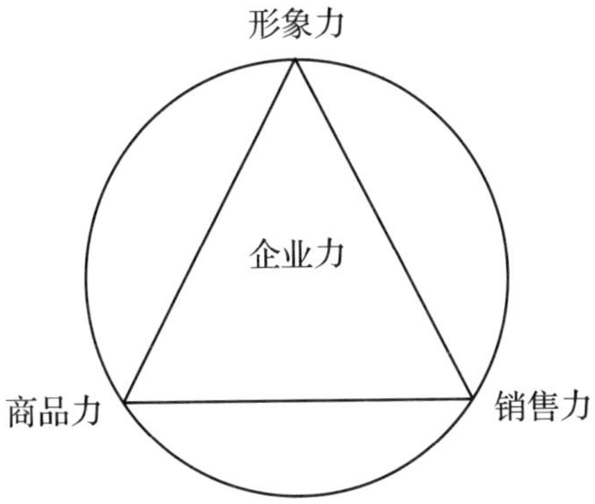

图 6-1　企业力的构成

通过形象来判断企业及商品的。”当然，如果所塑造的形象与企业实际情况相差很远，就会冒有朝一日全军覆没的风险。一个企业如果一开始就给人一个好形象，经过形象推广(其中广告是一项重要工作)，人们就会对它的好形象深信不疑。反之，一个企业一旦留下坏名声，给人造成“深疑不信”的印象，再想扭转就很难。

品牌形象是消费者对某种品牌的一种深信不疑的印象。品牌形象一般是由产品的优点、特点和企业形象构成的，但有时品牌形象受产品特点影响大，有时则受企业形象影响大。对品牌形象也要具体问题具体分析。不管用什么作为广告主题，都会涉及企业形象。企业形象问题是任何广告策划都应该考虑的。

无论是产品分析，还是企业形象与品牌形象分析，都应以市场分析为基础，要真正从外向里分析问题。里斯和特劳特的定位理论实际上是在以上分析的基础上，更重视竞争者因素与消费心理特点的一种方法，它反映了人们进行广告宣传时应更重视市场因素。

案例分析

为什么我们说“刷抖音”和“玩快手”?

抖音与快手是我国视频行业里最知名的两个品牌，然而提到它们时，我们经常说“刷抖音”和“玩快手”，那这里的“刷”与“玩”是否反映了两个品牌的定位策略?

抖音于 2016 年 9 月上线，最初是一个专注年轻人的音乐短视频社区平台。用户可以通过这款软件选择歌曲，拍摄音乐短视频。抖音拥有强大的关键意见领袖（KOL）和明星资源，同时高度重视产品运营，用户增长速度惊人。2022 年，抖音宣布日均活跃用户超过 4 亿。

快手的起步比抖音要早得多，快手的前身为“GIF 快手”，诞生于 2011 年 3 月，最初是一款用来制作、分享 GIF 图片的应用。2012 年 11 月，快手从纯粹的工具应用转型为短视频社区，作为用户记录和分享生产、生活的平台。2017 年 11 月，快手 App 的日活跃用户数已经超过 1 亿，总注册用户数据已经超过 7 亿，每天产生超过 1 000 万条新视频内容。2022 年，快手宣布日均活跃用户超过 3 亿。

抖音最初的广告语为“让崇拜从这里开始”，产品主要聚焦于那些有创意、有才艺、高质量的视频，这一部分高质量的视频是早期抖音的主流内容，创作者是被崇拜的对象。抖音的最初用户群体是来自一二线城市的年轻群体，后来随着用户规模的扩大和群体的下沉，除了有创意的音乐、舞蹈短视频还需要更多样的内容，同时也为了鼓励更多的用户参与内容创作，抖音将广告语改为“记录美好生活”，产品逐渐由创意音乐短视频社区过渡为多元内容的原创短视频分享平台。总体而言，抖音更加中心化，平台上的内容大多是“美好生活”的片段，大多数用户都是内容消费者，少部分头部用户是抖音核心内容的提供者。

而快手的广告语为“记录世界记录你”，结合快手开屏的文案“在快手，看见每一种生活”，快手的产品定位更为普惠化，鼓励每一个人都用快手记录和展示自己的生活。记录和记录者一直被放在了平台的最高位置，而去中心化的分发模式使得每个人都有平等的曝光机会。因此快手早期获得了四五线城市和农村用户的青睐，被打上了“土味低俗”的标签。但是近年来快手通过一系列的运营和迭代，产品也在逐渐进行品牌升级，越来越多的一二线城市和高学历用户开始使用快手。总体而言，快手更加普惠化，每个人都可以记录自己，关注自己喜爱的用户，看到多元的生活，因此用户之间往往形成了较强的社交互动关系。

资料来源：https://www.ieme.cn/kuaishou/3702142210.html；https://www.jianshu.com/p/67ded2ddeca6?ivk_sa=1024320u.

讨论题

1. 分析“刷”与“玩”所反映的抖音和快手的定位策略。
2. 分析快手作为后进入短视频行业的品牌是如何与领导者品牌“抖音”做差异化定位的。
3. 两个品牌定位策略在未来发展中存在的潜在风险是什么？

基本概念

定位（positioning）
领导者品牌（leader brand）
定位混乱（confused positioning）
过度延伸定位（over-extended positioning）
重新定位（repositioning）
STP 战略（STP strategy）

思考题

1. 定位理论的基本内容是什么？
2. 针对不同的市场环境类型，企业如何取得领导者品牌地位？
3. 品牌定位的原则有哪些？具体含义是什么？
4. 在确定广告主题的过程中可以采取哪些策略？
5. 结合我国品牌浅析品牌定位策略所展示的中国传统文化和社会主义核心价值观。
6. 浅析设立“中国品牌日”的重要意义。

第7章
广告管理

学习目标

- 理解广告活动的核心构成要素。
- 掌握广告目标制定的影响因素。
- 了解广告计划的构成要素和主要内容。
- 了解制定广告预算的主要方法。

广告既是艺术，也是科学，是实现企业经营战略的工具之一，各项广告活动必须符合企业整体的战略目标。因此，广告活动需要科学的管理，以实现更好的传播效果，促进企业发展。企业对广告进行管理就是针对广告活动的全过程进行计划、组织、指挥和控制。本章首先对广告管理的一般原理进行简要阐述，然后对广告活动的部分核心构成要素分别介绍。

第1节　广告管理概述

要发挥广告的作用，就必须加强对广告的管理。广告是一个系统工程，任何一个环节出问题，最终都将影响广告的效果。

一、广告、营销策略和企业战略

战略制胜是现代企业的一个重要特征，是新技术革命的产物，是当今科学技术、产业结构、市场形势迅速发展和变化的要求。企业战略（corporate strategy）的发展对如何投放广告提出了更高要求。广告在企业经营战略中的地位及核心构成要素如图7-1所示，由上至下可以看到广告和企业经营战略、营销策略之间的关系。

首先，企业经营战略（enterprise management strategy）一般包括以下内容：

（1）企业目标，包括企业发展目标、企业财务目标（如销售额目标、利润目标和投资回报率目标）和企业形象目标等。

（2）经营方向，即企业制造和出售的产品、提供的服务为哪一类消费者服务，表明

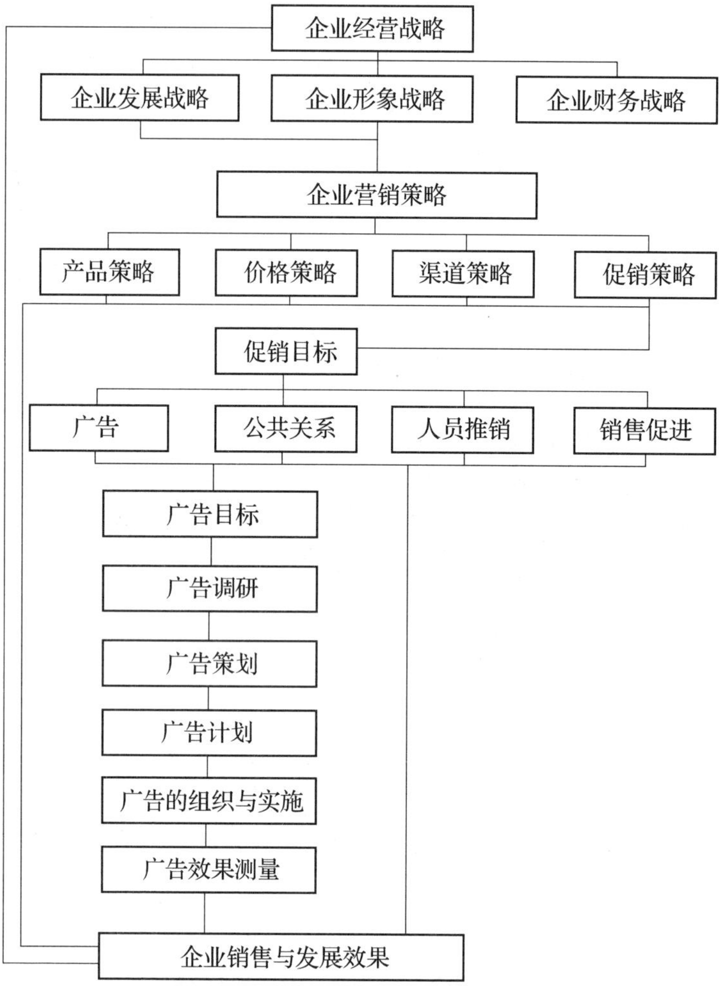

图 7-1　广告在企业经营战略中的地位及核心构成要素

企业的发展方向。

（3）核心竞争优势，既企业通过与竞争对手的比较来分析自身具备的优势，反映企业特色。

（4）战略措施，即企业如何克服障碍、寻找机会，确定一条既不太快又不太慢的、适合的、有助于实现企业目标的途径。适合的营销策略是实现企业经营战略目标的必要保障之一。

其次，在企业发展战略的指导下，针对目标市场对象，企业会采用适当的营销策略。营销策略通常是指由杰罗姆·麦卡锡于 1960 年提出的营销组合策略，包括产品策略、价格策略、渠道策略、促销策略。广告是促销策略的一个重要组成部分，是企业与消费者沟通的重要手段。因此，广告活动的制定和实施需要遵循企业的营销策略。

综上，广告是企业经营战略中的一个组成部分，在实现企业经营战略的过程中也发挥着不可忽视的作用。广告是实现企业推广目标的一种必要手段，推广目标服从于企业的营销目标，营销目标服从于企业的经营战略目标。因此，不能把广告看成是一种孤立的、只是为了推销产品的急功近利的手段。在特定时间和条件下，广告甚至对战略成败起决定性作用。

二、广告活动的核心构成要素

企业对广告进行管理就是针对广告活动的全过程进行计划、组织、指挥和控制。广告的管理可以参照一般管理原理和企业经营管理的理论与方法，根据广告活动的特点灵活运用。如图7－1所示，广告活动的核心构成要素包括六个方面，分别是广告目标、广告调研、广告策划、广告计划、广告组织与实施以及广告效果测量。下面对这六个核心构成要素进行简明扼要的介绍，后续将对部分核心构成要素详细讨论。

1. 广告目标

从一般意义上的科学管理的角度看，没有目标就没有管理；没有目标，就没有责任；没有考核依据，就没有压力与前进的动力。从广告的科学管理角度来讲，没有目标，广告费用支出必然带有盲目性，这种不考虑投入产出、不讲求经济效益的广告行为会给企业的经营发展带来负面影响。广告目标规定了广告应取得的效果，这就决定了广告要解决什么问题和怎样做广告才有效。因此，根据企业的经营战略和营销策略，认真确定广告目标是开展广告活动的基础和必备条件。

2. 广告调研

一个企业要生存与发展，首先必须了解市场。同样，要使广告获得成功，认真进行市场调研是最重要的基础工作之一。广告调研是确定广告目标的基础，是制订广告计划的依据，也是创意广告表现的立足点。然而，各个国家和地区对广告调研的重视程度却存在巨大差异，直接反映在市场调研费用与广告总支出的比例上。例如，在不包括资料库建设费用的情况下，发达国家企业的市场调研费用一般占其广告总支出的3%～5%；我国企业的市场调研费用与广告总支出之比在0.1%左右。我国企业对于市场调研的投入还有很大的增长空间。

3. 广告策划

广告策划是广告策划人根据营销策略和目标，通过必要的市场调查与分析，按照科学的策划程序谋划和策动广告要素的过程。[①] 良好的策划既能促进广告目标的完成，又能以精致的美学设计和艺术构思引人入胜。反之，没有一个有创造性的、符合客观环境的策划，就不会有成功的广告。

4. 广告计划

计划是管理的首要职能，没有计划就没有管理。广告计划是确定完成目标需开展的各项广告活动，确定各项措施和时间进程，并确定广告效果测量方法的一份书面材料。制订广告计划应对构成广告计划的各种要素及相互关系有充分的了解，包括背景分析、

① 高萍．广告策划与整合传播．北京：中国传媒大学出版社，2007.

广告目标、执行措施、预算以及效果测量等。

5. 广告组织与实施

这一环节是广告计划的具体执行阶段。与之前侧重于广告本身的目标与内容不同，这个环节的工作重点在于协调与配合。企业的广告部门（或者是隶属于营销部门）一方面负责总体的管理工作，另一方面也需要和广告公司、市场调研公司、媒体以及企业内部的其他部门进行协调沟通，确保广告计划的实施与落实。此外，企业还需要统筹广告活动与其他推广措施的配合，获得协同效应。

6. 广告效果测量

广告是一种经济现象，其投入产出比需要测量。广告效果测量一般发生在广告制作完成但尚未播放阶段、播出阶段以及播后阶段。上述三个阶段的广告测量分别称为事前测量、事中测量和事后测量。每一个阶段的测量目的及意义如下：

（1）事前测量的主要目的是了解广告本身的设计是否存在问题，参与测试的消费者是否接受及接受程度等。其意义在于：一方面有利于及时发现广告中的问题，及时修改或撤下问题广告，减少后续的经济损失和对品牌的不良影响；另一方面也有利于发现消费者的反应是否与广告目标相一致，如果目标不一致，广告的内容和设计就需要修改，然后再次进行广告效果测量。

（2）事中测量的主要目的是跟踪消费者对广告内容的反应程度。其意义在于：有利于及时发现广告中存在的问题，跟踪消费者对广告的反应，尽量避免由于广告的问题带来的产品问题、品牌问题、经营问题以及企业形象问题。

（3）事后测量的主要目的是为评价该广告是否达到了广告目标，并为下一阶段的广告策略的制定和执行提供借鉴和指导。其意义在于：一方面有利于总结经验教训，作为对下一轮广告活动进行修正的依据，促进广告管理的进一步科学化；另一方面也有利于对广告公司或企业内部广告部门的工作做出正确评价或考核。

第 2 节　广告目标

广告是实现企业经营战略的工具之一，广告目标不同于企业战略目标。广告目标的制定与其他目标的制定在原则和方法上是相同的，但在指标体系上不同。

一、广告目标的界定和类型

（一）广告目标和促销目标的联系与区别

广告目标（advertising objective）既是在企业经营战略和企业营销策略指导下制定的用于指导广告内容与设计的战略，同时也是用来衡量广告实施效果的指标。广告是营销组合促销策略的一个组成部分，广告目标与促销目标既有联系又有区别。它们之间的关系表现在以下三个方面：

第一，促销目标是根据销售额和销售利润的完成情况制定的，然而与促销对销售额和销售利润产生的直接影响相比，广告在很多情况下产生的却是间接影响或者无形影响，如知名度、消费者态度变化、品牌偏好等。从长期看，这些无形影响对于企业保持稳定的发展起到了至关重要的作用，但从短期来看，广告对销售的影响是无法直接测量的。

第二，促销活动很难产生持久的效果，而广告的效果可能会持续一段时间，且能产生累积效应，因此促销目标一般可以以一定时期为衡量标准，如一个季度或一年，但广告在绝大多数情况下存在延迟效果而难以准确划分时间区间。

第三，鉴于广告的无形影响、长效性、累积效应以及滞后效应，企业很难准确测量广告对于企业促销策略下的销售额和销售利润的贡献程度。因此，广告效果测量中有关经济指标的完成情况只是广告所完成的销售额的一部分，这部分在整个广告产生的经济效果中究竟占多大比重，实际上是不可能准确测量的。长期以来，对于广告累积效果的测量主要停留在定性估计上。

（二）广告目标的类型

制定广告目标的依据有很多种，并且随着广告实践的发展而不断演化，但目前各企业及其代理广告公司在制定广告目标时选择的目标依据日趋同化。具体来讲，目标制定有以下三种情形。

首先，以销售数据为依据制定广告目标，包括销售额、增长率等。例如，“通过实施该广告计划，针对目标客户群，在 3 个月内实现销售额提升 5％”。虽然目前学术界广泛认可广告最行之有效的作用是对消费者的认知而不是行为产生影响，但由于广告本身是促销策略的一个组成部分，那么用销售数据等相关指标作为广告目标制定的依据也是正确的。

然而，由于广告的特殊属性，如果企业从销售指标视角去衡量广告目标的实现情况，往往会引发以下问题：

（1）同一时段影响销售额增长的因素很多，企业无法将广告的影响从中单独剥离出来，因此无法准确衡量广告目标是否实现。

（2）产品本身各具特色，所处的生命周期各不相同，并不是所有产品都适合用销售指标来设定广告目标。例如，当一个品牌的产品处于成熟期，它的知名度和销售额都很稳定，那么做广告并不会导致销售额大幅增长，其实这个阶段广告的目标是保持品牌的知名度而不是促进销售。

（3）有时将广告目标确定为促进销售额增长，可能会引发企业的短期行为，如采用欺骗性广告等。

其次，基于认知模型，以改变消费者认知、态度和行为为目的制定广告目标。其中基于认知层面，广告目标往往是提高知名度或者普及品牌产品知识；基于态度层面，广告目标往往是提升好感或者偏好程度；基于行为层面，广告目标往往是促进试用或者使用。例如，过去消费者中只有 5％的人对 A 企业有好感，那么广告目标可以设定为：“通过实施该广告计划，在 3 个月内将对企业有好感的消费者由原来的 5％提高到 20％。”

最后，基于传播效果而制定广告目标，其核心内容是广告对消费者产生的综合影响，如记忆、理解、感受以及联想。

二、影响广告目标制定的因素

（一）企业的经营战略

不同的经营战略导致各经营环节的策略和目标有所不同，广告作为经营环节中的一部分，其目标的制定必然会受到企业经营战略的影响。因此，不同的经营战略下的广告目标是不同的。下面是几种常见的企业经营战略：（1）在××年后市场份额达到40%；（2）在竞争中击败和兼并××对手；（3）广泛取得消费者的信任和好感；（4）开拓海外市场，以进军欧洲市场为先等。

在这些经营战略下，广告目标的设定必然不同。以第（1）种和第（3）种为例，第（1）种经营战略下的广告应该采用销售指标作为主要广告目标，而第（3）种经营战略下的广告应该采用认知导向的指标作为主要广告目标。

此外，经营战略还决定了广告的长期目标与短期目标。因此，在制定广告目标时，一定要注意目标可能产生的反应时间。如广告的目标是要树立企业形象或品牌形象，一般需要较长时间才能见效；如果是要传播某一产品的重要销售信息，则短期内可见效。

（二）产品的供求状况及在生命周期中所处的阶段

当产品处于不同的供求状况时，其广告目标会有所不同。供求关系包括供不应求、供过于求、供求平衡三种状态。

（1）在产品处于供不应求的状态时，一般不应把广告目标确定为促进产品的销售。供不应求往往反映了消费者对产品的信任及好感，进一步巩固企业的品牌形象更重要，同时也是带动系列产品销售的极好时机。

（2）在产品处于供过于求的状态时，情况往往比较复杂。造成供过于求的原因是多种多样的，如宏观环境不佳、企业竞争力不强、商品本身有缺陷、库存过多、促销不力、对消费者的需求把握不准等。在这种情况下，应确定是企业外部原因还是内部原因导致供过于求，然后再对症下药。如果是内部原因，是产品知名度不高，还是好感度不强，抑或是消费者对产品的了解不够？针对不同的原因，企业应该制定不同的广告目标。值得一提的是，广告并不能解决所有的供过于求问题。

（3）在产品处于供求平衡的状态时，广告主要应考虑产品的生命周期因素。任何产品都有它的生命周期，在生命周期的不同阶段，广告目标通常是不同的。例如在成长期，传播产品信息很重要，能否对产品进行准确定位往往会影响该产品的发展；在成熟期，维持产品在市场上的地位及稳定市场份额与顾客规模是广告的主要目标之一；在衰退期，广告的力量一般都比较薄弱，维持性的广告只是一种暂时性的补救措施，应该减缓产品退出市场的速度，尽快消化库存产品。

（三）市场竞争模式

四种市场模式分别是垄断市场、寡头垄断市场、垄断竞争市场以及完全竞争市场。四种不同的市场模式下的广告目标存在差异。

第一，当企业处于垄断市场，即意味着：（1）该行业只有一家企业，这家企业生产的产品是其他企业产品所不能代替的，如我国电力行业、铁路交通行业、自来水行业的企业；（2）该企业是垄断了原料来源的企业；（3）该企业是拥有专利权或良好声誉的企业等。处在这种竞争状况下的企业在很多情况下是不需要广告的，即使投放广告也是以企业广告为主，宣传企业形象、表达企业观点等。

第二，当企业处于寡头垄断市场，即意味着在该行业中存在大量消费者的情况下，少数几家大企业控制了绝大部分产品的生产和销售，如我国电信行业的企业等。在这种市场条件下，激烈的竞争使任何一家企业的行为都会对其他企业产生重大影响，一家企业行为发生变化必然迫使其他几家企业做出反应。如一家降价，其他几家也必须调整自己的价格策略。因此，这种竞争状况下企业间一般不进行价格竞争，因为价格竞争的结果只能是两败俱伤，企业间主要的竞争手段是非价格竞争，如提高产品的质量、性能、功能及服务水平等。在非价格竞争中，广告是一种极其重要的手段。针对竞争对手及消费者情况认真制定广告目标至关重要，广告目标一般应围绕品牌定位确定。

第三，当企业处于垄断竞争市场，即意味着在一个行业中有许多企业生产或销售同种产品，每个企业的产量或销量只占市场供给量的一小部分，如食品生产企业、百货公司、餐馆等。在这种市场条件下，虽然同行业企业很多，但每一家企业无论是在产品价格或质量上，还是在服务方式或企业地理位置上，都有差别，企业的产品或服务有很大的替代性，行业进出容易，消费者数量多，价格竞争对企业影响不大。在这种情况下，广告对于提高企业或产品的知名度、熟悉感，扩大市场占有率，维持老顾客，发掘潜在顾客有重大作用。因此，广告目标应围绕这些重要的指标制定。

第四，当企业处于完全竞争市场，即意味着一个行业中有非常多的生产或销售企业，它们都以相同的方式向市场提供同类的、标准化的产品，如粮食、棉花等农产品。由于买者和卖者很多，交易的比重都不大，产品没有区别，任何企业都不能控制市场，也不需要采取价格与非价格竞争。人员推销在竞争中占据重要地位，而广告退到辅助地位。这类企业做广告的目的是把广告作为人员推销的辅助工具，印刷宣传品、赠送礼品、一些特殊形式的广告在这种竞争条件下作用更大。

（四）广告受众

广告受众的情况是确定广告主题、目标指标的主要依据。为了解广告受众对广告目标制定的影响，应首先明晰广告是如何对购买行为产生作用的。在本部分，我们选择三种比较有影响力的理论模型进行介绍，它们着重揭示了广告信息的传播对受众产生的影响，即广告是如何发挥作用的。广告活动应当借鉴这些理论模型对受众进行合理分析，有针对性地对广告受众的认知、态度、偏好和行为进行广告说服，增强广告效果。

1. 科利的广告传播四阶段理论

科利认为，广告要实现说服购买的目标，涉及消费者从认知、态度到行为的改变，这一过程一般分为四个阶段：知名度、了解、信任和行动。科利观点的核心是强调人类行为的变化不是偶然的，是因为他们对某产品的知名度和了解（认知层面）增加了，信任（态度层面）形成了，才会出现行动（行为层面）的转变，而这样形成的行为是相对稳定的。从另一个角度来讲，人们可能会出现一个偶发行为，但是如果这个行为持续存在，就必然是因为他们的认知和态度已经形成了。这放到消费环境中是非常容易理解的，就是短时行为（即一次或偶发购买）和长时行为（即多次或重复购买）的区别，其中后者是企业期望看到的，因为这种重复购买在一定程度上说明了该顾客的品牌忠诚度。广告在提高产品知名度，促进了解和信任方面发挥了巨大作用。

2. 莱维奇和斯坦纳的从知名度到购买的发展模式

莱维奇和斯坦纳提出了从知名度到购买的发展模式。他们认为广告具有一种把人推向一系列阶段的力量，表 7－1 展示了从知名度到购买的发展模式。根据两位学者的观点，人们在购买环境中从不了解到实际发生购买经历了以下七个层级，在每个层级消费者都表现出不同的状态，展现出不同的需求，广告的类型和内容也因此发生变化。

表 7－1　从知名度到购买的发展模式

消费行为特征	购买的进展过程	广告类型及内容
认知： 信息与事实	知名度	广告活动 广告歌曲 广告语
	了解	说明型广告 新闻类广告 其他类型的广告
	对比	竞争类广告 卖点突出广告
情绪： 改变态度与感情	好感	知识性文章 形象广告
	偏好	富有魅力的广告诉求 价格广告
欲望： 广告刺激或直接的购买欲望	信服	富有魅力的广告诉求 价格广告
	购买	“最后机会”的提供 现场销售 促销活动

在最初的认知阶段，消费者完全不知道某种产品或企业的存在，此时企业如果能够通过广告向目标受众展示品牌，如采用简单好记、朗朗上口的广告语，既能提高品牌/产品的知名度，也为消费者提供品牌/产品的知识，满足其后续决策所需的前提条件。

在第二个阶段，消费者已经知道该产品的存在，但离购买还有很大距离，此时企业如果能够在广告中突出产品功能与特色，即采用说明型广告，就能满足消费者对产品知识的需求。

在第三个阶段，消费者对产品有了一定的了解，开始接近购买，此时企业如果能在广告中强调该产品的最大卖点或利益，如采用竞争类广告，则可以满足消费者对比产品的需求，这个卖点或者利益会激发消费者的购买动机。

在第四个阶段，消费者将产品与其带来的利益挂钩后，更接近购买，此时企业如果能够在广告中引发人们的好感，不论是对广告本身还是产品，都会有助于消费者形成偏好。

在第五个阶段，消费者形成了产品偏好，离购买只有一步之遥，此时企业如果能够在广告中增加理性诉求或者做价格广告，将有助于增强消费者的购买信心。

在第六个阶段，消费者相信购买是明智的，就会开始行动，此时企业如果能够推出价格广告或者配合其他促销活动，消费者就能够完成从之前的态度到行为的转变。

在第七个也是最后阶段，消费者完成从态度转变为实际购买行为这一过程，在此阶段，企业可以推出广告暗示“最后机会”，也可以配合其他促销活动，如优惠券、现场销售等。

3. 沃恩修改后的层级模型

1980 年沃恩对从知名度到购买的发展模式做了进一步修改，提出了修改后的层级模型（altered hierarchy model），如图 7－2 所示。沃恩的解释是，某些消费者对产品可能遵循一系列的阶段路线。图中虚线是可改变结果的反馈。如果消费者不是按正常层级顺序前进，右边是可能的路线。与本部分前两个理论模型相似，沃恩的观点也反映了广告发挥作用是分层级的，都是从认知到态度到行为的过程。

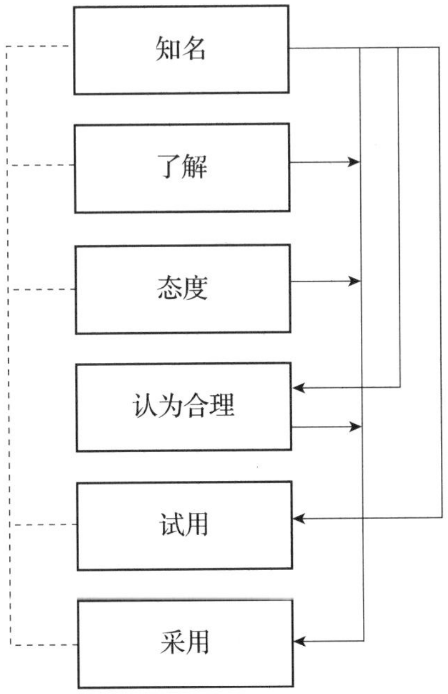

图 7－2　修改后的层级模型

第 3 节 广告策划

一、广告策划的定义

广告策划（advertising planning）定义的提出至今不过几十年，广告策划理论本身尚处于发展和逐渐完善的阶段。到目前为止，还没有一个学界和业界达成共识的、通用的广告策划的定义。下面介绍两个我国使用较多的关于广告策划的定义。

第一个定义：广告策划是广告人通过周密的市场调查和系统的分析，利用已经掌握的知识和手段，科学、合理、有效地布局广告活动的进程，并预先推知和判断市场态势及消费群体的现在与未来的需求，以及未知状况的结果。

第二个定义：广告策划是根据广告主的营销策略，按照一定的程序对广告活动的总体进行前瞻性规划的活动。它以科学、客观的市场调查为基础，以富于创造性和效益型的定位策略、诉求策略、表现策略、媒介策略为核心内容，以具有可操作性的广告策划文本为直接结果，以广告活动的效果调查为终结，追求广告活动进程的合理化和广告效果的最大化，是广告公司内部业务运作的一个重要环节，是现代广告运作科学化、规范化的重要标志之一。

从以上对广告策划的不同阐释中，可以找到一些共性的、本质的特征，即广告策划是广告策划人根据营销策略和目标，通过必要的市场调查与分析，按照科学的策划程序谋划和策动广告要素的过程。①

二、广告策划内容、要素与特征

（一）广告策划内容

广告策划是一个复杂的工程，通常是从竞争分析开始的。策划者首先应该了解市场状况、竞争结构、渠道结构和市场发展趋势等。广告策划的程序可大致分为环境分析、竞争分析、SWOT 分析、消费者分析、市场细分、细分市场的选择与定位、提出品牌价值主张、制定诉求策略、制定媒介策略、撰写广告策划书并拟定广告计划等环节。这里仅仅列示了广告策划的一些基本程序，广告策划的程序是相对的、动态的、不断变化的。

（二）广告策划要素

广告策划者，即广告策划的主体，一般为在广告主委托和指导下的广告代理公司，也包括广告主本身，企业重大的广告活动有时也邀请业界专家和学者参与。

---

① 高萍．广告策划与整合传播．北京：中国传媒大学出版社，2007.

广告策划内容，即策划者要谋划的广告活动项目，策划内容包括制定广告目标、广告战略与策略，确定广告主题、媒体选择策略、预算分配和广告效果测量手段等。

广告策划程序，即广告策划的基本方法和程序，包括市场调研方法、统计分析方法、广告预算方法、广告策划结果的表达方法等。

广告策划结果，即经过科学的策划程序之后的最终结果，一般以广告策划书、企划书或广告计划的方式表现出来。更为实质性的结果是这些策划书实施后的广告效果与营销效果，但这需要较长的时间才可能显示出来，而且会受到其他因素的影响。

（三）广告策划特征

广告策划一般具有以下特征：

（1）广告策划是广告活动前的谋划和策动。

（2）广告策划具有明确的目标。

（3）广告策划是一种结构性、系统化的传播管理过程。

（4）广告策划是一个建设并使用数据库的综合性调研过程。

（5）广告策划是一个不断谋划并离不开创意的工作。

（6）广告策划始终体现着适应、协调和随机应变等辩证思维。

（7）广告策划是一个依靠团队作战的程序化作业过程。

第 4 节　广告计划

一、广告计划的概念、特点及构成要素

计划是管理的首要职能，没有计划就没有管理。广告计划是指确定完成目标需开展的各项广告活动，确定各项措施和时间进程，并确定广告效果的测量方法。广告计划具有以下特点：

（1）广告计划是一份行动文件。广告活动是复杂的，需要与各方面协同配合。广告计划就是把主要采用的步骤、时间安排写成行动文件。

（2）广告计划是对某一广告目标及完成这一目标的过程的一种解释。广告计划对企业及品牌面临的问题与机会加以陈述；解释各项指标及步骤的制定；解释怎样才能实现最终目标。

（3）广告计划是对企业实现经营战略的一种承诺纲要。完成广告目标需要多少费用，为什么需要这么多费用，这些费用是如何使用的，可能带来哪些效益等，是广告计划的重要内容。

（4）广告计划一旦制订，就成为广告活动必须遵守的行动准则和努力方向。虽然计划具有灵活性，但只是在一定范围内。

制订广告计划应对构成广告计划的各种要素及相互关系有充分的了解。图 7－3 是广告计划的构成要素。

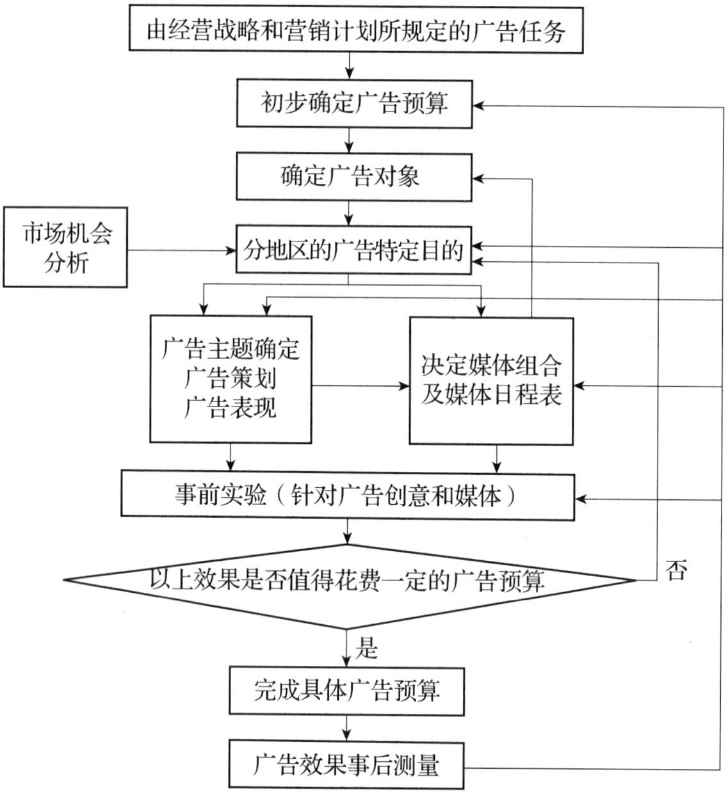

图 7－3　广告计划的构成要素

二、广告计划的主要内容及撰写注意事项

（一）广告计划的主要内容

广告计划书包括六个部分，分别是执行摘要、背景分析、广告目标、执行措施、预算以及效果测量。企业可以根据这个模板制订广告计划，但是为了使广告计划更具针对性和可操作性，企业可以将该模板中没有的重要内容包括进去，将不需要的非重要内容略去；也可按照实际操作需要，调换部分顺序。

（二）撰写广告计划的注意事项

广告计划作为一种书面资料，在撰写时要注意以下问题：

（1）简短扼要，一般要有准确的结论表述，文字不能有歧义，有简明的事实或资料支持。

（2）少用代词，如“我们”等。

（3）先写结论，然后简要论证。

（4）说明论证资料的来源。

（5）既要完整全面，又要突出重点。

三、广告预算

广告预算（advertising budget）决定了广告能做什么、不能做什么、怎样搭配更好等问题，广告目标应与广告预算密切配合。朗曼曾对产品销售量与广告费用支出的关系进行了研究。朗曼认为，企业在不做任何广告的情况下产品也有一定的销量，这个销量为最低销量。另外，产品还有一个最高销量，最高销量是由企业的生产能力、市场情况等因素决定的（见图7-4）。广告对提高销量有作用。应将广告作为一种投资，结合产生的效益进行评价。

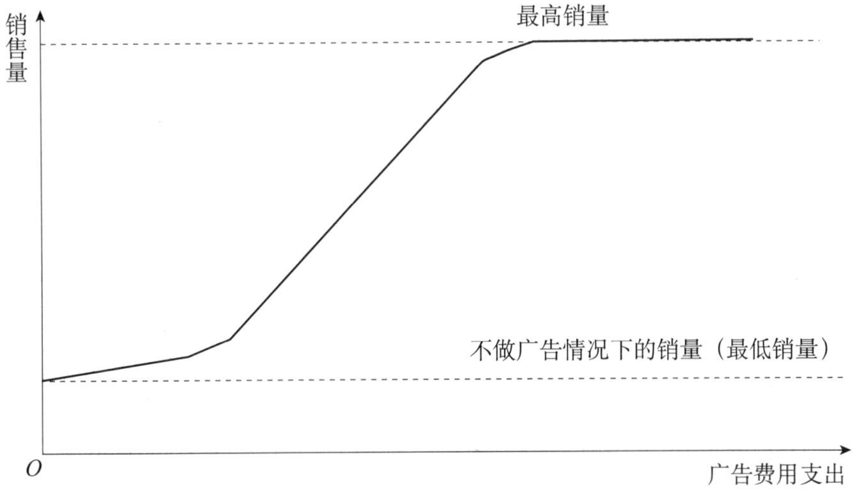

图7-4 销售量与广告费用支出的关系

（一）制定预算的主要方法

制定预算的方法很多，传统的方法如销售额百分比法、竞争性支出法、目标任务法、每单位支出（个案率）法以及主观预算法等，容易理解，计算起来也较快。目前还出现了一些新的实验方法。大多数公司制定广告预算会将多种方法结合使用。

1. 销售额百分比法

销售额百分比法是将该年度的预计销售额乘以一个乘数即百分比的方法。广告预算与销售额直接挂钩，销售额增加，则广告预算增加；销售额减少，广告预算就减少。

这一方法的中心是乘数的确定。

（1）乘数通常是指定的，有的以行业标准为基础。

（2）乘数不是固定不变的，可根据营销需要进行调整，总的销售额在制定预算时也可以适当增加或减少。

（3）乘数还要受产品定价的影响。销售价格低的产品，如超市小商品，对广告的依赖性较高，乘数就大；而销售价格高的产品，如汽车和家具，对广告的依赖性较低，乘数就小。

销售额百分比法的优点有：

（1）对一个已建立的品牌，这是最好的方法，可以按照时间自动调整。

（2）对一个小公司来说，这种方法风险较低。

（3）如果行业内绝大多数公司都采取这种方法，就会使各公司广告预算投入与其市场份额的比例接近，从而限制了竞争者之间的广告投入。

销售额百分比法的缺点有：

（1）不符合管理上的逻辑，广告是增加销售的基础，一般来说，销售额下降的时候，公司应加大投入，而这种方法却随着销售额的下降减少了广告投入。

（2）这种方法假定销售额和广告之间存在线性关系，但大多数情况下并非如此。

（3）为找出广告与销售额之间的关系往往需要进行调研，这种方法没有鼓励公司为此提供额外的调研经费。

2. 竞争性支出法

竞争性支出法是按照竞争品牌的广告支出额来决定预算。所需费用不一定与竞争者完全一样。在一些情况下，一个市场份额较小的公司可以增加广告预算，以与对手竞争甚至是超过竞争对手。

这种方法的缺点有：

（1）假定竞争对手知道自己的做法或竞争对手的目标与自己相同。

（2）假定增加广告支出就可以增加销售额和市场份额，但事实不一定如此。

3. 目标任务法

采用这种方法首先要确定营销目标或广告目标，目标可以是销量、市场份额、预期收入或利润，然后再根据利润确定广告预算。

这种方法的缺点有：

（1）营销者通常不知道实现目标需要的实际花费。

（2）这一方法没有考虑投入产出比是否合理。

4. 每单位支出（个案率）法

这种方法是销售额百分比法的一种变体，它根据卖出的产品单位数量，而不是销售额来制定预算。它继承了销售额百分比法的优缺点，同时它还有两个比较明显的缺点：（1）如果处理不好，公司可能会对利润失去控制，尤其是有各种型号与定价的产品和品牌的情况下。比如，壳牌石油公司有4种石油产品，从超等品到常规品不等，如果只按单位数量制定广告预算，显然是不合理的。（2）产品单位数量无法反映通货膨胀因素。

5. 主观预算法

这种方法是根据人们的经营判断来制定预算。当然还要考虑一些客观因素，如广告必须完成的任务、可用的空间，但最后的预算数字是人为确定的。这种方法的缺点在于难以证明预算合理。

6. 实验方法

新的实验方法通过在小范围内测试不同广告的支出，观察哪一种广告活动能用最低的总支出带来最大的销量，从而制定广告预算。针对这一方法设计的实验很多，我们会在第 14 章详述。实验方法告诉我们，广告主可以在不影响销量的前提下减少广告支出。而在另一些情况下，增加广告支出会带来销量不同程度的提高。但是，进行这种实验的费用相对较高，涉及测量一个大型样本的问题，且需要较长的时间，当得到结论的时候，市场环境很可能已经发生变化。

（二）广告预算的影响因素

（1）广告的战略地位。确定广告的任务是单独承担某种战略角色还是辅助其他手段共同承担某种战略角色，同时认识到广告对品牌促进的力量。

（2）广告目标。如果广告目标在于树立一种品牌形象，那么应当把预算看作一项投资；如果只是短期的销售促进，那么广告就只是一项支出；如果同时要求实现两个目标，就需要更多的预算，因为这两个广告目标下的广告表现是完全不同的。

（3）利润空间。企业希望有足够大的利润空间，广告预算也相应较多；反过来，如果广告预算多，一般销售利润也比较高。

（4）产品的覆盖范围。全国普遍使用的产品比只用于部分地区的产品花费更多的广告费。

（5）到达目标市场的难易度。越难到达的目标市场，广告预算越多。

（6）产品购买频率。一般购买频率越高，广告预算越多，除非有特殊的营销要求。

（7）生产能力。要根据生产能力制定广告预算，过高的销量增长可能引起产品的供不应求，导致企业生产能力不足。

（8）是不是新产品。引入新产品花费的广告预算通常比已建立品牌的产品的广告预算要高。

第 5 节　广告的组织与实施

一、企业广告部门

（一）企业广告部门的职责

企业不管规模大小，只要进行广告，就必须有专人负责整个广告的组织与实施。大企业一般应设广告部门专门负责广告工作。广告部门的主要职责如下：

（1）制定广告目标、广告计划及广告预算。

（2）研究和制定广告策略或委托有关人员、组织制定广告策略。

（3）进行广告调查及广告资料库建设。

（4）协调和配合企业内各部门的工作，使广告活动成为企业经营战略的有机组成部分。

（5）慎重地选择和确定广告公司、广告媒体代理公司和广告制作公司。

（6）协调企业与广告公司之间的关系，并对广告活动全过程进行监督和控制。

（7）参与审查和确定广告主题、广告策划、广告表现，组织广告的事前调查。

（8）进行广告效果测量或委托有关部门进行测量。

（9）培训企业的广告人员。

（二）企业广告部门与广告公司的合作模式

企业内部广告部门除了负责本公司的广告管理和业务外，还需要依靠专业的广告公司完成大量的工作。企业与广告公司之间是委托-代理关系，有以下两种合作模式。如图 7－5 所示，虚线以内构成一种模式，即企业通过综合性广告公司开展全部广告活动；虚线以外加上虚线内有关部分又构成分工协作的另一种模式，即企业分别通过各专业广告公司开展广告活动。

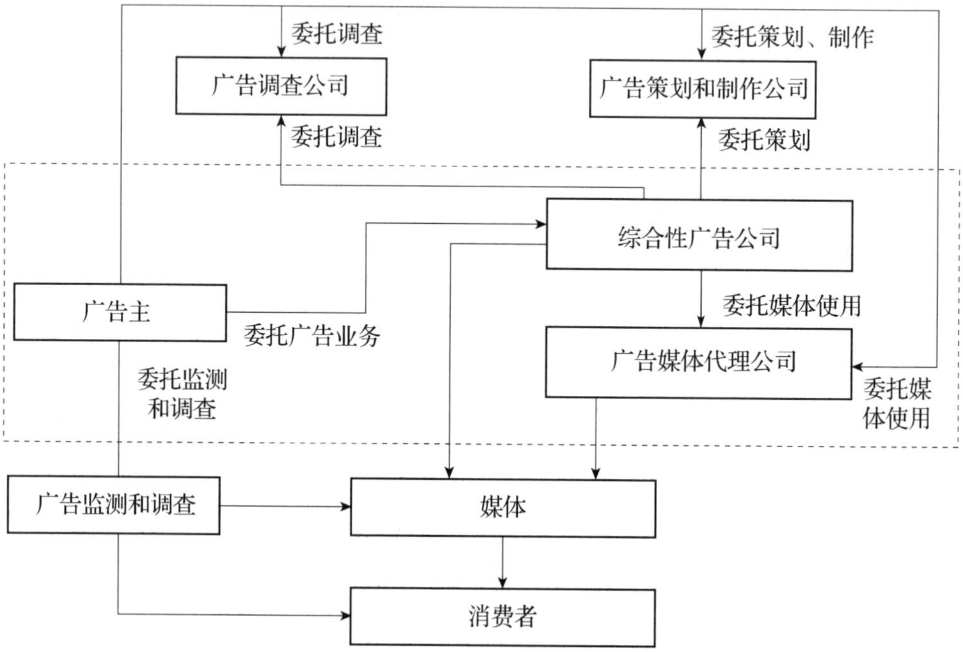

图 7－5　企业与广告公司之间的两种合作模式

二、广告公司类型

广告公司主要有综合性广告公司和专业性广告公司两种，其业务范围和业务水平有所不同。

综合性广告公司是广告公司的主要类型。它承接各类商业广告的策划、设计、制作和进行多种媒体代理，并提供与广告活动有关的各种服务。广告公司的经营水平和专业水平是反映一个国家或一个地区广告发展程度的重要标志之一。综合性广告公司是有一定规模的公司，数量较少，但在经营额中占大部分。

专业性广告公司是只做某一类广告、只提供某一类广告服务或只经营广告活动的某一部分的公司，是广告分工的产物。专业性广告公司的出现，如同一切专业化分工一样，是一种社会进步，它为广告总体水平的进一步提高打下了基础。现代主要的专业性广告公司有以下几类：

（1）广告调查和监测公司，即专门为广告主提供有关广告活动信息的公司，我国很多咨询机构和调查公司内也设有专门的广告调查部门。调查和监测的内容主要包括：1）市场信息，如广告对象的特点及分布、竞争对手情况等；2）媒体信息，如各类媒体的主要特点及有关指标的确定、发行量调查等；3）广告效果的监测和调查，包括对广告作品的分析和监测、对广告效果的调查等。

（2）广告策划公司，即专门为广告主进行广告及整体营销策划和提供相关咨询的公司。这类公司数量不多，因为一般广告策划大多由综合性广告公司进行，尤其是一些大的广告公司都负责整体营销策划。在我国，近年来也出现了不少类似的公司。这类公司一般由各类专家学者组建，具有一定的权威性。

（3）专业媒体代理公司，即主要进行各类媒体的代理工作的公司。媒体走代理道路是发展方向，是市场经济与社会分工发展的必然趋势。

（4）广告设计制作公司，即主要为广告主提供广告设计、制作的公司。这类公司很多是从影视行业中分离出来的，有较高的导演和摄制水平。

三、广告与其他促销措施的配合

促销手段中除了广告，还包括销售促进、公共关系、人员推销、直复营销和互联网营销等。从整合营销沟通视角来看，各种促销手段都有优缺点，通过整合使用这些方法，能够实现协同效应。下面将以销售促进、公共关系为例说明广告与这些促销手段的配合。

（一）广告与销售促进的配合

在制订广告计划时，企业往往会同时加入销售促进计划。广告与销售促进存在以下差异：（1）广告是一种信息传播，销售促进是促进即时购买的销售激励。（2）广告对于消费者的认知和态度层面的作用较大，销售促进则直接影响消费者的行为，以实现即时销售。（3）广告会产生累积效果，长期发挥作用，而销售促进是在限定的时间内产生作用。由此可见，如果将广告与销售促进整合使用，一方面可以从认知、态度以及行为层面影响消费者，另一方面可以将企业的短期目标和长期目标相结合，促进企业发展。

销售促进分为消费者导向销售促进方法和企业导向销售促进方法。从具体手段来看，某些销售促进方法与广告的界线并不明显，如销售点陈列等。某些销售促进方法必须以广告为前提，如商品展销、有奖销售等。学者唐·苏努建立了广告与销售促进的关系模式。

（二）广告与公共关系的配合

在营销领域，公共关系往往被界定为营销导向的公共关系，即为了有效管理企业的形象和声誉，采取一系列沟通手段与企业的利益相关方保持良好的关系并监督公众舆论的管理职能。公共关系的形式有很多种，如公共宣传、企业广告、公共关系活动、赞助以及事业关联营销等。无论采用哪种形式，在认知模型里，公共关系最主要的作用都是促进消费者态度的形成、转变以及强化，主要体现在消费者对产品的喜爱与偏好上。

当广告与公共关系配合使用时，主要体现在以下两个方面：

（1）公共关系活动虽然能够影响消费者对品牌的态度，但是影响范围有限；广告可以用来发布大型活动的相关信息，扩大影响范围。例如，美国的女性内衣品牌维多利亚的秘密在年度的时装发布会开始前两周，都会在其广告中公布该时装发布会的时间和地点，引起更多消费者的关注和参与。

（2）好的广告创意也会引发公共宣传，提高品牌的影响力。例如，1984 年美国苹果公司发布了一则名为《1984》的商业广告售卖第一代 Macintosh 台式机，其核心创意采用了著名作家乔治·奥维尔的小说《1984》的主题，宣传苹果电脑打破传统的理念。该创意因为涉及敏感的社会与政治问题而引发了美国主流媒体大量的持续报道，间接地促进了消费者对苹果电脑和品牌的关注。

案例分析

延续的策略：伊利多维演绎“闪耀”主张

伊利 2022 年在冬奥背景下推出的诸多广告，其实可以纳入一个完整系列，串联线索就是李福来。李福来是伊利冬奥倒计时《100 天后见》广告里的人物——一个立下 flag 在 100 天做出改变，致力于服务冬奥的女孩。从此开始，李福来就成了伊利面向大众，讲述品牌与冬奥关联故事的“发言人”。围绕她，伊利展开了一连串“闪耀”的故事沟通。

2022 跨年时，李福来与一盒会哭、会笑、会说话的伊利牛奶合作，讲述了一个“新年闪耀 Flag”的故事：这盒牛奶有一个新年“flag”，就是在冬奥上“闪耀”登场。李福来为帮助它实现愿望，找来各种流行元素做新装。直到她带着牛奶见到冬奥会乳制品服务保障团队才明白，原来对于牛奶而言，品质和营养才是实现“闪耀”的关键。

随后，伊利又推出了由运动员代言的春节 TVC，传递“2022 一起闪耀”的传播主题，与大众消费者一起喜迎新春，期待闪耀的新的一年。

在 2022 年春节前夕，《我耀我家》迷你短剧上线了，4 个迷你剧讲述了春节期间家人团聚氛围下的各种闪耀时刻。

其实贯穿这几部片子的“闪耀”主题，都是伊利 2022 年全年品牌主张“奥运品质，我耀此刻”的延伸。但每部片子诠释的“闪耀”角度各有侧重：会说话的牛奶广告侧重凸显伊利牛奶的“闪耀品质”；春节 TVC 则通过代言人、运动健儿的影响力，营造浓厚新年氛围，唤起大家对新的一年的闪耀期待；迷你短剧则是落点到每个人的家庭与生活中，呼吁大家一起去创造、发现那些“闪耀时刻”与温馨的爱。与此同时，通过李福来的故事线和奥运健儿的加入，伊利也为后续冬奥营销做好了铺垫。

总的看来，整个广告活动从品牌的优质产品、品牌构建的新年氛围到品牌参与的家庭故事等方方面面让“闪耀”主张变得可感知。在此过程中，伊利的品牌形象也在大众心中变得更清晰。

资料来源：https://www.sohu.com/a/519495710_121124366.

讨论题

1. 如何能做到内容的延续性？结合伊利“闪耀”广告活动进行讨论。
2. 伊利“闪耀”广告活动涉及的广告管理过程是怎样的？存在风险吗？
3. 评述伊利“闪耀”广告活动的有效性。

基本概念

广告预算（advertising budget）
广告目标（advertising objective）
广告策划（advertising planning）
企业战略（corporate strategy）
企业经营战略（enterprise management strategy）
修改后的层级模型（altered hierarchy model）

思考题

1. 简述广告与企业经营战略的关系。
2. 简述影响广告目标制定的因素。
3. 简述广告预算制定的主要方法，分析不同方法适用的环境。
4. 浅析科利的广告传播四阶段理论，它的内容、核心以及对企业的广告策略的启示。
5. 浅析在广告管理中如何自觉践行社会主义核心价值观。

第8章

广告调研

学习目标

- 理解市场调研与广告调研的关系。
- 了解现代广告调研的特点。
- 了解广告调研的内容与程序。
- 掌握广告调研常用的定量和定性研究方法。

习近平总书记在2021年秋季学期中央党校（国家行政学院）中青年干部培训班开班式上的重要讲话中指出："坚持一切从实际出发，是我们想问题、作决策、办事情的出发点和落脚点。坚持从实际出发，前提是深入实际、了解实际，只有这样才能做到实事求是。要了解实际，就要掌握调查研究这个基本功。"① 习近平总书记的讲话强调了调查研究的重要性和必要性，也指导了广告调查研究活动。

科学的广告策划是建立在对消费者、竞争者信息充分了解的基础上的。广告调研有助于企业明晰产品的卖点，从而在广告活动中选择合适的诉求方式。此外，即使进行了充分的前期准备，企业也应对广告活动进行全过程监控，即对广告的事中、事后效果进行测量，以便对广告活动做出调整与评价。本章将对广告调研的内容、特点、程序与方法进行介绍。

第1节　广告调研概述

一、广告调研的意义

广告调研即广告调查研究，是现代广告经营特有的必不可少的环节，是企业进行广告活动的基础。广告调研是指利用有关市场调研的方式和方法，对影响广告活动的有关因素的状况及其发展变化进行调查分析的活动。广告调研不完全等同于市场调研，它是根据企业的经营目标对广告的要求，根据广告目标和广告策划的要求，在企业市场调研

① 大力弘扬调查研究的优良传统（深入学习贯彻习近平新时代中国特色社会主义思想）. https://baijiahao.baidu.com/s?id=1716638860447478783&wfr=spider&for=pc.

的基础上，一方面利用已有的二手资料，包括企业内部资料和企业外部资料，另一方面对影响广告活动的因素进行更深入的一手调查与分析，为企业的广告经营决策提供依据。

广告调研需要回答的问题往往是：产品的竞争优势与品牌定位是什么？广告主题是否明确？广告创意是否新颖？广告表现是否恰当？媒体计划是否恰当？是否能够达到预期的广告效果？等等。在现代广告公司中，广告调研部门已作为一个专门的部门独立出来。在广告产业链中，广告调研也作为一项专业活动，从整个广告活动中逐渐分离出来，出现了许多专门的调研公司和组织。这是广告发展的必然结果。

从经济上考虑，一个广告的失败意味着巨大的经济损失，不仅包括企业在该广告上的总体投入，还包括可能带来的品牌受损等间接损失。科学优质的广告调研是一个企业的广告走向成功的重要基础和前提条件。

二、广告调研的特点

（一）市场调研与广告调研的关系

市场调研是企业为制定经营战略、进行市场预测和经营决策而开展的调查研究活动的统称，包括市场分析、产品调查、销售调查、消费调查、广告调研等诸多内容，广告调研只是其中的一部分。广告调研是指企业为有效地开展广告活动，利用科学的调查研究方法，对与广告活动有关的资料进行系统的收集、整理、分析和解释。

广告调研与市场调研既有区别又有联系。首先，广告调研是对市场调研的深入，它比市场调研更具体和彻底。其次，它具有市场调研的一般特点，如主题明确、方法科学、过程连续、内容系统等，但它也有自己的特殊性，如资料来源特殊、技术复杂、覆盖面广、效益直接等。企业要充分利用其市场调研已获得的资料，吸收市场调研已经取得的成果，在此基础上深入开展广告调研工作。

（二）广告调研的特点

首先，调研目的和目标清晰。广告调研的目的是制作有效的广告或者是测试广告效果。由于任何广告都是针对某一特定商品、品牌或企业的，因此，广告调研的目标从一开始就是极其明确的，即如何通过有效的广告活动来传播某个产品、品牌或企业，以达到预期的社会、经济及心理效果。但是对新产品的广告调研不同于对已有产品的调查，前者更具挑战性。

其次，调研方法全面而科学。广告调研必须运用科学而全面的方法来收集和分析数据，本章所列举的方法均是国际上广告调研中常用的方法。值得注意的是，任何一种方法都有局限性。所以，同时采用几种方法对数据进行综合分析是获得可靠信息的主要途径之一。

再次，数据收集经济划算。广告调研与一切经济活动一样，都应注意经济效益问题，即要以尽可能少的费用达到调研目的，实现调研目标。常见的方法是在调研之前进行费用预算，在进行预算时应该考虑如下问题：

（1）已有的数据和资料，主要来自广告主过去进行的市场调研。

（2）广告公司已积累的资料，一般来自资料库。

（3）需要通过实地调查获得的数据和资料。

（4）是委托调研还是自行调研，根据费用与效果之比决定。

最后，调研结果保密。通过全面而科学的广告调研所获取的研究结果是非常有价值的，不仅可以帮助广告主评估广告效果，其成功与失败的经验还可以为下一次的广告活动提供建设性意见。同时，这些研究结果也成为广告公司的财富和竞争优势。因此，广告公司通常都会建立自己的资料库，这已经成为现代广告管理的重要组成部分。此外，所有的调研资料都是保密的。广告行业的职业操守之一就是为客户保密，尤其是当一家广告公司同时承担多家企业的广告代理时，调研资料更是不允许在竞争对手之间泄露与交易。

第 2 节　广告调研内容

广告调研的内容主要包括市场调查、媒体调查、广告公司评估以及受众调查四个方面。

一、市场调查

市场调查又称为背景调查，是指针对目标顾客群、目标市场特征、产品及竞争者等的相关调查活动。这是广告品牌定位的基础工作，也是制定广告计划与策略的依据，还是主题确定、创意形成和广告表现的前提条件和有力保障。这部分资料多为二手资料，其中很多是广告主之前的市场调查结果。因此，在充分利用这些二手资料的基础上，企业还需要根据当前问题进行必要的补充调查。具体来讲，市场调查主要包括以下内容：

（1）广告受众的基本特征和分布情况，即广告产品的目标顾客资料，包括目标客户的年龄、性别、职业、收入状况、生活方式、购买习惯、受教育程度、价值观和心理特征等，以及所处地区的位置、人群集中程度等。

（2）产品的属性特征和品牌特征，即进行产品和品牌分析，包括产品独特的个性、产品带给消费者的利益和价值、产品所处的生命周期等，以及知名度、好感度、品牌和企业在消费者心目中已形成的形象等。

（3）竞争状况，即竞争者分析，包括竞争者的广告内容、广告费用、分销渠道、价格水平、顾客构成、产品的优势与劣势、广告与促销的配合等，其中广告费用一般属于企业的重要商业秘密，在绝大多数情况下只能估算。

（4）营销组合的使用情况，包括经常使用的促销策略、分销区域、渠道状况、中间商类型、人员推销的使用、营业推广措施等。

（5）环境分析，即广告产品将要开拓地区的基本状况，如城市规模、人口密度、气候条件等。

二、媒体调查

在广告活动中，由于媒体费用要占到总费用的80%左右，因此，媒体调查是广告调研的重要组成部分。《广告法》对媒体单位的一项基本要求是，必须向广告主提供自身的相关资料。一般大媒体均有比较详细的资料，广告主仍有必要对媒体的有关资料进一步核实和确认。

媒体调查专业性较强，必须由专业人员和组织实施。例如，美国比较权威的媒体调查公司通过对媒体名单、发行量、内容、广告收费标准等的调查获得比较客观的数据，继而公布数据以保护广告主和广告公司免受虚假报刊发行量或媒体收视率的蒙蔽。但为了确保数据的准确性，广告主和广告公司需要进一步通过市场调查的方式进行核实，在此基础上才能正确地制订自己的媒体计划。

进行媒体调查时要注意以下内容：

（1）事前对媒体资料的核实和补充，特别是对某一特定地区或特定消费对象的媒体接受情况进行确定，如接受某一特定媒体。

（2）进行媒体的比较，确定其相对效果。如确定通过电视台投放广告，那么，中央电视台、地方电视台、有线电视台和卫星电视对广告对象的影响有多大，是需要认真调查研究的。

（3）确定要实现哪些传播指标，实行怎样的媒体组合能使广告效果最好。

（4）媒体调查包括对广告过程中媒体的实施情况的监测调查。

（5）媒体实际传播效果调查，可在广告投放的事中和事后进行，以利于在下一轮广告中吸取经验和教训。

三、广告公司评估

广告主要想使广告取得预期效果，必须选择一个优秀的广告公司，并与之保持友好的合作关系。广告公司评估是指广告主根据其需求对广告公司进行调查、鉴别、比较和选择的一系列调研活动。

1. 评估广告公司的指标

选择一个优秀的广告公司，需要考虑和评估其经营业绩、声誉、规模、管理、人才结构和素质、创意水平、成功案例、收费水平等因素，以及该广告公司与本企业有无合作经历、合作关系如何，该广告公司与竞争对手有无合作经历等因素。

2. “比稿”选择

如果经过上述调查与评估仍然无法确定合作伙伴，企业需要通过“比稿”的方式来进行选择。比稿（competitive presentation）是指广告主没有将广告计划委托一家广告公司，而是让多家广告公司进行竞争，从中选择最满意的广告公司。比稿作为广告公司之间获得代理业务的一种公开竞争的方式，一直被广告界视为体现公司实力的最好方式，也是企业选择代理广告公司最常用的一种方法。但这种比稿式的筛选方式常常会受到一些有实力的广告公司的抵制，它们一方面担心广告主通过比稿来糅合各广告公司的创作优点，然后变成广告主自己的成果，而最后的结果是没有一家广告公司入选；另一方面，比稿对于广告公司来讲成本高昂，倘若没有入选，就白白地付出了劳动与金钱。

四、受众调查

由于广告活动的费用相当可观，因此广告主和广告公司对广告传播效果非常关注，它们针对广告受众（即目标顾客）开展多种多样的调研工作。根据广告传播活动的时间，可以把这些调研活动划分为事前调研、事中调研（又称为执行调研）和事后调研。

（一）事前调研

事前调研主要是对目标受众对广告主题、创意和表现手法的接受程度进行调查。其目的是通过定性方法和定量方法检验目标受众对该广告的反应，尽可能消除消极反应和信息障碍。

1. 事前调研的内容

（1）广告主题，包括目前确定的主题是否有效，是否找到了卖点，是否达到了广告目标等。

（2）广告创意和表现，包括作品是否明确表达了主题，是否使广告主题变得容易记忆和接受，是否会形成不必要的联想和不好的感觉等。

（3）广告表现手法，包括广告是否能立刻引起注意，广告中的附加价值是否能准确地强化广告主题，广告的感知信息与企业形象是否相符并使企业形象得到强化，广告是否能形成记忆，广告中有关品牌识别的要素是否准确，广告作品中各部分分别形成的印象和广告总体印象是否一致，广告作为一个整体是否会造成误解等。

（4）广告制作水平，包括对未完成稿和完成稿进行的评估。1）未完成稿包括平面广告的草图、广播广告的毛带、电视广告的合成版本。针对未完成稿的调研可用于测试广告陈述的效果，或在几种策略构想中做出选择。2）完成稿是广告设计人员在未完成稿的基础上，根据各方面的调查结果和意见，经过反复推敲、修改后完成制作的广告作品，包括平面广告印刷稿、完成了胶转磁或磁转胶的实际电视广告正片等。

（5）媒体策略，主要包括：1）所选媒体的媒体特性对目标受众来说是否合适，是否符合目标受众的生活规律和收视习惯，目标受众是不是这些媒体的受众，几种媒体的传播特性是否形成互补效应，使到达率最高；2）所选媒体近期的变化情况，如收视率变化；3）竞争对手的媒体使用情况；4）所选媒体的综合效果等。

（6）消费者心理与行为反应，包括感知、理解、反应三个层次。1）消费者如何理解、解释广告信息；2）消费者对广告信息的注意程度和关注点；3）消费者对广告信息的记忆和回想；4）消费者对于广告信息的构成是否存在困惑；5）消费者观看广告时的面部表情和肢体语言；6）消费者观看广告时的其他心理和情绪反应，如喜爱、厌恶、悲伤、害怕等。

2. 事前调研的意义

（1）防止广告决策上的重大失误。广告主和广告公司都要对一些关键问题进行再思考，比如广告传播活动选择的时机、形式是否恰当，广告传播的信息是否和当前社会的政治、经济、文化环境相协调，广告是否会产生重大的消极后果等。事前调研获得的信息量并不大，但十分重要。

（2）有助于选择最佳传播方式。信息的传播方式多种多样，如何把广告想要传播的信息以相对最为适当的方式简明扼要地传达给消费者，这是需要广告策划、创意、创作人员深思熟虑的问题。广告制作完成以后，广告效果究竟如何还取决于消费者的感觉。通过有消费者直接参与的事前调研，可以获得相关资料，有助于选择最佳传播方式。

（3）有助于了解广告传播可达成的目标。广告传播有多层次目标，例如提高品牌或企业知名度、提高新产品的认知度、加强品牌定位、促进商品销售等。通过广告事前调研，可以了解该广告在这些多层次目标上的达成情况。如果这些目标在某些层次上与原定目标有较大差异，应对广告进行必要的调整。

（4）有助于避免经济损失。由于广告费用可观，因此进行事前调研可以避免和及时修正重大失误，从而避免经济上的巨大损失。

（5）有利于增进对媒体策略的了解。媒体的选择是决定传播活动效果的重要环节且费用高昂，应在传播前进行评估。

（6）有利于获取广告受众的心理与行为反应数据，更好地从信息接收者的视角来把握广告效果。

（二）事中调研（执行调研）

事中调研是指针对广告投放市场及在市场上的执行情况进行的系列市场调研活动。具体内容主要是在广告进行中，向部分消费者了解该广告是否将广告信息正确地传达给潜在消费者，并在目标市场上产生效果；是否通过广告影响和改变了消费者的态度和反应；等等。事中调研也是非常必要的。

同时，由于现代市场竞争非常激烈，同行业的竞争对手之间常常采取互动策略，根据对方的广告策略来制定或调整自己的广告策略，因而事中调研日益重要。如果不能及时了解竞争对手正在进行的广告传播活动，就有可能使本企业的广告传播策略过时或效果不明显，无论从经济、社会还是从对消费者心理影响的角度来讲，对广告主都非常不利。

（三）事后调研

事后调研，又称广告效果评估，是指调查广告在目标市场上的传播效果，测量广告对产品销售的影响。事后调研通常是在广告临近结束或结束后进行的，主要了解知名度、回忆率、消费者态度、品牌使用习惯、购买行为等。事后调研通常比事前调研要花费更多的时间和资金成本。但是，事后调研能在实际的市场条件下进行，可以获得更准确的信息。广告主可以在进行大规模的广告活动之前，在广告已经播出的地区对广告效果进行一系列的测量。具体测量内容、指标与方法见第 14 章。

第 3 节　广告调研程序

广告调研是一项复杂而细致的工作，事先需要制订详细周密的计划。企业只有合理安排调研程序，使调查工作有秩序、高效率地进行，才能避免时间和资金的浪费，取得预期的调研效果。

广告调研可划分为五个阶段，下面将对其中的四个阶段进行介绍，第三个阶段，即调研执行，将在本章第 4 节和第 5 节与调研方法一同介绍。

一、明确调研问题与目标

这是广告调研的第一步，包括界定广告调研问题、明确需要收集的资料、说明所要解决的问题。如果调研问题界定清楚，所需资料明确清晰，则能准确地说明所要解决的问题，使调研工作有的放矢、方向明确。

调研目标的确定是一个由抽象到具体、由一般到特殊的过程。调研者首先应限定调查的范围，找出广告中最需了解或解决的问题；然后分析现有的与调研问题有关的资料，在此基础上，明确广告调研需要重新收集的资料；最后，写出调研问题的说明。

为使调研目标更准确和更集中，可做一次预调研，即调研人员按调研目标选定部分调研对象，与他们进行详细的面对面访谈，然后参照访谈记录进一步修正调研问题与调研目标。

二、制订实施方案

这是广告调研中最复杂的阶段，包括选择与安排调研项目、方法、人员、费用等内容。

（1）调研项目的确定取决于调研目标。调研组织者在明确调研问题之后，应将所要收集的资料加以分类，并使之具体化，直到成为能直接进行调研的操作变量。例如，要调研顾客对网络媒体的使用情况，可将其细分为访问的网站、阅读内容、在线时长、对某一网络媒体的评价或意见等。

（2）调研方法的选择包括确定调研地点、调研对象、抽样方法、资料收集方法等。

（3）调研人员的选择直接关系到调研的质量。1）如果调研方法是面对面访谈，调研人员应具备的条件是：掌握面对面访谈技术；具有一定的现场灵活性与掌控能力；了解广告调研所要解决的问题；善于观察被访者的心理变化及行为动机；具有与此项调研相关的经验和知识；能正确解释访谈资料等。2）为保障调研结果的可靠性，在实施广告调研之前，应对调研人员进行模拟训练，把调研过程中可能碰到的问题充分展示出来，以提高其处理实际问题的能力。

（4）调研费用种类与实施计划。调研费用因调研种类和收集资料的精度不同而有很大差异。为合理使用经费及保证调研工作的顺利进行，需要制定调研进度表，对调研费用和时间加以具体规定和控制。

（5）当调研由广告代理执行时，广告主通常需要对广告代理拟定的广告调研计划进行审核，并提出异议，在同广告代理共同商议并调整之后，再开展调研工作。

三、整理与分析数据

调研结束后进入数据整理与分析阶段，而整理和分析的过程也就是对资料进行研究的过程。

（1）整理数据资料阶段。这一阶段包括：编校——对收集的资料加以校对核实，删除不符合实际的部分，如不完整的答案、前后矛盾的答案以及调研员的偏见等；分类——把经过编校的资料归入适当的类别，并制成统计图表，以供资料分析时使用，编制统计图表的工作可由计算机完成。

（2）分析数据资料阶段。根据所获取的数据资料类型采用相应的分析手段，其中针对定性访谈数据资料，调研人员可采用扎根理论或者专用软件进行分析。针对定量访谈数据，调研人员可以采用 Excel、SPSS、SAS 等软件进行分析。以 SPSS 为例，调研人员可以获得：1）描述性分析资料，包括消费者的人口统计特征数据、媒体使用情况等；2）变量间相关关系，通过相关系数来了解变量间是否相关及相关程度，为后续进一步的分析打下基础；3）运用高阶统计分析方法，如多元回归分析、因子分析、聚类分析等分析变量之间的关系。

四、撰写调研报告

撰写调研报告是调研过程的最后阶段。调研报告是广告调研工作的成果，也是企业制定广告决策的依据。一份优秀的调研报告应满足以下要求：语言简洁、有说服力，词汇尽量通俗易懂；结构严谨，体裁简洁，不能漏掉重要的资料；有明确的结论和建议，让读者能够了解调研过程的全貌。

调研报告一般包括三个方面的内容：（1）序言，主要是调研结果、摘要、调研目的和方法的说明；（2）报告主体，主要是调研资料的分析、结论和建议；（3）附录，主要包括统计图表和公式、分析方法说明、参考数据和资料等。调研报告应具备及时性、针对性、准确性和系统性等特点。

第 4 节　定量研究方法

为了更好地实现调研目的，获取一手资料，广告调研往往采用一手调研的方式。依据调研目的、内容和调研对象的特点，企业应该选择合适的方法进行调研。调研方法多种多样，各有优劣，企业在选择调研方法前应该对这些方法有深入的了解。为了解决研究方法优劣并存的问题，很多企业采用了整合研究方法，即同时采用几种方法，各种方法互相取长补短，以更好地实现调研目的。

广告调研承袭了市场调研方法，包括定量研究（quantitative study）方法和定性研究（qualitative study）方法。其中，定量研究方法包括问卷调查法、观察法和实验法；定性研究方法（见本章第 5 节）包括访谈法、焦点小组访谈法、投射访问法、扎尔特曼隐喻抽取技术等。

下面介绍定量研究的三种主要方法。

一、问卷调查法

问卷调查法是指通过结构化问卷向被调研者收集资料的方法，该方法需要事先编制结构化问卷，即所有的问题都提供选项，之后可以根据调研目的、时间、人员和经费等采用不同的方式进行问卷的发放和回收，如可以通过电话、面对面，还可以通过邮寄、电子邮件等方式进行。该方法在媒体调研、广告效果评估中被广泛采用。

1. 调研方式

按照调研者和被调研者之间接触方式的不同，问卷调查法可分为面谈调研、邮寄调研、电话调研、消费者固定样本调研和网络调研五种方式。

（1）面谈调研，也称为面对面调研，即调研人员当面访问被调研者，询问与广告活动有关的问题。面谈调研的优点是：能当面听取被调研者的意见，并观察其反应；问卷的回收率很高，一般在 90%以上；能够判断对方回答问题的真实程度。其缺点是：调研费用支出大；较难对调研人员的工作进行控制；调研结果易受调研人员工作态度和技术熟练程度的影响等。

（2）邮寄调研，即将设计好的调研问卷邮寄给被调研者，请其按要求填写后寄回。邮寄调研的优点是：调研的区域广，凡通邮的地区的消费者都可被确定为调研对象；样本的数量较多，费用支出较少；被调研者有充裕的时间作答，答案也不受调研人员的影响。其缺点是：问卷回收率很低，且答卷人可能不是目标调研对象；收回调研问卷的时间较长；所获得的资料可能不具有客观性，被调研者常因看到问卷后面的问题而更改前面问题的答案等。

（3）电话调研，即依据抽样规定或样本范围，借助电话询问被调研者意见。此方法适合访问一些不易接触到的被调研者。其优点是：能在较短的时间内调研多数样本，且费用支出较低。缺点是：电话号码目录不易获取且样本代表性不易保证；不易取得被调研者的合作；无法询问较为复杂的问题。电话调研是唯一可以在广告播放的同时进行调研的方法，所以在调研媒体传播对象和效果时多采用这种方法。此外，此法还可用于对视听率的调研，即当节目播放时，通过电话调研了解观众正在收看什么节目。

（4）消费者固定样本调研，即把随机抽样选定的消费者样本固定下来，每当调研时就将问卷交给消费者，让其按要求填写，再由调研人员定期收回。优点是：问卷回收率高；答案较为完整和详细；易取得被调研者的合作。缺点是：调研时间长，费用支出较大；样本发生变动时会影响样本的代表性。

(5) 网络调研。调研公司将设计好的调研问卷通过电子邮件发送给被调研者来进行的调研。采用互联网进行问卷调研，其优点是费用较低，覆盖地区广，时效性很强；缺点是目标消费群的针对性差、问卷回收率低。

2. 抽样方法

为了确保问卷调查法具有代表性和普适性，需要采用特定的抽样方法抽取样本。

首先，需要根据调研目的与预算确定样本量。一般而言，样本量越大，调研结果越准确，但往往调研费用也越高，取得数据的时间也较长。在广告调研中，除了特殊要求的调研之外，通常没有必要调研全部或大部分样本。如果抽样的程序正确，抽出的样本具有代表性，即使抽取较少量的样本，一般也能获得可靠的调研结果。

其次，需要根据调研目的、抽样成本和时间确认抽样方式。抽样分为概率抽样和非概率抽样两种方式，其中概率抽样的样本代表性和随机性强，而非概率抽样往往操作便捷、可操作性强。

(1) 概率抽样。概率抽样（probability sampling）是指在总人群中按随机原则抽取样本进行问卷调查，用所得的样本数据推断总体的方法，其中随机的含义是：在总体中每个人都有同等被抽取的机会。概率抽样又分为以下四种方式：

第一种是简单随机抽样（random sampling）。用纯粹偶然的方法，不经过任何有目的的选择，从总体中取得样本的方法。例如，要在总体中抽取 n 个样本，可先将总体中的全部个体分别标上 $1\sim n$ 的号码，然后利用抽签或随机号码表抽取所需的样本。这种方法适用于总体小且总体内部个体差异不大的情况。

第二种是系统随机抽样（systematic random sampling）。其抽样原理和方法与简单随机抽样相似，首先利用随机号码表确定第一个抽取的编号，再用随机号码表确定一个取值区间，此后按照这个规律进行样本的抽取。

第三种是分层随机抽样（stratified sampling）。将总体按某种分类标准（如收入）分成若干层，然后从各层中随机抽取一部分个体作为样本。例如，对某地区 1 000 个百货商店按规模大小分层，其中，大型 100 家，中型 200 家，小型 700 家。若商店样本数定为 40，则各层应抽样本数分别为 4，8，28。在调研总体很大且总体内部个体差异较大时，采用分层随机抽样可以避免简单随机抽样导致的样本过于集中于某个地区或某种特性的个体，从而提高样本的代表性。

第四种是分群随机抽样（cluster sampling）。将总体按调研地区分成若干群体，以随机抽样法选取群体，并对群体内部个体进行普查的方法。分群随机抽样是在简单随机抽样的基础上发展起来的。采用简单随机抽样，有时会因为样本单位过于分散而增加调研费用，或者因为得不到整个总体名单而使调研不能正常进行，分群随机抽样则能弥补这方面的不足。

此外，分群随机抽样与分层随机抽样的区别是：分层随机抽样要求所分各层之间有差异性，分层内部的个体具有同质性；而分群随机抽样要求各群体之间具有同质性，每一群体内部的个体具有差异性。

(2) 非概率抽样。非概率抽样（nonprobability sampling）不是按随机原则抽取样本，以此获取的样本的统计推断功能较差，样本代表性较低。这种方法以牺牲部分准确性为代价换取了实际操作的可行性，因而具有一定的实用价值。尤其是在对调研的总体不甚了解，或者总体太庞大和复杂时，常需采用非概率抽样法抽取样本。非概率抽样又分为以下四种方式：

第一种是便利抽样（convenient sampling）。样本选择完全视调研人员方便而定，如在广告牌前对驻足者进行面谈调研。这种方法通常用于预调研，正式调研中很少使用。

第二种是目的性抽样（purposive sampling）。调研人员根据主观判断或具体目的而选出有代表性的样本，又称判断抽样。如果调研样本不多，可用此方法抽样。缺点是样本选择有时由于主观判断偏差而引起抽样偏差。

第三种是配额抽样（quota sampling）。按一定的标准规定不同特性群体（如职业）的样本配额，然后由调研人员主观抽取配额内样本的方法。配额抽样实质上是一种分层目的性抽样。它与分层随机抽样的相同之处在于都要对调研的总体按特性进行分层；所不同的是对于层内的抽样方法，分层随机抽样是随机抽样，配额抽样是按主观判断或具体目的抽样。配额抽样实施简单，节省费用，而且所抽取的样本不侧重于某一层或地区。实际运用时，只要抽样设计完善，调研方法得当，调研结果的可信度和调研效益均较高。

第四种是滚雪球抽样（snowballing sampling）。调研人员先随机选择一些受访人并对其进行访问，再请这些受访人提供另外一些属于研究目标总体的调研对象，依此类推形成样本。这种抽样方法一般适用于受访目标不易找到、访问内容较敏感等情况。

在实践中，大多数广告调研都采用非概率抽样，主要原因在于：调研组织者不知道产品或竞争产品的确定总体；产品使用者（调研对象）通常极为分散，尤其是面向全国销售的产品；调研较多的样本有可能降低误差；偏差的大小和性质能够进行判断和估计；取得数据资料的成本较低；最后，通常也是直接原因，广告主或调研组织者愿意损失部分可信度以节约调研费用。

3. 问卷设计技巧

问卷设计是问卷调查法的核心内容之一。有效的调查问卷应该集中、简洁、明了。所谓集中，是指要明确调研的目标，所有问题均围绕目标来展开；所谓简洁，是指对于所要获得的资料的描述一定要简明扼要，避免问卷冗长，使回答者失去耐心；所谓明了，是指询问问题时要清楚明了，使回答者易于理解并回答。

问卷设计的程序如下：首先要明确把握调研主题，即所要调研的问题重点；然后进行自由访问调研，询问一些与调研有关的问题，再开始设计问卷草案；在经过预调研（一般几十人即可）后，设计出正式问卷。问卷设计主要包括以下内容。

（1）问卷结构。主要包括以下内容：

1）问卷介绍，包括问卷标题，调研目的，填写问卷所需时长，被调研者填写问卷的注意事项，问卷的保密性、匿名性、自愿性等原则，问卷介绍放在问卷的开始部分。

2）预热与筛选问题，通常1～2个题目，放在问卷的第一部分。其中预热问题是与研究内容相关的简单的、非敏感问题，用来引导被调研者进入问卷填写状态；筛选问题的目的是对被调研者的范围进行限定，使得调查更具有针对性。例如，某方便面公司将其产品与竞争对手的产品进行口味对比测试，那么，问卷中就应包括类似“您是否常吃方便面?”等问题，如果被调研者填写“是”就继续回答随后的问题。

3）问卷主体内容，这是问卷最基本、最主要的部分，包括此次调研的所有内容。

4）被调研者的个人情况，包括年龄、性别、民族、受教育程度、职业、家庭人口数量等人口统计资料。鉴于人口统计资料的敏感性，被调研者的个人情况往往置于问卷的最后。

5）编号，为便于资料的整理及查阅，一般问卷均按某一顺序编号。

（2）封闭式问题类型。封闭式是指针对一个问题给出几个备选选项，被调研者根据自身的情况从备选选项中选择一个能够代表自己情况的选项。这种询问形式能节省调研时间、方便统计分析，在广告问卷中大量采用。常用的封闭式问题有以下 14 种。

1）二项选择类，即由被调研者在预先给定的相互对立的两个答案中选择一项。例如：

你是否看过××牌冰箱的广告?

A. 是（ ） B. 否（ ）

2）多项选择类，即事先给出两个以上的答案，供被调研者选择其中一项或多项。例如：

在购买冰箱时，你认为冰箱的哪些指标最重要?（不唯一）

A. 容积大（ ） B. 制冷迅速（ ） C. 耗电量低（ ）

D. 噪声小（ ） E. 外形美观（ ） F. 结构合理（ ）

G. 其他（ ）

3）排序类，即给定若干答案，请被调研者进行选择，并将结果按重要程度加以排列。例如：

促使你购买某品牌冰箱的主要原因是什么?（选择三项，并按重要程度排序）

A. 品牌（ ） B. 价格（ ） C. 广告（ ）

D. 颜色（ ） E. 性能（ ） F. 他人推荐（ ）

G. 售后服务（ ）

第一位	第二位	第三位

4）回想类，即明确提示回想的范围，让被调研者凭借回忆进行回答，主要用于测验品牌名称、公司名称和某一广告等对被调研者的印象强度。例如：

请说出你在电视中看到的××牌冰箱广告的内容。

5）再确认类，即事先提供某种线索，如文字、图画、照片等，请被调研者回忆确认。通常用于了解被调研者对品牌、广告等的认知程度或品牌、广告的知名度。例如，提示若干化妆品品牌目录，询问说：

这里有几种化妆品，请举出你所知道的。

6）配对类，即出示两类提示物，请被调研者找出提示物之间的一一对应关系，以了解被调研者对提示物的认知程度。例如：

下表左侧列出了几种冰箱品牌，请找出它们所对应的价格。

品牌	价格（元）
海尔	1 950
西门子	2 280
海信	2 650

7）比较类，即让被调研者对几种产品的品牌、商标、广告等，按照不同的喜欢程度进行比较选择。这类问题不仅能判断出顺序，还可以测量比较对象间的评价距离。例如：

请你比较A、B、C三种产品的广告。

广告	喜欢	较喜欢	一般	较不喜欢	不喜欢
A产品广告					
B产品广告					
C产品广告					

8）倾向程度类，即对某种产品连续进行询问，以了解被调研者从消费一种品牌产品转向消费另一种品牌产品的态度差别程度。这类问题在调研态度、意见时经常使用。例如：

A. 你平时使用什么牌子的化妆品？

B. 目前市场上最受欢迎的是Y牌，今后你是否仍买X牌？

C. 针对"是"，最近Y牌产品广告说要进行有奖销售，你还买X牌吗？

9）产品属性核对类，即列出产品的主要特性，由被调研者根据其重要程度进行评分。例如：

说明具有下列特征的冰箱对你的重要性（请在对应的选项下打钩√，若无意见请画"/"）。

产品特性	重要	不重要	无意见
制冷迅速			
省电			
价格便宜			
⋮			

10）表格测验类，用于测验产品特性，即让被调研者在一张印有相关特性的表上标明自己的看法。例如：

请指出更符合以下特点的白酒。

特点	品牌				
	茅台	汾酒	双沟	五粮液	红星二锅头
浓香					
清香					
酱香					
烈性					

11）等距间隔类，即在某一评价尺度的两极（极端好感和极端恶感）之间，测量被调研者态度。例如：

请比较X、Y、Z三种品牌化妆品的广告，将其位置在图上标出。

非常喜欢							非常讨厌

12）强制选择类，即同时列出两个以上同一方向特征且程度不同的句子，使被调研者从中选出接近自己看法的句子作为答案。例如：

请从下列句子中选出接近自己看法的一句。

A. 中央电视台的××节目极有吸引力。

B. 中央电视台的××节目看起来还可以。

如果被调研者选择了B，说明他在这两句中选择了程度稍差的一句，这可能表明他对该节目并不喜欢。采用这类问题可以克服一些社会舆论的干扰，提高答案的可信度。

13）竞争选择类，即先请被调研者进行选择，然后提示刺激物（广告、图片等），再请被调研者进行选择。例如：

你准备购买下列洗衣机中的哪一种？

A. 海尔（　　）　　B. 美的（　　）　　C. 海信（　　）

D. 三星（　　）　　E. 松下（　　）　　F. 西门子（　　）

G. 小天鹅（　　）

待询问结束后，出示电视广告或报纸广告等刺激物，然后再向同一被调研者询问上述问题，比较第一次和第二次的选择答案，作为测验的结果。

14）判断意见类，即采用量表方式，对某一特定问题预先设计不同的看法，提示给被调研者，以征询其意见。例如：

谈谈你对下列看法的意见。

看法	同意	比较同意	中立	不太同意	不同意
A. 广告对企业作用不大，购销要靠业务人员的关系					
B. 采取一些奖售、折扣方法是进行正常推销所必须的					
C. 有奖销售比广告效果要好					

（3）开放式问题类型。开放式问题是不给出应答的提问方式，被调研者可以自己组织语言回答问题。这种询问形式拟定问题比较容易，能活跃面谈调研的气氛，可以获得被调研者许多建设性的意见，因此在预调研和动机调研中广泛使用。开放式问题主要有以下六种。

1）自由回答类，即不预先给出供选择的答案，被调研者可以不受限制地回答问题。例如：

你认为这个广告要传达什么内容？

2）文字联想类，即先列出一些词汇，每次一个，让被调研者写出他脑海中涌现的几个字或几句话。主要用于产品、企业等命名调研。例如：

下面列有几个名词，先看“康师傅”这个词，将你想到的字或词按顺序写出。

A. 康师傅					
B. 大磨房					
C. 太阳					

3）语句完成类，即给出一些不完整的语句，每次一个，由被调研者完成该语句。例如：

A. 当我在钢琴前坐下时，人们________。

B. 但是一旦琴声响起，________。

4）故事完成类，即给出一个未完成的故事，由被调研者补充完成。例如：

前几天下雪，我在等公共汽车，车站挤满了候车的人，这使我产生了下列联想和感慨。现在请补充完成这一故事。

5）漫画测验类，即提示一幅有两个人的漫画，将其中一个人的讲话空出，要求被调研者填入内容。例如：

画面上一女士询问：“你认为《中国经营报》适合哪些读者阅读？”

请将你的回答填入另一人上方的空白部分。

6）主题感觉测验类，即提示一幅绘有购买场景的图片，要求被调研者构想出一个图中正在发生或可能发生的故事。例如：

图上画有一位女士，看着货架上一套标价 8 000 元的某品牌时装，请你说出该女士内心的想法及随后可能发生的故事。

（4）问卷设计时应注意的语言表达问题。主要的问题有如下几种。

1）避免一般性问题。任何调研都离不开特定的目的，为了取得具体的资料，就要避免问题流于一般化。例如，某广告公司要了解客户对该公司广告制作和服务项目的评价，询问：

你对××广告公司是否满意？

你对××广告公司印象如何？

这样的问题显然过于笼统，很难取得预期的效果，故应分项提问，如：

你对××广告公司制作的广告是否满意？

你对××广告公司的服务是否满意？

2）避免使用多义语。有许多词，如“普通”“经常”“很多”“一般”等，各人的理解常有不同，在问卷中应避免使用。例如：

你通常喜欢看什么电视节目？

你经常乘坐飞机吗？

这里使用的“通常”“经常”等词，对于不同的被调研者有不同的含义。应改为：

你昨天主要看了什么电视节目？

你本月乘坐了几次飞机？

3）避免含义不清的问题。问卷中，要避免使用含义不清的字眼或语句。例如：

你汽车买了多久了？

你每月的确切收入是多少？

句子中的“你”究竟指的是你个人、你父母家还是你自己家？“收入”是指工资还是加上奖金和津贴，是月收入还是年收入？被调研者对上述问题的理解存在歧义。另外，收入属于隐私，很难获得具体的信息，因此问题应改为：

你自己家何时购买了汽车？

你每月的总收入在下表中的哪个区间内？

4）避免引导性问题。问题所使用的词不是中性的，而是向被调研者提示答案的方向，或暗示调研者自己的观点。例如：

据说××牌洗衣机性能良好，你的印象如何？

多数观众都看××电视节目，你也喜欢看吗？

此提问就带有调研人员的偏见，诱导被调研者同意其倾向。应改为：

你认为××牌洗衣机的性能怎样？

你在星期六晚上收看了哪个电视节目？

5）避免遗忘性问题。有些问题由于间隔时间太长或过于琐碎，被调研者可能已经忘记，问卷中应避免提此类问题。例如：

去年（或今年）2 月你在电视中看到几次航空公司的广告？

你在本月内购买了哪些日用品？

消费者不可能记住和清楚回忆这些问题，应改为：

近一周内你看过几次航空公司的电视广告？

最近三天你购买了哪些日用品？

6）避免困窘性问题。许多人认为年龄、收入状况、婚姻状况、受教育程度等属于个人隐私，不愿意回答或会做不真实回答，这类问题就是困窘性问题。例如：

除你的工作收入外，还有其他收入吗？

你是否向人借钱购买了股票？

如果一定要得到此类问题的答案，则应设立区间，或询问被调研者对该事物的看法。例如：

你每月总收入属于下列哪一区间？

A. 3 001～5 000元　　B. 5 001～8 000元　　C. 8 001元以上

7）避免断定性问题。有些问题是事先断定被调研者已有某种商品或行为，而事实上被调研者极可能没有此商品或行为。例如：

你家空调是什么品牌？

你丈夫什么时间跑步？

正确处理这种问题的方法是，在断定性问题之前增加“过滤”问题。如：

你家是否安装了空调？

你是否已经结婚？你丈夫是否锻炼身体？

如果被调研者回答“是”，再用断定性问题继续询问，否则在过滤问题之后即停止询问。

8）避免假设性问题。有些问题是先假定一种情况，然后询问被调研者在该种情况下会采取什么行动。例如：

如果房价下跌30%，你是否购买住房？

如果飞机票降价20%，你是否愿意坐飞机旅游？

这些探询被调研者未来行为问题的答案事实上没有多少价值，因为多数人都愿意尝试某种新事物，都希望获得一些新的消费体验，但在实际的消费行为中往往有很明确的偏好和消费惯性。

二、观察法

（一）观察法的优缺点

观察法（observation）是指通过肉眼或仪器观察被调研者的活动来取得资料的方法。采用观察法进行调研，调研者同被调研者不直接接触，被调研者的活动不受外在因素的影响，因而取得的资料具有较高的准确性和可靠性。但是，观察法只能观察被调研者的行为，不能了解其内在心理因素的变化，因此有时需要进行较长时间的反复观察，才能得到调研结果。

此外，在广告调研实践中，观察法的使用常受到限制，主要原因是费用太高，效果有限。例如，在使用仪器观察时，调研本身只能给出统计意义上的结果，而无法说明消费者对某一路牌广告反应冷淡的原因。因此，还需要配合使用深度访谈等定性方法做进一步研究。

（二）观察法的分类

观察法一般分为直接观察法和仪器观察法。

1. 直接观察法

调研者直接到现场察看以收集有关资料。例如，调研者到零售商店观察货架，了解不同品牌产品的摆放、数量、价格、广告张贴等，企业可根据这些资料判断广告产品在市场上的位置。

2. 仪器观察法

可利用收音机、录像机、监视器、传感器、扫描仪等进行观察。具体的方法多样，这里仅介绍两种通过生理实验观察消费者对广告的无意识反应的方法。

（1）皮肤电气反射实验。皮肤电气反射实验（galvanic skin reflex，GSR），又称测谎仪法、电位法，其原理为：当人们看广告时，会受到某些冲击，即产生某种程度的兴奋和感动。随着感情的变化，人体出汗的情况也会发生相应的变化，因此可以通过对人体出汗情况的测量来描述人的感情的变化。这种方法最大的价值就是被测验者无法控制的或无意识的反应能够被客观地记录下来。但由于各人出汗情况不同，因此需要事先分别测量其体质，以避免偏差。同时需要辅以其他测量方法，以确定其所受冲击是好的冲击还是坏的冲击。这种方法可以用于文案测试，也可以用于广告效果的测量。

（2）瞳孔计测验。人的瞳孔受到光的刺激时会缩小，受到黑暗的刺激时则放大，由此可知越是有趣的事物（越会一直凝视），越会使瞳孔放大。可以用仪器将瞳孔的缩放情况测出并加以统计，以测量瞳孔放大与趣味反应之间的关系。该法一般用于广告效果的测量。

三、实验法

实验法（experiment）是指通过实验对比来取得资料的方法。实验法的应用范围很广，任何一种产品在改变品质、包装、价格、广告及陈列方式时，都可先用实验法进行小规模的实验性测试，以调研市场的反应。常用的实验法有以下三种。

1. 销售地区实验

找出两个在人口、收入、销售类型等方面近似的细分市场，将广告在其中一个市场上投放，然后对比观察两个市场的反应。该法主要用于广告执行调研。

2. 广告信息实验

在同一市场或几个市场上推出信息不同的广告，然后比较实验结果，从中确定最有吸引力的广告信息。

3. 媒体效果实验

在两个相似的测试市场上使用不同类型或程度的媒体推广，在其他因素不变的情况下，分别测量消费者态度、收视率、产品知名度等，以评价媒体的传播效果。

从理论上讲，采用实验法所取得的调研结果应该同自然科学实验一样精确，但实际并非如此。在广告实验期间，众多的不可控因素，如消费者的偏好、竞争者的策略等，都可能影响实验对象，进而影响实验效果。另外，实验法获得资料耗时较长，费用也较高。所以，实验法的应用受到了一定的限制。

第5节　定性研究方法

在广告主题确定的过程中，企业必须了解消费者的信息，而这些信息主要指消费者的需求信息。借助定性研究方法能十分方便地了解消费者的需求信息，从而为广告主题的确定奠定良好的基础。下面介绍常用的四种定性研究方法，分别是访谈法、焦点小组访谈法、投射访问法、扎尔特曼隐喻抽取技术。

一、访谈法

为了解消费者潜意识里的观念和动机，将消费者置于能表达他们的感情态度的环境下直接提问，这种方法称为访谈法或者深度访谈法。深度访谈法（in-depth interview）主要用于对问题进行深层了解的探索性研究目的，如了解被调研者对某种产品、某个广告创意的看法及其原因，挖掘其复杂行为背后的动机或原因等。

访谈法是调研人员面对面地直接向受访人询问有关问题，以获取信息资料的方法。通常，调研人员根据事先拟好的访谈提纲上的问题，依次进行提问；有时，亦可采取自由交谈的方式。使用访谈法进行调研，通常是一对一的个人访谈。

（一）访谈法的实施步骤

1. 准备阶段

在准备阶段需要完成以下工作：明确访谈的主题和目的；选择受访人和访谈人；确定访谈环境等。

（1）明确访谈的主题和目的。根据所要解决的问题来确定访谈目的，并在确定访谈目的的基础上确定访谈的主题。

（2）选择受访人和访谈人。受访人应该对访谈内容有比较深的了解，并且具有一定的语言表达能力，能够阐述自己的想法。访谈人应该具有很强的专业知识，有很强的语言表达能力、组织能力和应变能力。

（3）确定访谈环境。访谈环境应根据访谈的具体内容确定，如果访谈内容对受访人所处的环境具有较强的依赖性，那么就应该在受访人所处的环境中进行访谈。

2. 访谈的具体程序

在访谈过程中，访谈人需要根据事先拟好的问卷或者调研提纲提问，受访人需要对这些问题阐述自己的想法。当然，也可以采用自由交谈的方式进行访谈。在访谈过程中，访谈人需要对访谈的内容进行记录、录像、录音，并适时地引导受访人，使之围绕访谈主题进行回答。同时，在访谈过程中，也可以对原先的访谈问题进行扩展，使内容更加详尽。

3. 访谈结果的整理和分析

访谈结束后，访谈人需要对相关访谈资料进行整理、分析，最后得出结论。

（二）访谈法的优缺点

访谈法的优点包括：(1) 能够直接与受访人见面，听取其意见，观察其反应，有利于收集语言类和非语言类信息，如面部表情、肢体语言等数据信息。(2) 该方法灵活性较大，不受任何限制，也没有固定的模式；可以一般地谈，也可深入详细地谈；涉及的问题可能很广很全面，也可能很窄但很深入。

访谈法的缺点包括：(1) 调研成本比较高，其中主要是时间成本。(2) 调研结果受访谈人的业务水平和受访人回答问题真实与否的影响很大。

（三）访谈法在挖掘广告主题中的作用

访谈法比较灵活，访谈人在访谈过程中能够随机应变地了解受访人的相关信息，因此，广告公司可以采用这种方法来了解消费者的需求，然后根据消费者的需求确定与之相关的广告主题。但是，这种方法费时费钱，调研过程烦琐，因此在时间紧、预算少的情况下，可能不是合适的调研方法。

二、焦点小组访谈法

（一）焦点小组访谈法概述

焦点小组访谈法（focus group discussion）是对某个关键问题以小组讨论的模式进行详细了解的一种方法。这种方法的最常用形式就是集中邀请6～10个目标群体的典型代表开一个小组讨论会，讨论产品、服务、广告传播及营销状况等问题。

焦点小组访谈法是由一个经过训练的主持人以一种无结构的自然的形式，与一个小组的受访人交谈来获取数据资料的研究方法，其中的主持人负责组织和控制讨论。焦点小组访谈法通过调研一组从调研者所要研究的目标市场中选出的受访人，获取对有关问题的比较深入的了解。这种方法的价值在于，常常可以从自由进行的小组讨论中得到一些意想不到的发现。该方法可以用于几乎所有情况，例如了解消费者对某类产品的认识、偏好及购买行为，获取对新产品概念的印象，对广告创意、广告脚本进行测试，等等。

焦点小组访谈法的优点是具有协同效应，也就是说一组人在一起讨论，比询问单个人能得到更加广泛的信息、深入的理解和看法，而且更容易激发参与者的灵感和有价值的想法。小组讨论通常会被记录或录像，用于后期分析，有助于对原始资料的整理和完善。这种方法的缺点是对主持人组织和提问的能力要求很高，而且由于受访人回答问题的无序性，调研结果往往很凌乱，给后期分析和解释工作带来了困难。

（二）焦点小组访谈法的实施步骤

1. 准备工作

（1）确定访谈的目标和制订实施方案。首先需要明确本次访谈的目标，在确定访谈目标的基础上制订访谈的实施方案。该方案是整个项目操作的总纲，以此来全面考虑访谈的组织和管理，构建整个访谈的总体框架。

（2）选取并邀请参加焦点小组访谈的成员并聘请主持人。参加焦点小组访谈的成员是按照一定的标准，采用配额抽样或者判断抽样的方法来获得的。焦点小组访谈的次数不宜太多，一般以 2～4 场为宜。主持人应该具有良好的专业基础知识，并熟悉项目内容，具有较强的组织、应变和协调能力。

2. 实施流程

（1）介绍。焦点小组访谈开始时，首先由主持人自我介绍，之后每个参与者做简单的自我介绍。经过介绍，可以使与会者之间有所了解，消除陌生感，使会议的气氛活跃起来。

（2）会议要求说明。主持人应该把本次焦点小组访谈的目的清楚地传达给参与者，解释清楚访谈的规则等。

（3）问题讨论。在本步骤中，所有参与人需要围绕讨论主题进行探讨。在讨论过程中，主持人应把握讨论的范围和进度，要不断地调整参与者发言次数，力求每个人发言的次数均衡，并保证所讨论的话题与调研目的相关。同时，主持人在焦点小组访谈过程中，对参与者的发言要点要着重记录。访谈结束前，主持人简要地概括一下所讨论的内容。

（4）撰写焦点小组访谈报告。这一部分的内容包括：完备记录、审核、分类、编码、整理录像带、整理补充资料、统计、制作图表、归档等，通过以上步骤最后形成焦点小组访谈报告。

（三）焦点小组访谈法在挖掘广告主题中的作用

焦点小组访谈法是了解消费者信息的重要方法，也是集合企业内部相关人员想法的重要途径。通过焦点小组访谈法可以了解消费者的需求信息，这样就可以了解消费者所希望得到的利益，确定广告的诉求点，进而确立广告的主题方向。同时，焦点小组访谈法也是企业内部集思广益的重要方法，通过焦点小组访谈法可以将企业内部的创意人员集中起来，从而形成好的广告主题。

三、投射访问法

投射访问法（projective interview）是让被调研者完成一定的任务，通过对任务完成过程和结果的分析，了解任务中所反映出来的被调研者的动机和态度。这种方法是用一种比较隐蔽的方式来降低被调研者的心理防御，使其在不知不觉中将自己的真实想法表露出来。

（一）投射访问法分类

（1）题目的直觉测试。调研者提供给被调研者一系列黑白图片和漫画，要求被调研者回答此处正发生了什么或者下一个图片中将发生什么，这种方法使被调研者能够自由地把他们的感觉与观念融入图片和漫画所描绘的环境之中。题目的直觉测试之所以能够应用在市场调研中，其核心前提在于该方法将调研主题用图画和漫画的形式充分地表示出来。

（2）词语联想。在测试中，调研者将提供给被调研者一系列单词，一次一个，要求被调研者说出浮现在脑海中的第一个词。通过对反应词以及反应时间的分析，了解被调研者对测试词汇的印象、态度和需求。

（3）句子完成法。句子完成法就是将未完成的句子呈现给被调研者，让他们将未完成的句子完成。这种方法的灵活性较大，通过答案可以了解被调研者的态度和主观意愿。

（4）故事构建。这种方法是让被调研者完成一段只有开头和结尾的故事，借以分析被调研者的动机。

（5）卡通测验。这种方法是通过给被调研者含有两个人的图画，其中的一个人说一句话，然后由被调研者以图画中的另一个人物的身份说出另一句话，从这句话中分析被调研者的想法。

（二）投射访问法在挖掘广告主题中的作用

投射访问法是了解消费者潜在态度和动机的有效方式，这种方法能够在消费者不知晓的情况下了解他们的想法，对挖掘消费心理、形成广告创意和主题具有重要作用。投射访问法能够了解消费者最隐秘的想法，用这种方法形成的广告诉求和广告主题反映了消费者的真实态度。

四、扎尔特曼隐喻抽取技术

扎尔特曼隐喻抽取技术（Zaltman metaphor elicitation technique，ZMET）是由扎尔特曼和库尔特在 20 世纪 90 年代初提出的。[①] 扎尔特曼隐喻抽取技术是通过对人们非文字语言或者隐喻表述进行挖掘来了解他们内心想法的技术，所以它是一种理解消费者对品牌、产品的看法以及购买和生活经历及消费态度的有效工具。这些对于企业广告宣传是十分重要的，因此我们有必要通过扎尔特曼隐喻抽取技术来了解消费者的内心感受。

（一）扎尔特曼隐喻抽取技术的实施步骤

1. 招募受访者

一般来讲，需要招募 20 名受访者。研究人员会告知受访者一系列关于研究主题（如

---

① Zaltman G，Coulter R H. Seeing the Voice of the Customer：Metaphor-Based Advertising Research. Journal of Advertising Research，1996（7）.

某品牌）的介绍和指示，并让受访者用 7～10 天的时间通过各种途径收集 10 张左右的图片，这些图片必须代表研究主题对受访者的意义。

2. 引导式访谈

引导式访谈以一对一的形式进行，大约需要两个小时的时间，在访谈的过程中需要录音。这种访谈可以挖掘消费者的深层想法。该访谈包括以下 10 个步骤。

（1）讲述故事。受访者首先将收集的 10 张图片排列放在面前的桌子上，然后自行讲述一张一张图片与主题之间的故事。其背后的原理是：人们的记忆和沟通都是以故事为基础的，受访者会以故事的形式讲述他对主题（如某品牌）的感受或者该主题对他的意义。比如在一次关于内衣的访谈中，受访者具体阐述了每张图片与这款内衣之间的联系。其中一张图片是里面放了一台电话的微波炉，受访者认为这张图片代表了穿着这款内衣时的扭曲、灼热和不适的感觉。

（2）遗漏的主题和图片。访问者让受访者阐述没有找到图片的主题并对他心目中能代表这个主题的图片进行描述。这一步骤可以让受访者讲述那些在图片收集完成后或者在访谈过程中进入头脑中的想法，避免遗漏。

（3）分类整理。受访者被要求按照一定的意义将所有的图片分组，并为每组提供一个描述性的标签。这个步骤并不对组数和每组的图片数做出限定。分类整理是建立相关论点和构念的有效工具。

（4）构念抽取。构念是指个人在其生活中经由对环境中的人、事、物的认识，期望，评价和思考所形成的观念。每个人的生活经验不同，个人构念自然也不同，因此个人构念代表了他的人格特征。在这一步，将会使用凯利方格技术（Kelly grid technique）和攀梯法（laddering）。在运用凯利方格技术时，通过让受访者辨别每三个刺激物中任意两个刺激物的相似之处，并且辨别这两个刺激物与另一个的区别，来抽取隐藏在受访者思维和行为下的构念。攀梯法则可以使态度—结果—价值链条中的变量变得明显，据此抽取构念之间的因果模式。这两项技术是互补的：凯利方格技术可以提高明确相关构念的可能性，攀梯法则可以提高理解构念之间关联的可能性。

（5）最具代表性的图片。在这一步，受访者需要从所有图片中选择最能代表访谈主题的图片，而这种感受是受访者对于这一产品或服务的最深切的感受。

（6）相反的图片。访问者会要求受访者描述代表相反意义的图片，这一步中的影像是与步骤（5）中最具代表性的图片相反的图片。

（7）感官影像描述。在这一步，受访者被要求用感官知觉来传达能够和不能够代表所探讨主题的内容。研究认为，人们是用所有感官知觉来思考的，而感官思考就是影像，所以分析感官知觉是十分重要的。每一个受访者需要讲述哪些是或者不是与被探讨主题相关的味觉、视觉、触觉、嗅觉、听觉或者内心感受。例如，这种产品听起来最像什么，最不像什么？

（8）心智模式图。受访者被要求建立一个心智模式图去描述重要的构念之间的联系。

（9）总结影像。在这一步，要求受访者创建一幅总结影像来表达自己的重要构念。受访者挑选出最具代表性的图片，删除或者保留任何图片中的元素，并融合成为一个总结性的影像，来传达重要的构念。

（10）小短文或者视频短片。受访者被要求写下一段文字或者制作一段视频来帮助沟通与主题有关的重要构念。

3. 辨认关键构念

访谈结束后，访问者需要回顾访谈记录来确认关键构念。这一阶段的工作是以分类理论和感性理论等为基础的。所有扎尔特曼隐喻抽取技术的构念都是有双重意义的。例如，满意既包括“满意”，也包括“不满意”。访谈中获得的关键构念将会作为编码的原始数据。

4. 数据编码

研究人员按照成对构念的方式进行数据编码，成对的构念之间存在因果关系。它们一般在讲述故事、遗漏的主题和图片、构念抽取这些步骤中被提取出来。

5. 构建共识图

根据大多数时间大多数人的大多数想法这一原则，研究人员对受访者中的成对构念进行分析并构建共识图。这里有两个量化的标准：超过 1/3 的受访者提及的构念和超过 1/4 的受访者提及的成对构念才能纳入共识图。

6. 观察共识图

建立共识图之后，研究人员将会随机地选择受访者的文件，然后观察该受访者与前后连续的受访者所抽取的构念之间的差异，借此了解共识图中包含的构念的覆盖率。

7. 描述重要的构念和共识之间的关系

描述重要构念和共识之间关系的方法有很多，例如数码影像和视频短片都可以用于了解受访者的隐喻。

（二）扎尔特曼隐喻抽取技术在挖掘广告主题中的作用

扎尔特曼隐喻抽取技术是了解受访者内在想法的有效技术，它能通过对消费者非文字语言或者隐喻表述的分析了解消费者对产品、服务、品牌的内在想法，还能了解消费者的内在需求，因此通过扎尔特曼隐喻抽取技术确立的广告主题是对消费者需求的真正反映。

案例分析

爱奇艺是如何用大数据助力娱乐工业革命的？

作为一家视频娱乐公司，爱奇艺接连打造出《中国新说唱》(原《中国有嘻哈》)、《偶像练习生》这样的爆款综艺节目。2018 年 3 月，爱奇艺成功上市。同年 8 月 1 日发布的第二季度财报显示，爱奇艺会员规模达 6 710 万人，同比增长率达到 75%。从选角到会员运营，爱奇艺快速发展的背后，数据到底发挥了什么样的作用？

2017 年夏天，爱奇艺掀起了嘻哈热，每期视频点击率过 2 亿，单从数字来看，《中国新说唱》是一档相当成功的节目。但在其出现之前，没有人能想到这样一种偏小众的音乐形式在中国有如此大的号召力。“在决定做这档节目之前，我们通过数据分析发现嘻哈在中国是有一定根基和生命力的，只是没有一档娱乐节目将它带到公众面前。”爱奇艺大数据和商业智能负责人孙斌说。

“虽然通过用户群体画像，我们发现中国的嘻哈爱好者群体偏年轻，是教育背景、理念、经济水平都不错的一群人，但在爱奇艺这么大的受众背景下，如果开设一档有关嘻哈的娱乐节目，谁都不知道能不能火。”

之后，爱奇艺分析了用户的站内行为，包括浏览的内容、评论和弹幕是否与嘻哈相关，在泡泡社区（爱奇艺用户的粉丝社区）的活动中是否参与了嘻哈相关的圈子及讨论；也通过合法获得的站外数据，对全网舆情进行了分析，了解嘻哈音乐在全网用户中的情况。孙斌介绍：“根据所有的这些线索，利用如自然语言处理结合大数据分析方法，才得出嘻哈音乐在站内站外用户中已经很有根基，也很有生命力的结论。”

孙斌表示，整个过程是一个良性循环。“我们在数据分析的基础上可以做出一些节目，而节目播放后获得的反馈又会帮助我们完善用户的画像和舆情动向，从而进一步探寻观众的需求，做出让大家更满意的节目。”不仅是对节目的分析，爱奇艺还将数据分析应用在各个方面。在背后支撑这一切的，是一个叫作“通天塔”的数据平台——从底层的数据产生与采集，到中间的数据加工分析，一直到顶层的应用，以及在大数据平台之上的商业分析、运营分析、产品分析，都集中在一个“中央集权”的团队里，全部实现一站式管理，使得公司中的各个角色能够非常快捷地获取自己想要的数据。

资料来源：https://baijiahao.baidu.com/s?id=1608112351373466023&wfr=spider&for=pc.

讨论题

1. 与传统市场调研相比，大数据分析的优势是什么？
2. 有没有什么问题是大数据分析无法解决的？可以用传统市场调研方法解决吗？
3. 大数据分析有质量控制吗？如何控制的？

基本概念

分群随机抽样（cluster sampling）
便利抽样（convenient sampling）
实验法（experiment）
焦点小组访谈法（focus group discussion）
皮肤电气反射实验（galvanic skin reflex）
深度访谈法（in-depth interview）
非概率抽样（nonprobability sampling）
观察法（observation）
概率抽样（probability sampling）
投射访问法（projective interview）
目的性抽样（purposive sampling）
定性研究（qualitative study）
定量研究（quantitative study）
配额抽样（quota sampling）
简单随机抽样（random sampling）
分层随机抽样（stratified sampling）
滚雪球抽样（snowballing sampling）
系统随机抽样（systematic random sampling）
扎尔特曼隐喻抽取技术（Zaltman metaphor elicitation technique）

思考题

1. 为什么调查研究是重要且必要的？结合习近平总书记关于调查研究的重要讲话和一个广告案例进行阐释。

2. 简述广告调研的特点和内容。

3. 广告事前调研、事中调研及事后调研的内容有何不同？

4. 简要说明概率抽样与非概率抽样的区别以及各自包括的抽样方法。

5. 简述定量研究和定性研究的区别。

6. 问卷调查法包括哪几种方式？它们各自具有什么样的优缺点？

7. 在问卷设计中应该注意哪些问题？

8. 访谈法的优缺点有哪些？如何利用访谈法挖掘广告主题？

9. 焦点小组访谈法的优缺点有哪些？如何利用该方法挖掘广告主题？

10. 投射访问法有哪些形式？

第9章
广告主题

学习目标

- 了解广告主题要解决的主要问题。
- 掌握如何依据产品差异确定广告主题。
- 掌握如何依据企业形象元素确定广告主题。
- 思考广告主题提炼与传统文化、社会主义核心价值观的关系。

广告主题是企业通过广告向消费者传递的有关企业、品牌以及产品的核心内容。因此，确定广告主题不仅是一种技术工作，更是一种文化与思想的汇聚，是企业思想与消费者价值观、社会观念的统一和融合。因此，在确定广告主题时需要将文化与思想纳入进来。习近平总书记在庆祝中国共产党成立 100 周年大会上提出了“两个结合”的指导思想，“坚持把马克思主义基本原理同中国具体实际相结合、同中华优秀传统文化相结合”。2022 年习近平总书记在党的二十大报告中对“两个结合”做了新的阐释，“把马克思主义思想精髓同中华优秀传统文化精华贯通起来、同人民群众日用而不觉的共同价值观念融通起来”“让马克思主义在中国牢牢扎根”。这些思想也将指导广告，尤其是广告主题的提炼。

广告主题（theme）是广告执行的第一步，也是广告创意与广告表现的基础。广告主题需要在企业定位策略和营销策略的指导下，通过科学的研究方法获得，这是关系到如何正确、科学、有效地做广告的重要问题。在这一章，我们首先对广告主题进行概述；之后分别介绍两种确定广告主题的思路，即依据产品差异和企业形象元素确定广告主题。关于确定广告主题所使用的定性研究方法见第 8 章第 5 节。

第 1 节　广告主题概述

一、对广告主题认识的三个阶段

广告主题（advertising theme）受到重视始于 20 世纪 30 年代经济大萧条时期的美

国，到了20世纪50年代关于广告主题已经形成了比较系统的观点。广告界对广告主题的认识大致经历了三个阶段，这三个阶段对广告主题的认识都与当时的市场营销观念（marketing philosophy）是一致的。随着营销观念由产品观念向推销观念、市场营销观念的转变，广告界对广告主题的认识也经历了从产品导向到企业导向，再到消费者导向的变化。

（一）第一阶段：20世纪50年代前后

20世纪50年代前后是市场营销观念从产品观念向推销观念转变的时期。产品观念强调的是企业应该以开发多种多样的产品为经营理念，而推销观念强调的是，由于竞争加剧，企业应该通过促销手段等将产品卖给消费者。在这样的历史背景下，营销史上涌现出了大量的关于如何推出有效广告的研究和理论观点。

当时非常有代表性的观点是美国罗瑟·里夫斯提出的广告要把注意力集中在产品的特性和消费者利益上。他指出广告应该注意突出产品之间的差异，这个差异就是独特销售主张，俗称卖点。与这种理论相适应的方法具有较强的操作性且简便易行，只要认真操作就会取得不错的广告效果。但是随着经济的发展，不同产品之间的差异越来越小，而某些差异对消费者来说并没有太大意义。因此，这种理论的实践意义逐步减小，新的理论随之产生。

（二）第二阶段：20世纪60年代前后

20世纪60年代前后是推销观念向市场营销观念转变的时期，市场营销观念强调了企业的营销策略应该满足消费者的需求。在这一历史时期，由于买方市场逐步形成，任何一种产品的畅销都会很快导致大量企业蜂拥而至同一市场，同类产品之间的差异消失得越来越快。一个企业要在这种市场条件下生存和发展，仅靠产品的特点已远远不够。当产品本身的特征不足以让消费者识别时，就需要有其他的识别标志。此时，创造品牌差异、树立品牌形象以及提高企业声誉就变得越来越重要，无形中使得广告成为这一时期最重要的竞争手段。

企业形象系统或企业识别系统（corporate identity system，CIS）理论就是在这个时期应运而生并发扬光大的，CIS理论及其操作性研究对广告的发展起着非常重要的作用。而生活在那个时代的被称为“形象时代建筑大师”的大卫·奥格威曾指出，“每一个广告都是对品牌形象的长期投资”，该理论对实践的发展起到了一定的积极作用。

（三）第三阶段：20世纪80年代至今

从20世纪80年代至今，企业必须真正从消费者的角度来考虑生产与销售问题。企业不仅要考虑“消费者需要什么，我就生产什么”，而且必须走到消费者的前面，为消费者设计生活，引导消费和创造消费。近年来关于消费需求、消费心理与消费行为的研究成果为广告实践提供了重要的理论依据。

随着商品的极大丰富和消费者选择余地的增大，一个品牌要在市场上生存，其前提是当消费者涉足某个消费领域时，该品牌能被想到，而且首先被想到的品牌才可能在市场中占有较大的份额。美国的里斯和特劳特在其合著的《广告攻心战略：品牌定位》一书中提出："广告已进入一个以定位策略为主的时代。在定位时代，你一定要把进入潜在顾客的心智，作为首要之图。"该观点说明，这一时期对广告主题的明确更多的是建立在消费心理上，而不是仅停留在产品之间的差异上。与前两个时期的从产品或企业自身出发的观点相比，第三个时期开始转向从消费者出发，这是一种进步。这种进步为在市场经济条件下广告主题的确定提供了理论与实践依据。

二、确定广告主题的必要条件

（一）确定广告主题必须经过科学分析

广告是一种对产品信息的传播活动，然而，任何一个产品的信息都是非常复杂的，要在很短的时间或有限的空间内传播所有的信息是不可能的。因此，广告传播的信息必须是经过筛选的。一个广告究竟以什么为主题，主要依据的是市场，而不是创意，而市场因素，包括消费者需求，是需要采用科学的调研分析方法才能获得的。

（二）确定广告主题的理论和方法是由经济发展条件决定的

确定广告主题的理论和方法的发展与营销观念的发展有着密切关系。由"从里向外"到"从外向里"这一确定广告主题的基本思想的发展，即从侧重产品本身的差异到重视消费心理差异，实际上恰恰反映了营销观念的发展，同时也反映出广告作为一种经济活动的特点。

在市场经济发展初期，产品、企业之间的差异显得更加重要，差异化的广告内容有时收效甚佳。尤其在消费水平较低的条件下，消费者购买时往往犹豫不决，他们需要更多的产品信息来帮助做出购买决策。

市场经济发展后，出现了比较严重的产品同质化现象，这是因为只要某种产品能盈利，马上就会有一批投资者竞相模仿，结果产品差异很快便消失。发达国家在20世纪50年代末开始进入产品同质化时代，我国90年代也开始出现产品同质化现象。

产品同质化意味着产品之间客观上已经没有差异，没有差异就意味着无法竞争，这就要求从主观上去创造差异。为什么会产生品牌？首要的原因就是为了区分产品，即品牌的第一个功能就是区分产品。但仅把产品区分开是不够的，因为仍无法回答"消费者为什么买我的产品，而不买其他品牌的产品或替代品"的问题。此时，原因已不能简单地从产品本身去找，因为产品已同质化，那么企业形象和品牌形象问题就开始变得重要起来。"消费者为什么买某个品牌的产品，而不买其他品牌的产品"的困惑实际上与消费者的心理因素密切相关，如喜欢、信任和偏好某个品牌的产品。

随着消费水平大幅提高，同类产品越来越多。某一消费领域的品牌的无限增长再一次形成购买障碍，可能导致消费者无所适从。在产品极大丰富的条件下，某个品牌的产品是否被购买，不仅取决于消费者的喜欢、信任和偏好，还取决于在众多的同类产品中，该品牌是否能被消费者记住和想起。某一产品质量再好，但消费者不知道，在购买时想不到它，其后果是可想而知的。这时，营销成败的关键就不完全是产品质量问题，而是观念问题。里斯和特劳特的品牌定位理论对这一问题进行了研究。

三、广告主题要解决的主要问题

广告主题确定的前期工作就是通过市场调研，确定目标消费群的特点及企业和产品在市场中的位置，在此基础上确定目标消费群的购买理由——为什么购买？为什么购买这个品牌的产品？为什么不购买其他品牌的产品？——这是广告主题研究需要解决的主要问题。

（1）购买理由是受个体因素和环境因素影响的。任何人只要回顾一下自己购买产品的过程，就会发现，在购买任何一件产品时都会有一个理由。购买理由实际上只对购买者个人有价值，它反映了一个消费者所特有的个性和世界观，反映了他对市场的看法和预测，他的个人经历对自身的影响，以及社会政治、经济、文化、风俗习惯、社会心理对他的影响。

（2）购买理由代表了一个消费群体。任何一种简单的心理或生理需求都会导致复杂的消费过程。任何一个购买理由都具有一定的代表性，它往往代表着一个消费群体。市场细分、目标市场选择的意义也在于此。所以，如果把“为什么买这件产品”的问题简单化，实际上就是要找出这件产品能被接受的购买理由。如果所有产品的购买理由都相同，那么消费者将很难做出选择，他可以在同类产品中任意选择，但他最终的购买仍会有一个特定的理由。

（3）购买理由不是消费理由。提出与其他商品不同的购买理由就是确定所谓的市场位置，广告主题的确定恰恰就是寻找这个理由，也就是确定市场上的宣传位置或寻找卖点。我们强调购买理由而不是消费理由，是因为这两者往往是不一致的。是否购买某件产品受很多因素的影响，如价格、社会心理因素、商业刺激等。这些因素有时会导致与需求无关的购买。比如大家都在排队购买某一产品，结果来购买的人越来越多，队伍也越来越长。这往往是从众心理造成的，即大家都买的东西一定好，所以我也买。而买后有什么用，当时可能很难确定。因此，从广告目的这个角度讲，讨论与研究购买行为的一般特点具有更直接的意义，况且广告本身也是商业刺激的一种形式。

四、科学确定广告主题的意义

科学确定广告主题是广告成功的基础和前提。没有一个科学的主题，广告就如同一艘没有方向的船，行驶得越快，可能离目的地越远。根据一般规律，开展广告活动的步骤应该是：产品还未投入市场，广告先行；推出广告，主题先行。正确的广告主题有利于进一步巩固产品定位，科学确定广告主题有如下意义：

1. 正确的广告主题是说服购买的关键

广告主题要分析的是消费者因为何种理由才买企业的产品，他们想知道什么，在什么时间、什么地方想听到或看到企业的广告。

2. 正确的广告主题有利于产品识别

在消费者需要依据产品信息做出购买决策时，产品之间的差异就很重要。在这种情况下，强调产品差异的广告会更有效，便于消费者进行产品识别。

3. 正确的广告主题为广告创意与表现提供了有效指导

广告不是文字游戏，不是单纯的绘画、摄影、摄像艺术。因此，正确的广告主题为后期的广告创意与表现提供了有效的指导，所有的广告艺术表现都应该围绕广告主题。

4. 正确的广告主题是企业对广告进行科学管理的重要内容

广告视角　广告语如何制造“消费者”

所有正确的广告主题都是通过科学分析方法，针对目标消费群的价值观、生活经历、需求以及其他心理因素提炼出来的广告的“灵魂”。因此，确定一个正确的广告主题的过程应该是科学的，也体现了企业对广告进行科学管理的水平。

第 2 节　依据产品差异确定广告主题

确定广告主题实际上是回答“消费者为什么买我的产品，而不买其他品牌的产品或替代品”的问题。对于这个问题的最早和最常见的回答是：“因为我的产品具有其他同类产品所不具有的优点和特点。”

从这个思路出发，企业可以依据产品差异来确定广告主题。具体来讲，企业首先要进行产品分析，即通过对自己产品特点的分析以及与竞争对手产品的对比分析，总结出自身产品的优点和特点。其次，企业选择其中最主要、最具差异性、最能吸引人的特点作为广告主题。这个“特点”就是企业的“卖点”，也是为消费者购买提供的一个理由。

一、产品分析

产品分析一般可以从以下五个角度进行，分别是产品使用价值、产品价格、原材料、产品制造过程、企业层面。

（一）从产品使用价值进行分析

有些企业的产品分析重点放在了产品的使用价值上。从产品使用价值的角度进行分析并获得广告主题最具有挑战性，但也最有效，应用最广。产品使用价值涵盖很广，既包括产品的自然属性，也包括产品的社会属性。基于产品使用价值的产品分析主要包括以下几个方面：

（1）产品的感官效用，如外观、形式、颜色、声音、触觉等方面有何优点或特点。对于家具、装饰品、高档耐用品、家用电器等来说，感官特点往往很重要。

（2）各种用途和用法，强调了产品在某个功能上的某种特点，如三顿半咖啡在广告宣传中提及的“冷水也能冲泡的咖啡”。

（3）产品的使用表现，这也是最古老的方法之一。例如，宜家家居店里常年展示一款摇椅，在反复的锤击之下，仍旧能保持原样，反映了该产品耐用不变形。采用这种方法进行广告的关键是可信。除了实物展示，产品的耐用程度还可以通过测试确定。

（4）顾客对产品的赞扬，只要这种赞扬是可信的，也很容易使广告成功，采取新闻报道的形式往往更有效。

（5）名人代言广告。名人代言广告（celebrity endorsement）的优势主要有两点：首先，名人本身非常引人注目，可以使广告引起注意的可能性提高。其次，一般人认为名人不会拿自己的信誉和威望冒险，因此名人代言广告会使产品的可信度提高。但名人代言广告也存在问题，如由于名人过于吸引人而分散了人们对产品的注意力；名人的负面新闻导致消费者对其代言的产品产生反感，甚至不再购买等。

（6）产品使用中的方便和乐趣，如奥利奥饼干可以“蘸着牛奶吃”。

（7）售后服务，如产品的保险、保修以及售后维修等，如雷克萨斯汽车提供的“终身免费保养”政策。

（8）产品包装方面的特点，如三顿半冷萃咖啡的包装是可回收材料做成的垃圾桶形状的，与其他的袋装咖啡形成了鲜明对比。

（二）从产品价格进行分析

有些企业的产品分析重点放在了产品价格上。企业采用价格特征作为其广告主题，往往是出于以下几点考虑：一是绝大多数消费者对价格是敏感的，且在所有产品属性中，消费者对价格的敏感程度高于对产品其他属性的敏感程度。二是价格往往被认为是质量的指示灯，即高价格暗示高质量，低价格暗示低质量。三是当消费者在其他属性上的比较出现认知失调时，价格就成了可以依靠的最清晰的外部线索，促使消费者做出最终的购买决策。四是与其他产品属性相比，以价格特征作为卖点的广告辨识度高，容易成功。

基于产品价格进行分析，需要注意以下三个方面的问题：

（1）当该产品的价格与市场价格持平时，一般不作为特点进行产品分析。

（2）当该产品价格高于市场同类产品时，一般需要将价格与产品的各种性能进行比较，暗示该产品优质优价。

（3）当该产品价格低于市场同类产品时，这本身就具有一定的吸引力，可作为一个重要特点在广告主题中突出。

（三）从原材料进行分析

有些企业的产品分析重点放在了制造该产品的原材料上。企业以原材料特点作为广告主题，出于以下两个方面的考虑：一是产品本身与同类产品的差异不大（如矿泉水），不易在产品层面找出差异。二是通过强调原材料可以向消费者传递出高质量、原汁原味、正宗、值得信赖、高技术含量、持久耐用以及创新优势等产品的软硬实力。来源国效应、原产地效应描述的就是以原材料特点作为广告主题所带来的优势。

基于原材料特点的产品分析主要包括以下五个方面：

（1）原材料的产地，如农夫山泉矿泉水来自长白山。

（2）原材料的历史与起源，如法国依云天然矿泉水的水源地是 1789 年被发现的。

（3）选用了什么原材料，如尼康相机 FE2 的广告强调这款相机使用钛合金材料做快门，使得快门速度提高到 1/4 000 秒，闪光灯同步达到 1/250 秒。

（4）原材料的品质，如音响发烧无氧铜线，导线纯度达到 99.999 98%（6N）等。

（5）其他，如原材料申请了某项专利，通过了某项品质检验、筛选等。

（四）从产品制造过程进行分析

有些企业的产品分析重点放在了产品制造过程上。企业以制造过程中的特点作为广告主题，主要是为了强调产品的科技含量、安全卫生、标准化等硬实力，以及值得信赖等软实力。工业品企业一般会采用此类卖点作为广告主题，消费品里的食品、家用电器、服装等也会采用此类卖点作为广告主题。

基于产品制造过程的产品分析主要包括以下六个方面：

（1）制造方法的特点，如全自动流水线、机器人操作等。

（2）使用的机器设备，如采用电脑设计和监控。

（3）工人与技术人员的水平，如中外专家合作、由专家或权威部门监制等。

（4）制造方法，如使用了某种专利、古法烧制等。

（5）制造环境，如高精度仪器的制造环境、无菌车间等。

（6）制造过程中的品质保证，如全面质量管理、检验方式等。

（五）从企业层面进行分析

有些企业的产品分析重点放在企业层面上，包括企业的历史、规模、服务等。企业采用企业层面特征作为广告主题，主要是为了强调产品的权威性和值得信赖等软实力，以及管理水平等硬实力。

基于企业层面的产品分析主要包括以下三个方面：

（1）企业的历史。悠久的企业历史一般都伴随着较高的知名度，意味着可信赖等。

（2）企业规模。规模大本身就显示了成功、实力雄厚、可靠等。

（3）企业的服务质量、服务方式和服务态度。这些反映了企业的经营管理思想、管理效率和管理水平。

二、依据产品差异确定广告主题的重要条件

（一）可以依据产品差异确定广告主题的条件

在下列条件下，依据产品差异确定广告主题尤为适用。

（1）当产品差异是企业细分市场的重要依据时，如七喜在其广告中提及的“七喜：非可乐”，明确把市场分成两部分，使人们在购买饮料时会立刻想到两种截然不同的产品，即可乐型饮料和非可乐型饮料。“七喜：非可乐”的另一重要作用是在人们心目中确立了七喜在非可乐市场上的第一的位置。

（2）当消费者对产品特点非常关心时。

1）在某些市场条件下，产品特点显得很重要，特别是在消费水平不高的地区或针对收入不高的消费群体。因为收入水平低往往会导致消费者购买产品时犹豫不决，而且需要更多的产品信息，更多地对产品特性进行比较。

2）某些产品差异很重要，如专用商品和某些高档耐用品，当人们购买音响、扫地机器人、烘干机等，他们需要先了解产品特点才能决定。

3）当产品差异是识别不同产品的重要依据时。

4）面对新产品的新特点、个性产品的特殊特点时。

（3）当产品具有竞争者所不具有的特点时。所谓产品特点是比较出来的，主要是指和有竞争关系的产品或替代品相比较。如电视机在质量、维修条件等方面不相上下，价格可能就是最重要的。这时以价格作为广告主题可能会更有效。值得注意的是，当产品绝大部分特点极其相似，或本企业产品的特点是消费者关心程度很低的方面，即不能构成产品的卖点的时候，就不能使用这种方法。

（二）不能依据产品差异确定广告主题的情况

在以下情况条件下，依据产品差异确定广告主题是不恰当的。

（1）随着市场经济的发展，一个总的趋势是产品之间的差异越来越小，而当某一类产品的差异已经小到不足以打动消费者的时候，就不应该依据产品差异来确定广告主题。

（2）当产品差异对消费者并不重要时，如标准化产品，或产品差异本身对消费者利益关系不大时，就不应该依据产品差异来确定广告主题。

（3）当从其他角度确定广告主题更有效的时候，就不应该依据产品差异来确定广告主题，如可以依据企业形象元素来确定广告主题。

第3节 依据企业形象元素确定广告主题

随着市场经济的发展，一个必然趋势是同类产品之间的差异不断缩小。这是因为任何一个能形成卖点的特点和优点都会很快被模仿，产品差异会在极短的时间内消失。产品自身差异的缩小导致消费者无法靠产品本身的优点或特点去区别不同的生产企业的产品。因此，“消费者为什么买我的产品，而不买其他品牌的产品或替代品”的问题就需要重新寻找答案，即必须重新寻找卖点。

当产品自身的差异消失后，在产品以外去寻求差异就成为必然的选择。依据企业形象（corporate image）和品牌形象的一些元素确定广告主题就是在这样的前提下提出的。

一个与众不同的品牌形象和企业形象、一个有明显识别标志的产品，就成为这种情况下企业生存和发展的必要条件。

一、形象界定与特征

（一）形象的界定

所谓某一事物的形象，一般是指人们对某一事物因概念、感觉、想法、印象、评价而产生的综合结果。因此，形象反映了特定客体对形象主体的认识，是客体的主观产物。形象既反映了人们对某一事物表象的认识，也反映了人们对这一事物本质的认识。形象作为人们主观的产物，产生于对形象主体的认识，又相对独立于形象主体。

（二）形象具有的特征

1. 形象具有客观存在性

形象的客观存在性主要表现在以下两个方面：一方面，形象是一种客观存在，即不管企业是否自觉地去树立某种形象，消费者都有一个综合评价，也就是说，形象问题是企业不能回避的；另一方面，企业形象说到底是企业的经营思想、企业文化，特别是员工素质等内在因素的外在表现。企业不是一个封闭系统，它与环境存在输入输出关系。人们就是通过企业表现出来的各种可见的、可感觉的因素和特征，直观、具体地认识和描述企业的。广告就是其中一个重要的因素。

随着竞争的加剧，通过树立企业形象争取更多的消费者已成为企业生存与发展的重要问题。一个现代企业不考虑CIS导入问题，几乎是不可想象的。因此，科学地策划、设计、塑造和传播对企业有利的形象，实施形象战略，对企业至关重要。

2. 形象具有相对性

形象是人们对某一事物表象和本质的认识与评价，它是一种主观的产物。作为主观的产物，形象不仅受人们认识程度、观点、方法的影响，还受时间、地点、条件等的影响。同一事物在不同的人心中会产生不同的形象。人们从不同的角度、用不同的观点去认识同一事物，可能会产生完全不同的评价和印象。不同性别、职业、收入的人对同一事物可能会有截然不同的评价。所以，说某一事物具有某某形象，这首先是相对的。因此，企业形象是有针对性的，是相对特定的消费对象的形象。试图让所有消费者满意的形象是不存在的。

形象的相对性导致了对企业形象的评价，如“好”或“坏”，往往很难用统一的标准和指标去衡量。不同的目标市场、不同的市场定位的产品是不能用同一个形象标准去衡量的。

3. 形象具有公众性

在一定的时间、地点和条件下，形象也存在着共性，或称为“公众性”。形象的相对性与公众性是一对矛盾体，是相互依存和相互转化的。它们的关系如图9-1所示。

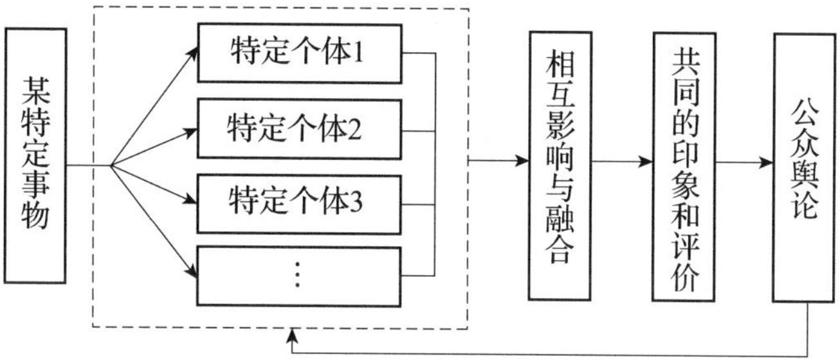

图9-1 相对性与公众性的关系示意图

在一定时期，社会上大部分人对同一事物的认识、印象和评价，经过相互影响与融合、再认识和体会，会逐步形成共同的印象和评价，从而形成所谓的公众舆论，而公众舆论反过来又会影响更多人的看法。

从心理学的角度看，这也反映了知觉对感觉的影响。没有受过特殊训练的感觉往往是很迟钝的。在很多情况下，尤其是在感觉没有受过特殊训练的条件下，知觉会对感觉产生决定性影响。同样，消费者对某一特定的企业的认识，在大部分情况下并不可能完全靠自己亲自去研究和体验（感觉）得出结论，公众舆论（知觉）对消费者的影响往往有决定作用。

企业形象的公众性特点主要表现在：

（1）商业道德、信誉等并不会因为企业类型的不同而不同。

（2）一个特定个体对公众舆论的影响可能导致企业争取到更多的顾客。

（3）企业自身的广告宣传对公众舆论有重要影响。

4. 形象具有稳定性

形象的本质是稳定的，这是由形象是主观产物的特点决定的。主观性特征不仅表现在不同的人站在不同的角度，对同一企业可能有完全不同的认识、感受和评价，而且表现在一旦大部分人形成了某种看法，要想改变往往是很困难的。一旦某一事物形成了一个“好”或“坏”的形象，由于主观相对的独立性的存在，人们会有意识地从好的或坏的角度去看待这一事物。即使这一事物已经发生了变化，以前形成的印象也会在很长时间内起作用。如果一个企业已在消费者心目中形成了某种深信不疑的形象，要想改变它比树立一个新的形象还要困难。

5. 形象具有认知差异性

在企业形象形成过程中，消费者认识的企业形象和企业自我设计的理想形象，以及企业的实际情况之间是有差距的。虽然这些差距较难量化，但是充分认识这些差距在理论上和实践中都非常重要。三者的关系示意图如图9-2所示。其中企业自我设计的理想形象是指企业有意识地自我设计和期望树立的形象。它作为一个比较完美和理想的形象，作为一个追求的目标而存在。它的存在是企业增强自信与自律的关键，但是，这并不是企业的实际形象，也不是人们所认识的企业形象。相对来讲，人们所认识的企业形象（被认识的企业形象）是指与企业有关的人，包括消费者、供应商、股东、金融机构、企业员工、上级主管部门、企业所在社区的成员等，所形成的对企业的认识和综合评价，它是感知的企业形象。

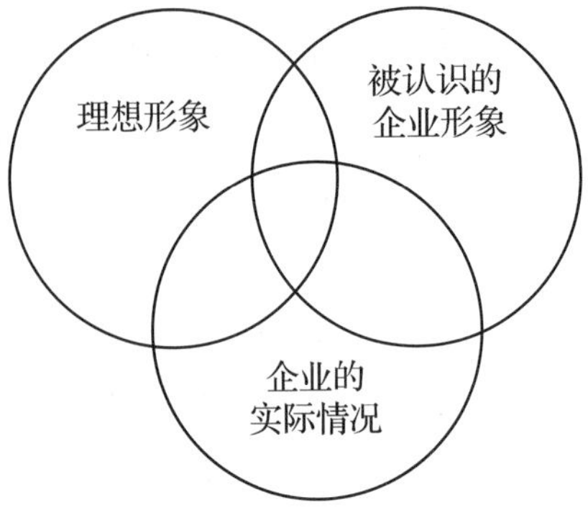

图 9－2　被认识的企业形象与理想形象、企业的实际情况之间的关系示意图

值得注意的是，被认识的企业形象并不等同于企业的实际情况。企业通过广告宣传、公共关系等活动也可能影响特定个体，甚至公众舆论，从而影响人们的认识。但是，由于差距的存在，它的稳定性将依赖于更多的广告和公共关系投入。它与理想形象及企业的实际情况之间的关系如图 9－3 所示，其中企业的实际情况是指企业的真实情况。企业可以通过顾客批评及内外部反馈的各种意见看到自己实际存在的问题，企业的实际情况是最终影响企业形象的要素。

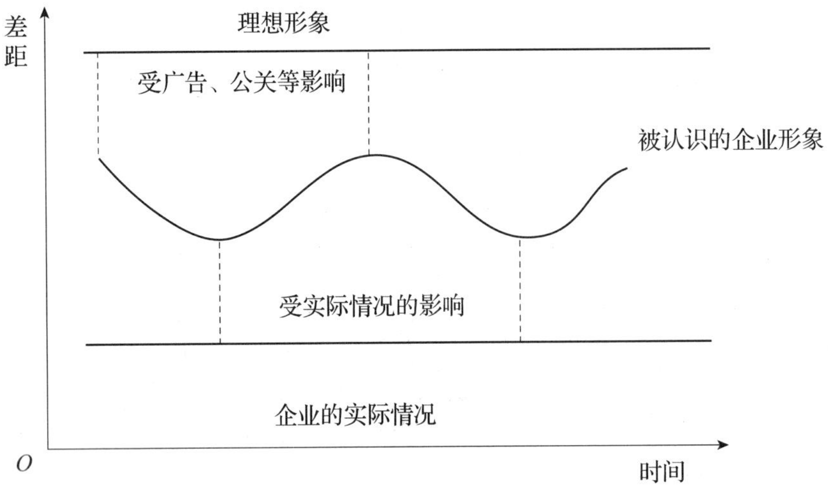

图 9－3　被认识的企业形象与理想形象、企业的实际情况之间的相互关系

从图 9－3 可以看出，要使三者完全一致是很难的，甚至是不可能的。在三者关系中，除了理想形象可能具有相对稳定性以外，其他两者是经常变动的。广告、公共关系等活动最初可能会改变人们的认识，有时甚至可以制造一种幻觉，但如果幻觉破灭，就意味着形象的改变。企业形象的形成过程就是尽量使三者趋向一致的过程，也是树立形象的过程。在企业形象问题中，过分地强调广告宣传、公共关系等活动的作用是不妥当的。企业形象树立的关键在于管理，真正使企业的实际情况与理想形象一致。

6. 形象的树立是个战略问题

树立一个好的形象往往需要很长时间，但要破坏这个形象却只需一朝一夕。比如，一个企业经过努力，终于让消费者认可它的商品质量较好。但是，如果有人在使用过程中发现了质量问题，几次曝光，企业之前的努力就几乎白费。再想恢复好的形象，又需要很长的时间。

好的形象本身具有脆弱性，又由于主观独立性的存在，因此，对企业来说，形象的树立和维护是一项持之以恒的工作。一时的哗众取宠并不难，难的是长期的努力。形象不是靠一次性导入 CIS 和几次活动就能树立的。形象的树立是个战略问题，企业对此必须有充分的认识。

二、企业形象的形成过程、基本要素及基本思路

（一）企业形象的形成过程

由于企业形象带有主观性特点，而且是一个主体（企业或品牌）对众多的客体（消费者等），所以，形象的最终形成具有复杂性。企业形象的形成过程如图 9－4 所示。

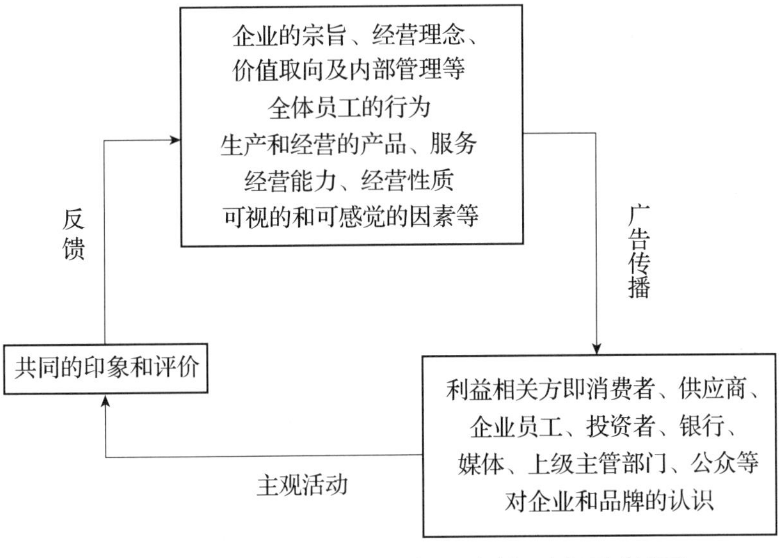

图 9－4 企业形象形成的一般过程（包括无意识形成过程）

构成企业形象的一般要素包括以下几个方面：

（1）企业的软件。软件主要由企业的宗旨、经营理念、价值取向及内部管理等构成。这是企业形象的基础，它决定了形象的其他方面。

（2）企业的员工。主要包括员工对企业的认识与看法、员工的素质及表现出的行为特点等。员工的因素在形成、树立和传播企业形象中是关键。

（3）企业的硬件。硬件主要由各种可视的和可感觉的因素构成。主要包括企业的经营能力；商品、服务、广告、建筑、设备、企业的视觉识别系统；企业对社会公益活动

的态度和支持等要素。这是最直观，有时也是最有冲击力、最容易记忆和识别的，因而也常被认为是最有效的因素之一。

企业形象归根到底反映了一个企业的整体素质，它是企业内在素质的外在表现。任何只追求外在表现的行为只能取得一时的效果，甚至会形成表里不一的形象。因此，企业形象作为企业经营管理和战略的一个方面，关键是内功问题，即科学的经营管理的问题。

（二）企业形象的基本要素

企业的整体形象是由以下基本要素构成的，包括经营形象、管理形象、员工形象、媒体中的形象、企业家形象、社会形象等。

（三）树立企业形象的基本思路

企业识别系统（CIS）是塑造企业形象的必要工具。

1. CIS 的界定、起源与发展

企业形象是企业文化的可视性象征，也是企业文化的重要载体。它作为一种战略资源，已成为当今企业竞争的要素之一。CIS 则是塑造企业形象的必要工具。因此，树立企业和品牌形象的基本思路可以表述为：以导入和实施 CIS 为切入点，以加强经营管理、全面提高企业素质为核心，全面树立有利于发展的企业形象。

CIS 是指将企业的经营理念与精神文化，运用整体传达系统，传达给与企业有关系的个人或团体（包括企业内部员工与企业外部社会大众），并使其对企业产生一致的认同感。CIS 旨在用企业理念精神、企业行为规范和企业视觉化识别三位一体地、战略化地塑造企业形象，使企业达到最佳经营状态，具有系统性、统一性、差异性、传播性、稳定性、操作性和动态性等特点。

CIS 的思想来源于军队。战场上为了区分敌我，识别是非常重要的。格罗佩斯领导的包豪斯运动开创了非军事领域的统一识别系统设计的先例，最早的火车站建设就运用了 CIS 的思想。而第一个真正成功的 CIS 设计，现在看法比较一致的是 IBM。20 世纪 60 年代 CIS 主要流行于欧美国家；70 年代日本开始掀起 CIS 热，日本对 CIS 最大的贡献就是发展和强化了理念识别；而我国的 CIS 热是从 80 年代开始的。

2. CIS 的构成要素

CIS 由三个相互关联的子系统组成，分别是：

（1）理念识别（mind identity，MI），是指一个企业的基本价值取向，它反映了企业对自身生存与发展中的一些基本问题的回答与看法。

（2）行为识别（behavior identity，BI），是指企业实践经营理念与创造企业文化的准则，是对企业运作方式进行统一规划而形成的动态识别系统。

（3）视觉识别（visual identity，VI），是指在企业经营理念确立的基础上，运用视觉设计的方法向社会传递信息的活动。

CIS 的三大构成要素是一个互为因果、相辅相成的统一体，三者缺一不可，它们的关系如图 9－5 所示。图 9－5 中的中心点表示三者必须相互结合，其中 MI 处于统帅地位，是其他要素的基础和前提。只有三者在一个点上达到质的统一，CIS 才能达到较完美的境界，也就是企业形象能够得到社会大众的认可。

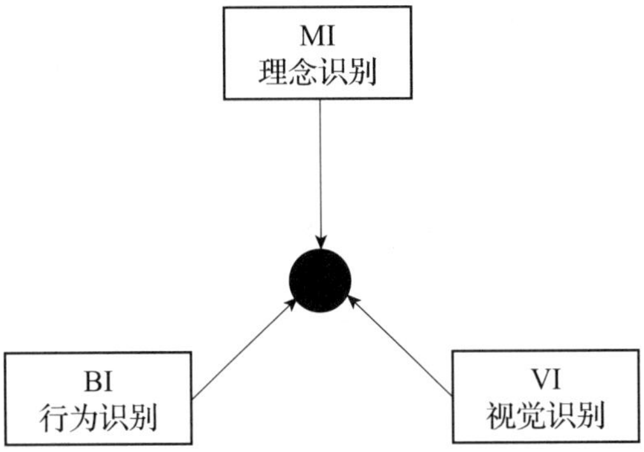

图 9－5　MI，BI，VI 的关系示意图

3. CIS 发挥的功能和解决的问题

在树立企业形象过程中，CIS 主要发挥了识别功能、管理功能、传播功能、应变功能以及文化教育功能。落实到具体问题上，根据日本学者加藤邦宏的把 CIS 看作“问题解决学”的观点，CIS 可以解决以下 18 个问题。

（1）企业名称不适合发展，容易被误认和误解。

（2）企业经营领域拓展以后，形象的一贯性、统一性逐渐丧失。

（3）企业发生兼并后，必须重新统一企业形象。

（4）企业名称与商品形象不符。

（5）企业的竞争力处于劣势和消费者认知程度不高。

（6）知名度过低。

（7）企业形象不好，员工士气低落。

（8）企业形象受损，需要恢复良好形象。

（9）旧形象成为进入新市场的障碍。

（10）缺少能反映企业统一性的标志。

（11）企业的各部门或单位没有统一的企业形象。

（12）某特定商品形象成为其他部门或单位继续发展的障碍。

（13）招聘和录用人才的效果比其他企业差。

（14）已上市的股票显示，企业正处于劣势。

（15）商品的品牌形象不利于商品销售。

（16）企业形象有低落、陈旧腐化的倾向。

（17）跟不上国际化形象的潮流。

（18）企业的经营战略与企业形象不匹配。

4. CIS 成为企业树立形象的切入点的原因

首先，CIS 的发展为企业形象的可操作性提供了一套比较成熟的方法。

其次，CIS 对于企业进一步认识自己、确定追求目标等有重要意义。CIS 的导入和实施首先要求企业对自身有一个清醒的认识，只有真正确定了自身的优势和劣势，才能制定出脚踏实地的追求目标。

最后，在利用视觉设计来传达和强化企业的基本精神和差异性，用系统的思想指导企业形象的树立等方面，CIS 往往会收到立竿见影的效果。认真树立企业形象的确能使企业的经营管理水平上一个台阶。

三、依据企业或品牌形象元素确定广告主题

（一）依据企业或品牌形象元素确定广告主题的目的

采用企业或者品牌形象（brand image）作为主题的广告旨在：

（1）形成概念和视觉上的差异化，以利于消费者识别；

（2）宣传理想形象，以影响消费者个体和公众舆论，为企业和品牌形象的树立打下基础；

（3）不断强化形象特征，以提高知名度和熟悉感；

（4）服务于企业的名牌战略；

（5）有目的地改变品牌和企业形象中不利于企业发展的概念，进一步树立有利于企业发展的形象概念。

（二）依据企业或品牌形象元素确定广告主题时要注意的问题

首先，如果一个企业已有良好的形象且信誉卓著，则没有必要以形象作为广告主题。把大家都知道的事进行广告，等于什么信息也没传播，对广告主来说是一种浪费，而消费者也很难有耐心去看他们都知道的事情。这类企业只在特殊情况下以形象为广告主题才有意义，如借形象推动新产品销售，在形象受到威胁时进行表达等。

其次，以形象为主题的广告一般具有企业广告和观念广告的特点，不易取得像产品广告那样的直接效果。这是因为形象树立本身是个系统工程，良好形象的树立并非一朝一夕的事，不是单靠几次广告就能完成的。

最后，企业形象与品牌形象具有同等的重要性，二者必须保持一致。究其原因：第一，品牌形象要建立在商品与企业形象分析的基础上。第二，品牌形象本身包含着承诺，这是商品分析与企业形象分析的结果。它是消费者利益与企业利益的结合点，也是以形象为主题的广告取得成功的关键。第三，品牌形象的延伸和推广不能与企业形象不一致。

案例分析

在信息流广告中如何脱颖而出？Facebook 广告案例

除了精准的用户定位之外，Facebook 广告效果好的原因之一是视觉体验。商家无法逃脱千篇一律的搜索广告格式，因而需要足够强大的广告策略，以便在用户的信息流中与流行趋势类的视频展开竞争。以下是两则 Facebook 上的广告案例，它们提炼出了有趣的主题。

A & E。在节日营销中，商家会用其他人都在使用的相同创意和信息来吸引自己的受众。以多媒体内容网站 A&E 母亲节的 Facebook 广告为例，界面中没有常见的粉红色或紫色，只是一张 Norman 写给他妈妈的手写卡片的照片。信的末尾加上一句备注，上面写着："为了感谢母亲付出的爱，千万不要错过周一的剧集"。该剧集是 A&E 和该频道历史上运行时间最长的原创剧本剧集。因此，运用得当的话，流行文化也可以成为广告主题。与常规的节日广告区别开来，用不同的形式在受众的信息流中脱颖而出，但仍然需要具有一定的相关性。

Slack。Slack 的 Facebook 广告中有一张女性的照片，上面有彩虹和独角兽，页面中写着"减少 25% 的工作会议沟通，会是什么感觉?"标题是"Slack：让工作变得更好"。这正是在描述该企业的价值主张：Slack 可以提供工作流一站式服务。该案例说明如何在以个人为主的社交媒体环境中，更好地宣传以工作为中心的沟通工具，以及如何使实用的产品或应用程序看起来更有趣。关注用户的产品使用感受，多用情感类词汇，提出富有想象力的主题。

资料来源：https://baijiahao.baidu.com/s?id=1730798244069989845&wfr=spider&for=pc.

讨论题

1. 从以上两则广告里任选一则广告展开讨论：该广告主题与所推广的产品/服务，以及使用的媒体平台是否契合？为什么？

2. 尝试为一则广告提炼一个新的主题，并说明新广告主题提炼的依据。

3. 以上广告的主题能否打动中国消费者，能否在中国信息流广告中脱颖而出？为什么？

基本概念

广告主题（advertising theme）
品牌形象（brand image）
企业形象（corporate image）
行为识别（behavior identity）
市场营销观念（marketing philosophy）
企业识别系统（corporate identity system）
理念识别（mind identity）
视角识别（visual identity）

思考题

1. 对广告主题的认识经历了哪几个阶段？各阶段的主张是什么？
2. 可以从哪些方面来确定广告主题？
3. 形象具有哪些特征？
4. 企业形象包括哪些基本要素？树立企业形象的基本思路是什么？
5. 依据企业或品牌形象元素确定广告主题的目的是什么？
6. 结合我国经济发展条件的变化，讨论企业如何确定广告主题。
7. 浅析如何在广告主题中体现中国传统文化和践行社会主义核心价值观。
8. 浅析将中国传统文化融入企业形象的树立对中国企业发展的意义。

第10章 广告创意

学习目标

- 了解广告艺术与纯艺术之间的区别。
- 了解构成理论的含义及其在广告中的作用。
- 理解关于广告创意的界定。
- 了解著名广告人对创意与创作的经典表述。

有了恰当的广告主题后，就进入广告创意和广告表现阶段，两者都是将广告主题艺术化的过程，只是广告创意是一种思路，而广告表现是这种思路的具体体现。广告创意是现代广告学研究的重点内容之一，广告效果的发挥有赖于好的广告创意。同时，好的广告创意对广告表现具有重要的指导意义。

广告创意的核心问题是科学性、创新性和原创性。党的二十大报告强调，坚持创新在我国现代化建设全局中的核心地位，在“六个必须坚持”里提出了“守正创新”并强调“创新驱动发展战略”“创新是第一动力”等。创新与原创是密不可分的，党的二十大报告也倡导“突出原创”“原创性引领性科技攻关”等。广告作为一种获取经济效益的形式，同时也是一种艺术创作。这些新时代的重要精神对于广告行业的原创性和创新性发展提供了重要的指引。

本章首先概述广告艺术，之后介绍广告创意界定以及广告创作基本问题。

第1节　广告艺术概述

有效的广告一定是科学与艺术结合的产物，其中科学指的是说服能力，而艺术指的是原创性和创新性。可以明确的是，广告是一种艺术形式，属于实用艺术类，因此与纯艺术存在区别。广告艺术被进一步划分到现代设计范畴，因此了解现代设计相关理论对理解广告艺术具有重要意义。下面首先介绍广告艺术与纯艺术的关系，之后介绍现代设计里的构成理论及其在广告中的运用。

一、广告艺术与纯艺术的关系

广告艺术是指为销售商品而进行的表现艺术，是一种有明确目的，有很多限制条件的创造性的实用艺术形式。广告艺术是从现代艺术中分离出来的一种独特的艺术形式，但广告艺术不是一种纯艺术。把广告艺术与纯艺术加以区别，对于进一步认识广告艺术的特点、促进广告艺术创作和制作具有重要意义。

（一）广告艺术与纯艺术之间的区别

广告艺术与纯艺术的区别至少表现在以下五个方面：

第一，从本质上看，纯艺术是上层建筑的一个重要组成部分，而广告是介于上层建筑与经济基础之间的一种形态。广告创作是为了推动商品销售，最终获得利润，是一种营销手段，是经济基础的一部分。但是，广告艺术又具有艺术所特有的性质，即它是意识形态上的创造活动，它又是上层建筑的一部分。因此，广告艺术是艺术与经济、艺术与科学技术的结合。

第二，从出发点来看，纯艺术作品是以艺术家个人的心理感受为特点的，而广告作品则是以广告目标对象的心理特征和感受为特点的。在广告创作中，绝不能简单地以个人的心理感受去代替特定消费者群对商品的感受。

第三，从创作和制作的方法来看，纯艺术一般由一个艺术家独立完成，因而像“手工业”；而现代广告是由不同工种合作完成，更像是“机器大工业”。

第四，从表现形式来看，广告艺术与纯艺术有不同的表现形式和手段。在长期实践过程中，广告艺术已产生了自身特有的创作理论、方法和手段，并不断揭示自身的表现规律，它的发展对纯艺术也产生了一定的影响。纯艺术作品一般都具有深层次的精神特性，而广告作品从本质上讲只是一种带有说服激励性质的信息。

第五，从创作目的来看，纯艺术一般表现为观赏艺术，人们会主动花时间和金钱去看、去听、去研究和领会，寻求理解和共鸣。而广告艺术绝大部分情况下是被看、被听的。广告作品被看、被听的时间非常短，而且很少有人会花精力去认真体会广告所传达的信息。因此，广告艺术必须探索如何在很短的时间内吸引人们的注意力，使人们形成记忆并引起购买行为。

（二）广告艺术与纯艺术之间的联系

虽然前面强调了广告艺术与纯艺术的区别，但并不排斥它们之间的交叉性、互通性。广告需要不断地吸收和借鉴纯艺术的理论、方法和手段，广告创作人员也必须从纯艺术中不断吸收养分，这是任何从事创造性工作的人员所必须具备的最基本的修养。现代设计的很多理论都来源于纯艺术，比如下面将要介绍的构成理论，它来源于纯艺术，却在现代设计中结出了丰硕果实，继而被广泛运用于广告实践。

二、构成理论在广告中的运用

现代设计是随着大工业和科学技术的发展而发展起来的，它是科学、艺术、技术三者紧密结合的综合性学科。现代设计借助现代科技的程序系统，主要是系统论、信息论和控制论来指导各项设计活动，并运用经营工程、社会工程、行为科学等各个领域的理论与方法进行跨行业、跨学科的设计研究工作。可以说，现代设计是把各种知识有机结合起来的典范之一。现代设计主要包括三大分支：（1）视觉传播设计；（2）工业设计（industrial design）；（3）环境设计。广告艺术是现代设计中视觉传播设计的一个组成部分。因此，构成理论对现代广告实践具有重要的指导意义。

（一）构成理论的产生

构成理论（constitution theory）是一种现代设计理论，它和抽象艺术同时产生于 20 世纪初，是伴随着工业和科学技术的发展与进步而诞生的。现代工业生产的特点及科学技术的进步，要求现代工业产品有新的视觉语言和形象，改变以往那种单调、冷漠的形式。这就对设计者如何以一种新的观念从事设计研究和实践提出了挑战。构成理论就是在这样的时代背景下产生的。构成理论与现代科技和工业的发展密切联系，这种理论比传统的理论更具理性和科学倾向，因而也与时代更加合拍。

构成理论的创始人主要有德国建筑师格罗佩斯、荷兰艺术家蒙德里安、苏联画家瓦西里·康定斯基。第一次世界大战后，格罗佩斯在德国创建了一所工艺美术学院，简称包豪斯学院。在这所学院中，他打破了旧的学院派的教育方式，推行了一整套全新的教学方针。他主张在艺术上大胆创新，为商品——当时主要是建筑，创造出具有时代特点的艺术形式和风格。该艺术理论吸取了抽象美术的构图手法，突破了以往惯用的对称格局，注意活泼的均衡式体积组合，讲求动态和对比规律效果。在艺术构图处理上，提倡使用简练的手法和纯净的体形，提倡“以少胜多”的原则。格罗佩斯及其包豪斯学院创立的与现代工业发展相适应的设计思潮为构成主义设计理论奠定了基础，在世界设计领域引起了一场空前的革命。它对我国五四运动时期进步刊物的设计也产生了很大影响。

20 世纪初，荷兰新造型主义“风格派”艺术家蒙德里安与格罗佩斯不谋而合。他们都从理性出发，将艺术家对外界的感受予以综合、提炼，找出某种抽象的符号加以崭新的构成，形成一种对世界的抽象表现。蒙德里安属于“冷抽象”，主张冷静克制，将全部理性和情感表现在绝对的规矩之中。其全部造型只是大小不同、边长不等的矩形及红、黄、蓝、白、黑等几种纯色，并认为这就是世界的秩序结构。他的作品表现为形态分析的单纯化结构和秩序，显示了没有比这更单纯的、更理智的美。如果说格罗佩斯在立体构图领域奠定了构成理论的基础，那么蒙德里安则进一步充实了构图与色彩构成的理论。

另一位抽象画派的代表人物是苏联抽象主义“蓝色骑士派”画家瓦西里·康定斯基。他从 1910 年开始创作纯抽象画。他用强烈的原色及有速度感的线条创作出充满激情的作品。在他看来，形和色应表现画家的内在感情，是潜在精神的必然产物，是一种内在的美。他用抽象的形和色的构成形式来表现音乐的内在美，认为不同的形和色都有其内在的音乐效果。他用这些抽象的形和色创作出了许多表现音乐感受的绘画，甚至在 1918 年掀起了一场影响颇深的构成主义运动。

（二）构成理论的含义与特征

构成，就是取自然界的某一物象的局部，作为一种元素或符号，并以此作为小的单元，按照一定的原理（规律或秩序）重新组成一个新的单元，从而形成一个崭新的形象。譬如，以长在一棵大树上的树叶作为小的单元，按照一定的结构重新拼成一幅花布的图案；又譬如，把堆放在仓库中的许多方盒子拆散，根据一定的审美和实用规律重新组合成一个组合柜等。根据构成的这一特点，也有一种较为形象的说法，即把构成主义的设计手法称为“打散构成”。构成把艺术看作是一种有规律可循的具有理性和科学倾向的现代设计观念。

就构成的原理及特点而言，它属于抽象视觉艺术的范畴，但是作为一种现代设计手段，它又不同于抽象主义绘画、雕塑等艺术。后者更注重描写、再现、复制、模仿、临摹等一系列造型活动，其中描写在其创造性活动中占据很大部分，其目的是艺术家个人思想与艺术观的一种再现；而构成则更注重实用，在这一点上，构成又是与纯艺术的概念完全对立的。虽然构成不像其他艺术那样直接描写客观事物，但它同样是有依据的，即也要有一定的既存物和原始物作为前提。它来自自然界和生活，所以其结果同样也是有情调、有意象、有审美价值的。今天，运用构成理论设计和生产的产品在我们的生活中比比皆是，譬如组合沙发、组合音响、几何图案布料等。

（三）构成的分类

根据构成理论，构成有两种分类方式，呈现的都是层级式的结构。如图 10－1 所示，第一种分类是构成的分类（见图 10－1(a)），而第二种分类则是构成的形式的分类（见图 10－1(b)）。第二种分类为空间构成和时间构成，仅靠时间形式是得不到造型的，必须依赖一定的空间才能获得，而当时间等于零的时候，便形成了静态构成，反之，当时间在变化时，就形成了动态构成。

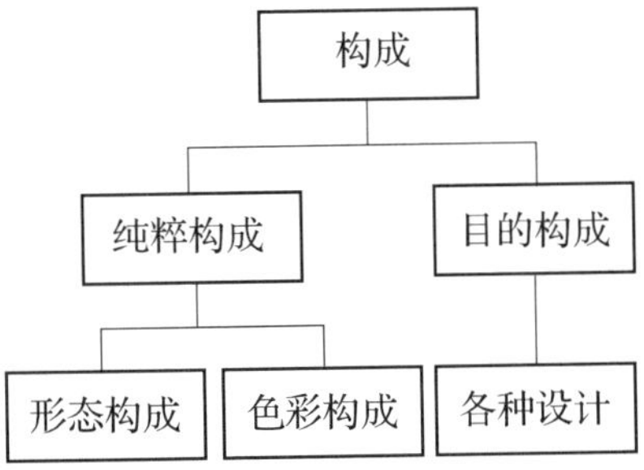

（a）构成的分类

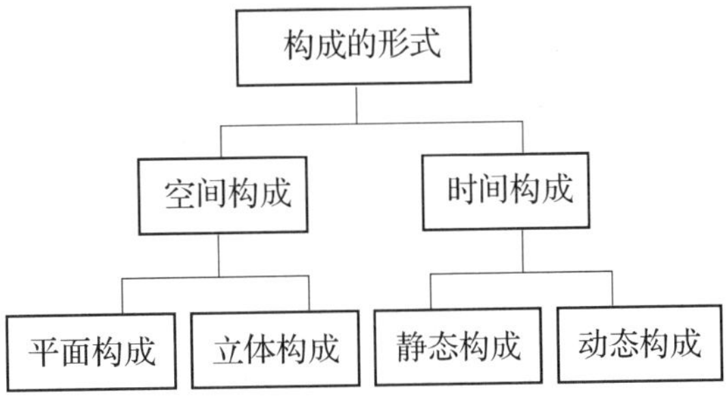

（b）构成的形式的分类

图 10－1　构成的两种分类

构成的分类中有三个概念和广告设计密切相关，分别是平面构成、色彩构成和立体构成。它们的一个共同的重要规律就是要为选取的素材（单元）建立一定的秩序，如我们把一堆大小不同、形状各异的鹅卵石按照从大到小的顺序排列起来，或者按其长短与形状间次排列，都能使人产生一种比原来杂乱无章的形式更新颖更美好的感觉。秩序是自然生成并存在于宇宙万物之中的。构成就是给某种素材建立起一种新的秩序，从而获得美。

1. 平面构成是现代设计的基础练习

平面构成是现代设计的基础练习，与传统造型艺术中的素描一样重要。对它的研究主要是培养视觉方面的创造力、造型观念及审美能力，以便运用其原理从事平面设计。平面构成的秩序原理是以骨架（网络）构成的，而骨架的作用就在于将形象在空间或框架里做不同的排列组合，以构成不同的形状和营造不同的氛围。

骨架分为规律性和非规律性两种，其中规律性是通过重复、近似、渐变、发射、闪跃等基本形式有规律地编排、组合成有秩序的无限变动，从而产生一种律动和节奏感、注目感、深度感、空间感和扩大感；而非规律性较为自由，如变异、密集、对比、肌理等的构成，这种构成形式富有强烈的吸引力和视觉张力，并具有清晰感和运动感。运用以上基本规律进行设计，便可取得理想的视觉效果。

2. 色彩构成有助于研究光与色的关系及其原理的运用

基于色彩构成原理构成的色彩的装饰效果，不仅可以使人认识色彩的客观规律，更重要的是认识人的主观意识对色彩的反应。色彩构成并非大自然色彩的展现（不是写生色彩），而是结合生活、生产，经过提炼、夸张、概括，有一定秩序的、能产生心理作用的理想色彩。

色彩构成研究的范围比较广，包括色彩的形成，色彩的视觉特征，色彩的对比原理，色彩的调和原理，色彩的功能，色彩的感觉、感情等心理因素。其中最主要的是有关色彩的三个基本要素，即光感要素、形象要素和心理要素。光感要素包括明度、色相、纯度；形象要素包括面积、位置、形状、肌理；心理要素包括冷暖、轻重、进退、厚薄、动静、朴素、华丽等。色彩构成的研究与实践有助于进一步认识色彩的基本要素、色彩间的关系及其作用规律，从而提高对色彩的审美能力及掌握用于实际设计的规律。

3. 立体构成是应用设计的共同原则

立体构成是应用设计的共同原则，将形态要素按一定原则组成美好的形与色的主体，这种创造即称主体构成。所谓形态，并非单指形体或形状，而是具有艺术感染力的主体形象。主体构成是抽象的形态，具有艺术感染力。主要表现在：（1）有生命力的感觉，是指有活力、有健康向上的精神，或相反的感觉；（2）有力量感，是指心理上的力量感，包括视觉上的结实感、紧张感等，即利用物体的粗细、颜色的深浅等在心理上产生轻重、强弱等感觉；（3）虚空间，即心理空间，包括物体间的紧张感、物体的进深感、空间的流动感三方面；（4）有触觉肌理，用手可以抚摸感觉到；（5）错觉，即知觉与外界事实不一致时会发生的知觉错误。

（四）构成理论在广告中的运用

从本质上看，构成理论也属于一种创造性的方法。在广告艺术表现的设计中，构成理论能给我们很多创造性的启示。它至少表现在以下五个方面：

（1）构成把构图的最基本要素，如点、线、面、色彩与情感相结合，与表达的内容相结合，对于有意识地强化广告的某些情感与诉求有重要意义。

（2）构成为如何利用秩序、形式表达具体内容提供了思想与方法。这使广告既能有现代抽象秩序的美感，又能有具体的内容表达，为把视觉传播与信息传播有机地结合起来提供了值得借鉴的思想方法及训练方法。

（3）构成对具体事物，如商品、企业进行要素分解，重视组合成新的表现形式和内容，这种思想与方法是值得参考的，为广告主题的艺术化提供了思路。

（4）构成为一幅具体广告作品的画面设计提供了要素设计规律，使构图要素组合从感性化走向理性化。

（5）构成理论中有关的构成规则是建立在大众的艺术感觉基础上的，而不是基于艺术家个人的感受，因此，它体现了现代设计的基本要求和特点。

第 2 节　广告创意界定

一、国外广告界对广告创意的界定

国外广告界提出，每一个效果良好的广告后面都有一个“big idea”，即一个创造性的概念。该概念是广告策略在执行中的体现，使得广告信息在传递过程中既引人注目又令人难忘。该概念展示了有创意的广告的艺术的一面。美国广告界最具影响力的人物之一——詹姆斯·韦伯·扬在其《创意的生成》一书中将“idea”界定为“一个 idea 是一种思路，通常来源于将两个看似不相关的概念巧妙地放在一起时所产生的共鸣”。

二、我国广告界对广告创意的界定

在介绍国外广告界对创意的界定时，我们一直没有用“创意”这个词，而是直接使用了英文的“idea”，因为中文的“创意”和英文的“idea”之间存在明显的语意差异。[①] 与国外的“idea”是一种思路相比，我国广告界采用的“创意”一词具有广义和狭义两种含义。

1．“创意”的狭义含义

我国广告界的一部分学者和从业人员认为“创意”指的是总体广告艺术创作，包括

---

① “创意”并不完全是一个外来语。该概念经数次翻译引进我国时，使用了不同的英文单词，如 idea，creative strategy，creativity 等。这些单词的意思并不完全相同。

艺术构思（如主题和思路）和艺术表现手法。

2.“创意”的广义含义

也有学者和从业人员将广告创意界定成一个广义的概念，即凡是广告中涉及创造性领域的部分都统称为创意。其实这个观点和国外广告界部分学者的看法是相似的，我们可以从广告的四元素框架得出这样的结论。

国外广告界对于广告的构成元素提出了一个四元素框架，按照顺序该框架涵盖的四个元素分别是策略、创意、执行以及媒体，四元素框架说明了一个广告从无到有的全过程。仔细对照英文用词可知，广告创意的确是一个广义的概念，因为除了策略以外，其他三个元素的前面都有“creative”这个词，分别是 creative idea（思路）、creative execution（执行）和 creative media（媒体选择）。

广告策略是指企业制订的一个有逻辑性、有目标的计划，往往与企业的经营战略和营销策略密切相关，用来指导广告的方向和焦点。每一个行之有效的广告都是对一个优质策略的准确执行。广告策略的制定往往依据事实、数据以及调研结果。但是其他三个元素对创造性的要求很高，这也解释了为什么在我国的广告实践中会用“创意”一词涵盖所有的广告活动。

3.“广告就是创意”是误解

尽管前面介绍了创意的狭义和广义概念，但是如果说“广告就是创意”，就是将创意等同于广告效果。这种误解既不准确，又会引发相应的经济损失。因此，真正有效的广告应该是一个理性与感性并行、科学与艺术并存的产物，既有依据数据、调研结果的理性判断，又有整合多种思路的艺术创造。

第3节　广告创作基本问题

广告属实用艺术和现代设计范畴，因此，它必须遵循一般的艺术规律。以什么样的思想去指导创作广告，这其中有很多问题需要讨论。

一、本土化与全球化的问题

现代广告界对本土化与全球化的讨论一直存在，两者之间的动态关系被认为是广告战略中需要解决的最重要的问题之一。在国际广告实践中，企业和广告公司都会讨论：“在这次广告活动中，我们是采用本土化战略还是全球化战略呢？”其纠结的核心问题是对文化差异的认知不同。

持本土化战略（localization strategy）观点的人认为，跨国企业进入当地市场（如中国）应该在广告中体现当地文化特征，以迎合当地消费者特有的需求和生活方式，这样产品才能被接受。相反，持全球化战略（globalization strategy）观点的人则认为，在全球化时代下，各国文化差异逐渐变小，需求和生活方式逐步趋同，因此当跨国企业进入任何当地市场，只采用同一种广告策略就可以了。换言之，他们认为跨国企业应忘记不同国家和文化的意识差异，而集中力量满足共同需求。①

关于上述问题的讨论在我国的广告界也一直存在，只是一直使用“民族化”（nationalization）来对应“全球化”进行讨论。一部分人认为应该和纯艺术一样，强调“只有民族的，才是世界的”，因为任何不朽的纯艺术作品（如音乐、舞蹈、绘画、文学等）都有强烈的民族性。因此，一部分人建议应该利用民族性来创造企业和品牌差异。另外一部分人则认为，广告是实用艺术，是为经济基础服务的，如果只是片面强调民族性，可能目标市场的消费者很难理解其中含义，也就无法达成购买。

上述争论，无论是全球化与本土化，还是民族化与全球化，都是因为考虑问题的视角不同产生了不同的认知，因此难以达成共识也不难理解。但能够达成共识的是，我国的广告创作应该在中华民族璀璨的文化中汲取养分和精华，尤其是企业和品牌的形象广告应该有弘扬中华民族优秀传统文化的意识。这是因为商品和品牌本身具有一定的社会文化特征，这是客观存在的。商品和品牌的广告在界定、分析与理解民族文化方面，都不可能脱离民族传统文化的历史。

广告视角

李宁广告中的中国传统文化元素

以前谈及中国传统文化元素在广告中的运用，多数都是在讲述跨国企业进入中国市场时对中国元素的运用，以实现差异化或迎合本土市场。它们常用的中国元素包括国画与书法，龙、鹤、牡丹，以及历史故事等。

随着中国企业步入国际舞台，中国品牌越来越多地将中国传统文化元素运用到产品设计和广告推广活动中，李宁是其中的佼佼者。2018 年，李宁将“中国李宁”这一标志性印章图案作为新的品牌 logo，将品牌推向了国内社交媒体的巅峰。

李宁品牌的广告立足于传承中国传统文化，蕴含了丰富的中国传统文化意象。在国潮系列中，产品设计的时尚元素在广告中出现的频率达到 79%。中国李宁品牌被塑造成中国文化的传承者和传播者的形象。通过产品设计、命名以及广告展示，李宁品牌向中国和世界消费者展示的中国元素如下：

（1）运用民间器物（钟鼎、铠甲、弓箭等）元素，如在 RunFree 系列减震跑鞋广告中使用了中国古代弓箭的画面。

（2）运用民间信仰元素，如在篮球鞋产品和广告中出现的“钟馗”形象。

（3）运用图腾元素，如 2008 年北京奥运会乒乓球队赞助服饰上的龙图案。

（4）运用陶瓷纹（云纹），如李宁“半坡”篮球鞋广告中出现的云纹。

（5）运用传统服饰，如 2008 北京奥运会赞助服饰出现的牡丹刺绣。

（6）运用传统艺术，如把 NBA 篮球明星用皮影的形式表现出来，4 则皮影广告包括“三头六臂篇”“喷火篇”“巨人篇”“飞人篇”。

---

① 何佳讯．广告案例教程．2 版．上海：复旦大学出版社，2006.

（7）运用少数民族艺术，如在2022年8月发布的妙笔生花系列服饰的视频广告短片里，舞者穿着传统的壮族服饰，用一支舞展示了国潮精神。

资料来源：https://www.wendang.xuehi.cn/doc/22i3pdmon4223im9e0ci-1.html；https://www.xxizj.com/zi/xxi-309537.html.

二、视觉表现的个性化问题

有个性才有差别。对于广告这种实用艺术来讲，个性指的是企业/品牌的个性，是消费者能接受的个性。如果广告创作者不能充分了解企业/品牌的个性，不能充分掌握企业/品牌个性对广告对象和消费者的感受的影响，就不可能创造出既能带来经济效益，又能让大家传颂、具有艺术性的优质广告。

在广告创作中，创作者必须注意历史、经营理念、企业风格、企业文化、视觉因素等影响企业/品牌个性化（individuation）的因素。广告就是运用创意思路和设计技巧来塑造鲜明的、与众不同的企业/品牌形象，即将广告信息个性化、明晰化、有序化，创造能存储与传递的企业/品牌视觉形象，使信息传播更为迅速有效，给人留下深刻的印象，唤起消费者的注意和兴趣，激发消费者的购买欲望，促使消费者采取购买行动。

三、广告社会化问题

广告成功的必要条件之一是得到社会的认同。如果广告引起受众的反感，将给企业和品牌带来无法弥补的损失。广告的社会化（socialization）要注意以下问题：

（1）和新闻宣传方式类似，广告也是一种宣传方式，因此也具有舆论导向功能。早期的研究成果显示，人们认同“男主外、女主内”的观点，与广告长期以来塑造的性别刻板印象有一定关系。新时代的广告宣传要讲舆论导向，弘扬正能量，传播社会主义核心价值观。

（2）广告是有特定对象的，任何一则广告很少会被所有人叫好，关键是要得到广告受众（即目标顾客）的认同，符合他们的审美偏好和价值观。

（3）广告的表现元素存在文化差异。例如从视觉要素来看，不同的国家或民族，其视觉要素形成的感觉可能是截然相反的，如灰色在有些国家和地区被认为是昂贵高档的，而在有些国家和地区则被认为是廉价大众化的。

（4）广告作品是有时代感的。古典的和现代的、新潮的和陈旧的、进步的和落后的等均能从广告中反映出来。因此，广告创作需要反映时代特征、社会主流思潮与个人价值观。

（5）广告除了为目标受众提供产品知识和购买理由，还可以使受众形成特殊的情感体验，如看到南方黑芝麻糊的广告就会感到温暖温馨，看到安踏在2022北京冬奥会上的赞助广告就会产生民族自豪感等。

第 4 节　广告艺术创作特点及经验

一、广告艺术创作的基本特点

广告艺术创作在广告活动中占有重要位置，是整个广告活动的重要环节。这个环节位于广告总体策划、主题提炼、定位确立之后，在广告制作与传播之前。广告艺术创作具有以下特点。

第一，广告艺术创作是对广告主题艺术化的过程，既要准确地传播广告信息，又要使主题变成广告对象容易接受、易于记忆和理解的信息并引起购买欲望与行为。

第二，广告艺术创作是在有限中创造无限。广告会受到以下因素的制约：(1) 企业与商品；(2) 广告目标受众；(3) 广告总体策略；(4) 竞争者的广告艺术表现形式；(5) 广告计划和预算；(6) 广告主题及定位；(7) 企业形象系统或企业识别系统；(8) 媒体；(9) 社会心理、伦理道德、风俗习惯；(10) 广告艺术的特点，如广告的被动性和短暂性等。在如此多的限制条件下，广告艺术创作要发挥创造性充满了挑战，广告艺术创作正是在这种有限中创造着无限。

第三，广告艺术创作涉及广告信息构成的全部内容。从直接信息到间接信息（感知信息），均需在艺术化的过程中认真设计，不能顾此失彼。这也使广告艺术创作更加复杂。

第四，广告艺术创作的规律反映了一切创造性思维的特点，因此广告艺术创作既有艺术性，也有科学性和系统性。

第五，广告艺术创作更像表演艺术，它要求创作者完全投入角色，以目标受众的心理去体会产品、创作广告。

二、来自广告界的创作经验

艺术创作作为一种创造性过程是否有规律可循，很多人都在努力探索这一问题。一些著名的广告人对自己的广告创作经验做了总结，提出了非常宝贵的建议。这些宝贵经验至今仍在广告公司里被不断实践。下面介绍四位著名的广告人关于创意与创作的经典论述。

1. 詹姆斯·韦伯·扬

詹姆斯·韦伯·扬被认为是通才杂学的广告大师，是美国当代影响力最深远的广告创意人师，1974 年入选美国广告名人堂。他的著作《产生创意的方法》在广告界影响很大，该书完成于 1960 年前后。

他强调了艺术创作中的多样性、不确定性及其效果的不可捉摸性，由此他也指出优秀的广告创作人应该兴趣浓厚广泛，博览各学科知识。上述观点也从一定程度上反映出他生活的时代和环境，一个优秀的广告人应该是一个通才大师，是一个集大成者，是通才知识多于专才知识的人。

2. 威廉·伯恩巴克

威廉·伯恩巴克被誉为20世纪60年代美国广告“创意革命”的三大旗手之一，是广告文学派的代笔，是倡导广告创意的先锋。他是世界著名广告公司恒美广告公司（DDB）的创始人之一，1947年后一直担任该广告公司的总经理。

他强调创造力在广告创作中的重要作用。一个优秀的广告人应该是一个有创造力的人，而创造力体现在创造者在原始主题、想象力和最终主题之间的游刃有余和融会贯通。根据他的看法，创意是一个从原始主题到想象力再回到最终主题的过程，其中的原始主题是你所要表达的商品的优点，而最终主题使得这个原始主题“更生动、更可信、更有说服力”①。

3. 李奥·贝纳

李奥·贝纳被誉为20世纪60年代美国广告“创意革命”的三大旗手之一，美国近代主要广告思想家之一。他于1931年创立了李奥·贝纳广告公司，目前该公司是世界最大的广告公司之一。

关于文案创作人员，他指出好的广告文案（advertising copy）创作人员应该是一个对产品极其了解、文字造诣极高、对市场把握能力极强的人——“假如一篇文案首先经过正确构想，经过这样一番分析后，可能会缩写一半或三分之一，它就会迅速掌握读者，引导他一步不错地达到应达到的目标。如果你不能把你自己变成你的顾客，你几乎不应该干广告文案这一行。”②

关于创造力，贝纳也指出，创造力实际上是发现事物之间联系的一种判断能力或者直觉。拥有创造力的关键是如何“用有关的、可信的、品位高的方式，在与以前无关的事物之间建立起一种新的有意义的关系，而这种新的关系可以把商品用某些清新的见解表现出来”③。

4. 大卫·奥格威

大卫·奥格威被誉为20世纪60年代美国广告“创意革命”的三大旗手之一、广告怪杰、广告之父。他在1949年创立的奥美广告公司目前已经成长为全球五大广告代理商之一。奥格威在1962年出版的《一个广告人的自白》一书中，对如何创作出高水平的广告文案提出了十分中肯的建议，这些建议时至今日仍被广告界奉为广告文案创作的行为准则。④

奥格威强调广告文案创作的核心是真实的内容、原创的精神和服务于品牌的本质。以下列举其提出的11条原则：

（1）广告内容比表现手法更重要；

---

① 汤姆·狄龙．怎样创作广告．北京：中国友谊出版公司，1991.

② 李奥·贝纳．请不断注意听取那微小的心声．北京：中国友谊出版公司，1991.

③ 同②.

④ 大卫·奥格威．一个广告人的自白．北京：中国友谊出版公司，1991.

（2）广告的基础应该是上乘的创意，否则必遭失败；

（3）讲事实；

（4）令人厌烦的广告是不能促使人买东西的；

（5）举止彬彬有礼，但不装模作样；

（6）使你的广告宣传具有现代意识；

（7）委员会可以批评广告却不会写广告；

（8）若你运气好，创作了一则好广告，不妨重复地使用，直到它的号召力减退；

（9）千万不要写那种不愿给你家人看的广告；

（10）每一则广告都应该被看成是为品牌形象做贡献；

（11）不要抄袭。

案例分析

蕉内《底线》：发出新国货宣言，致敬五四精神

作为新消费品牌代表之一的蕉内，在 2021 年五四青年节发布了广告片《底线》，展示青年企业担当。该广告片也因为其创意获得了年度十大创意案例、十大“风格化”新品牌广告片。

青年是时代方向的影响者，决定着世界的未来。越来越多的新国货品牌带着理想和抱负，用态度与实力表达自我，创造新的“中国高度”。在五四青年节之际，被誉为“商业新物种”的家居生活品品牌蕉内推出全新广告大片，亮相央视《新闻联播》前黄金时段，献礼五四精神，助燃年轻力量。

该广告片营造了一个巨大的美学空间，在《底线》中展现出品牌的标志性风格。本支广告片中，蕉内两位创始人臧崇羽和李泽辰发表了一段新国货宣言：“我们的审美，从新的底线开始；我们的自信，从新的底线开始。我们的孩子，孩子的孩子，他们未来更高质量的生活，应该从新的底线开始。”希望以此号召有志新青年加入提升国人生活品质的行列之中，激发更多的创新活力。

《底线》通过两位创始人层层递进的讲述方式，发表了他们的新国货底线宣言，指出每个人都需要一条线，去决定站在原地还是去往更高处。新国货也需要一条线，让生活在这条线上的人都能过上更好的生活。蕉内作为一个年轻国货品牌发出新国货底线宣言，希望和有志青年一起，为新国货画出更高的底线。

蕉内借着主旋律的势，强化国货新底线，进一步诠释重新设计基本款的品牌内核，同时融入创意事件、品牌价值和社会责任，是青年企业的典范。

资料来源：https://36kr.com/p/1212387037892742.

讨论题

1.《底线》在本质上是一个什么类型的广告？此类广告的收益和风险是什么？

2.《底线》广告创意的创新之处在哪里？这个广告创意对蕉内品牌而言是适合的吗？换言之，蕉内“有资格”说底线吗？为什么？

3. 应该如何使用主旋律作为广告的诉求？请从这个视角评述蕉内《底线》的广告效果。

案例分析

苹果的“入乡随俗”之路

在后乔布斯时代，苹果越发重视中国市场，在产品、营销、渠道等多方面展开了中国的本土化改造，以期获取最大的市场份额。

产品策略的转变不仅体现在将中国纳入产品首发地区，还体现为产品越来越有“中国味儿”。苹果产品中已经内置了新浪、腾讯微博、百度、中国常用邮箱、银联卡支付等。在跨国企业产品中，这样深度的本地化比较少见。

除了在产品上开始迎合中国消费者外，苹果还加大了在中国市场的营销力度。首先体现在苹果越来越懂得中国的传统。在春节期间，直营店会推出新春创新活动，在线商店更是推出以红色为主基调的“新年礼品精选”专栏。另外，苹果还加大了对户外平媒和电视的广告投放，甚至邀请中国明星来做广告。苹果邀请姜文、姜武两兄弟为 iPhone 6 手机广告配音，这个广告已经成为街谈巷议的热门话题。

2015 年春节，三届金马奖最佳导演许鞍华，五届金马奖最佳美术设计、四届最佳服装/造型设计、两届最佳剪辑张叔平，以及四届金马奖最佳摄影杜可风，三位大师首次联手，创作了苹果在中国推出的广告《老唱片》。

在这支 90 秒时长的广告中，孙女在新春大扫除时发现了一张奶奶在 1947 年录制的试音黑胶碟，看着奶奶孤独的身影，孙女决定用苹果设备将这张黑胶碟翻录，并用软件混入了自己的吉他弹唱，当她把这首穿越三代的《永远的微笑》用 iPad mini 播放给奶奶听的时候，亲情间的温馨再现。

故事其实再简单不过，甚至看起来有些老掉牙，但有关亲情的温暖却是永远不会过时的。在这支广告片的背后，是浓浓的中国味道。在最注重团圆的节日里，这个广告主题对于任何年龄段的观众来说都十分受用。

中国版故事原型和创意均取自美国圣诞节广告 The Song，可以看作是 The Song 的中国版。依然有自行车，依然有吉他，依然是孙女和奶奶的故事，依然是一首歌穿越两代情。

在美国广告 The Song 中，孙女在整理奶奶的旧物时，发现了一张当年奶奶为爷爷录制的老唱片，然后孙女用自己的 MacBook、吉他以及苹果软件重新录制翻唱了这首音乐，放在 iPad 中，给奶奶听。这个广告在 YouTube 上线后达到 300 万次点击，获得一致好评。

而中国版广告《老唱片》采用了这一故事原型和创意，只是场景和人物搬到了中国上海，用自行车、弄堂的老房子、水仙花营造了中国氛围，上线后也获得一致好评。

资料来源：http://www.feng.com/apple/news.

讨论题

1. 苹果公司本土化策略对其全球化道路有什么重要影响？如何实现本土化与全球化的平衡？

2. 试评析苹果公司广告本土化的效果。

基本概念

广告文案（advertising copy）
构成理论（constitution theory）
全球化战略（globalization strategy）
个性化（individuation）
工业设计（industrial design）
本土化战略（localization strategy）
民族化（nationalization）
社会化（socialization）

思考题

1. 在广告创意过程中应该注意哪些问题?
2. 你是如何理解国际广告中的本土化与全球化战略的?
3. 广告艺术创作的基本特点是什么?
4. 你是如何理解广告的舆论导向功能的?
5. 基于广告创作背景，你如何理解“民族的就是世界的”这一观点?
6. 请结合广告案例浅析创新力在广告创意中的作用。
7. 广告创意如何平衡国际视野与民族自信?

第11章 广告表现

学习目标

- 了解广告表现的一般特征。
- 理解广告表现的基本原理。
- 掌握广告表现的内容构成与表现手法。
- 了解传统视听广告的表现形式。

与广告主题、广告创意一样，广告表现也需要强调原创性和创新性。尤其是在基于互联网的数字时代，广告表现必须不断创新才能满足消费者的需求。

本章首先介绍广告表现的一般特征，然后详细介绍广告表现的基本原理、内容构成与表现手法，最后介绍传统视听广告的表现形式。

第1节　广告表现的一般特征

一、广告表现的重要性

广告表现（advertisement performance）是指基于广告创意制作形成的，最终与广告受众见面，并说服受众产生购买行为或影响其购买行为的形式，具体形式就是广告作品。在本节中，"广告表现"与"广告作品"会交替使用。

广告表现在整个广告活动中占有极其重要的地位，主要表现在以下方面：

（1）广告表现是广告活动的中心。广告的前期工作，如调研、策划、管理都是为最终的广告作品服务的。广告的后期工作，如媒体策略、效果评估也是围绕广告作品进行的。因此，在广告活动中必须抓好这一重要环节。

（2）广告表现决定了广告作用的发挥程度。广告是否能说服和影响受众的购买行为，是否能准确地将商品信息、销售信息传达给消费者，除媒体因素外，就要看广告作品了。所以广告能否最终产生效果、能否成功，在很大程度上取决于广告表现。

（3）广告活动的管理水平最终由广告表现综合地体现出来。虽然广告表现是基于广告创意制作形成的，但广告表现的内容、主题、形式均是广告前期工作的结果。从这个意义上讲，如果广告表现失败，那也预示着广告前期工作失败，即广告管理失败了。

广告表现在整个广告活动中占有如此重要的地位，因此，可以说没有一个广告公司会轻视这一环节。虽然广告表现极其重要，但它也只是整个营销系统中的一个子系统。系统中任何一个环节出了问题，最终都将影响广告表现。因此，必须用系统的方法来创作和制作广告。

二、广告表现的特征

本部分对成功广告表现特征的探讨主要局限于视听广告，但基本原理也适用于其他形式的广告。

（一）构成要素

视听广告是目前使用量最大的广告。因此，对它进行重点研究具有重要的实际意义。视听广告主要由以下要素构成：

（1）文字。这里讲的文字，既是广告内容的承担者，组成广告文案，又是构图要素之一。文字在一幅图中可以组成不同的点、线、面，也就是说，在现代广告中，文字并不只有单一功能，即传达广告内容，它还是广告构图要素之一。它不仅传达直接信息，还传达间接信息。

（2）构图。视听广告离不开构图，电视广告、路牌广告、橱窗广告、招贴画等都是通过一定的构图形式来表达特定内容的。

（3）色彩。色彩在广告中不仅起到装饰作用，更重要的是其本身也传达直接信息与间接信息。

（4）附加价值。除商品之外的所有内容都构成了所谓的附加价值，如人物、道具、音乐、场景、情节等。

（二）限制条件

广告表现需要探讨的是构成要素的组合规律、方法，以及如何运用这些要素去实现广告目标，但构成要素的组合和运用受到广告表现特点的限制，主要体现在以下两个方面。

（1）在绝大多数情况下顾客是被动接受广告的。这种被动性特点可以从人们购买的随机性上看到。根据零售行业的统计，有明确目标到商店购买的人只占总购买人数的18%左右。人们看广告的情况也基本相同。在媒体准确地把广告表现传递到广告对象眼前时，这些可能的顾客实际上只是在漫无目的的浏览中看一眼。在广告数量众多的今天，几乎每一则广告都是在非常被动的情况下被看到的，能被认真地从头看到尾的广告是极少的。广告表现必须根据这一限制，尽量使广告对象对一则广告多看一眼。这不仅取决于广告内容本身，也取决于广告表现的视觉引导。

（2）广告被看的时间是短暂的。这一特点对于当今的广告尤为突出。首先，报纸广告、杂志广告、路牌广告、电视广告的数量成倍增长，人们看广告的时间几乎只有零点几秒。其次，漫无目的地看广告本身也造成了广告被看时间的短暂。在这种情况下，要使一则广告被多看一会儿，就必须利用广告表现的特殊手段。最后，广告被看的短暂性体现在人们绝不会花精力和时间去体会广告的弦外之音，去认真理解一则广告，过于隐晦的广告往往因此而收效甚微。

（三）成功的广告表现应具有的特征

基于上述认识，成功的广告表现至少应具有以下四个特征：

（1）能立刻引起注意。一则广告能立刻引起注意，是广告产生说服作用的前提。不能引起注意的广告将被湮没，即使有再好的主题与策划也无济于事。

（2）能引导人的视线去注意广告的主要部分。广告被看的部分应该是它的主要部分，即广告的主题，而不应该是广告的附加价值或其他内容。

（3）主要部分必须容易记忆。人们看广告，应让他们在很短的时间内记住广告的主要内容。虽然记忆要靠重复，但看一眼能否留下印象（也是一种记忆）应作为衡量一则广告成功与否的重要标准。容易记忆的广告除内容、主题能引起反响外，广告的创作也很重要。

（4）能引起预期的联想和感知。广告的视觉要素本身可能形成间接信息，即感知和联想。整个广告表现不仅要利用这个特征，而且必须防止由于设计上的疏忽而导致视觉要素引起与主题完全相反的感知和联想。

上述四个特征不是简单的先后关系，而是并存关系。比如，能立刻引起注意的要素本身可能就是广告主题，注意本身已完成了视觉引导。而人们看到主题的同时也已接收到了间接信息。当然，特征之间也有一定的逻辑关系，对这种关系加以区分和排列有利于对有关的表现方法与技巧进行探讨。

第 2 节　广告表现的基本原理

广告表现的基本原理包括：注意原理、视线引导原理、记忆原理、引起预期联想和感知的原理。

一、注意原理和方法

（一）注意原理

1. 注意的界定

注意是指人的心理或意识活动对特定对象的指向和集中。所谓指向，就是心理活动有选择地在某一时间指向某一特定对象。就指向性而言，它具有两个明显特征：选择性和排他性。人们不会去注意看到或听到的所有事物，听而不闻、视而不见就是没有注意。

所谓集中，就是人们的心理活动离开了其他与被注意事物无关的一切事物，集中精力使心理活动深入下去。

2. 广告引起注意的基本特征

一则广告要引起注意，必须具有两方面的基本特征。

（1）广告需要具有刺激性。刺激（stimulus）会引起任何有机物的定向反应，是有机物适应外部生存环境的一种本能的反应。刺激会转移人们原有的注意，集中和指向特定的刺激物，并伴随感觉、知觉、记忆和思维等一系列的心理过程。实际上，从最早的广告开始，人们就已经有意或无意地应用这一原理。

（2）广告需要符合广告受众的意向性。意向性是指根据广告受众的需要、兴趣、偏好，促使其感官集中于某一事物。饿了会注意食物，渴了会注意饮料，孤独会寻求同伴等就属于这种状态。一般来说，凡是能满足人们需求和兴趣的事物都可能成为注意的对象。

3. 注意的一般规律

注意的集中与注意的转移是注意这种心理活动的两种基本运动。而注意的信息量、注意的维持时间和稳定性、注意的有效分配是广告表现应充分关注的。注意的规律是广告表现创作的重要依据。有意识地遵循和利用这些规律，才能使广告的功效充分发挥出来。下面是一些重要的有关注意的规律：

（1）人们在短时间内的注意，其信息量是有限的。心理学实验发现，在以秒计的时间内，人们的注意对象的信息极限一般为 6～8 个独立单位。如相互无关联的数字、字母和形状（如果有关联就称为 1 个单位）。由此可见，使信息之间相互关联，可以增加广告被注意的信息量。当然，被注意的信息量大小还与广告对象自身的经验和知识等有关。广告要在短时间内产生效果，必须充分利用注意的这些特点。

（2）注意的维持时间或稳定性取决于消费者对事物的兴趣和思维的积极程度。悬念广告的有效性就是一个典型，名人代言广告实际上也是这一原理的体现。

（3）注意的分配是有条件的。人们经常能同时做几件事，这是注意的分配问题。但是，人们不可能同时做两件互不关联的事。注意的分配既涉及注意的信息量问题，也涉及注意的维持时间问题。放在广告情境下，一则广告所传递的信息不宜过多。

（二）广告引起注意的方法与技巧

一则广告在一开始引起注意很重要，可以使人看下去、听下去，在不知不觉中发挥广告的说服作用。因此，如何引起注意始终是广告创作中的一个重要问题。广告一开始就能抓住受众的注意力是广告设计的首要任务。广告中引起注意的方法有很多种，既有触及人们生理层面的，也有触及人们需求层面的，还有触及人们心理层面的。下面选择了五种方法做详细的介绍。

1. 直接增强刺激

该方法与人们的生理结构密切相关，主要是针对人的感官。如利用亮度、色彩、响度、节奏的刺激，或绝对的大和相对的大。大幅标语、巨型气球、高大的建筑广告属体积或面积绝对大类型；而杂志封面、大版面、大号字体等属于相对大类型。要注意的是，单纯刺激的增强是有限度的。太亮会刺眼，太鲜艳显得俗气，声音太大让人难以忍受。

2. 利用对比增加刺激强度

对比是心理层面的重要现象之一。反常态的东西会引起注意，但反常态是通过比较体会/展现出来的。司空见惯的事情或事物不容易引起注意，反之则会引起注意，如在图11－1中，一张报纸上有四则广告，哪则最容易引起注意呢？肯定是d，其中一个重要原因就是对比。在另外三则广告都排版紧凑的情况下，d就有点“反常”了。对比是一种最常用的艺术形式，它包括虚与实、大与小、空白与实体、动与静、亮与暗、鲜艳与暗淡等。加大对比中的一方面，就有可能突出另一方面，使之更引人注意。

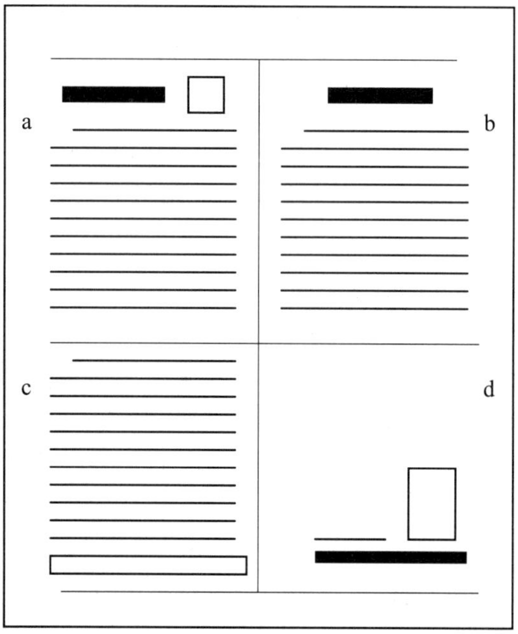

图11－1 报纸上四个不同的广告表现

3. 用悬念和奇想增加注意的维持时间和稳定性

悬念和奇想是心理层面重要的表现形式。

（1）悬念是广告中常用的手法，其目的是引起人的兴趣，给人以刺激，使人印象强烈、经久不忘。如一则标题为“大西洋一夜之间缩短了三分之一”的广告引起了人们的好奇，实际上只是宣传某个航空公司新型班机速度加快了一些而已。但是用悬念制作广告，必须注意悬念本身要使广告对象感兴趣，或与其利益有关，否则人们是不会浪费时间去猜测的。

（2）奇想也是一种广告惯用手法。奇想是利用一些生活中好像司空见惯，但组合在一起又似乎很离奇的手段，引起人们的注意。譬如，某迷你型收录机广告，画面为一个人坐在岸边听音乐，他在水中的倒影却是一个庞大的乐队。奇想常运用夸张、变形及超现实主义表现等手段引起人们的注意。

4. 物质的或精神的需求也会引起注意

人们的某种需求会导致其对某一类广告的注意，这一般是由广告主题及内容引起的。这一点在第 5 章介绍过。

5. 心理层面的其他现象也会引起注意

其他现象如好奇、偏好、求知欲等也会引起注意。这类注意可能由广告内容和广告主题引起，也可能与广告表现有关。

（三）注意在广告中的局限性与反作用

虽然引发消费者注意几乎是所有广告的第一要务，但如果引起注意的事物（如噱头、花哨的技巧等）与广告本身毫无关系，就会适得其反，起着分散注意力的作用，甚至削弱广告主题，使人的记忆发生转移。因此，引起注意只是一种手段，但这种手段绝不能分散人们对广告主题的注意。一件广告作品绝不能让人只停留在"注意"，而不是主题和商品上，否则将是最大的失败。

二、视线引导原理及运用

人的视线是可以引导的，这是因为人的视觉流程具有一定的规律性。所谓视觉流程，就是人们看东西的先后顺序。利用视觉流程的规律可以使广告主题更突出，并科学地安排更多的视觉要素，充分发挥广告的作用。人的视觉流程具有以下特点。

第一，人眼一般只有一个焦点，所以只能看清楚一点，而不是很多。

第二，人们看一幅作品，一般先是通观全部，然后停留在某一点上，接着移动视线看第二点，最后看完整幅作品。

第三，心理学研究发现，人们看东西，视线首先注意画面上方以及左边的东西。看的过程一般是从左往右，然后从上往下。如果把这个过程反过来，即从下往上、从右往左，人们会感到费劲，尤其是从下往上。这种"费劲"会耗费人的心理资源，引发心理资源耗竭，继而中断后续的行为反应或做出错误的决策。

第四，一个画面视觉中心的形成依赖于构图因素。在一个画面中视觉中心的形成要自然引导，不自然会有不痛快的感觉。视觉中心的形成遵循以下规律：

（1）一幅画面的中心是人们眼睛停留的地方，所以它是自然的视觉中心。

（2）大的因素很容易成为视觉中心，即一幅画面中大的东西总是首先被注意。

（3）完整的东西会形成视觉中心，可利用这一规律，使不完整的商标完整，这时商标就会成为视觉中心。

（4）靠引导物引导，也可形成非画面中心的视觉中心。如汇聚线（见图 11－2）、人的手指指向、目光指向等。

第五，人的视觉是有层次的，这个层次是可以引导的。而一件广告作品也是有层次的，一则广告一般都有文字、图片、企业名称、商品说明等。保持两者的一致有利于一则广告充分发挥效用。视觉层次性具有以下特点：

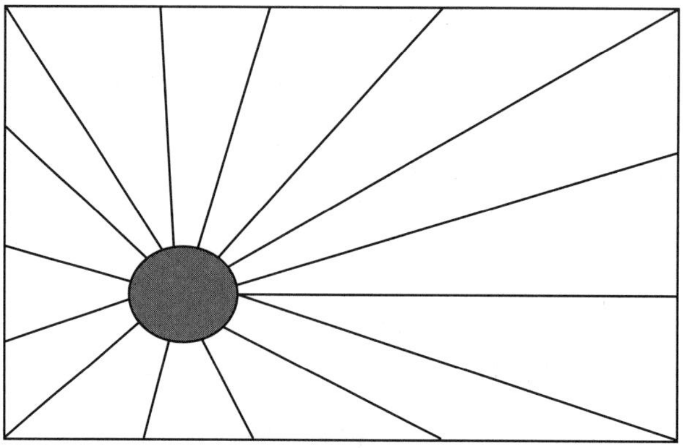

图11-2　汇聚线形成的视觉中心

（1）从大到小是一般的视觉层次，即人的视线一般会在最大与最小两点上停留，中间层次一扫而过。

（2）画面中各要素之间的距离会影响视觉流程的速度。要素之间距离小，视觉流程就快；反之，空白多、更舒展，流程就慢，但距离过大会显得松散和不连贯。

以上特点对如何安排好广告的各个部分有一定的参考价值。文字、图片在一幅广告作品中的不同安排会使视觉流程的速度和强度不同。人为地制造趣味中心、视觉中心会使广告主题更加突出。

三、记忆原理与技巧

记忆是人们过去的经验在头脑中的表现，包括三个基本过程：输入和识记、存储和保持、提取和回忆。根据不同的划分标准，记忆可以分为如下几类。

（一）根据记忆对象的性质分类

基于记忆对象性质的不同，记忆可以分为形象记忆、逻辑记忆、情绪记忆和运动记忆四种模式。

1. 形象记忆

（1）形象记忆（image memory）的最大特征是信息量大，有学者认为形象记忆的信息量比语言记忆至少要多1 000倍。在广告信息构成中利用图片、影视手段，可以有效扩大广告的信息量，尤其对那些很难用语言或其他形式表达清楚的问题来说，利用形象记忆可能是唯一的手段，如使用图像和影视手段。

（2）形象记忆会形成很强的辨认能力，但记忆却很不准确。如人们很容易辨认自己每天戴的手表，如果要求他准确描绘自己手表的特征就很困难。但是，如果让他在一堆手表中找出自己的，却非常容易。实际上，在广告中，产品外观识别、商标识别、象征物识别等靠形象记忆就足够了。音乐和音调记忆实际上也可视为形象记忆的一种形式，它们也具有形象记忆的基本特征。

最后，形象记忆的速度极快，人脑可以在极短的时间内输入大量信息。

2. 逻辑记忆

逻辑记忆（logical memory）通常也称为语言记忆或意义记忆等，它是指以概念、判断、推理等为内容的记忆。逻辑记忆的最大特点是准确而相对持久，但记忆的信息量较小，速度较慢。在广告中，需要人们准确记忆的事物一般利用逻辑记忆，如广告主题等。但是，逻辑记忆会使记忆和现实形成差别。如一个人若把自己手表的所有特点归纳成文字，可使记忆的准确性提高。但如果让一个从未见过这块表的人根据这些文字特点，从一堆手表中挑出这块表却很难。这和逻辑记忆信息量小有关，就如同数字技术与模拟技术的差别、手绘与电脑绘画的差别一样。完全的数码录音总好像缺少了什么，电脑绘画总有一种"机器味"在里面。在这些情况中都存在准确程度提高但信息量小的问题。

3. 情绪记忆

情绪记忆（emotional memory）又称体验记忆，是指以体验过的某种情感为内容的记忆。以情感为内容的广告对唤起、利用和创建情绪记忆有重要意义，所以，情绪记忆是经常使用的广告手段。

4. 运动记忆

运动记忆（movement memory）又称动作记忆，是指以运动和动作为内容的记忆。在广告中特定动作会引起特定的记忆，指向性引导就是建立在这一基础上的。

（二）根据记忆保持时间长短分类

基于记忆保持时间的不同，记忆可分为瞬时记忆、短时记忆、长时记忆与永久记忆四种模式。

1. 瞬时记忆

瞬时记忆是指在 1 秒钟以内形成的记忆，略短于听觉记忆，因此心理学上也称其为电话号码记忆。瞬时记忆的重要特点是信息量大，因为它主要为形象记忆，电影 1 秒 24 个静态画面之所以会在视觉中表现为连续动作，就是瞬时记忆造成的。这种现象也称为视觉后像，指的是光刺激物停止作用后，在短暂的时间内仍然会在头脑中留下印象。但如果瞬时记忆未被注意，将立刻被遗忘。

2. 短时记忆

短时记忆一般指在 1 分钟内形成的记忆，它最大的特点是遗忘速度极快。心理学家彼德逊对短时记忆进行了研究，他的研究结果如图 11－3 所示，该图说明短时记忆保持信息短暂，如未得到重复，将被迅速遗忘。短时记忆的信息量很小，一般在 7 个单位左右，电视广告和广播广告如果一次加入过多的内容，很难被记忆。

3. 长时记忆与永久记忆

长时记忆指 1 分钟以上的记忆，该记忆信息量较大。记忆强度与时间有直接关系，如图 11－4 所示。曲线 A 表示只经过一次强化的记忆的衰减特点，曲线 B 表示经过多次强化的记忆的衰减特点。只经过一次加强的记忆衰减非常快，即很快被遗忘。经过多次

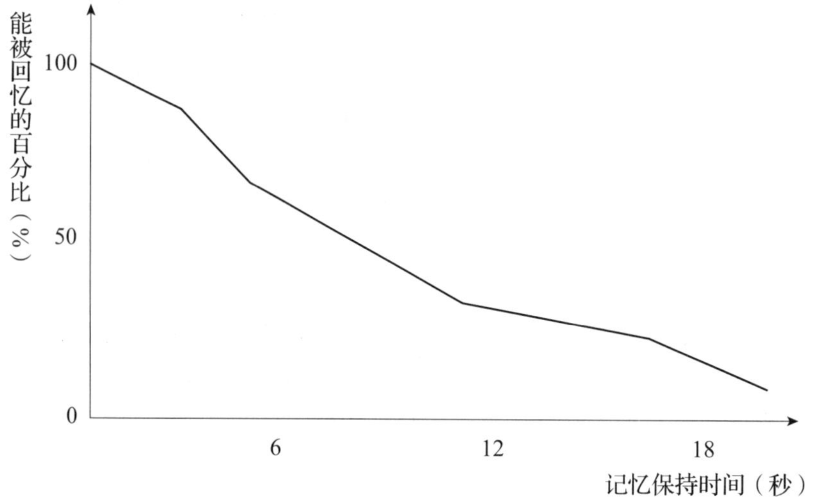

图 11－3　彼德逊的遗忘曲线

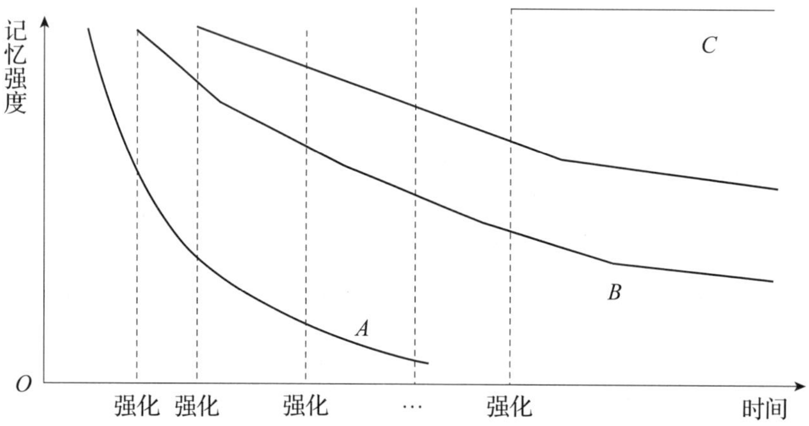

图 11－4　长时记忆、永久记忆与记忆强化

强化，如曲线 C，就可能形成永久记忆。在商业环境中，产品的熟悉感一般都需要多次记忆强化后才能建立起来，人们在购买过程中，一般是在同类产品中首先选择最熟悉的那一种。

（三）根据记忆的目的性分类

基于记忆的目的性，记忆可分为无意记忆和有意记忆两种模式。

1. 无意记忆

广告视角　广告记忆：TikTok 信息流广告的优势

无意记忆是指在记忆之前，人们没有明确的目的性和自觉性，没有努力形成的记忆。无意记忆在人们的记忆活动中占有极大的比例。人们并不会有意识地看见什么就记什么，很多日常见惯的东西人们都不会有意识地去记忆，如每天走的楼梯有多少级，天天上课的教室中到底有几排桌椅等。但是如果教室里突然多了一排桌椅，人们马上会感觉到不同，这就是无意记忆的作用。

2. 有意记忆

有意记忆是有选择性的。人们只对感兴趣的东西进行记忆，只对注意的事情进行记忆。广告的主要内容是要使人记忆。除广告本身必须是广告对象感兴趣的内容之外，广告表现也必须让人感兴趣。但如果任何与广告内容无关的、仅以引起注意为目的的广告表现成为人们的记忆对象，那么广告的主要内容就会被忽视和遗忘。这也就是前面所说的，虽然引起注意很重要，但很容易造成喧宾夺主的结果。

四、引起预期联想和感知的原理与方法

广告是由众多视觉要素组合而成的。各种视觉要素不仅可以产生直接信息，而且会产生间接信息，这是广告表现创作中应充分注意的。联想是人们由当前感受的事物回忆起有关的另一事物的一种精神联系；感知是指人们在接收和处理广告间接信息时对产品/品牌所形成的整体感受。在广告中，联想和感知应该是可以预期的。

（一）构图与感觉

任何视觉广告都离不开构图。由于构图在视觉广告中的特殊重要性，下面简要介绍构图的一般法则和感觉问题。

1. 构图的视觉平衡

构图首先要注意的问题就是必须达到视觉平衡。所谓视觉平衡，是指一件事物达到一种停顿状态时所构成的分布状态。由于构图中力场（或重力）的存在，同一画面中，上边的要重于下边的，中间的要轻于两侧的。因此，只有当上边或两侧的物体小于下边或中间的物体时，一幅构图才达到视觉平衡。

平衡使构图中各种要素的形状、位置等达到一种确定的程度，以至于不容许这些要素有任何改变。不平衡的构图看上去具有偶然的、短暂的、病弱的感觉。这种构图会产生一种极力想改变自己所处位置或形状，以便达到更适合整体结构状态的趋势。这样，就会使一幅作品所要传达的含义变得不可理解、模糊和不知所云，会有创作突然中断的感觉。这时作品不再成为作品，它失去了静止和永恒性。

从心理学角度讲，平衡能使人心情愉快，而人总是会避免在不愉快中生活。整个宇宙就是不断向平衡发展，一切不平衡总在不断消失。一切物体都在做趋于平衡的运动。

2. 构图的比例

任何一个构图首先要确定它的长宽比例。人们对不同的长宽比的构图所产生的感知存在差异。目前公认最具古典美、最易布置构图要素的比例是黄金分割比，即 0.618。这种比例在自然界到处存在，最容易让人接受。此外，3∶4 的比例显得坚固、舒适、可靠，2∶1 的形式显得文雅、高尚。比例关系不明确的构图一般缺乏明确的性格和表现力。

同样，人们对于图形的视觉感受也是不同的。正方形一般会给人朴素、公正、客观

的感觉，视觉正方形不同于几何正方形，只有当高略大于宽时才显得“像”一个正方形，这也是由重力决定的。电脑绘图经常有“机器味”是因为电脑正方形的绝对准确性，造成了构图与人的视觉习惯的不一致。

3. 构图的力场（重力）

心理学研究发现，物理上的引力关系，特别是地心引力，对人的视觉有着不可忽视的影响。正是这种影响产生了与之相适应的构图平衡法则。要注意的是，重力不等于重要性，它只是保持构图平衡应注意的一个因素。重力问题与心理因素有密切关系，如重要的事物会显得重，即使它的面积并不大。构图的力场主要包括以下内容：

（1）构图要素的重力是由它在构图中所处的位置决定的。如：1）在中轴线上的物体，重力小于远离中轴线的物体，如天安门，中间门大，越往两边越小，如果五个门一样大，两边的门就会显得比中间的大；2）构图上方的物体重力比下方大，因此，视觉中心总在略高于几何中心的上方；3）一个物体越远离画面中心，或越靠近构图的边缘，重力越大。

（2）重力取决于物体的大小，视觉感受上通常大的显得重，小的显得轻。

（3）重力与色彩有关，视觉感受上通常白的重于黑的，因此看到同样面积的黑与白时，白的会显得大些。

（4）重力与兴趣有关，视觉感受上通常事物越重要，重力显得越大。

（5）孤立独处的物体显得重一些，如舞蹈中用聚光灯使主角与其他人分开，就会使主角显得更重。

（6）形状规则的物体会显得重一些。

4. 构图中不同部位的心理感觉

在同一构图不同部位放置同样的物体会造成不同的感觉，这与人们由生活经验所形成的心理特点有关。

（1）同一平面的上半部给人一种轻松、飘动的感觉，下半部则给人压抑、束缚和稳定的感觉。这与天空和地面给人的感觉是相同的。

（2）同一幅图左半部会给人轻松、流动和自由的感觉，而右半部会给人比较紧密、沉重和固定的感觉。这可能与人们的书写与阅读方向有关，正如现代人去看古代直排本著作，从上向下、从右往左看会感到不舒服和费劲儿一样。

5. 构图的对称法则

对称是一种最常用的传统构图法则，主要有以下几种形式：

（1）上下对称，以中心横线为对称轴。

（2）左右对称，以中心竖线为对称轴。

（3）移动对称，如图案中两方对称和四方对称。

（4）扩大对称，即同一主题反复使用的同时，按一定比例逐渐消失。

（5）其他，如移动回转对称、扩大反射对称等。对称构图一般能给人以严肃、庄重、有秩序的感觉。然而，绝对对称的构图往往显得过于庄重和死板。

6. 构图的均衡法则

均衡是一种不依据中轴线或中心点来配置，等量而不等形的构图形式。就如一个小小的砝码可以与一大堆东西平衡，这是力学平衡。而构图均衡是根据重力原理制造的一种视觉平衡。均衡构图是一种矛盾的统一。它起初的安排往往从不均衡开始，然后通过虚、实、气、势等各种反向力，达到一种呼应和协调，使构图均衡。均衡使构图显得活跃、新颖、别致、醒目，具有现代感，是现代构图中常用的手法。

7. 构图空白的运用

从美学观点看，空白与图文等实体具有同样的重要意义，如音乐中的休止。所以有人形容空白是被限制了的自然，实体是被占据了的空白，没有空白就没有实体。今天，在构图中空白的形状、大小、方向和运动的比例关系在某种程度上决定了构图的质量和格调。

一个被图文填得满满的广告构图，往往效果很差。其原因在于：首先，没有空白会使构图显得很紧张，人们一看就会产生很累的感觉，尤其在当今信息爆炸的时代，很少有人会耐心地看一则这样的广告。其次，没有空白很容易失去视觉引导，会使人们不得要领，从而埋没广告主题。

所以，创造性地利用空白在广告构图中应引起重视。但那种走向另一极端的做法，即以为空白越大越好的做法也是值得商榷的。

8. 构图的韵律

韵律是一种有组织、有变化的相互交替，而不是简单的重复。音乐中的节拍和节奏具有机械美，而诗歌与音乐的韵律带有内在的美。在广告构图中，韵律会产生不寻常的美感和吸引力。

9. 构图的分割

分割是一种重要的构图法则。分割主要是对整体中各个部分的配置。分割能使主题突出，层次分明。分割的方法是多种多样的，用线、花边、空白、图片等都可以使画面带有三度空间感，造成远景、中景和近景的效果，产生大小不一、错落有致、富于变化、和谐生动的效果，形成各种对比，强化与突出需要表现的主要内容。

（二）色彩与感觉

人们对于色彩的感觉是非常灵敏的，不同的色彩可以使人产生完全不同的感觉。现代设计对色彩是非常重视的，其中一大突破是对色彩与人的心理感知之间关系的揭示。这个研究分成两个阶段。

1. 第一个阶段：20 世纪 70 年代以前

当时的研究结论一致认为人们对于色彩的感觉几乎是一样的。比较有代表性的是丹葛在 1963 年提出的某些颜色的普遍联想和感觉。这个时期对于色彩与感觉、联想的主要结论如下：

（1）红色——象征热烈、艳丽、饱满充实、富有生命力。

（2）黄色——象征光明、辉煌、柔和、纯净。

（3）绿色——象征平和、安静、青春、健美。

（4）灰色——象征端庄、安静。

（5）白色——象征纯洁等。

上述结论仅反映了这些颜色的正面象征意义，当然每个颜色也都有其负面的象征意义，如红色也会使人联想到血和火，产生恐怖、愤怒、紧张、危险的感觉；黄色会引发病态、没落的感觉等。这类研究的进一步发展是，发现可能形成同一感觉的色彩是一个"群"。于是研究进展到对更为复杂的色彩群与众多的感觉的探讨，尤其是色彩与商业感觉的关系的探讨。

2. 第二个阶段：20 世纪 70 年代以后

在这个阶段，学者们发现不仅色彩的感觉因人而异，不同国家对色彩的感觉也有很大区别，甚至截然相反。例如，美国营销学教授劳伦斯·雅各布斯对八种颜色在不同国家和文化背景下的商业含义进行了研究。他对中国、日本、韩国、美国四个国家进行了抽样调研，结论如表 11－1 所示。

表 11－1　雅各布斯对四国的调研结果

颜色	中国	日本	韩国	美国
灰	廉价的	廉价的	—	昂贵的、高质量的、可靠的
蓝	高质量的	诚实的、可信赖的、高质量的、可靠的	效力大的、高质量的、可靠的、刺激的、诚实的	高质量的、可靠的、诚实的、可信赖的、昂贵的
绿	纯净的、可信的、可靠的、诚实的	纯净的、美味的、刺激的	纯净的、刺激的、诚实的、可信赖的	美味的、刺激的
红	快乐的、可爱的、刺激的	美味的、快乐的、可爱的、刺激的	美味的、可爱的、刺激的	可爱的、刺激的、快乐的、美味的、廉价的
黄	快乐的、纯净的、先进的	快乐的、纯净的、美味的	快乐的、纯净的、美味的、可靠的	快乐的、纯净的、美味的
紫	昂贵的、可爱的	昂贵的、刺激的	昂贵的、可爱的、可靠的	先进的、廉价的、可爱的
棕	美味的	廉价的	廉价的	廉价的
黑	效力大的、昂贵的、高质量的、可靠的、可信赖的	效力大的、昂贵的	效力大的、昂贵的	效力大的、昂贵的

他的发现包括以下两点：

（1）不同国家对同一色彩有着不同感觉，如灰色给中国人和日本人的感觉是廉价的，而给美国人的感觉是昂贵的、高质量的与可靠的。

（2）不同国家对同一色彩可能会有一致的感觉，如绿色常与蔬菜相联系，黄色常与肥皂和水果相联系等。这项研究表明传统的对颜色与感觉的分析是有一定道理的，如对红色、黄色、绿色的感觉各国很相近（仅指商业方面，在其他方面是有区别的）。

综上，了解色彩与心理感知的关系以及由色彩引发的感觉因人而异、因文化而异，这对于广告实践意义重大，尤其对于企业形象设计中企业识别色非常重要。要使一个企业容易被识别，并充分表现出个性，色彩是最重要的因素之一。长期一贯的和统一的企业识别色是一种基本的传达方式。在此过程中，也要注意色彩个性与企业个性的一致性问题。

（三）附加价值与感知和联想

1. 附加价值在广告中发挥的作用

广告的附加价值是指创造性地附加对广告作用的发挥有一定价值的人物或事物。附加价值在广告中起到了如下重要作用：

（1）可以强化企业形象、品牌形象或商品特征。

（2）可以更真实地反映商品的使用功效，起到消费示范与引导的作用。

（3）可以强化广告主题，使广告更有感染力，进一步增强广告的说服性。

（4）可以提高广告的被注意率，提高被记忆程度。

（5）引导视线和制造必要的感觉及联想。

（6）使广告更富人情味，缩短与消费者的距离。

2. 广告中增加附加价值应注意的问题

但是，附加价值本身非常容易分散注意力，使广告重点转移。因此，没有经过周密考虑的附加价值往往弊大于利。在广告中增加附加价值应注意以下问题：

（1）附加价值的“价值”是应首先考虑的问题。对附加价值的利弊应综合考虑，只想到有价值的一面，而忽视另一面，其后果往往不堪设想。

（2）不同的附加价值会引起不同的感知与联想，它是广告信息构成的一部分，在广告策划与创作设计中都应加以注意。

（3）人物是附加价值中最常用的。名人、明星或模特会提高广告被注意的程度，这些人可能对大众的消费观念及生活方式产生影响。但是要注意，名人代言广告可能会分散人们对于产品的注意力。因此，名人必须与广告主题及产品有关，同时，名人只有使广告主题与产品更突出时，才有价值。

五、其他

在广告间接信息形成的过程中，还有其他影响因素。

（1）写实与抽象。采用写实手法来展示广告内容会使人感到距离近、亲切可信；而抽象手法的使用，包括利用现代派的手法创作的广告，会让人觉得有现代感和科技含量高。但是写实也会使人感到陈旧、保守，而过分现代会使人感到故弄玄虚。

（2）线条与感知。不同的线条带来的感觉不同。

1）直线——刚直、有力，代表着尊严、生命、永恒、权力及抗拒变化的能力，由直线组成的图形给人以安定、强烈、坚挺、明快、阳刚的感觉。

2）水平线——给人以稳定、广阔、平静、大地、天空等的感觉。

3）斜线——给人以行动、运动、流动、无法控制的感情以及危险、崩溃等感觉。

4）曲线——给人以柔美、圆通、活泼、优雅的感觉，由曲线组成的图形柔软优美、流畅而有弹性，女性感强。

（3）音乐。音乐与色彩一样，是广告中最瑰丽的形式。音乐不仅能引起丰富的联想与感觉，而且极易被记忆。古典乐、交响乐、轻音乐和流行音乐引起的感觉、创造的意境是截然不同的。广告里使用音乐的主要方式如下：

1）企业可以利用大家熟悉的音乐作为广告背景，由此可增加亲切感，缩短广告与消费者的距离，如百岁山广告采用了 Only Teardrops 纯音乐。但熟悉的音乐一般都有特定的背景和联想，是否与广告主题、商品、企业个性相符合是需要仔细斟酌的。

2）企业也可以创作能反映广告主题、商品个性的音乐和歌曲并放入广告中，动听、上口的广告歌甚至可以起到二次广告的作用。

第 3 节　广告表现的内容构成与手法

一、广告文案

广告表现的内容构成主要是指广告的文字信息，即广告文案（advertising copy）。电视、报纸、杂志、广播、户外广告等都离不开语言与文字，因此广告文案在广告表现中占有重要位置。广告文案一般由两部分组成，即标题和正文。

（一）标题

标题是广告成功的关键。很早人们就发现，只有 20%的人看广告正文，多数人只看标题。一个好的标题会像诗歌一样流传，成为某一品牌和商品的代名词。随着信息量的增加和人们生活、工作节奏的加快，人们阅读报纸、杂志往往先读标题，标题吸引人才继续看内容，对广告来说更是如此。因此，创作一个好标题尤为重要。

1. 广告标题创作应注意的问题

（1）应把最主要的内容，即能带给广告受众的利益、许诺或购买理由放在标题中。

（2）标题中应有能使人感到惊奇的事物，如新信息、产品新特点、带给人们新感受与新体验的事物等。

（3）用标题语言引发读者的好奇心，诱使人们阅读内容。

（4）标题最好不要使用否定词。如“我们的染发水不含铅”中的“不”字常常会被忽视，尤其是在阅读速度很快的情况下。

（5）标题应该简明扼要，但是，在不啰唆的前提下，一般长文比短文好。短标题更容易被忘记，而且传达的信息更少。

（6）标题有地方特色对于特定诉求对象非常有效。

（7）标题中可以适当纳入广告受众。如对做母亲的人做广告，标题中最好有“母亲”字样，但为男女皆宜的商品做广告，标题就不应有倾向性。

（8）标题一定要有产品品牌，这样至少人们在阅读时能留下一定的印象。

2. 标题的写作形式

（1）口号型，有明确指向性，易造成冲击力。如联通的“引领通信未来”。

（2）祈使型，带有命令与强制性。如脑白金的“送礼只送脑白金”。

（3）直诉型，直截了当地、准确地传达广告信息，如商品特点、许诺、消费理由等。如康师傅的“好吃看得见”、农夫山泉的“农夫山泉有点儿甜”。

（4）间接型，比较含蓄或借比喻、比较来传达广告信息，如中国移动的“沟通从心开始”。

（5）新闻型，利用报道的形式传递广告信息，造成可信的效果。

（6）设问型，如静心口服液的“静心送妈妈，需要理由吗?”

（7）悬念型，具有较强的诱导作用。

（8）赞美型，如雀巢咖啡的“味道好极了”。

（9）引导型，站在消费者的角度，提建议，出点子，如戴比尔斯的“钻石恒久远，一颗永流传”。

（10）戏剧型，采用制造矛盾、解决矛盾的方式等。

（二）正文

在说明型广告中，广告正文很重要。广告正文写作应注意以下问题：

（1）一般情况下，长文比短文好，但是既不啰唆又能把一件事写清楚更有利于达到广告目的。

（2）不要用“最”“一定”“绝对”等。这些词语很容易引起防御性反应和争论。

（3）正文应有充分证据，直截了当地去说明产品特点与广告主题。

（4）要用专业术语，不要编造新术语。

（5）广告正文应能给人提供有价值的资料，比如提供产品知识、生活常识、咨询等。

（6）绝不要用写文学作品的手法去写广告正文，避免文字游戏。

二、广告表现手法

本章第 2 节中已经提到了很多，如利用刺激、对比、悬念、奇想、联想以及视觉引导、构图、色彩、附加价值等多种方法，来达到引起消费者的注意、引发感知联想并加强记忆等广告目的。此外，广告表现手法中还有修辞方法，如比喻和象征。

（1）比喻，往往借助人们生活中熟知的事物去说明复杂或抽象的事物，广告受众容易接受、理解和记忆。但是，比喻不会直接说明广告的本意，往往比较含蓄、婉转，画面通常不直接表现商品本身的特点，所以在采用时既要考虑消费对象，又要考虑经济得失。

（2）象征，是指用一种事物来表现另一种事物，在表达的过程中将原事物中无法表现的内容和概念转化为可视的形象见诸画面，并赋予一定的寓意，从而象征性地表现出原事物的本质或含义。

第 4 节　传统视听广告的表现形式

一、电视广告的表现形式

电视广告是视听结合的艺术，只有创作人员与导演、演员、摄像密切配合，才能使一则广告有较高水准。与其他媒体广告相比，电视广告的表现形式更具创造性，但是它的创作与制作过程也更为复杂，而且电视广告创作还必须考虑制作的可能性、局限性和费用水平。总体来讲，电视广告表现形式主要有以下几类：

（1）产品说明型，又称演员直诉型。它的优点在于，由演员向观众面对面地介绍产品，有一定的说服力。但是这种形式很容易枯燥无味，无法引起人们的注意与兴趣。因此，解说词、演员、道具、背景、布光都非常重要。好的演员、好的广告词、好的导演才能使这种形式达到目的。

（2）证明型，又称示范比较型。证明需要有足够的证据，必须可信。

（3）名人代言型，关于名人代言的有关注意事项参见本章第 2 节。

（4）故事型，即利用情节来强化广告主题或商品特点等。其关键在于情节本身不能分散注意力或引起不必要的联想或感觉。

（5）生活型，即利用生活片段强化广告主题会使人感到温暖与亲切。但生活本身应是与广告对象接近的，过于奢华或寒酸均会与生活脱节。

（6）动画型。动画广告在表现抽象内容或很难拍摄的画面时有一定作用。它可使广告生动活泼、个性明显，尤其是儿童更易接受和记忆。

（7）音乐型。音乐与画面的巧妙配合可创造出特殊意境和格调，容易留下深刻印象，容易被记忆。

二、广播广告的表现形式

广播广告的表现形式的成败主要取决于文稿和音乐，其常用形式如下：

（1）直接型——播音员直接读广告词。

（2）对话型——利用对话强化广告主题或商品特征，易引起注意和制造亲切感。

（3）访问型——通过对消费者的现场采访，提高商品的可信度并强化商品的某一特性。

（4）音乐型——利用广告歌曲增强记忆并形成“二次广告”的效果。

案例分析

“电影专业课，iPhone 同学替你上完了”——苹果 iPhone 13 广告短片的广告表现

当苹果发布官方预热海报时，关于 iPhone 13 的讨论便开始出现。每年的苹果新品发布会都带来一波话题热度。与 iPhone 12 相比，iPhone 13 没有太多的变化，但苹果公司声称，iPhone 13 进行了有史以来最大的相机升级。搭配各种长焦的镜头组合，使得 iPhone 13 成为“一个具有打电话功能”的专业“摄影手机”。

在苹果发布的《口袋里的好莱坞》广告短片中，苹果就向观众展示了这一全新模式的强大，iPhone 13 镜头捕捉低光场景，拍摄微距视频等特点展现得淋漓尽致。本片由两届奥斯卡奖得主凯瑟琳・毕格罗执导拍摄，还原了许多好莱坞大片的经典镜头，如逃生、战斗、大场景等画面，随后自然地呈现出这些场景的拍摄幕后。原来是摄像师运用了 iPhone 13 的电影模式，将精彩捕捉并一一记录。

为了进一步展示电影模式的强大，苹果还在发布会上展示了《疑点重重》短片，该片就是全程使用 iPhone 13 拍摄的。短片讲述了一个调查名画失窃的故事，其中有数次为展现人物表情和剧情发展而迅速切换镜头的画面。豪华的庄园内，一幅名画无故消失，警探随即来到现场调查。而凶手就藏在庄园内的五人之中。警探用眼神完成了对每一个嫌疑人的审问，众人无辜地用眼神回应“我不知情”。于是，警探开始就地寻找线索。从有口红印的茶杯，到狗狗雕塑上的积灰，最终在壁炉下发现了管家衣服上掉落的扣子。iPhone 13 的电影模式自动转移焦点，展现的画面衔接十分流畅，为镜头语言表达增添了更多戏剧性，将 iPhone 13 电影模式的强大尽显其中。

资料来源：https://zhuanlan.zhihu.com/p/414677812.

讨论题

1. 苹果 iPhone13 的广告表现与广告主题契合吗？
2. 该广告面向的消费者人群是什么样的人？满足了他们的什么需求？
3. 根据个人感受评述一下该广告的说服效果。

基本概念

广告文案（advertising copy）
广告表现（advertisement performance）
情绪记忆（emotional memory）
形象记忆（image memory）
逻辑记忆（logical memory）
动作记忆（movement memory）
刺激（stimulus）

思考题

1. 成功的广告表现具有哪些基本特征？
2. 广告表现的基本原理有哪些？
3. 广告表现的内容构成和表现手法有哪些？
4. 在广告中使用哪些手法可以引起目标受众的注意？它们的原理是什么？
5. 记忆原理的核心内容是什么？理解记忆原理对广告表现设计有什么意义？
6. 电视广告和广播广告分别应该有什么样的表现形式？
7. 基于中国文化特征浅析文化对广告表现手法的影响。

第12章
媒体类型

学习目标

- 了解广告媒体的分类和特点。
- 了解传统广告媒体的特点或优缺点。
- 了解新媒体的类型。
- 了解互联网广告的类型。

媒体是广告信息传播的通道，是企业与消费者之间的连接者。随着科学技术的发展，广告媒体的形式也在演进，特别是近年来互联网和移动通信技术的发展使网络媒体得到了极大的发展。此外，随着对媒体性质认知的加深，人们又开发了一些新媒体。近年来对以互联网为代表的新媒体的广告投入持续增加，新广告媒体规模已经超越了传统广告媒体。

本章先对广告媒体的发展阶段和基本分类进行概述，在此基础上，将分别对传统媒体和新媒体的概况与特征进行介绍。

第1节　广告媒体概述

广告媒体，是指在广告主和广告受众之间起中介或载体作用的可视物体。凡是能刊载广告作品，并实现广告主与广告受众之间联系的可视物体，均可称为广告媒体，它是信息的一种载体。

一、广告媒体发展的五个阶段

广告媒体是随着商品经济和科学技术的发展而发展起来的。商品经济的发展产生需要，科学技术的发展提供了物质手段。在这里，我们把广告媒体的发展分为五个阶段。

(1) 口头广告媒体阶段。在出现剩余产品之后，人们为了用这部分产品交换其他物品，便在大街小巷叫卖，它是销售现场广告发展的基础。口头叫卖以不同的声调、不同的语言区别不同的广告信息，有时与能发出声音的器具物品相结合，也是广告与音乐结合的表现形式的雏形。

（2）文字广告媒体阶段。文字的发明打破了口头传播的束缚，让人们可以冲破时空的局限更好地进行传播活动。在古代，常见的广告中多多少少都有文字，比如某某酒家的广告，远远地就可以见到旗帜上的“酒”字。在广告中使用文字，一方面丰富了广告的内涵，让消费者直截了当地明白广告的内容；另一方面又可以在文字上做一些修辞，增强广告的效果。

（3）印刷广告媒体阶段。印刷技术的出现无疑让商人找到了一个新的支点，运用到广告中，便出现了印刷广告，如“济南刘家功夫针铺”的广告青铜版就是我国印刷广告的一个例子。随后，以报纸、杂志为代表的大众传媒的出现又为广告开辟了一片新天地。1666 年，英国《伦敦报》第一个在报纸上开辟了广告专栏，标志着报纸广告的出现。印刷广告主要存在以下六种类型：传单、图书、年画、包装、报纸和杂志，其中后两种使用的媒体形式是大众媒体。

（4）视听（也称为电波、电子）广告媒体阶段。20 世纪 30 年代初，无线电广播迅速发展，因其新奇的节目、明星主持人和快捷的新闻吸引了大量的听众和众多的企业，迅速成为与报纸分庭抗礼的新一代大众媒体。同样，电视以其声形兼具的独特优势后来居上，占据了全世界广告份额的半壁江山，并且呈逐年增长趋势，但近年来，新媒体的出现造成了电视广告投入的下滑。

（5）新广告媒体阶段。20 世纪 90 年代，随着互联网的广泛使用，出现了包括音频、视频在内的网络媒体，网络广告也应运而生。近年来，网络广告在整个广告市场所占的份额急剧增加，增长速度快。此外，以手机为代表的新兴媒体也开始快速进军广告行业。从 2002 年起，国内许多手机运营商开始联合互联网、电视等媒体逐步向广告业进军，将手机广告作为广告业的一个新的突破口和利润增长点。

二、广告媒体的分类

随着广告媒体的不断发展，对广告媒体的分类也日趋复杂。最常见的有如下五种分类：

（一）按媒体所依赖的载体分类

（1）印刷媒体，如报纸、杂志等。

（2）视听媒体，如电视、广播、网络等。

（3）户外媒体，如广告牌、招贴、交通工具、橱窗、气球、建筑物等。

（4）销售现场媒体，如店内灯箱广告、海报、货架陈列、实物演示等。

（二）按媒体的发行范围分类

（1）国际性广告媒体，包括国际发行的出版物，国际交通工具，出口商品的包装物、赠品等。

（2）全国性广告媒体，包括在全国范围内发行的报纸、杂志，全国范围的广播、电视等。

（3）地区性广告媒体，包括地区性的杂志、报纸、广播、电视、一般的户外广告媒体等。

（三）按媒体的受众类型分类

（1）大众化媒体，包括报纸中的日报、晚报、都市报及电视、广播当中的综合频道等，受众不分职业、性别、年龄，也没有专业方面的限制，适合刊登具有广泛影响的广告。

（2）专业化媒体，这类媒体的专业性和针对性比较强，如体育频道、《经济观察报》等，其传播内容具有特定的对象，适合刊登针对特定群体的广告。

（四）按媒体的传播内容分类

（1）综合性媒体，指那些可以发布大量不同种类的广告信息的媒体，如报纸、杂志、广播、电视等。

（2）单一性媒体，指只能传播某一种或某一方面的广告信息的媒体，如橱窗、包装等。

（五）按媒体与广告主的关系分类

（1）租用媒体，指其他单位经营的，广告主通过租赁、购买等方式间接利用的媒体，如报纸的广告版面、电视的广告时段等。

（2）自用媒体，指属于广告主并能为广告主直接使用的媒体，如海报、传单、商场陈设、说明书、展销会等。

三、广告媒体的特点

不同的媒体具有不同的特点，一方面表现在空间上，如传播范围和传播对象；另一方面表现在时间上，如传播速度和收听收看的时间等。除了这些差异，它们之间也存在着相似的地方。具体说来，广告媒体具有以下三个特点：

（1）传播范围的广泛性。大众媒体获取了大量的受众，然后根据受众的收视率、收听率以及阅读量的大小确定广告价格，通常会以更高的价格卖给广告主。这样，广告主可以充分利用媒体这个平台，将广告信息传递给该媒体广泛的受众。

（2）选择形式的多样性。广告主为了追求广告效果，在初期的制作中总是花费较大的精力去做好广告片，通过广告内容的吸引性，最大限度地争取受众的注意力。但是，随着商品竞争的加剧，广告主发现单纯依靠广告内容已经无法满足市场竞争的需要。于是，他们在做好内容的基础上也开始注重媒体形式的选择，如同样是做一个广告，是选择报纸还是广播，是选择在电视节目之间插播还是做一个专题介绍等。根据传播学理论，影响信息的接收程度的因素，除了内容和发送者，还有媒体渠道。因此，广告媒体的多样性就显得非常重要。

（3）形式的强适应性。随着广告媒体的不断延伸和拓展，广告的触角无处不在。多元化的媒体类型使广告媒体具有非常灵活的适应能力。对于不同的产品、不同的广告商，广告媒体均可以根据自身特点提供最具价值的广告形式。

第 2 节　传统媒体概述

传统媒体包括七种，分别是报纸、杂志、广播、电视、户外、销售现场以及邮寄广告媒体，其中前四种被称为四大传统广告媒体。下面对这七种传统媒体的传播范围与受众、阅读与收视状况、特点与优缺点以及综合效果等分别进行概述。

一、报纸媒体

（一）传播范围与读者对象

报纸的传播范围首先取决于发行量。由于报纸传阅性好，因此传播范围一般在发行量的基础上乘以一个系数，这个系数对于不同报纸是不同的。其次，报纸的传播范围比较明确，一般分为国际性的（如《中国日报》（*China Daily*））、全国性的（如《人民日报》）和地方性的（如《北京日报》）。最后，报纸在其传播范围内有一定的分布特点。读者对象广泛的报纸分布比较均匀，如各地的晚报等。

报纸的读者对象比较明确。一般分为：

（1）党的机关报，如《人民日报》，读者对象主要为机关团体。

（2）行业报或专业性报纸，这类报纸的行业特点和专业特点突出，读者对象极其明确。

（3）面向各群体的报纸，如晚报、消费者报等。但是，即使是面向所有群体的报纸，它的读者分布也是不同的，需要根据具体报刊进行具体分析。

（二）阅读状况

报纸是现代生活中不可缺少的读物。虽然一份报纸被阅读的时间不长，但其阅读性强且便携性好，可以发布内容比较复杂的说明型广告。但是报纸的阅读状况也存在不足，如保存性差、重复阅读率低。

报纸广告一般在报纸展开的一刹那，就映入读者眼帘。但由于报纸版面多、内容庞杂、广告云集，所以广告的被注意率下降。报纸广告被注意的规律是：

（1）整版优于半版，半版优于 1/4 版。

（2）广告所占版面越小，被注意率一般越低。

（3）如果把报纸的一个版面分为最上、中上、中下、最下四个部分，那么广告效果最好的是最上，其次是中上、中下、最下。

（三）广告费用计算

报纸媒体一般采用每千人印象成本来计算广告费用，如果其他条件相似，企业会选择每千人印象成本低的报纸做广告，因为每千人印象成本低，说明该广告媒体经济实惠，即花费相对较少的钱能够覆盖较多的目标受众。每千人印象成本计算公式如下：

$$相对广告费用（每千人印象成本）=\frac{每平方厘米价格\times 实际使用面积}{发行量\times（1+传阅量）}\times 1\,000$$

（四）综合效果

1. 报纸作为广告媒体的优点

（1）报纸广告的阅读方式较电波广告更主动，即读者在阅读内容、阅读时间、阅读地点、阅读速度等方面具有很强的主动选择性，所以广告内容较容易记忆。

（2）读者对有兴趣的广告可以反复阅读，因此，他们对广告信息的接收较为深入和完整，这有助于促进理解及商品知识的普及。

（3）报纸出版周期短，有利于及时刊登广告。

（4）报纸要求的识字能力限定了其受众要具有较高的文化素质，这在一定程度上提高了报纸媒体的广告价值。

（5）报纸的费用相对较低。

（6）报纸的权威性、可信度较高。

2. 报纸作为广告媒体的缺点

（1）内容庞杂，其他信息在很大程度上干扰了广告的效果。

（2）报纸的纸质性质决定了它的静态性，不擅长动态的物质表现。

（3）颜色单调，传真度差，在纸张、装帧设计等方面难以与杂志媲美。因此，报纸不太适合要靠商品本身的形象来说服消费者的广告。

二、杂志媒体

（一）传播范围与读者对象

杂志绝大部分为全国发行，而且集中于城市，农村发行量较小。杂志的发行量绝大部分集中于发行地。

杂志的读者对象极其明确，往往与广告的目标对象重合。为了更好地利用杂志媒体，广告公司应根据广告目标对象的需要，对可能利用的杂志进行认真调查研究。杂志多数是固定订户，且个人订户占有较大比重，能深入消费者家庭。一般来讲，杂志的读者都具有一定的文化水平和专业知识，购买力处于中等水平以上，适合有针对性地刊登广告。

（二）阅读状况

杂志的阅读率在现代四大媒体中是最高的，而且阅读杂志一般比较专心；杂志的传阅性优于报纸；杂志保留的时间长，反复阅读率较高。因此，在杂志上发布的广告被注意率较高，容易被记忆和接受。

在杂志上发布的广告，每页的被注意程度是不同的。一般，封面被注意和记忆的程度最高。假如封面为 100，那么封底被注意和记忆的程度为 70～80，封二为 60～70，封三为 50～60，内页为 50 以下，内页右页一般高于左页。

（三）广告费用计算

与报纸媒体一样，杂志媒体一般采用每千人印象成本来计算其广告费用，计算公式也相同。

（四）综合效果

1. 杂志作为广告媒体的优点

（1）杂志的针对性强，选择性好，广告主可以按商品的顾客群选择合适的杂志刊登广告，并针对读者的心理特点进行广告设计，使杂志广告所传递的信息确实是杂志读者所需要的。

（2）杂志广告一般独占版面，适宜刊发说明型广告，加上印刷水平较高、带有色彩，容易使读者注意力集中，形成鲜明的印象，进而促进购买欲望的形成。

（3）杂志的读者对象一般具有较高的文化水平与专业知识，消费能力较强，对新产品及服务的反应较灵敏。

（4）杂志反复阅读率高，传阅性好，机动性强，保存时间长，因此可作为企业的商品宣传材料，长期促进销售。

2. 杂志作为广告媒体的缺点

（1）杂志出版周期长，即使情况发生变化，也很难修改版面。

（2）读者对象的范围较为固定，如娱乐性杂志，虽然传播范围广，但仍使某些商品的宣传受到限制。

三、广播媒体

（一）传播范围与收听对象

广播媒体的传播范围几乎面向各群体；随着收音设备在交通工具上的应用，司机、旅游者、外出办事人员在途中收听广播的也越来越多。广播电台绝大多数是地方性的，全国性的主要是中央人民广播电台。广播媒体的听众对象是由特定节目决定的，按时听广播对很多人来说是一种习惯。2021 年数据显示，收听类型由交通、新闻和音乐主导。①

2021 年，中国广播媒体听众规模达到 6.81 亿，包括传统收听（17.1%）、智能收听

---

① 梁毓琳．刘婉婷．新广播：立体传播生态圈的形成．现代视听，2022（1）．

（48.3%）以及车载收听（59.2%）。[①] 收听时段集中在上班（7：00—9：00）和下班（17：00—19：00）高峰时期。

（二）收听状况

广播的被注意率低，而且属于被动收听，收听率不易确定。但声音传播会在不知不觉中促进记忆和加强印象，并且语言容易理解，让人感到亲切，可以无形中加强广告的效果。但声音消失快，容易产生无效广告。

2020 年以来，听众的收听习惯的变化也带动了广播节目的变化。这些变化主要集中在以下三个方面：

（1）“碎片化”收听需求催生小专栏节目。

（2）移动互联网影响力的扩大带动节目的“破圈”。

（3）满足听众对资讯的需求，打造高质量的资讯类节目，包括新闻资讯和其他专题资讯如“医疗健康”“阅读学习”等。[②] 在这样的收听习惯下，广播广告也会发生相应的变化。

（三）综合效果

1. 广播作为广告媒体的优点

（1）传播速度快、编辑制作周期短、时间灵活、所需费用较低，适合播放时机性广告。

（2）广播的覆盖以及延伸意义上的信息传送可以说是无限的。

（3）广播广告的受众较为广泛。

2. 广播作为广告媒体的缺点

（1）广播广告只限于声音，听众看不到任何内容，因此传播效果有限，要充分利用语言艺术、音乐艺术来强化广告主题才能提升广播广告的效果。

（2）广播媒体的收听率和人数很难确定，所以相对广告费用很难计算。国外调研资料显示，一般广播广告费用是电视广告费用的 1/4 左右。

四、电视媒体

（一）传播范围与收视对象

电视广告在广告媒体中所起的作用是很大的。首先，电视在我国消费者业余生活中占据着重要位置。其次，电视声像俱全，容易形成冲击力。收看电视者几乎包括所有群体，特定节目有特定观众。

---

① 梁毓琳．刘婉婷．新广播：立体传播生态圈的形成．现代视听，2022（1）．补充说明：三组数据累加超过 100%，因为存在收听多种媒体的情况。

② 同①.

（二）收看状况

（1）电视的特定节目有特定的对象，针对性较强，但指向性较宽。制作电视广告，应对特定节目的收视率进行调研。

（2）收看电视广告受电视节目内容的影响极大。

（3）电视吸引力强，容易在消费者心中留下深刻印象，积累性效果明显，经常形成购买提示。

（4）一般在特定节目开始前和刚刚结束时，广告的收看率较高。如假设特定节目开始前收看率为 100，那么结束时的收看率为 60，中间部分为 30 左右。

（5）电视广告有利于家庭购买意识和购买决策的形成。

（6）电视的画面和声音消失快，若广告表现一般，很容易被忽略，广告效果差。

（三）其他特征

（1）电视传真度高，表现力丰富，适宜发布印象型广告，一般情况下不宜发布说明型广告。电视能制造特定气氛、联想与感觉。认真确定 1～2 个有冲击力的广告主题对电视广告尤为重要。

（2）电视广告制作与播放周期弹性较大，而电波传输迅速，一般适宜发布时机性广告。

（3）电视广告绝对费用高，相对费用较低。

（4）利用收视率数据可以测算出电视广告媒体的广告费用。电视媒体一般采用每收视点成本（cost per rating point，CPRP）来计算广告费用，其计算公式如下：

$$\text{每收视点成本}=\frac{\text{广告成本（价格）}}{\text{总收视率}}$$

原则上，如果其他条件相似，企业会选择收视点成本低的电视做广告，因为每收视点成本低，说明该广告媒体经济实惠，即花费相对较少的钱能够覆盖较多的目标受众。

（四）综合效果

1. 电视作为广告媒体的优点

（1）收视率高，传播面广，声像兼备，诉求力强，能够以感人的形象、优美的音乐、独特的技巧给观众留下深刻的印象。

（2）传递迅速，不受时间、空间的限制，具有娱乐性。

2. 电视作为广告媒体的缺点

（1）传播稍纵即逝，广告信息不易保存，对商品的性能、特点、规格等不可能做详细的说明。

（2）电视广告媒体费用较高，时间限制较大。

五、户外广告媒体

凡是在露天或公共场合传播广告信息的物质或工具，均称为户外广告媒体（outdoor advertising media）（见图 12－1）。

- 户外广告媒体
  - 销售现场广告媒体
    - 橱窗
    - 商品陈列
    - 现场演示
    - 其他：卡通、灯箱等
  - 非销售现场广告媒体
    - 路牌
    - 招贴
    - 交通工具
    - 霓虹灯
    - 建筑物
    - 其他：气球、标语等

图 12－1　主要的户外广告媒体

户外广告媒体的主要特点如下：

（1）长期固定在一定场所，反复诉求效果好，户外媒体常常成为一个地区的象征之一。

（2）一般根据地区消费者的特点和风俗习惯设置，易被接受和记忆。

（3）容易引起较高注意率和被阅读率，且竞争干扰小，受众容易接受。

（4）开发利用潜力大。

（5）可以融合多种表现手段，图文并茂，引人注目。

（6）媒体费用弹性较大。

（7）缺点是宣传范围小、区域性强、信息量少、效果评估难度大（由样本的不确定性和事后评估的不现实性导致）。

六、销售现场广告媒体

销售现场广告媒体的主要特点如下：

（1）销售现场广告媒体是其他广告媒体的延伸，对消费者已有的广告意向能产生强烈的诱导功效，能将潜在的购买意识诱导成购买行为。

（2）销售现场广告媒体是媒体组合中必不可少的部分，有人统计，目的非常明确的购买行为只占总购买行为的 28％～30％，而其他部分在很大程度上受销售现场广告的影响。

（3）广告费用弹性大，绝对费用低。

七、邮寄广告媒体

邮寄广告媒体（mail advertising media）主要指那些通过邮局直接寄发给目标受众的材料，如产品目录、优惠券、纪念品等（见图12-2）。

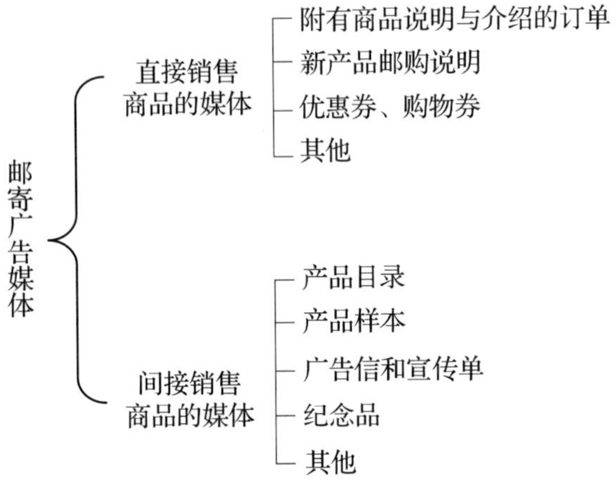

图12-2　邮寄广告的主要形式

邮寄广告媒体具有以下特点：

（1）针对性强，可根据广告目标受众的特点，采用他们最容易接受的广告表现形式。

（2）有利于巩固现有顾客群，并有针对性地开拓新市场。

（3）平均被阅读率在90%以上，会使收信人产生优越感，减少抗拒心理，促进购买决策形成，并能在一定范围内传阅，保存性好。

（4）可详细介绍商品特点、购买地点、方式、价格等。

（5）使用条件简便灵活，可以根据该邮寄广告进行电话采购、网上购物或者亲自购买。

（6）费用较低。

（7）消费者对邮寄广告的回应率较低。

第3节　新媒体概述

所谓新媒体（new media）是相对于传统媒体而言。随着网络、网络社区、电子杂志、自媒体等新媒体的出现，人们的生活方式与阅读习惯正在改变，新媒体蓬勃发展，新媒体凭借其大容量、交互性、实时性、费用低等优势让国内外的大部分公司对新媒体广告市场大为关注，并将其视为最佳的广告投放媒介。全球广告投入数据显示，新媒体广告投入已经超过电视、杂志，尤其是报纸等传统广告媒体。新媒体平台成为广告发展的未来。

一、新媒体的定义与特征

新媒体是一个不断变化的概念，源于高速更新迭代的科学技术和不断扩展的消费者需求。目前学术界和业界对新媒体的界定有了比较一致的结论，认为新媒体是一个比较宽泛的概念，但从严格意义上讲，新媒体被界定为数字化媒体，即利用数字技术和网络技术，通过互联网、宽带局域网、无线通信网、卫星等渠道，以及电脑、手机、数字电视等终端，向用户提供信息和娱乐服务的传播形态。

基于这个界定和思想，国内外学者对新媒体的特征进行了总结。国内学者认为新媒体具有交互性、即时性、海量性、共享性、多媒体呈现、超文本性、个性化以及社群化。与中国学者的看法相似，国外学者认为新媒体具有数字性、交互性、超文本性、虚拟性以及网络化。①

当新媒体用于发布广告时具有以下优势：

（1）在新媒体环境下，人人都可以参与大众传播，既可以是接收者，也可以是发送者，还可以是内容生成者。

（2）受众的主动性增强，很多信息的发布与转发都是受众的个人意愿。

（3）信息发布不受时空和地域限制，可以跨越地理界线最终成为全球化的媒体。

（4）依据新媒体类型，一部分新媒体具有小众特点，即可以针对特定群体传播；另一部分新媒体则与传统大众媒体相似，可以覆盖大量的受众，如网站。

（5）新媒体的信息传播目的从过去的单向信息传递向自我参与、相互交流、个性展示、娱乐目的的转变。

（6）与传统媒体相比，新媒体成本费用极低。

（7）新媒体具有多媒体整合的特点，赋予广告表现新的形式。因此，新媒体蓬勃发展的今天也被称为“融媒体时代”。

二、新媒体类型

新媒体主要包括以下五种主要形式：互联网媒体、手机媒体、社交媒体、移动电视、IPTV（交互网络电视）。下面将对这些新媒体形式分别进行概述，其中互联网媒体在本章第 4 节单独讨论。

（一）手机媒体

1. 手机媒体概况

随着我国手机用户普及率逐渐提高，手机作为一种新媒体的应用价值也日益凸显。根据工信部公布的数据，截至 2022 年 8 月，我国三大运营商移动电话用户总数达到 16.78 亿

① Lister M，et al. New Media：A Critical Introduction. London；New York：Routledge，2009.

户，人均超一部，覆盖率惊人。移动互联网用户（含使用手机、笔记本电脑、平板电脑等移动端上网的互联网用户）达 14.59 亿户，手机上网用户 10.29 亿户，其中 5G 移动电话用户达 4.92 亿户，8 月当月户均移动互联网接入流量达到 15.2GB/户月。[①] 手机不再只是通信工具，它被称为“第五媒体”，被认为是所有媒体形式中最具普及性、最快捷、最为方便，也是人们日常生活中获取信息的最重要的手段，还是具有一定强制性的平台。

手机信息由移动通信网承载，具有网络媒体的一切特征，但其移动性使用户能随时随地接收信息，所以比互联网更具优势，手机因而也成为一种最常用的新型广告媒体。手机媒体具有如下六个主要特征：分众性、定向性、随时性、交互性、可测性、形式多样性。

早期的手机广告主要通过短信、彩信等形式发送到受众手机里；目前的手机广告还包括所有以网络为基础发布的广告信息，如手机网站（WAP）站点、应用程序广告和终端嵌入等。

2. 移动广告

移动广告是指通过移动设备，如手机、平板电脑等，访问移动应用或移动网页时显示的广告。移动广告具有即时性、精准性、互动性、扩散性、整合性以及可测性。我国移动广告在网络广告行业中具有巨大的领先优势。

（1）移动广告类型。按照广告素材投放形式来看，移动广告包括视频、图片、图标以及纯文案。数据显示，2021 年，在全网在投的移动广告中，视频投放数量最多，占比高达 55.16%；其后依次是图片投放（39.41%）、图标投放（3.40%）、纯文案投放（1.39%）。[②]

按照广告表现形式，移动广告包括图标广告、开屏广告、插屏广告、信息流广告、积分墙广告、激励视频（适用于游戏类 App）、竞价排名（即搜索类广告）、LBS（基于位置定位服务）广告等。

信息流广告（feeds advertisements）是最为主流的移动广告类型。此类广告借助互联网技术，依托用户数据，以社交、新闻、视频为载体，对用户进行个性化推送信息。换言之，信息流广告是指在网页信息流中推送/插播的广告。与其他广告形式相比，信息流广告除了有很强的互动性，如转发、点赞、评论等，还可以进行二次传播，即用户可以推送给好友，形成口碑传播效果，进一步扩大广告的影响力和覆盖面，广告主因而对信息流广告青睐有加。艾媒咨询数据显示，2021 年我国信息流广告投入约为 2 327 亿元。

（2）手机作为广告媒体的优劣势。发布手机广告的优势：贴身性；多功能；信息收费价格低廉（除彩信、视频外，发一条短信不到 0.1 元，每千人印象成本为 100 元左右）；具有极强的隐私性；可以有针对性地设计个性化信息；可追踪性；时效性更强；互动性；融合性。发布手机广告的劣势：广告内容与表现手法受限，创意空间相对狭小；接收率高，但接受率相对来讲较低，消费者会产生“被干扰”的感觉；法律监管不够完善，运作模式不够规范，不良内容经常会混在正常手机广告之中，造成消费者对手机广告的负面看法，甚至不信任在手机上发布的广告。

---

① 中国工信部：中国移动互联网用户达 14.59 亿户．(2022-12-22)．https://baijiahao.baidu.com/s?id=1744646235288621607&wfr=spider&for=pc.

② 2021 年中国移动广告行业发展现状及趋势：互动广告已逐渐成为主流．(2022-12-20)．http://t.10jqka.com.cn/pid_222923967.shtml.

（二）社交媒体

1. 社交媒体的界定和特征

社交媒体（social media），也称社会化媒体，指的是互联网上基于用户关系的内容生产与交换平台，是人们用来创作，分享，交流意见、观点及经验的虚拟社区和网络平台。其中用户生成内容包括照片、视频、观点、状态以及日志等。交换平台包括微信、微博、社交网站、知识变现平台、论坛等。与传统媒体相比，社交媒体具有以下特征：

（1）社交媒体既是人际沟通的桥梁，也是大众传播的工具。[①] 人们在社交媒体上用视频或文字交流，实现了面对面、一对一的实时交流。同时，社交媒体可以实现一对一、一对多、多对一的交流形态，因此可以形成一个巨大的传播网络。

（2）社交媒体的受众是新闻源，因此受众的多样化促成了更广的新闻覆盖面。

（3）社交媒体传播的是微内容，适合碎片化阅读。

（4）社交媒体的传播本质是自我表达。受众获得了自由发言的权利，在这样的平台上，人们可以“拓展人际交往能力”“传播信息内容”“表达自己的意见、想法和感悟”等。[②] 这促成了人们从被动接收信息到主动发布信息的转变。

（5）社交媒体具有移动化、便捷化和智能化特征。

2. 社交媒体平台的市场规模与广告投入

（1）总体情况。据统计我国社交媒体平台市场规模从 2015 年的 421.7 亿元增长至 2021 年的 1 926.5 亿元，其中社交媒体平台广告业务收入从 2015 年的 140 亿元增长至 2021 年的 981.1 亿元；社交媒体平台增值服务及游戏业务收入从 2015 年的 281.7 亿元增长至 2021 年的 945.4 亿元（见图 12－3）。

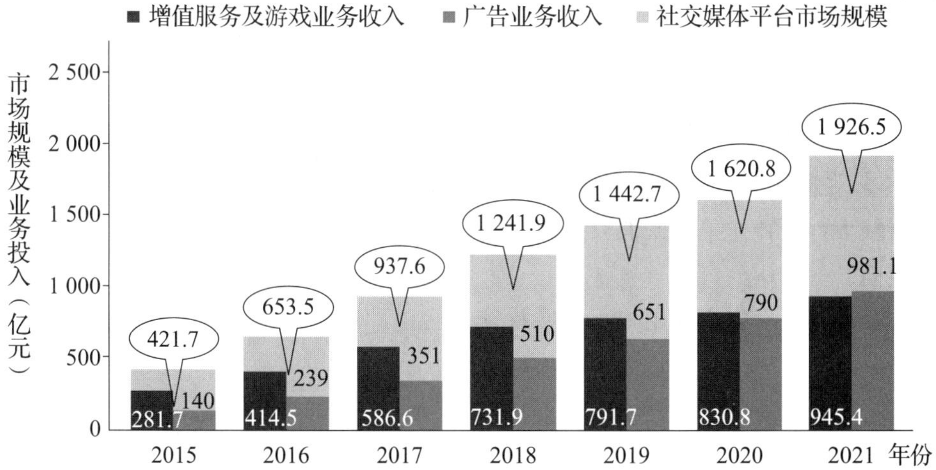

图 12－3　2015—2021 年中国社交媒体平台市场规模及分布

资料来源：https://new.qq.com/rain/a/20220920A029K200.

---

① 苏海峰．浅析社交媒体在我国的发展现状及趋势．新闻论坛，2017（6）．

② 同①.

（2）用户使用社交媒体情况。艾媒咨询 2021 年上半年数据显示，34.9％的用户每天使用移动社交软件在 2 小时以内，42.5％的用户每天的使用时间为 2～3 小时，15.1％的用户每天的使用时间为 3～4 小时，而每天使用移动社交软件时间超过 4 小时的用户占比较少，占 7.5％。①

从市场格局来看，我国用户最常用的社交媒体、带社交属性的新媒体平台包括微博、微信、小红书、抖音、快手以及 B 站。与微信微博不同，小红书、抖音、快手以及 B 站是短视频社交媒体平台。根据《中国互联网发展报告（2022）》，截至 2022 年年底，排名前三位的典型社交应用为微信朋友圈、QQ 空间和新浪微博，使用率分别为 87.3％、64.4％和 40.9％。2022 年 6 月，微信月活跃用户达 10.16 亿，排名第一②；微博活跃用户为 5.82 亿。③

与此同时，短视频用户规模增长迅猛。截至 2022 年 3 月，中国短视频用户规模已达 9.54 亿，使用时长达到 689.71 亿小时，短视频综合平台的用户使用时长环比增长 13.82％，成为仅次于即时通信的第二大网络应用④，预示着短视频已开始成为主流市场的营销手段。

用户对社交平台依赖性很高。2022 年 7 月数据显示，人均单日使用时长均比之前有了大幅度的增长，且短视频社交媒体的时长远高于微博与微信。微信人均单日使用时长为 80 分钟，微博为 36.43 分钟。快手、抖音的人均单日使用时长分别为 133.45 分钟、105.68 分钟，分别是微博的 3.67 倍、2.9 倍，是微信的 1.67 倍、1.32 倍。小红书人均单日使用时长达 57.24 分钟，比微博高出 20 分钟以上，但比微信低 22.76 分钟。⑤

3. 社交媒体广告的类型

社交媒体广告是基于社交平台展现的一种广告形式。根据社交媒体广告的表现形式，可以把社交媒体广告分为传统网络广告表现形式和社交媒体广告表现形式两种。

（1）传统网络广告表现形式有文字链接广告、旗帜广告、按钮广告、弹窗广告、摩天大楼广告、壁纸广告和视屏贴片广告等。

（2）社交媒体广告表现形式有原声广告、病毒广告、植入广告等。

4. 社交媒体广告优势

（1）精准性，社交平台所拥有的用户的大数据可以帮助广告主在投放广告的时候实现精准定向。

（2）互动性，广告主和用户可以在社交平台上即时交流，留言互动，发表建议，反馈问题等。

---

① 社交行业数据分析：2021 上半年中国 42.5％用户每天使用移动社交软件 2～3 小时．（2022-12-22）．https://www.iimedia.cn/c1061/80212.html.

② 2022 年全球及中国互联网用户规模、渗透率及行业竞争格局．（2023-01-15）．https://baijiahao.baidu.com/s?id=1754962508506444732&wfr=spider&for=pc.

③ 为什么要 pick 微信小程序？为什么要搭建小程序？．（2022-12-22）．https://new.qq.com/rain/a/20230110A018F600.

④ https://baijiahao.baidu.com/s?id=1754805411771998361&wfr=spider&for=pc.

⑤ 一文讲透中国社交媒体平台：微博．（2022-12-22）．https://www.digitaling.com/articles/868804.html.

(3) 分享性，用户看到感兴趣的广告内容可以即时分享给自己的好友，强化了广告内容的传播性。

(4) 可控性，广告主可以根据社交平台上用户的观看、评论以及转发等情况进行广告投入的调整，提升了广告效益。

（三）移动电视

移动电视可以在电梯、公交车、轻轨、地铁、火车、轮渡、机场及各类流动人群集中的移动载体上广泛使用，其目标受众就是移动过程中短暂停留的观众，如等乘电梯的上班族、公交车上的乘客等。移动电视广告同样是被动接收，即受众对移动电视预设好的传播内容基本上没有“遥控”的选择性，但与普通的被动曝光广告相比，移动电视具备封闭和碎片化的场景下曝光的特点，能够更好地锁定用户的注意力，从而实现较高的用户到达率，使广告传播的效果得到保障。

人们观看媒体广告的仔细程度存在差异。根据中国产业信息网的数据（见图 12－4），人们观看电梯媒体广告的仔细程度最高，达到 58%，远高于报纸广告（24%）、杂志广告（20%）。从心理学角度分析，处于移动或乘车状态的消费者在“无事可干”的空闲时间，也会自发地搜寻更多的信息，不会抵触移动电视上的信息传播。上述数据反映出，空间越封闭，用户越可能仔细观看移动电视广告。

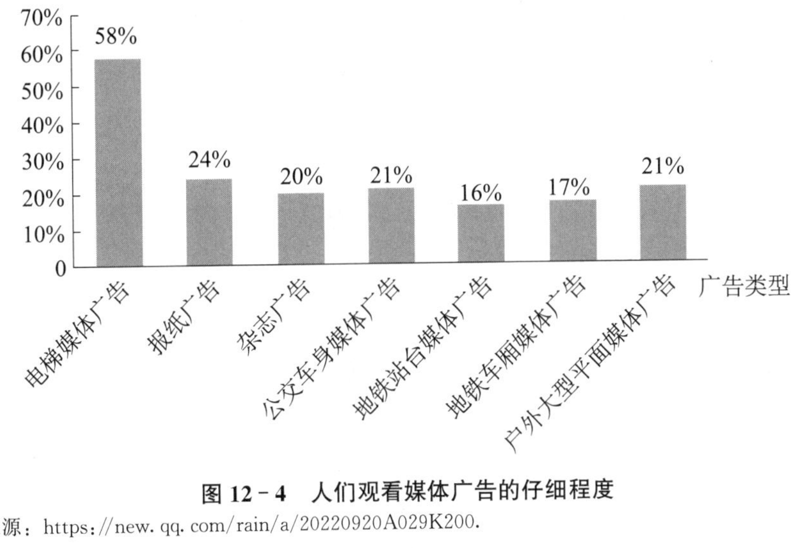

图 12－4　人们观看媒体广告的仔细程度

资料来源：https://new.qq.com/rain/a/20220920A029K200.

移动电视广告的优势包括：全天播出，受众可以全天候收看；受众面广，直击最有价值的人群；反应迅速，移动性强等。除了传统媒体的宣传和欣赏功能外，还具备城市应急信息发布的功能。但移动电视广告也具有一些缺点：与其他户外类广告相似，移动电视广告的覆盖面相对较小，区域性强，仅针对使用这些空间的用户。

（四） IPTV

IPTV 即交互网络电视，一般是指通过互联网络，特别是宽带互联网络传播视频节目的服务形式。个性化和主动性是 IPTV 的重要特征之一。IPTV 的用户不再是传统媒体下被动的信息接收者，而是可以根据个性化需求主动选择节目内容。如何利用IPTV发布个性化的广告，该领域还存在比较大的空白。

第4节 互联网媒体概述

互联网，即广域网、局域网及单机按照一定的通信协议组成的国际计算机网络。计算机与网络是继造纸和印刷术发明之后，人类又一个关于信息存储与传播的伟大发明，称为第五次信息革命。互联网行业自发展以来，经历了PC互联网时代、移动互联网时代以及正在经历的元宇宙时代。互联网并不仅仅是技术的产物，更是人们沟通的工具，同时也是增速最快的新型广告媒体。

一、互联网媒体现状

1. 全球互联网规模与渗透率

Statista数据显示，2021年全球互联网用户规模达49.01亿，互联网渗透率达62.5%，其中北欧、西欧、北美、南欧以及东欧成为渗透率最高的5个地区，北欧渗透率高达98%。图12-5汇总了2011—2021年全球互联网用户规模与渗透率的增长态势。①

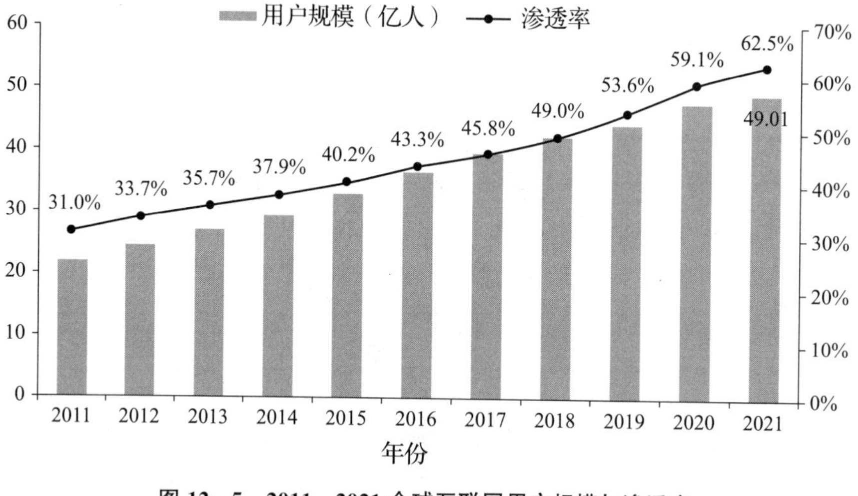

图12-5 2011—2021全球互联网用户规模与渗透率

资料来源：https://baijiahao.baidu.com/s?id=1754962508506444732&wfr=spider&for=pc.

2. 中国互联网用户规模与渗透率

从国内互联网用户规模来看，根据中国互联网络信息中心（CNNIC）数据，截至2022年6月，中国网民数达10.51亿，较2021年底增加1.9%，互联网渗透率达

① 2022年全球及中国互联网用户规模、渗透率及行业竞争格局．(2023-01-15)．https://baijiahao.baidu.com/s?id=1754962508506444732&wfr=spider&for=pc.

74.4%。图 12－6 汇总了 2010—2022 年中国互联网用户规模与渗透率的增长态势。[①]

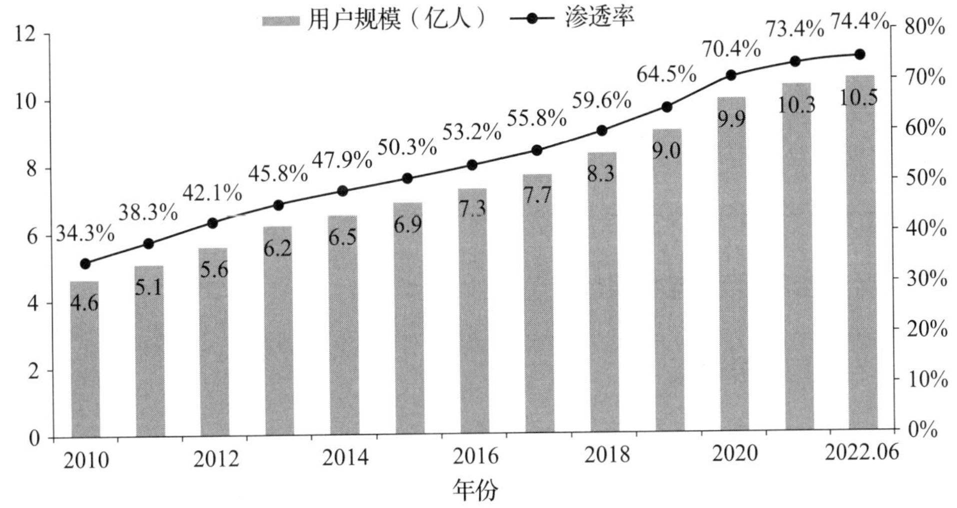

图 12－6　2010—2022 年中国互联网用户规模与渗透率

资料来源：https://baijiahao.baidu.com/s?id=1754962508506444732&wfr=spider&for=pc.

3. 我国移动互联网用户规模与渗透率

移动互联网方面，自 4G 牌照发放后，移动互联网进入高速发展期，根据中国互联网络信息中心数据，截至 2022 年 6 月，移动互联网用户规模达 10.47 亿，移动互联网渗透率达 74%，基本接近互联网渗透率水平。图 12－7 汇总了 2010—2022 年中国移动互联网用户规模与渗透率的增长态势。[②]

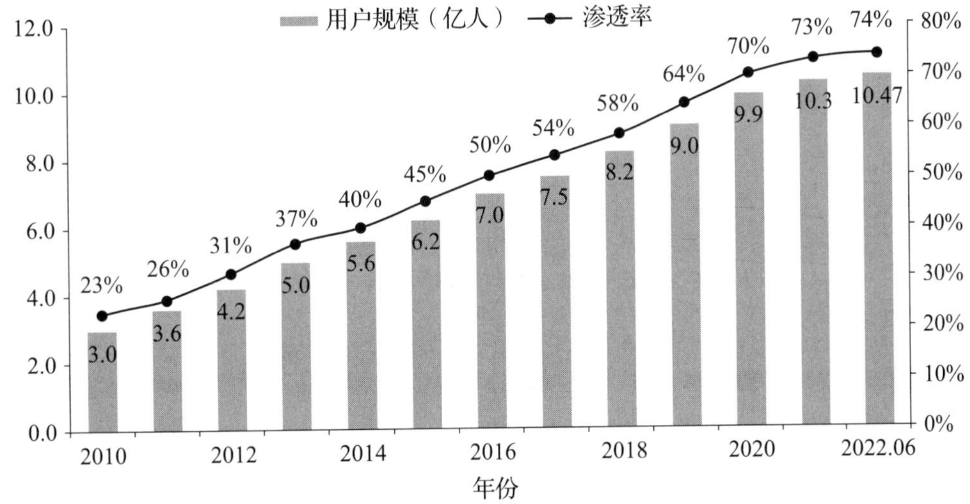

图 12－7　2010—2022 中国移动互联网用户规模与渗透率

资料来源：https://baijiahao.baidu.com/s?id=1754962508506444732&wfr=spider&for=pc.

---

① 2022 年全球及中国互联网用户规模、渗透率及行业竞争格局．(2023-01-15)．https://baijiahao.baidu.com/s?id=1754962508506444732&wfr=spider&for=pc.

② 同上．

4. 我国用户上网时长与用途

从上网时长来看，根据中国互联网络信息中心数据，我国网民人均周上网时长在 2019 年底新冠疫情暴发后达到历史最高，疫情加速了个体、企业和其他部门的数字化进程，线上学习、线上办公和其他使用场景逐渐增多，人均使用时长维持在 29.5 小时/周的较高水平。其中用户使用移动视频的时间最长，占用户总使用时长的 35.1%。①

二、互联网广告的现状与发展趋势

（一）互联网广告现状

1. 全球互联网广告规模与增速

Statista 数据显示，2021 年全球广告市场规模达到 7 632 亿美元，2015—2021 年复合增长率为 8.2%。图 12－8 汇总了 2015—2022 年全球互联网广告市场规模与增速。②

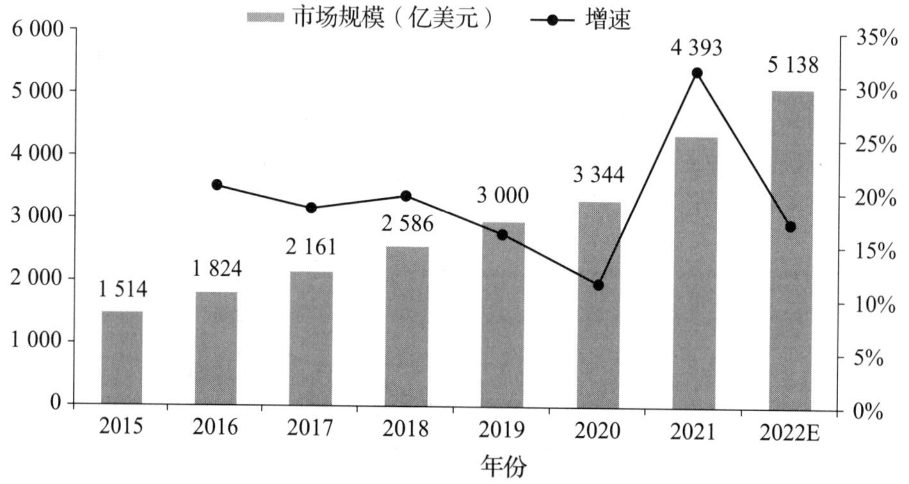

图 12－8　2015—2022 年全球互联网广告市场规模与增速

资料来源：https://www.stdlibrary.com/p-2892228.html.

2. 中国互联网广告规模

根据《2022 年中国互联网广告数据报告》，2017—2021 年，我国互联网广告投入稳步增长，从 2017 年的 2 975 亿元增长到 2021 年的 5 435 亿元。由于受到新冠疫情的影响，2022 年我国互联网广告规模同比下降 6.38%，为 5 088 亿元，减少了 347 亿元

---

① 2023 年中国互联网行业发展现状及投资前景展望报告．（2023-02-07）．https://www.news.sohu.com/a/637976837_121025296.

② 同①.

（见图 12－9）。在整体广告投入下降的情况下，短视频是唯一呈现增长的品类。[①]

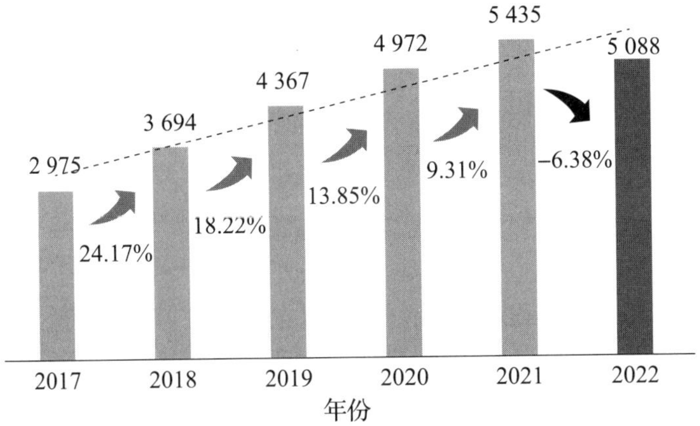

图 12－9　2017—2022 年中国互联网广告总体收入情况（亿元）

资料来源：https://www.adquan.com/post-13-321550.html.

（二）中国互联网广告发展趋势

《2022 年中国互联网广告数据报告》（以下简称《报告》）由中关村互动营销实验室联合普华永道、秒针营销科学院、北京师范大学新闻传播学院共同编制。《报告》从多个维度，用客观的方法对 2022 年中国互联网广告及营销市场进行了深入细致的研究分析，结论包括以下五个方面。[②]

第一，互联网广告市场结构性调整步入深水区，市场规模首次出现回调。从宏观市场结构的角度看，由于中国经济潜力足、韧性大、活力强、回旋空间大、政策工具多等，此次调整有利于互联网广告市场实现长期稳定的良性发展。中长期看，经济稳中向好、长期向好的基本面并未改变。

第二，行业巨头增速放缓，头部企业是稳定市场的压舱石。行业前十的企业广告收入规模合计下降 247 亿元，降幅为 4.79%，小于市场整体降幅，主要是由于以字节跳动、京东、美团、快手为代表的企业持续增长，这些企业的增长不仅成为稳定市场的主要动力，而且在新冠疫情的反复冲击中发挥着重要的市场平衡作用，成为稳定市场的压舱石。

第三，长视频广告增长放缓，短视频形式占据主流。视频已成为营销产品吸引用户的有效工具。其中，短视频是唯一一类在媒体平台与广告形式上都呈现增长的品类，也是 2022 年唯一增长的品类。这表明互联网视频广告的结构在向短视频倾斜，短视频广告凸显其市场优势。

第四，互联网广告直接反映着经济结构调整的态势，交通、零售物流呈现增长，房地产、教育大幅下降。

第五，互联网广告市场投放随新冠疫情走势波动，全年受新冠疫情影响较大。总体

---

① 《2022 年中国互联网广告数据报告》正式发布．(2023-01-15)．http://www.ce.cn/xwzx/gnsz/gdxw/202301/12/t20230112_38343827.shtml.

② 同①.

来看，我国互联网市场韧性十足，恢复势头良好，市场根基牢靠扎实，在新冠疫情的巨大波动中成为支撑市场的主导力量。

三、互联网广告媒体的特征

（一）互联网媒体的特征

1. 互动性

互动性（interactivity）是指消费者不仅可以接收信息，还可以发送信息。该特性既是互联网的本质属性，也是区别于其他媒体的主要属性。具体来讲，互动性使互联网信息从单向的传播转为双向的沟通，从本质上改变了企业和消费者之间的关系，可以说，这是技术变革带来了商业变革的重要体现。在线口碑和在线品牌社区等体现了互联网的互动性。

互联网的互动性必然导致广告形式的变革。广告原本是从传播的视角设计的。而如今，互联网是互动的，意味着广告也可以互动起来。很多企业已经投入大量的精力来进行数字营销，并设计了极具互动性的广告。比如，中粮集团为了宣传其全产业链的理念，设计了一款叫作“中粮生产队”的游戏，取得了很好的效果。通过游戏这种互动的形式，将广告所要表达的内容植入其中，消费者在交互的过程中不断地体会企业的广告诉求。

2. 精准性

精准性（accuracy）是指互联网是可以进行精准营销、精准信息传播的媒体，该特性也是互联网区别于其他媒体的主要属性之一。互联网的精准性依托后台的消费者数据，根据这些消费者数据，可以判断消费者的使用习惯、产品习惯、购买习惯等。在对这些数据进行分析的基础上，企业可以对目标受众进行精准营销和广告信息传播。然而，虽然这种精准性有助于提高企业的营销效率，但同时也会带来消费者个人隐私保护等问题。

（1）可以进行互联网数据挖掘。数据挖掘是指从存储在数据库、数据仓库或其他信息库中的大量数据中，获取有效的、新颖的、潜在有用的、最终可理解的模式的过程。企业在利用互联网进行数据挖掘时，有两种类型的数据源：1）企业自建的数据库；2）开源的数据信息。

（2）基于数据挖掘可以对顾客进行一对一的直接营销。通过数据挖掘，企业可以掌握每一个消费者的个人特质，从而进行有针对性的营销活动，广告的投放活动也随之变得精准。

（3）企业利用消费者的数据来进行营销活动同样存在问题，即消费者个人隐私的保护问题。消费者担心企业利用自身的数据进行非法的营销活动；同时，很多消费者也极力反对企业记录自己的信息。如今广泛使用的小型文本文件技术就饱受争议。另外，并不是所有的消费者都不愿意“暴露”自己的信息。有研究表明，部分消费者愿意透露自己的个人信息，以便企业更好地为自己服务。因此，个人隐私问题并不是不可逾越的，企业需要树立良好形象，取得消费者的信任，这样便可以形成一个良性循环。

3. 及时性

互联网具有及时性（timeliness）。作为电子媒介的一种，互联网由于其信息传播的本质是以光、电作为载体而展现了纸质媒体不可比拟的及时性特征。及时性既保证了互动的高效率，也拉近了信息发布者与接收者之间的距离，形成了相互依赖的关系。由于互联网的及时性，企业可以在向公众发布信息的第一时间接收到公众对于其产品、品牌的反馈。在当今时代，信息的“零”延时是企业进行高效率沟通的必备条件。

广告视角 《中华人民共和国个人信息保护法》明确不得“大数据杀熟”

4. 移动性

互联网具有移动性（mobility）。互联网起初是由固定的设备连接而成，随着技术的发展，越来越多的移动终端接入这张大网中，形成如今的移动互联网。人们目前使用的最主要的移动终端是手机，手机已成为人们生活的必需品。随着手机重要性的提升，移动互联网备受关注，其商业价值将更大。

移动性意味着用户的空间位置在发生变化。而空间地址是一个重要的信息指标。有学者称，拥有用户的空间地址信息意味着获得了 90%的信息。鉴于空间地址信息的重要性，地理信息技术也得到了迅猛的发展。地理信息系统（GIS）是一个基于数据库管理系统（DBMS）的分析和管理空间对象的信息系统。以地理空间数据为操作对象是地理信息系统与其他信息系统的根本区别。通过地理信息系统与一些定位技术（如全球定位系统等），用户的周边环境将被“揭示”，企业将更充分地知晓用户所处的情境，从而有针对性地进行营销沟通活动。

5. 多样性

互联网的多样性（diversity）体现在其介入主体、内容以及表现形式上。

（1）互联网是个开放的媒体，任何人、任何组织、任何国家皆可以介入其中。由于这种开放性，互联网的介入主体具有多样性的特征，如在互联网中，有不同年龄、不同种族、不同国家的人。信息技术使得地球成为地球村。

（2）介入主体的多样性造就了内容资源的丰富多样性。互联网是技术的产物，更是人类沟通活动的产物。不同的主体对这个世界有不同的认知，通过互联网来表达，使我们能够感受到不同的文化。但是内容资源的丰富多样性也同时造成信息搜寻成本的提高，搜索引擎技术正是在这样的背景下产生的。搜索引擎的出现同时也带来了一些新的营销沟通方式，如关键字广告、搜索引擎优化等。

（3）与纸媒和电波媒介的单一性相比，互联网是个多媒体的系统。通过互联网，用户可以接收各种形式的内容信息，而且信息的表现形式仍在不断扩充。如今，互联网可以提供文字、图形、图像、动画、声音和视频等信息表现形式。广告可以借助不同的信息表现形式来表达商品的诉求点。

（二）互联网作为广告媒体的特征

（1）交互性。网络广告媒体的最大优势是信息互动传播，用户可以获取他们认为有用的信息，厂商也可以随时得到用户的反馈。

（2）实时性。能根据需要即时变更广告内容，这样就可以很容易地做到经营决策变化与广告变化之间无延迟。

（3）传播范围广泛。可以通过互联网不间断地向世界各地传播广告信息。

（4）受众数量可准确统计。

（5）针对性强。网络广告的受众群体特征明显，可以帮助广告主直接命中最有可能的潜在用户。

（6）形式多样。表现形式包括动态影像、文字、声音、图像、表格、动画、三维空间、虚拟现实等。

（7）信息资源的容量大且具有开放性。

（8）具有可重复性与可检索性。

（9）价格优势。获得同等的广告效应，网络广告的有效千人成本远远低于传统广告媒体。

（10）缺点是容易引起疲劳，有效位置匮乏，点击率低，易读性低于印刷媒体。

四、互联网广告类型

互联网广告的类型非常丰富，从依靠门户网站发布网络广告发展到自建网站，从静态的旗帜广告发展到动态、交互的游戏式网络广告，新的网络广告形式层出不穷。随着网络环境的变化，新技术、新手段的出现，互联网广告类型也将发生变化。下面选择了最主要的三种类型进行介绍，其中每个类型又由若干的细分类型组成。

（一）基于他人网页的互联网广告

这种类型的互联网广告主要选择在权威性较高、日访问量较大的门户网站上发布，如新浪、网易、头条等。这是目前应用最广、最有效的广告形式，也构成了门户网站内容的一部分，其常见类型有以下七种。

（1）旗帜广告（banner advertisements）。旗帜广告也称横幅或网幅广告，是目前最常见的网络广告形式之一。它经常出现在页面上方首要位置或底部中央，多通过显示一句话或者一个标题的方式用作提示，感兴趣的浏览者可点击进入以了解更多信息。旗帜广告有静态旗帜广告、动态旗帜广告和交互式旗帜广告三类。

1）静态旗帜广告——在网页上显示一幅固定的图片，这也是早年网络广告常用的一种方式。制作简单，容易被所有的网站接受，但有时会显得呆板和枯燥。

2）动态旗帜广告——拥有运动的元素，或移动或闪烁。通过不同的画面，可以传递给消费者更多的信息，也可以通过动画的效果来加深浏览者的印象，点击率比静态旗帜广告高。

3）交互式旗帜广告——交互式旗帜广告的形式多种多样，比如游戏、插播式、回答问题、下拉菜单、填写表格等。这类广告需要更加直接的交互，比单纯的点击包含更多的内容。

（2）图标广告（button advertisements），又称按钮式广告，与横幅广告大体无异，只是尺寸较小。表现手法较简单，多用作提示性广告，只显示一个标志性图案，没有标语也没有正文，所以吸引力稍差。

（3）游动浮标式广告，其大小与旗帜广告相似，但位置不固定，而是在整个页面上随机游动，非常吸引用户的视线。

（4）文字链接广告，采用文字超级链接的形式。

（5）关键字广告，广告主购买著名搜索引擎的流行关键字，在用户输入该关键字进行检索时，就可能会被吸引到广告主的网站。

（6）插播式广告，又称弹出式、背后弹出式、开屏广告。广告主选择合适的网站或栏目，在该网站或栏目出现之前插入幅面略小的新窗口显示广告。这种广告随主页展开弹出，通过有效的视觉冲击加强受众的视觉记忆，但有时也会引起浏览者的反感。

（7）巨幅广告（large rectangle advertisements），此类广告最大的特点是占用网页较大的空间面积，广告篇幅较大，信息含量丰富；广告干扰度低，信息传达面广，广告记忆度明显，视觉冲击范围较大，引人注目。一般出现在产品新闻或者热点内容的页面，与新闻或信息紧密结合，以使访客在浏览自己感兴趣的内容的过程中去体会广告的含义，接收广告的信息。

广告视角　苹果“默认关闭 IDFA”政策对在线行为定位广告的影响

（二）基于企业官方网站的互联网广告

企业利用自行建立和运营的官网、微博公众号、微信公众号、微信小程序等平台发布企业广告和促销信息。对于企业来说，建立自己可以有效控制的平台能够更好地树立企业形象、宣传企业产品、发布广告信息。但是在日常投放中，应该注意以下问题：

（1）应避免广告投放过多，过多的广告会干扰用户使用的流畅性，也会引起用户对广告和企业的反感。

（2）应避免广告类型过于单一，过于单一的广告类型对消费者的刺激过低，消费者易感到厌烦，不利于对产品广告信息的接收。

（三）其他形式的互联网广告

（1）墙纸式广告（wallpaper advertisements），将所要表现的广告内容体现在墙纸上，放在具有墙纸内容的网站上，以供感兴趣的人下载并作为个人电脑的墙纸与桌面使用。

（2）互动游戏式广告（interactive games advertisements），又称嵌入式广告，即广告出现在页面游戏之中，可以是游戏开始、中间或者结束之时。互动游戏式广告的形式多种多样。利用这种形式，还可以根据广告产品的特点，量身定做广告。

（3）分类广告（classified advertisements）。分类广告一直是报纸广告的重要形式，网上分类广告由于具有数据库的一些功能，能够按要求迅速进行检索、显示并自动更新或转发到用户指定的邮箱，其强大的优势已经对报纸的分类广告构成巨大威胁，也被认为是今后网络广告的主要业务增长点之一。

（4）电子公告板广告（bulletin board advertisements）。电子公告板是一种以文本为主的网上讨论组织，其气氛自由、宽松，而且参与者有种公约式的自觉。在这里可以阅读或发布信息，但不可大量、强制式地发布纯盈利性的广告，需注意以比较隐蔽的方式，从帮助他人的角度进行有利于自己的传播。

（5）评论式广告（review advertisements）。评论式广告已经成为网络广告的有力工具。广告主把自己的商品、品牌或名称编进网页或刊物文章中，借此建立信用，扩大影响。这些评论式广告可以进行各方面的宣传，如果运用得当，不会让人厌烦，甚至有可能培养出自己的忠实读者。

案例分析

三顿半的社交种草：玩转各大社交平台为私域导流

三顿半是创建于2015年的一个咖啡品牌，定位为更接近现磨咖啡的便捷产品，填补咖啡馆之外的全方位场景的精品咖啡。2018年在天猫开了第一家旗舰店。当年增长率达373.7%，线上增速也远超星巴克、隅田川等品牌。从2019年开始至2021年的每个“双11”和“6·18”，三顿半都超过雀巢成为品类第一。

三顿半也是一个玩转各大社交平台的种草高手。这不仅得益于年轻品牌对市场的敏锐洞察，还源于近两年来小红书、抖音、快手、知乎、B站等平台的快速发展，精准、圈层性质的新兴公域流量池对品牌来说，散发着独特的诱惑。因此，多平台共进的内容种草成为品牌实现策略的重要手段。

三顿半根据产品定位，制定了以小红书为主、微博为辅、其他社交平台均沾的内容营销作战图。内容占比可粗略分为：小红书＞微信≈微博＞B站≈知乎＞抖音。这样安排的主要原因是小红书是新消费风潮崛起下的电商社区平台，内在用户与“咖啡”类目有较高匹配度，用户对消费品也没有极致硬核需求。三顿半可以放心地在小红书为消费者解构“消费场景”，丰富的内容维度涵盖了用户全天候场景。

除了消费场景，三顿半还选取微博作为品牌跨界的重要阵地。从2022年开始到2023年2月，开启了一波“咖啡彩蛋”浪潮，接连联手十几位国内设计师、漫画师、插画师、Vlog博主、美学博主共同打造咖啡联名款，成功帮助品牌扩列，把产品渗透进更深的圈层。此次活动事件收获了数千条互动评论，上百篇真实的素人UGC（用户生成内容）博文二次传播，为三顿半微信公众号实现导流10万+粉丝。

另外一个重要的微信阵地，三顿半没有选择搭建自己的粉丝社群，但创建了微信公众号，不定期更新自己的朋友圈，偶尔陪聊。在微信公众号里投放的内容比较正统，分为两大类，一类是传播到消费端的软文、广告的扩列内容，另一类是传播到行业端的商业背书内容。

三顿半根据平台展示不同的内容，并形成了一套方法论，形成了品牌背书、消费教育和品牌扩列的一套打法布局。

资料来源：https://runwise.co/dtc/170654.html?p=170654.

讨论题

1. 讨论三顿半采用的内容营销手段与传统广告手段相比的优势。
2. 讨论各社交平台在三顿半营销中的重要作用分别是什么。
3. 浅析融媒体时代下社交平台融合对三顿半营销的重要意义。

基本概念

精准性（accuracy）
旗帜广告（banner advertisements）
图标广告（button advertisements）
分类广告（classified advertisements）
多样性（diversity）
信息流广告（feeds advertisements）
互动性（interactivity）
巨幅广告（large rectangle advertisements）
邮寄广告媒体（mail advertising media）
移动性（mobility）
新媒体（new media）
户外广告媒体（outdoor advertising media）
及时性（timeliness）

思考题

1. 新广告媒体与传统广告媒体相比有什么优势？
2. 简述互联网媒体的特征。
3. 简述互联网广告的类型，并以其中两种类型为例浅析其在信息传播中的优劣。
4. 社交媒体具有什么特征？
5. 手机媒体具有什么特征？
6. 浅析中国新媒体创新对全球广告行业发展的贡献和意义。
7. 在数字化时代，还能进行哪些广告平台和内容创新，才能更好地应对和引导日益变化的消费者的媒体使用习惯？
8. 浅析中国的新媒体平台对企业营销策略的改变和促进。

第13章
媒体选择策略

学习目标

- 掌握媒体选择需考量的因素。
- 了解媒体评价指标。
- 掌握媒体选择策略。
- 了解媒体选择流程。

广告是通过媒体进行传播的。在整个传播过程中，不同的媒体有不同的特点。在第12章“媒体类型”中，我们已经对媒体的一般分类类型、传统媒体类型以及新媒体类型进行了介绍。在此基础上，本章将介绍企业进行广告计划的另外一个阶段，即媒体选择策略。

正确而恰当的媒体选择可以使得一则体现广告主题、展示广告创意和表现手法，以及制作精良的广告准确触及目标人群，同时好的媒体选择也是广告经济效益的保障。

因此，在本章中，首先介绍选择媒体应该考量的因素，之后介绍具体的媒体评价指标，最后介绍广告媒体计划。

第1节　媒体选择的考量因素

一、媒体的传播范围与传播对象

任何媒体都有特定的传播范围与传播对象，如国际性的、全国性的、地区性的。应该注意的是媒体传播范围的分布及分布范围内的主要传播对象。比如，杂志一般是全国性的，但杂志在发行地的发行数量要占总发行量的70%左右，而分散在其他地区的很少，其中又以交通发达地区为主。所以，如果有人认为在杂志上刊登广告就是全国性广告，这是一种误解。对于广告公司来说，范围、分布、传播对象三者是不可分割的。

一个媒体的好坏不能完全通过媒体本身来评价，把广告要达到的目标与媒体特点进行比较才能得出结论，即媒体质量参数，这一参数就是广告目标人群与媒体传播对象之间的比率。或者用另外的说法，该参数反映了广告目标人群与媒体传播对象之间的相交程度。如图 13－1 所示，媒体质量参数越接近 1，说明两者之间的相交程度越高，该媒体也就可以认定是一个最适合该广告的媒体。广告目标人群与媒体传播对象完全相交的情况几乎不存在，一般情况下，只要相交部分的人数能够达到广告目标人群人数，就认为是好媒体。如果媒体质量参数大于 1，则该媒体不应该选择或者谨慎选择。

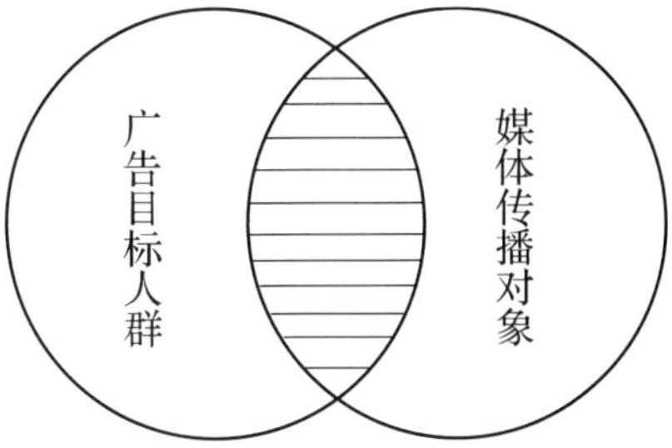

图 13－1　广告目标人群与媒体传播对象的相交程度示例

二、媒体视听与收看情况

传播范围广但收听、收看率低的媒体是不能选择的，因为这会影响广告信息真正触达的目标人群。获取媒体收听率与收看率对于选择广告媒体是必要的也是重要的，但是往往需要通过科学的抽样调研方法和专家预测法才能获得这些数据。在各种广告媒体快速发展且新媒体层出不穷的今天，消费者的媒体接触数量和频率显著增加，结果导致单一媒体的收听率与收看率大幅下降。尽管如此，电视媒体仍被认为是效果较好的媒体，因为它传播范围广、易被注意且节目内容形式多样。

除了使用科学的调研方法衡量收听、收看以及阅读效果外，还可以采用下列指标对传统媒体进行效果评价：

（1）反复性——反复收听、收看的情况，通常反复次数越多，效果越好。

（2）注意率——广告被注意的程度。

（3）传阅性——读者之间相互传阅的情况，传阅次数多等于扩大了发行量，传阅性一般用来衡量杂志媒体。

（4）保存性——媒体被保存的情况，如图书、杂志等都有一定的保存性。

三、媒体费用

媒体费用分为绝对费用和相对费用两类。其中，绝对费用是指购买该媒体版面或者播放时间的费用总额。不同媒体的绝对费用是不同的，在传统四大媒体中，电视的绝对费用最高，其次是杂志、广播和报纸。相对费用是指媒体的绝对费用与其发行量（纸媒）或者视听率（电媒）之间的比率，也就是广告界常用的每千人印象成本。其计算公式如下：

$$每千人印象成本=\frac{广告媒体的绝对费用}{预计传播对象的人数（以千人为单位）}$$

每千人印象成本是衡量一个媒体是否经济划算的一个非常重要的方法和概念，通过上述公式，可以很清楚地计算出如果在该媒体上做广告，平摊到千人上的花费是多少。只看广告绝对成本是非常片面的，因为很多时候广告绝对费用高并不等于相对费用高。以电视媒体为例，虽然电视广告的绝对费用高，但由于传播对象数量众多，所以其相对成本很可能低于其他媒体。

四、媒体威信

媒体威信是指媒体在受众心目中的形象和地位，包括媒体的性质（全国性的还是地方性的、时政性的还是娱乐性的等）、可信度、知名度、影响力等，它对广告有很大影响，也称作媒体的"光环效应"。媒体的威信是相对的，如美国的《华尔街日报》在财务经理看来可能是同类财经报道中威信最高的，但对于电影发行商来说它未必会受到重视。在选择媒体时，应了解人们对媒体的评价。

五、媒体的传真程度

媒体的传真程度是指媒体能否对商品实物、照片、绘画进行较好的还原。传真程度取决于媒体的制作、印刷和传播水平。传真程度低会限制广告的表现形式、产品外形、商标识别等。

六、媒体的适用性

媒体的适用性主要是指媒体适合投放哪种类型的广告。一般报纸、杂志适合说明型广告，因为印刷媒体的读者是积极的，通过投入脑力（认知资源）去处理信息。因此，当广告内容翔实、富有说明性时，选择印刷媒体往往会取得良好的效果。此外，印刷媒体也有足够的篇幅发布足够多的内容。

广播电视更适合印象型广告，因为电波媒体的听众与观众是被动接收信息的，不付诸脑力处理信息，因此印象型广告效果更好。此外，电波媒体的时间短，没有条件传递更多的说明型内容。

新媒体广告相对来讲比较融合，即一方面它们具有印刷媒体广告的优势，即可以采用文字和图片，但是往往偏好较为精炼的文字；另一方面也具有视听媒体的优势，即可以利用画面、音乐、人声等讲述产品信息、进行使用展示以及吸引注意力等。但是新媒体广告往往会伴随海量的其他网络信息而影响效果。

七、媒体的使用条件

媒体的使用条件主要指购买广告时间或广告版面的难易程度、手续简便程度、服务质量及信誉等。这直接影响广告信息能否及时传递以及传递的质量。

八、媒体效果

媒体效果指根据媒体各方面的情况对媒体进行的综合评价。这种评价以比较为基础。一方面，对各种媒体进行相互比较分析；另一方面，与广告主的预期目标相比较，分析哪种媒体更有利于实现广告目标且相对费用更低。

第 2 节　媒体评价指标

一、传统广告媒体评价指标

对传统广告媒体进行评价的指标主要包括八种，分别是视听率、开机率、毛评点、暴露度、到达率、暴露频次、有效到达率以及频次五等分配等。每种评价指标的构成因素和实现目标均有不同。以下逐一介绍并举例说明。

（一）视听率

视听率（rating）是指在一定时期和一定范围内收听（看）某一特定广播（电视）节目的人数占视听总人数的比例。它是评价广播、电视最重要的术语，显示了媒体所发送的信息到达受众的数量规模。

进行视听率的研究，有助于广告客户了解在广播、电视媒体的某些特定节目上做广告所达到的效果如何。同时，视听率也是媒体进行广告定价的依据。例如，针对某电视台的 A、B、C 三个节目，抽取三组人群，分别计算 A、B、C 节目的视听率（见表 13－1）。收看节目 A 的人数为 12 人，总人数为 32 人，所以 A 节目的视听率为12/32＝37.5％。

表 13－1　某电视台 A、B、C 节目的视听率

	节目 A	节目 B	节目 C	未看电视人数	总计
第一组	2	1	1	1	5
第二组	4	2	3	1	10
第三组	6	4	5	2	17
总计	12	7	9	4	32
视听率	37.5％	21.9％	28.1％	12.5％	100％

（二）开机率

开机率指一天中某一特定时间打开电视机（或收音机）的家庭（或个人）占所有拥有电视机（或收音机）的家庭（或个人）的比例，可分为家庭开机率（home using TV，HUT）和个人开机率（people using TV，PUT）。通过对不同时段开机率变化的调研与评估，可以了解受众的生活形态与休闲方式，从而选择电视、广播媒体的最佳广告时段。计算开机率的公式如下，其中受众占有率为某一频道或节目在特定的时段中拥有的受众占收视总人口的比例。

$$开机率=\frac{视听率}{受众占有率}$$

某市家庭开机率的示例见表13-2。

表13-2　20××年×月×日某市家庭开机率示例

时段	家庭户数（千户）	电视机拥有户数（千户）	开机户数（千户）	家庭开机率（%）
19：00—19：15	1 000	950	670	71
19：15—19：30	1 000	950	750	79
19：30—19：45	1 000	950	620	65
19：45—20：00	1 000	950	580	61
20：00—20：15	1 000	950	640	67

（三）毛评点

毛评点（gross rating points，GRPS）是指在一定时期内某一特定媒体所发布的某广告的视听率的总和。毛评点的计算示例见表13-3，该指标反映了媒体计划的总强度。计算毛评点的公式是：

$$毛评点=视听率\times广告刊播次数$$

表13-3　毛评点测算示例

媒体	视听率（%）	刊播次数	毛评点
××电视台×节目	20	4	80
××杂志	33.33	2	66.66

（四）暴露度

暴露度（impressions）指某一特定时期内收听、收看某一媒体或某一节目的人数（或户数）总和。计算暴露度的公式如下，计算示例见表13-4。

$$暴露度=视听总数\times视听率\times广告刊播次数$$

表 13-4　电视观众暴露度计算示例

节目	拥有观众（视听总数×视听率）（万人）	广告刊播次数	观众暴露度（万人）
节目 A	58	2	116
节目 B	42	3	126
节目 C	86	2	172
节目 D	14	3	42
总计	200	—	456

（五）到达率

到达率是指在特定时期内看到某一广告的人数占总的特定人数的比例。以表 13-5 为例，每一个方格为一个人（或一户），共 100 人（户）（表中未全部展示）。A、B、C、D 分别表示某一电视台的 4 个栏目（或节目）。如果一则广告分别在 4 个节目中插播，那么就会有 40 人（户）至少看到一次广告，到达率为 40%，而它的收视率为 20%，毛评点为 80，观众暴露度为 80。可见，到达率与其他指标是不同的。到达率不管观众看了多少个节目，也不管暴露多少次，都只计算一次。到达率在某些场合也称累积视听众、净量视听众或无重复视听众等。

表 13-5　某年 5—6 月到达率分析（电视）

A	A	A	A	A	B	B	B	C	C
C	C	D	D	D	D	D	AB	AB	AC
AC	AD	AD	BC	BC	BD	BD	BD	ABC	ABC
BCD	BCD	BCD	ACD	ABCD	ABCD	ABCD	ABCD	ABCD	ABCD

到达率多用于媒体组合分析。媒体组合一般指同时用两种或两种以上媒体发布广告。这时到达率的计算如表 13-6 所示。如果用不同类型的媒体进行广告，到达率中就包括随机因素。如第一种媒体到达率为 60%（电视），第二种媒体（杂志）到达率为 50%。那么最终仍可能有一部分广告目标对象未到达。对这部分未到达人数除可进行定性分析外，在量的计算上一般按随机组合来确定。

表 13-6　A、B、C 杂志的联合到达率分析（%）

杂志	阅读率	阅读情况	到达率	总计
A	20	只读 A	9	
B	17	只读 B	6	
C	21	只读 C	9	
A+B		两者都读	3	
A+C		两者都读	4	
B+C		两者都读	4	
A+B+C		三者都读	4	39

（六）暴露频次

暴露频次（frequency）是指受众在特定时期暴露于某一媒体特定广告信息的平均次数。以表 13－5 为例，有 40 人（户）看了 4 个电视节目 1 次或 1 次以上，也就是说至少看了 1 次广告，其中 17 人（户）只看了 1 次，11 人（户）看了 2 次，7 人（户）看了 3 次，5 人（户）看了 4 次。40 人（户）总计看了 80 次，平均每人（户）看了 2 次，所以暴露频次为 2。一般暴露频次按以下公式计算：

$$暴露频次=\frac{毛评点}{到达率}$$

（七）有效到达率

有效到达率（effective reach），又称有效暴露频次，指在一定时间内同一广告到达同一个人（户）的数量界限。目前很多人参照纳普勒斯的研究结论确定这个界限。其主要内容包括：

（1）在一定时期内只对广告目标对象投放一次广告一般毫无价值。

（2）在分析媒体有效程度时，有效暴露频次比到达率更重要。

（3）在一个购买周期或 4～8 周时间内，有效暴露频次至少为 2 才可能产生效果。

（4）在一个购买周期或 4～8 周时间内需要有 3 次暴露才能产生足够的传播效果。

（5）达到一定频次后，随着有效暴露频次的增加，广告价值递减。

（6）达到某一频次后，传播会变得毫无价值，并可能产生反作用。如有学者认为，最佳频次应为 6 次，超过 8 次会有负效应。

（7）以上有效暴露频次的有效性与在不同媒体上做广告无关，即只要有效暴露频次相等，效果就相同。

（八）频次五等分配

到达率与暴露频次都是平均数，不能反映最高频次与最低频次。频次五等分配（quantile distribution）是分析在一定期间暴露频次最高、最低及中间情况的指标（见表 13－7）。

表 13－7　电视观众样本五等分配

	视听率（%）	到达率（%）	频次	毛评点
看电视最多的观众	20	12.4	9.2	114
看电视较多的观众	20	12.4	6.5	80
看电视次数居中的观众	20	12.4	2.9	36
看电视较少的观众	20	12.4	1.6	20
看电视最少的观众	20	12.4	0.4	5
平均		62	4.1	255

二、互联网广告媒体评价指标

互联网广告媒体评价指标包括广告展示量、广告点击量、广告到达率、广告二跳率、广告转化率。每个指标的含义、目标以及测量技术均有不同，但其统计周期是相同的，即均可以是小时、天、周和月等，也可以按需设定。下面介绍这些比较常用的评价互联网广告效果的指标。

（一）广告展示量与每千人印象成本

广告每一次显示就是一次展示，所以广告展示量为广告投放页面的浏览量。该指标通常反映了广告媒体的访问热度。

广告展示量是进行每千人印象成本（CPM）付费的基础。CPM 是从传统媒体测量指标借用过来的，指广告曝光给每千人所花费的费用。不同媒体的 CPM 有差异。往往邮寄广告的 CPM 最高，而网络广告的 CPM 最低。广告的首要效果就是使消费者对企业的品牌和产品产生认知。因此，用 CPM 来衡量广告媒介的效果有一定的意义。但同时，CPM 也有弊端，如网站虚报访问量、用户访问了页面但并未注意广告。

（二）广告点击量与单位点击成本

与受众的浏览行为相比，广告主更关心受众对广告的反应，因为对广告做出反应的受众更可能对产品和品牌感兴趣，也更可能是广告主所瞄准的目标客户。因此，广告点击量也成为衡量互联网广告媒体的重要指标。该指标指的是网络用户点击广告的次数，用来反映广告对用户的吸引程度。广告点击量与产生点击的用户数之比可以在一定程度上反映广告是否含有虚假点击。

广告点击量是计算单位点击成本的基础。单位点击成本（cost per click，CPC）衡量的是平均每个点击所花费的费用。CPC 指标同样存在局限性，因为它默认浏览了广告而未产生点击行为的访问量是无意义的，但事实并非如此。用户可能在观看广告后直接在线下购买，此时广告产生了功效，但 CPC 并未将其包括在内。

（三）广告到达率

广告到达率指的是网络用户通过点击广告进入页面的比例。该指标衡量的是广告到达量与广告点击量的比值，其中广告到达量是指网民通过点击广告进入推广网站的次数。该指标通常用来反映广告点击量的质量，判断广告是否存在虚假点击以及广告着陆页的加载效率等。

（四）广告二跳率

广告二跳率指的是点击广告进入页面的网络用户在该网站产生了有效点击的比例。广告带来的用户在着陆页面上产生的第一次有效点击称为二跳，二跳的次数即为二跳量。广告二跳量与广告到达量的比值称为二跳率。

该指标通常用来反映广告带来的流量是否有效，判断广告是否存在虚假点击以及反映着陆页对广告用户的吸引程度。

（五）广告转化率与单位行动成本

广告转化率（conversion rate）指的是点击广告进入页面的网络用户形成转化的比例，如完成注册、下载、购买等。广告用户的转化量与广告到达量的比值称为广告转化率。该指标反映了广告的直接经济收益。广告转化量的统计是计算单位行动成本的基础。

单位行动成本（cost per action，CPA）是指使用户产生指定行为的费用，其中指定行为通常指购买或试用。CPA 作为一种直接衡量用户最终行为的指标，能够清晰地衡量网络广告产生的最终功效。广告主非常乐意采用 CPA 作为衡量指标，因为 CPA 往往意味着广告费用直接对应着产品的销售收入。对于网站来说，它们不愿采用这样的指标，因为这意味着网站要承担更多的风险。此外，CPA 往往无法统计网络广告所产生的线下购买行为。

（六）小结

上述互联网广告媒体评价指标在一定程度上都存在其自身的局限性。为了避免由于局限性带来的问题，在实践操作中往往扬长避短，同时采用多个指标对互联网广告媒体的效果进行综合评价。当广告主的营销目标不同时，对以上指标选用的优先性也不同。

（1）对于品牌广告，每千人印象成本是此类广告最为关注的指标，因为投放品牌广告的广告主关注的是广告对品牌形象的影响，其次关注的是单位点击成本和单位行动成本。

（2）对于产品广告，单位点击成本是此类广告最为关注的指标，因为投放产品广告的广告主旨在获得尽可能高的点击率，其次关注的是每千人印象成本和单位行动成本。

（3）对于促销广告，单位行动成本是此类广告最为关注的指标，因为投放促销广告的广告主希望看到该广告能够带来直接的购买行为，其次关注的是单位点击成本和每千人印象成本。

第 3 节 广告媒体计划

广告媒体计划是成功投放广告必不可少的环节，它要解决的问题是在最合适的时候，根据广告目标选择最佳的媒体组合，用尽可能少的广告费用实现传播目标。

一、广告媒体计划的流程

广告媒体计划的流程一般包括：

（1）媒体背景分析，包括行业状况分析、企业状况分析、产品分析、竞争分析、消费者分析、渠道分析、宏观经济环境分析及 SWOT 分析。

（2）确定媒体目标，把企业的营销、广告目标转换成具体可行的媒体目标。

（3）制定媒体策略。

（4）进行媒体选择，包括媒体类型选择与具体媒体选择。

（5）组织实施，制定并执行相关广告购买决策。

（6）媒体效果监测与反馈，不应只关注受众规模、每千人印象成本、接触人数等关于媒体效率的因素，还应考虑那些看不见的、难以简单量化的，却与目标受众对广告信息的接收效果有直接关系的因素，如媒体的形象力、可信度、干扰度、卷入度等。

二、媒体选择策略

媒体选择策略是指为达到广告目标而采用的方法与途径。媒体选择策略比较广泛且需要具体情况具体分析。下面介绍几种比较常用的媒体选择策略。

（一）媒体分配策略

如何进行媒体分配是实践中经常遇到的问题。如某一产品，主要消费者是儿童，但主要购买者是女性，少数购买者为成年男性。或某一产品消费群体既有男性又有女性，但主要消费者为男性等。这些问题都涉及媒体分配问题。

媒体分配总的原则是根据消费者的重要程度（以消费量为标准）来确定媒体的比重。在消费者与购买者严重分离的情况下，一般应按同等比重投放广告，但所选用的广告主题要有所区别。媒体分配策略的关键在于对目标对象的媒体接触情况有准确的估计。

（二）媒体受众策略

媒体受众策略解决的是媒体传播对象的问题。媒体投放要以目标受众为依据。首先，根据人口统计学特征和消费者行为确定目标受众。其次，对目标受众进行结构描述，此时应考虑媒体投放的重点及目标受众和产品之间的关系。最后，考察目标受众的媒体接触特征，以确定媒体投放策略。

（三）媒体时机策略

（1）依据产品生命周期。根据产品的生命周期把握广告传播的媒体时机。一般情况下，在产品导入期运用媒体组合加大宣传力度，成长期选择几个重点媒体投放，成熟期再度提高媒体投放的密度和力度，衰退期相应减少媒体的类别和投放的频次。

（2）依据季节。根据产品销售季节把握广告传播的时机。一般情况下，广告应抢在产品进入销售季节前投放，让受众在视觉上先进入销售期，但有些反季节广告媒体策略也取得了成功。

（3）依据事件。利用重大事件、赛事等大众广泛关注的事件进行广告宣传。

（四）媒体挑选策略

媒体挑选策略解决如何在众多媒体中选择合适的媒体的问题。关于媒体挑选的原则、标准和方法等，需要注意以下几个方面：

（1）所选媒体要能够锁定目标受众。挑选媒体时不仅要看媒体覆盖的目标受众，更重要的是看媒体拉动区域销售的能力，即锁定目标受众的能力。

（2）媒体沟通能力。如媒体信息的清晰度、覆盖宽度、信息强度等。

（3）根据广告预算进行挑选。

（五）媒体组合策略

1. 传统媒体组合策略

媒体组合是指同时在两种或两种以上媒体投放广告。不同的媒体有不同的对象，即使对象相同，其效果也不同。媒体组合是广告活动中最常遇到的问题。广告只选用一种媒体会使失败的概率增大。在媒体组合中，一般应有主要媒体和几个辅助媒体。主要媒体应根据营销需要选择确定；而对于辅助媒体的选择，消费品一般选择销售现场媒体。

媒体组合策略主要有以下特点：第一，短期内迅速增强广告效果。第二，要平衡暴露频次。利用多个媒体可使平均暴露频次的分布趋于平衡，同时也提高了广告强度。

通过媒体组合投放广告主要有以下几种情况：

（1）可以把说明型广告与印象型广告有效结合起来，如在电视、广播上投放印象型广告，同时在报纸上投放说明型广告。

（2）把短期广告与长期广告结合起来。

（3）把地区性广告和全国性广告结合起来。

（4）在增强广告冲击力的同时增强广告积累效果。

2. 融媒体时代组合策略

融媒体是指充分利用互联网这个载体，把广播、电视、报纸、杂志这些既有独特性又存在互补性的不同媒体，在人力、内容、宣传等方面进行全面整合，实现“资源通融、内容兼容、宣传互融、利益共融”的新型媒体。①

融媒体具有如下主要特征：首先，融媒体是多功能的媒体，不仅可以提供内容产品、服务产品，还可以提供关系产品。其次，融媒体是互联网时代的产物，融媒体的产生依托于云计算、算法推荐等新技术。另外，融媒体的“融”不是简单的内容相加，它包括所有制、媒介组织、媒介资源等的多元融合。② 融媒体的这些特征有利于广告的创新性表达。

（六）竞争品牌媒体投放策略

媒体策划者需要清楚地了解竞争对手以往和现在的媒体策略，包括媒体预算、媒体挑选策略、媒体组合策略及投放策略等。此外，在媒体的策略运用中，还需要富有创意性的策略来协助获得成功。

---

① 王宏，陈小申．数字技术与新媒体传播．北京：中国传媒大学出版社，2010.

② 张昕钰．融媒体时代下传统文化内容的创新表达．卫星电视与宽带多媒体，2021（5）.

（七）到达率与平均暴露频次策略

广告主在选择不同媒体时，经常遇到的问题是，该强调到达率还是平均暴露频次。侧重点不同，效果也不同。

下列情况中广告一般以强调媒体到达率为主：

（1）推出新的产品类别。

（2）处于成长期的产品类别。

（3）已有一定声誉或处于领导者地位的品牌。

（4）目标对象范围较宽的产品或服务。

（5）购买次数较少的产品或服务。

下列情况中广告一般以强调平均暴露频次为主：

（1）处于激烈竞争中的产品或服务。

（2）说明型广告。

（3）购买次数频繁的产品或服务。

（4）新品牌。

（5）目标对象范围狭窄的产品或服务。

（八）媒体的播放频率策略

媒体播放频率是指一定时间内广告的播放次数。媒体播放频率策略的主要类型如表 13－8 所示，包括集中型、连续型和间断型。

集中型一般适用于下列情形：（1）需要迅速开拓市场；（2）须抢在竞争者之前占据领导者位置；（3）有明确时间和效果要求的广告；（4）由多种媒体组合发起的广告运动等。

连续型一般适用于以下情况：（1）处于竞争过程中的产品或服务；（2）经常购买的产品或服务；（3）目标对象范围比较狭窄的产品或服务等。

间断型一般适用于以下情况：（1）广告费用预算较少；（2）季节性产品或服务；（3）长期或战略性广告等。

表 13－8　媒体播放频率策略的主要类型

	水平型	上升型	下降型	交叉型
集中型	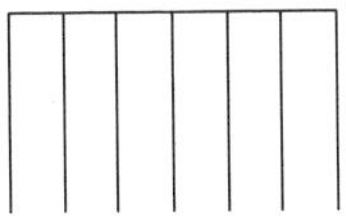	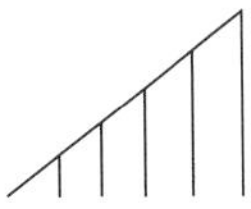	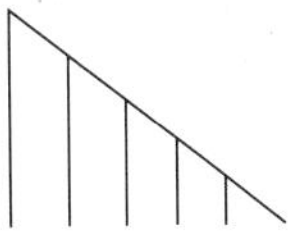	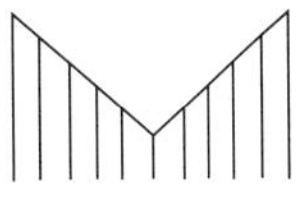
连续型		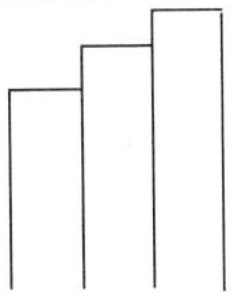	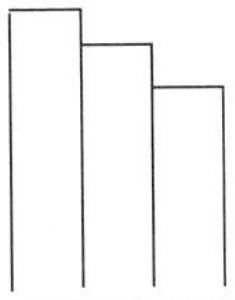	
间断型	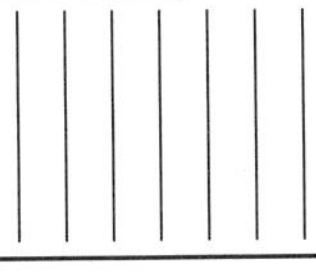	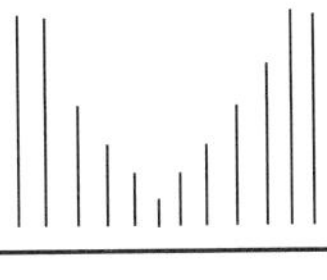	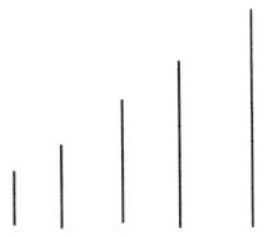	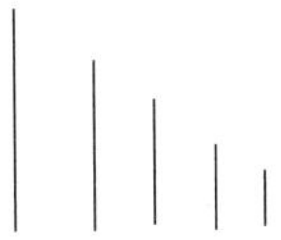

三、进行媒体选择需要考虑的问题

（一）媒体调研

若想在广告媒体策划中选择最佳的媒体，媒体调研工作必不可少。在进行媒体调研时，应关注以下几个方面。

（1）媒体的发行量、覆盖域及因此可能获得的市场覆盖面。

（2）媒体播出、刊发、开发的时效性。

（3）媒体的特性、地位和背景。

（4）媒体自身的广告传播技术及客户广告服务态度（广告环境）。

（5）媒体与公众的关系。

（二）影响媒体选择的因素

影响媒体选择的因素如图 13－2 所示。一般来说，业内公认的影响媒体选择的因素主要有以下四个：

（1）媒体特性。主要考虑两个方面：一是可量化的方面，如覆盖面、到达率等；二是质的方面，如媒体的权威性、广告环境、受众心目中的媒体形象等。同时，也要考虑广告在诉求方面是理性的还是感性的。报纸、杂志适合理性诉求型广告，广播、电视适合感性诉求型广告。

（2）广告费用。根据企业的经济承受能力或广告费用的支出情况，在全面比较各类广告媒体的广告成本和可能带来的广告效果后，再选择合适的媒体。广告费用的支出取决于媒体自身的广告价格与不同区域目标消费者的购买力大小。

（3）目标对象。媒体的受众人群和广告的目标受众的吻合程度。

（4）广告内容及产品特征。广告内容与产品特征与该媒体内容的适合程度。

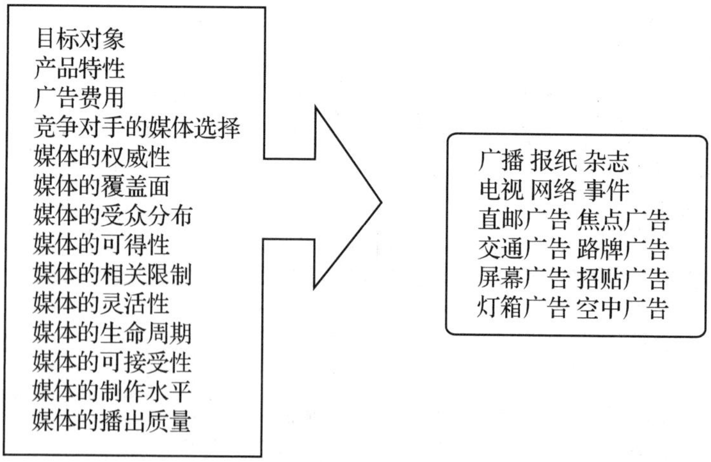

图 13－2　影响媒体选择的因素

（三）广告目标与媒体选择相匹配

根据广告目标来确定哪些媒体最合适且费用最低是制定媒体策略的基础。

（1）广告的目标受众与媒体选择。除某些指向性很明确的媒体外，一般都需要对媒体的特定对象进行视听率及有关指标的调研，否则很容易使广告的每千人印象成本骤然上升。一般来说，与消费者日常生活有密切关系的消费品可采用电视、广播、新媒体等指向性较宽（不明确）的媒体；与消费者日常生活不紧密的专用商品、工业用品等，一般应选用指向性明确的媒体，如杂志、邮寄媒体等。

（2）广告的传播范围与媒体选择。广告的传播范围一般事先根据营销需要确定，如地区性、全国性和国际性的传播范围。传播范围确定后，再认真考虑媒体选择，尤其是全国范围的广告，直接利用全国性媒体一般简便易行，有利于品牌形象与企业形象的统一。但这种做法也有明显缺点。首先，某些商品若对不同地区的消费者具有不同的利益，则不适宜选用全国性媒体。其次，这种方法很难与各地消费者的特点结合起来，某些广告主题在某地区有效，换了地区就可能无效。最后，这种做法可能造成浪费，如重点地区广告强度不足，非重点地区广告投放过多等。

（3）广告的每千人印象成本与媒体选择。每千人印象成本是媒体选择的一项重要指标。但每千人印象成本并非越低越好，因为仅仅凭每千人印象成本并不能反映广告效果的好坏，只有在广告效果相同的条件下，每千人印象成本越低的媒体才越好。

四、媒体选择流程

媒体选择流程共有五个阶段，具体如下：

（1）调查研究阶段。广告主比较重视媒体传播的数量及媒体的广告成本。

（2）制订方案阶段。采取以下措施有助于正确制订媒体选择方案。

1）了解媒体计划过程中选择媒体的标准，评价指标请参见本章第 2 节。

2）媒体选择要考虑媒体的品质与传播效果、广告商品的性能和使用范围、目标消费者的消费和视听情况、市场现状和消费趋势、广告的制作成本和费用、广告的制作程序等。

3）熟悉广告媒体的选择方法，常用的有线性规划法＋科学评价、顺序探索法、实验法。

（3）方案评估及选择阶段。可询问以下问题：所选媒体是否与企业的特征、目标市场相符？是否适应商品和服务的特性？是否考虑了消费者接触媒体的习惯？是否还有降低广告媒体费用的可能性？

（4）组织实施阶段。在这个环节中，涉及的工作内容有购买广告版面与时间、执行、监督刊播时间和内容，以及观测市场反应等。更为重要的是，这个阶段是最大限度展现各参与方，如广告主、广告公司、媒体代理公司以及媒体之间的协作关系的阶段。

（5）效果评估阶段。在这个环节中会进行媒体效果的评价，具体指标请参见本章第 2 节。

案例分析

小米：自媒体时代坚持自己发声

从小米亮相开始，小米对自己就有清晰的定位：为发烧而生，为年轻人代言。事实证明，小米果然更受年轻人的青睐。2014 年百度指数显示，小米核心用户群的年龄段主要集中在 20～29 岁。随着自媒体时代的到来，小米也开创了自己的自媒体模式，在营销方面坚持不找明星代言，只靠自己发声。

在小米手机上市之初，小米创建了一个以自媒体为中心的系统，做好内容，让媒体自己登门。在自媒体时代，小米甚至把每个用户都作为一个传播者，尽可能让用户自己发声。小米将目光瞄准了年轻人活跃的四大传播平台——论坛、微博、微信和 QQ 空间。

小米论坛在初期的设计上不是很让人满意，后来小米意识到了论坛的重要性，对论坛进行了完善。现在的小米论坛已经十分完善，增加了用户等级、用户积分、虚拟货币、勋章、论坛任务、投票等功能。小米论坛还在不断地创新与改进。

对于小米官方微博的运营，小米制定了三个运营规则：将小米的微博账号当成网站一样去运营，将微博话题当成网站频道一样去运营，不刷屏。小米规定，除大型活动外，每天发布的微博不得超过 10 条。通过运营，小米摸索总结出了一系列经验。对于需要长期运营的微博话题，如“小米手机随时拍”“小米酷玩帮”，小米会派专人来运营，还总结出微博话题的差异点在哪里。

小米 2013 年开始正式组建微信团队。不到一年的时间，小米的公共微信账号就有了超过 50 万的粉丝。小米并没有将微信作为宣传平台，而是将微信定位为公共服务平台。在小米微信服务号下有 3 个导航标签——更新活动、自助服务和产品。点击其中的任意一个标签，都能够得到及时的回复。当小米微信的粉丝数增加到 80 万的时候，出现了一些问题，因为后台的信息大量涌入，人工无法一一及时回复。为了减少小米微信团队的负担，小米专门开发了一个客服后台，可以保证多个客服同时在线帮助解决用户反馈的问题。

在运用自媒体上，小米注意到了一个很容易被其他企业忽视的传播阵地，那就是 QQ 空间。QQ 空间聚集着更大的年轻群体，他们大多在 20 岁以下，喜欢上传照片，其中 70%为手机拍摄。在 QQ 空间运营上，小米总结出了两条经验：QQ 空间的用户更为年轻，相比微博用户更愿意发表观点，他们只要简单“点赞”就可以表示自己已经知道了；QQ 空间的用户更愿意点击发布内容时附带的链接。这个随手一点给小米带来了不错的流量。

资料来源：http://www. xianzhi. net/ppzhcb/52101. html.

讨论题

1. 点评小米进行品牌宣传的媒体策略。
2. 小米怎样组合媒体才能达到更好的品牌宣传效果？

基本概念

单位行动成本（cost per action）　　广告转化率（conversion rate）
单位点击成本（cost per click）　　暴露频次（frequency）

个人开机率（people using TV）
有效到达率（effective reach）
毛评点（gross rating points）
家庭开机率（home using TV）
暴露度（impressions）
频次五等分配（quantile distribution）
视听率（rating）

思考题

1. 简述广告媒体选择需考量的因素。
2. 简述传统广告媒体评价指标。
3. 互联网广告的媒体评价指标有哪些？
4. 广告媒体计划包括哪些内容？
5. 进行媒体选择需要考虑的问题有哪些？
6. 简述比较常用的媒体选择策略。
7. 请结合一个具体的广告案例讨论基于中国消费者特征的媒体整合策略。
8. 请结合中国企业案例浅析融媒体如何促进了广告的创新性表达。

第14章

广告效果测量

学习目标

- 了解广告效果测量指标。
- 掌握广告经济效果的测量方法。
- 掌握广告心理效果的测量方法。
- 掌握互联网广告效果测量方法。

广告效果是广告活动的最终验收成果，是广告主最关心的内容，也是企业科学管理广告的一个必要环节。广告效果包括经济效果、心理效果以及社会效果三个层次。本章将对广告经济效果、心理效果以及社会效果的测量指标、方法进行介绍。

第1节　广告效果概述

广告效果（advertising effectiveness）是指广告作品通过媒体传播之后所产生的作用，或者说，是在广告活动中通过消耗和占用社会劳动得到的有用效果。

一、广告效果的特点与分类

（一）广告效果的特点

第一，广告效果具有时间推移性。首先，就总体而言，广告对消费者的影响程度受到社会、经济、文化、时空、地域等多种因素和条件的制约，消费者的反应程度是很不一致的。有的可能快一些，有的可能慢一些；有些可能是连贯的、即效的，有些可能是断断续续的、迟效的。其次，就个体而言，虽然很多人看广告，但广告大多是转瞬即逝的，马上购买广告商品的人并不多。即使消费者接触到某广告商品后，产生了购买欲望，也会由于种种原因，如正在使用某种品牌的商品、旧的还没有用完等，而不能立刻付诸行动，对广告商品的印象就逐渐淡了。或者经过较长时间后，购买条件具备了，才实施购买。时间推移性使广告效果表现得不明显。因此，必须准确地掌握广告效果的时间周期，准确地把握广告有效发生作用的时间期限，区别广告的即效性与迟效性，才能较为确切地测量广告的真正效果。

第二，广告效果具有累积性。广告作品的推出往往是反复进行的，大多数广告不能立竿见影，其效果是通过逐次发布广告累积的。消费者尚未发生购买行动之前，是广告效果的累积时期。在这段时期，消费者的购买行为尚未发生，企业必须持续地做广告，强化广告影响，通过量的积累转化为质的飞跃，促成消费者购买。

第三，广告效果具有复合性。广告是一种综合的、复杂的信息传播活动，它既可以通过各种表现形式来体现，又可以通过多种媒体组合来传播，同时还受到企业其他营销活动，如人员推销、公共关系、营业推广及同业竞争广告和有关新闻宣传活动的影响。因此，广告效果呈现出复合性。必须从总体上把握影响广告活动的多种因素，才能测出广告的实际效果。

第四，广告效果具有间接性。消费者受到广告宣传活动的影响，购买广告商品，使用一段时间后，觉得质量稳定、物美价廉，便向亲朋好友宣传、推荐该商品，从而激起他们的购买欲望；或者，有的消费者受到广告宣传活动的影响，在自己不需要该商品的情况下，也会鼓动别人购买，这便是广告的间接效果。

第五，广告效果具有竞争性。广告是竞争的手段，广告的影响说服力大，企业和商品在消费者心目中的形象就会渐趋牢固，就能争取到更多的顾客，获得更大的市场份额。成功的广告不仅将信息传递给消费者，更重要的是战胜对手，占领市场，树立形象。这就是广告效果的竞争性。

第六，广告效果具有两重性。广告的宣传效果既有促进商品销售量增加的一面，也有延缓商品销售量下降的一面，这就是两重性。当市场疲软或产品进入衰退期时，广告的作用十分明显，能有效减缓商品销售量的急速下降。在测量与评估广告效果的时候，只有充分地分析市场的状况以及产品的生命周期，才能测得较为客观、全面的广告效果。

综上，理解广告效果的特点对于正确、有效地测量广告效果是十分必要的。广告效果测量的时间、对象、指标的选取以及结果的评估，都应结合广告效果的特点进行综合考虑，使测量结论更符合客观实际。

（二）广告效果的分类

为了有效地实施广告效果的测量，必须对广告效果进行科学的分类，按照广告效果的不同类型采取不同的测量方法。下列分类方法是广告效果测量中一些最基本、常用的分类方法。在实际的测量中，还可以根据具体的测量要求和情况，灵活运用其他分类方法。五种常用的分类方法如下：

（1）按照广告效果的内容，广告效果可以分为经济效果、心理效果、社会效果。

（2）按照广告活动的总体程序，广告效果可以分为事前测量效果、事中测量效果、事后测量效果。

（3）按照广告计划的要求，广告效果可以分为目标效果测量、表现效果测量、媒体效果测量等。

（4）按照产品生命周期，广告效果可以分为导入期的广告效果、成长期的广告效果、成熟期的广告效果、衰退期的广告效果等。

（5）按照广告活动周期的长短，广告效果可以分为短期效果、中期效果、长期效果。具体时间的长短可以根据实际广告活动中的时间周期和具体的测量要求来确定。

二、广告效果测量的意义和困难

（一）广告效果测量的意义

广告效果测量是完整的广告活动不可缺少的重要环节，是检验广告活动成败的重要手段。

首先，效果测量是检验广告决策的重要手段。广告决策是否正确，可以通过广告效果的测量与评估得到检验。例如，一期广告活动结束之后，应检测广告定位、广告策划、广告目标是否准确，广告媒体的运用是否恰当，广告发布时间与频率是否适宜，以及投入的广告费用是否为企业带来了期望的经济效益。

其次，效果测量总结了广告活动的经验教训。把实际取得的广告效果与计划方案设定的广告目标进行比较，衡量广告效果的实现程度，从中总结经验、吸取教训，以更好地指导下一阶段的广告活动。

再次，效果测量有助于企业调整和完善其广告策略。一期广告活动结束之后，必须正确评价广告效果，检查广告目标与企业目标、市场目标、营销目标的吻合程度。通过对本期广告效果的测量与评估，及时发现、弥补广告策略中的不足之处，必要时进行适当的调整，使下一期的广告策略更趋完善。

最后，效果测量促进了企业更好地改进广告的设计与制作。通过广告效果测量，了解消费者对广告作品的接受程度，鉴定广告主题是否突出，广告形象是否富有艺术感染力，广告语言是否简洁、鲜明、生动，是否符合消费者的心理需求，是否收到了良好的心理效果等。这些为企业未来的活动提供了参考。

（二）广告效果测量的困难

做广告具有十分重要的意义，但要准确测量和评估广告的有效性却是极为困难的。这种困难源于广告运营的高度复杂性。这些复杂性体现在以下几方面：

（1）消费者购买产品出于多种原因，而不仅仅是广告的效果。

（2）同一广告在不同媒体上表现出的效果是不同的。

（3）广告不仅具有即效性，还具有迟效性。

（4）广告效果会随着广告周期时段的不同而变化。

（5）连续的广告存在初期效果递增和后期效果递减现象（见图 14－1）。

（6）不同的细分市场及个体对广告的反应不同。

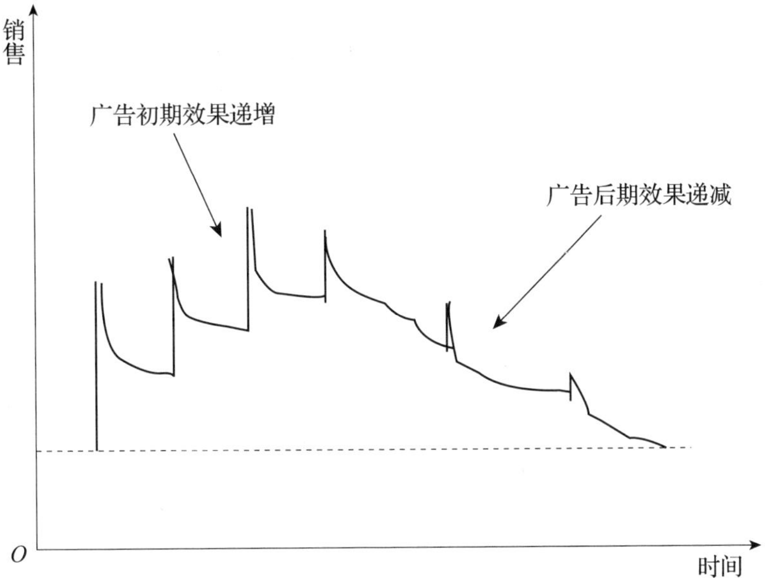

图 14－1　广告的初期效果递增和后期效果递减

第 2 节　广告效果测量原理

评估广告活动的效果，必须全面衡量各种影响因素，排除各种非影响因素，掌握一定的测量原则与方法，科学地进行测量。

一、测量原则

在广告效果测量的过程中，首先应该遵循一定的原则，然后选择适当的测量指标（measures），运用科学的测量方法，保证广告效果测量的准确性，以达到广告效果测量的预期目的。广告实践中应遵循以下六大原则：

（1）目标性原则。广告效果具有时间推移性、复合性与间接性等特点，因此对广告效果的测量必须有明确具体的目标，不可宽泛。例如，广告效果测量的内容是长期效果还是短期效果；如果是短期效果，是测量销售效果还是心理效果；如果是心理效果，是测量认知效果还是态度效果；如果是认知效果，是商标的认知效果还是商品特性的认知效果；等等。只有明确具体地确定广告效果的测量目标，才能选择科学的方法与步骤，取得预期的测量效果。

（2）综合性原则。影响广告效果的因素多且复杂，在具体测量过程中还有不可控因素的影响。因此，广告效果测量要综合考虑各种相关因素的影响。即使是测量某一具体广告的效果，也要考虑广告表现的复合性能、媒体组合的综合性能以及时空、地域等条件的影响，才能准确地测得广告的真实效果。

（3）可靠性原则。广告效果测量的结果只有真实可靠，才能起到提高经济效益的作用。在效果测量中，样本的选取要有代表性；对样本的选取数量，也要根据测量的要求，尽量选取较大的样本；测量要多次进行，反复验证。如果多次测量的结果都大致相同，其可靠程度就高，否则说明此项测量可能存在一定的问题，有必要进一步研究。此外，每次测量的条件要大体一致，才能得出正确的答案。

（4）经常性原则。广告效果在时间上有推移性，在形式上有复合性，在效果上有间接性等特点。对广告效果的测量，不能有临时性观点。进一步说，某一时间或地点的广告效果并不一定就是此时此地该广告的真实效果，它也许包括前期广告的延续性效果或其他营销活动的影响。所以，只有掌握前期广告活动和其他营销活动及其效果的全部资料，才能推定现实广告的真正效果。同时，广告效果测量的历史资料提供了大量的测量经验与教训，对现实的广告效果测量工作有很大的参考价值。而且，长期的广告效果测量只有在掌握详细的经常性的短期广告效果测量资料的基础上才能进行。

（5）经济性原则。进行广告效果测量，所选取广告样本的测量范围、地点、对象、方法以及测量指标等，既要满足测量的要求，也要充分考虑企业的经济承受力，尽可能做到以较少的费用支出取得满意的测量效果。在制订测量计划时，要从满足测量要求和企业的经济条件出发，严格实行经济核算，选取最佳测量方案。

（6）简便易行原则。制订广告效果测量计划，在不影响测量要求和准确度的前提下，要尽可能使测量方案简便易行。或者说，测量方案不仅要在理论上可行，而且要在实施中有较强的可操作性。

二、测量的指标和数据结构

（一）广告效果测量指标

广告效果一般包括广告的经济效果、心理效果和社会效果三个层次，根据层次的不同，其测量的指标也不同，下面分别介绍。

1. 广告经济效果的测量指标

广告经济效果（advertising economic effects）的测量指标主要用于测量经过广告的宣传之后商品的销售额和利润额等经济指标的变化情况——增加了还是减少了？增加或减少的程度如何？在此仅对指标做定性的介绍，详细计算过程请参考本章第 3 节中“经济效果的事后测量”部分。总体来讲，有如下五种指标：

（1）广告费用指标。该指标表明广告费与销售额或利润额之间的对比关系，主要包括销售费用率、利润费用率以及单位费用销售率、单位费用利润率。

销售费用率、利润费用率——主要反映获得单位销售额或单位利润所要支付的广告费用。例如，某期广告的销售费用率是 0.2，这表明该期内每获得 1 元的销售额，就要支付 0.2 元的广告费用。销售费用率或利润费用率越低，广告效果越好；反之，则广告效果越差。

单位费用销售率、单位费用利润率——分别是销售费用率、利润费用率的倒数，表明每支付单位价值的广告费用所能获得的销售额或利润的多少。例如，某期广告的单位费用利润率是 6，这表明该期内每支付 1 元的广告费用，就能获得 6 元的利润。单位费用销售率或单位费用利润率越高，广告效果越好；反之，则广告效果越差。

（2）广告效果指标。该指标包括销售效果比率和利润效果比率，表明广告费用每提高一个百分点，销售额或利润所增加的百分点，反映广告费用变化快慢程度与销售额或利润变化快慢程度的对比关系。销售效果比率或利润效果比率越大，表明广告效果越好；反之，则广告效果越差。

（3）广告效益指标。该指标表明本期每支付单位价值的广告费用能够使销售额或利润增加的数额。该指标反映广告费用与广告后销售增加额或利润增加额的对比关系，包括单位费用销售增加额（即广告销售效益）和单位费用利润增加额（即广告利润效益）。广告效益越大，广告效果越好；反之，则广告效果越差。

（4）市场占有率指标。该指标包括市场占有率和市场占有率提高率。企业的市场占有率提高，意味着产品的竞争能力增强和产品的销售量增加。因此，可以用单位广告费提高市场占有率的百分比，即用单位费用销售增加额与同行业同类产品销售总额进行对比，来衡量广告的市场开拓能力。若企业的广告活动战略主要是进行市场扩展、渗透，则往往选取这一指标来测量广告效果。

（5）广告效果指数指标。要排除广告以外的影响因素，单纯测量广告的销售效果，较为严谨的方法是采用广告效果指数指标，即把同性质的被检测者分为两组，其中一组看过广告，另一组没有看过，然后比较两组的购买效果，最后采用统计方法将所得数据进行对比，从而得出广告效果指数。广告效果指数越大，表明该种或该期的广告效果越好。应该说明的是，这一指标只适用于同一地区、同一媒体的不同广告或不同期的广告效果的比较，其他情况不能简单套用。

2. 广告心理效果的测量指标

（1）主观性指标。广告心理效果（advertising mental effects）的测量即测量广告经过特定的媒体传播之后对消费者心理活动的影响程度。广告信息作用于消费者而引起的一系列心理效应，主要表现在对广告内容的感知程度、记忆效率、思维状态、情感激发程度和态度倾向等几个方面。对这几个方面进行测量的指标称为广告心理效果测量的心理学指标。

第一，感知程度的测量指标。该指标主要用于测量广告的知名度，即消费者对广告主及其商品、商标、品牌等的认识程度。该指标可分为阅读率和视听率两类。（1）阅读率指标可以细分为注目率和精读率。注目率指能够辨认出过去曾看过的广告中厂商的名称或商标而认得该广告的标题或插图的读者占读者总数的百分比；精读率指能够记住该广告 50%以上内容的读者占读者总数的百分比。（2）视听率指标可以细分为视听率和认知率。视听率指广告节目的视听户数占拥有电视机或收音机户数的百分比；认知率指认识广告名称的人数占广告节目视听总人数的百分比。感知程度的测量一般应在广告发布时或广告发布不久后进行，以确保测量的准确性。

第二，记忆效率的测量指标。该指标主要是指对广告的记忆度，即消费者对广告印象的深刻程度，是否能够记住广告内容、品牌特性、商标等。消费者对广告内容的记忆效率一般是指对广告重点诉求的保持或回忆的能力与水平，记忆效率的高低反映了广告策划的水平与影响力。

第三，思维状态的测量指标。思维状态的测量是测量消费者对广告观念的理解程度与信任程度。通过对理解程度和信任程度的测量，不仅可查明消费者能够回忆起多少广告信息，更主要的是可以考察消费者对商品、品牌、创意等内容的理解与联想能力，确认消费者对广告内容的信任程度。

第四，情感激发程度的测量指标。好感度是测量情感激发程度的主要指标，又称为广告说服力（advertising persuasion），包括消费者对广告商品的忠诚度、偏爱度及品牌印象等。

第五，态度倾向的测量指标。包括购买动机和行动率。购买动机是测量广告对消费者购买行为的影响，考察消费者购买商品是随意的行为还是受到了广告的影响；行动率包括两方面内容：由广告引起的立即购买行为和由广告唤起的潜在购买准备。

（2）客观性指标。消费者在接触广告之后产生心理效应，同时客观地引起人体一系列的生理变化，如瞳孔的变化、脑电波的变化等。随着科学技术的发展，人们运用各种精密仪器测量这些生理变化，并作为衡量广告心理效果的指标。我们称这些指标为广告心理效果的客观性指标，也可以称为生理性指标。

第一，眼动轨迹图。研究表明，人们在观看广告时，眼球处在不断的运动中，这种运动就是眼睛对广告画面的不断扫描运动。使用眼动轨迹记录仪，就可以较清晰地把瞳孔运动的轨迹描记下来，形成眼动轨迹图。通过眼动轨迹图可以清楚地了解消费者在观看广告画面时眼睛的注视次序和重点部位，从而为广告的设计制作提供科学依据。

第二，瞳孔直径的变化。研究表明，当人们注视感兴趣的物体时，瞳孔直径会扩大。由此可以推断，消费者在观看一则感兴趣的广告时，会出现瞳孔扩大的现象。换言之，瞳孔直径的变化可以作为广告效果测量的客观指标。

第三，皮肤电反应。广告播放过程中，人们通过视觉、听觉将信息传递到大脑，情绪处于兴奋、激动状态，皮肤汗液分泌的增加又会使皮肤的导电性（皮肤电阻）和皮肤的电位发生变化，从而造成皮肤电反应的变化。这种变化可以作为情绪反应的可靠生理指标。

第四，脑电波图的变化。人们在观看广告时，大脑会产生自发电活动，即收集、放大并记录广告信息，这种活动可以通过脑电波图的变化表现出来。当消费者完全被广告画面吸引时，会出现14～25赫兹的低幅快波（β波）；而不感兴趣时，大脑中会出现8～13赫兹的高幅慢波（α波）。因此，通过脑电波图的变化，可以测量消费者接触广告以后产生的心理感应。

第五，视觉反应时间。视觉反应时间指消费者观察或看清广告对象所需的时间。消费者对广告的视觉反应时间越短，说明广告越简洁明了，主题越突出，效果越好。

第六，瞬间记忆广度。这是利用速示器在极为短暂的时间内向消费者呈现一则广告，在广告刚刚结束后有选择地要求消费者立即报告刚才所看的广告中某些对象的内容，测量消费者在观看广告时的瞬时记忆广度。消费者在一瞬间所能看到的东西越多，即瞬时记忆广度越大，越能表明广告主题明确，创意新颖，策划成功。

3. 广告社会效果的测量指标

测量广告社会效果（advertising societal effects），依据的是一定社会意识形态下的政治观点、法律规范、伦理道德以及文化艺术标准。在不同的社会意识形态下，这些约束标准有本质的不同。当然，广告的社会效果不能简单地以某种指标的高低来测量，而要通过对广告社会效果的一些公认的、基本的指标来测量和评价，并结合其他社会环境因素进行综合考察。

（1）法律规范指标。利用广告法规来管理广告是世界各国的普遍方法。这一指标具有权威性、概括性、规范性、强制性的特点，适用于衡量广告中具有共性的一般问题。

（2）伦理道德指标。在一定时期一定的社会意识形态下，各个国家和地区具有特定的伦理道德标准。这一指标受到民族特性、宗教信仰、风俗习惯、教育水平等社会文化因素的影响。

（3）文化艺术指标。广告的创作必须符合一定的文化艺术标准。各国的文化传统、风俗习惯有自己的特殊性和历史的延续性，由此形成了各国在文化艺术上不同的观念和风俗。

（二）广告效果数据结构

经过广告效果测量后会获得多种数据，可以根据数据出现的阶段进行细分，每个阶段的变量和相应的数据类型会有所不同，表 14－1 展示了这样一个数据结构。具体来讲，三个阶段是企业广告输入阶段、消费者思维处理阶段以及消费者市场输出阶段，每个阶段都有一定的时间延续，三个阶段先后发生。

（1）在企业广告输入阶段，变量分别为广告强度、广告媒体以及广告内容。

（2）在消费者思维处理阶段，变量分别是认知、态度、意向。

（3）在消费者市场输出阶段，变量是品牌选择、购买强度和合计指标，如销售量。

表 14－1　广告效果测量与模型

阶段	变量类型	测量数据
企业广告输入阶段	广告强度	广告支出、支出比重、发布次数、收视率、平均频率、毛评点、广告发布比重
	广告媒体	电视、广播、报纸、杂志、电话、互联网、户外、信件、黄页等
	广告内容	文字、图片、附加价值等
消费者思维处理阶段	认知	想法、识别、回忆
	态度	喜欢、偏好
	意向	相信、购买意图
消费者市场输出阶段	品牌选择	试买、再购买、品牌转换
	购买强度	发生、频率、数量
	合计指标	销售量（相对的和绝对的）

资料来源：杰拉德·泰利斯．广告效果评估：广告何时、如何和为什么有效．北京：中国劳动社会保障出版社，2005.

三、广告效果测量的流程

第一，确定研究问题。根据广告活动的策略、目标，确定广告效果测量的目的。根据广告学家卡贝尔的研究，涉及广告效果测量的研究问题主要有：广告的表现手法、广告媒体、组成广告作品的要素、广告不同刊载位置的相对价值、广告重复刊载频率、广告的易读性等。

第二，制订测量计划。为了保证广告效果测量有步骤、系统地进行，达到测量的预期目的，必须制订一套科学的广告效果测量的计划。广告效果测量的计划一般应包括：测量的目的与要求、测量的步骤与方法、测量的项目与指标、测量的时间与地点、测量的范围与对象、测量人员的安排与分工、测量费用与分配等。

第三，实施测量计划。在实施测量计划阶段，应该一边收集整理二手资料，一边开展对一手资料的测量调研工作。分析问题既要保持客观态度，又要紧密围绕目标，不能背离既定目标与要求，要保证测量计划的顺利完成。

第四，整理分析数据。这一阶段的工作主要包括以下几个方面：(1) 编辑整理，即对从各方面收集到的资料进行必要的整理加工、校核，剔除资料中虚假和无效的部分。(2) 汇总统计，即运用统计原理与方法，对数据进行汇总、分析和检验。(3) 结果分析，即运用整理好的资料与数据，结合其他资料，找出数据之间的内在联系。

第五，撰写研究报告。研究报告是广告效果分析、检验、评估过程的书面总结，也是正确测量广告效果、提高广告活动管理水平必不可少的步骤，其基本内容包括前言、报告主题、附录等。

第 3 节　广告效果测量方法

一、经济效果的测量方法

广告的经济效果是广告活动的最佳效果体现，它集中反映了企业在广告促销活动中的营销状况。广告的经济效果测量就是测量在投入了一定的广告费及广告刊播之后所引起的产品销售额与利润的变化状况，它是衡量广告效果的中心环节。

广告的经济效果除了可以进行定性研究外，更多的是利用某些指标进行定量分析。整个广告经济效果的测量包括事前测量、事中测量、事后测量三部分。

（一）经济效果的事前测量

通过事前测量可以深入研究消费者的购买动机与购买欲望。事前测量主要采用销售实验法，即模拟一个销售环境，通过实验的方法来检验广告的效果，其优点在于能够获得消费者真实的行为数据，但有时会因为环境的干扰因素不可控而影响实验结果。

销售环境有各种不同的模式，例如：

（1）利用推销员或导购员上门或在商店里进行商品宣传活动，分发商品使用说明书，免费赠送小包装样品等。

（2）通过电视媒体将录制好的广告内容在典型的购物环境中播放，观察促销效果。

（3）将同类商品的包装及商标去掉，在每种商品后摆放一幅宣传画和一个说明卡片，观察每种商品销售状况，哪种商品销量明显增加，说明这种商品的广告宣传效果好。

（二）经济效果的事中测量

广告效果的事中测量主要是为了检验广告战略、广告策划的执行情况与预期的吻合程度，以便及时发现问题，随时予以纠正。事中测量的主要方法有以下三种：

1. 销售地区实验法

该方法是实地测验法的一种，它的目的是直接检测广告的销售效果。具体做法是，先将销售地区分为实验城市与控制城市，且两者的环境条件大体相同，将所选择的实验城市的商品销售状况记录下来，然后在实验城市进行新的广告宣传活动，而控制城市并不进行此类广告宣传活动。经过一段时间后，对实验城市与控制城市实验前后的销售量加以统计比较，便可测得新的广告活动带来的效果。

选取 A、B 两个城市进行销售地区实验，其中 A 市是实验组（实验城市），B 市是控制组（控制城市）。在 A 市进行某产品的电视广告宣传，而 B 城没有播放该广告。两个月后的销售数据如表 14－2 所示，该产品在 A 市的销售额增长了 9.5%，而 B 市同期增长率为 5.9%。该数据说明，如果 A 市不做广告，理论上只应和 B 市一样增加 5.9%；但经过广告宣传后，净增加了 3.6 个百分点，销售额净增 3.024 万元（84×3.6%）。如果在 A 市投入的广告费少于 3.024 万元，就可以说广告是成功的。

表 14－2　A 市与 B 市销售额对比　　单位：万元

	销售额（实验前）	销售额（实验后）	销售额增加（%）
A 市（实验城市）	84	92（做广告）	9.5
B 市（控制城市）	102	108（不做广告）	5.9

这种方法的优点是能够比较客观地检测广告效果，尤其对一些周转率极高的商品，如节令商品、流行商品等更为有效。缺点是检测时间长短不易确定，影响市场的各种可变因素不易控制。因此，如果采用销售地区实验法，必须舍去一些次要变量，这些次要变量的选择恰当与否在相当程度上制约着检测效果的有效性。

2. 分割测量法

该方法是检测同一媒体上某一因素的不同导致的广告效果差异。具体做法是将同一期的报纸或杂志分为两批，在这两批报纸或杂志上分别刊登两则不同的广告，然后将两者以相同的数量寄给不同的读者，即读者中有一部分人可以看到第一则广告，一部分人可以看到第二则广告，将信息反馈统计后，便可得到两则广告销售效果的比较值。这种方法的优点是检测对象比较明确，检测条件比较一致，回函率较高，因而检测结果的准确性也较高；缺点是承担机械分刊印刷的媒体十分有限，而且费用较高。

3. 整合广告促销法

选择两个区域，第一个区域只发布广告，停止一切其他促销活动；第二个区域既发布广告，又进行促销活动。经过一段时间，将两个区域的销售量进行比较，测量广告效果在促销活动效果中所占的比重。

（三）经济效果的事后测量

事后测量是对广告活动开展之后的效益进行综合评定与检查，以便总结经验、纠正错误，为下一次广告活动打好基础。广告经济效果的事后测量基本上采用实地调研法，即将广告商品的销售额、利润以及使用状况等资料与投放广告前的情况进行分析比较，以时间序列或相关分析来把握广告的总体效果。在实际广告测量中应用较广的是事前事后测量法和小组比较法。

1. 事前事后测量法

事前事后测量法就是实际调研广告活动前后的销售情况，以事前事后的销售额、利润额并结合广告费用等因素，来衡量广告经济效果。具体包括以下七种方法。

（1）广告费用比率法。计算公式为：

$$\text{销售（或利润）费用率}=\frac{\text{本期广告费用总额}}{\text{本期广告后销售（或利润）总额}}\times 100\%$$

$$\text{单位费用销售（或利润）率}=\frac{\text{本期广告后销售（或利润）总额}}{\text{本期广告费用总额}}\times 100\%$$

例如，若某企业某季度的广告费为 4 万元，该广告商品获利润 100 万元，运用上述公式计算，则利润费用率为 4%，单位费用利润率为 2 500%。利润费用率越小，单位费用利润率越大，广告效果越好。

（2）广告效果比率法。计算公式为：

$$\text{销售（或利润）效果比率}=\frac{\text{本期销售额（或利润）增长率}}{\text{本期广告费用增长率}}\times 100\%$$

例如，某公司为了配合旺季销售，第四季度的广告费用增长率为 50%，而该季度销售额增长率为 20%，根据上述公式可知销售效果比率为 40%。销售效果比率越大，则广告效果越好。

（3）广告效益法。计算公式为：

$$\begin{array}{c}\text{单位费用销售}\\\text{（或利润）增加额}\end{array}=\frac{\begin{array}{c}\text{本期广告后销售}\\\text{（或利润）总额}\end{array}-\begin{array}{c}\text{上期广告后（或未做广告前）}\\\text{销售（或利润）总额}\end{array}}{\text{本期广告费用总额}}$$

例如，某企业第三季度广告费用总额为 0.4 万元，销售总额为 100 万元，第二季度的销售总额为 90 万元，则单位费用销售增加额为 25 万元，即每 1 元广告带来的效益为 25 元。广告效益值越大，则效果越好。

（4）市场占有率法。计算公式为：

$$市场占有率=\frac{本企业产品销售量（额）}{同行业同类产品销售总量（额）}\times 100\%$$

$$市场占有率提高率=\frac{单位广告费用带来的销售增加量（额）}{同行业同类产品销售总量（额）}$$

在上面所举的例子中，广告费用的增加会促使销售额增加，但这不是绝对的。如果产品已经进入衰退期，即使广告费用继续增加，销售额也不会有大的变化，只是延缓衰退而已，这是由产品的生命周期决定的。

（5）盈亏分界点计算法。计算公式为：

$$平均销售费用率=\frac{广告费用}{销售额}\times 100\%$$

用 X 表示基期广告费，ΔX 表示报告期广告费用增加额，C 表示报告期销售额，L 表示平均销售费用率，则计算公式可表示为：

$$L=\frac{X+\Delta X}{C}$$

$$LC=X+\Delta X$$

所以

$$\Delta X=LC-X$$

这种方法的关键是确定平均销售费用率。计算结果，若 ΔX 为正值，说明广告费用使用合理，经济效果较好；若为负值，说明广告费用未能有效使用，需要压缩广告费用开支。

（6）有控制组事先事后设计实验法。这种实验方法是以一个或几个自变量为依据，研究其他一个或几个因变量的方法。假定关系如表 14－3 所示。

表 14－3

	实验组	控制组
事先测量	X_1	Y_1
事后测量	X_2	Y_2

$$实验变量结果=(X_2-X_1)-(Y_2-Y_1)$$

实验结果以百分率表示，其公式为：

$$E=\left(\frac{X_2-X_1}{X_1}-\frac{Y_2-Y_1}{Y_1}\right)\times 100\%$$

例如，某服装商店举行冬季女式外衣展销，店方计划对一种新款外衣的市场效果进行测量，于是制订事先事后实验方案（把展销本身当作一个广告实体，见图 14－2）。

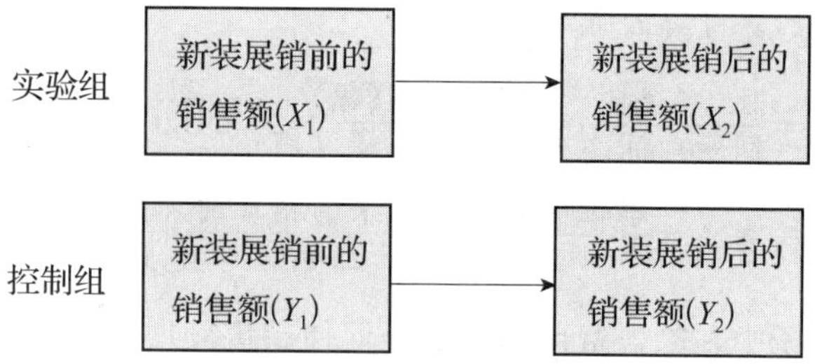

图 14－2　事先事后实验方案

展销期为一个月，一个月后的结果如表 14－4 所示。

表 14－4

	展销前	展销后
实验组	10	15
控制组	10	12

代入公式，有

$$E=\left(\frac{15-10}{10}-\frac{12-10}{10}\right)\times 100\%=30\%$$

由此可知，通过展销新装，销售效果提高了 30%。

（7）增长速度比较法。广告往往在一个较长的时期内发生作用，这就要求从一个时期的动态数列中分析广告效益。销售额和广告费用都可以测算出年均增长速度。比较企业销售额的年均增长速度与广告费用的年均增长速度，可以看出两者之间的关系。如果广告费用的年均增长速度快于销售额的年均增长速度，说明广告效益欠佳，反之则较好。

$$\text{年均增长速度}=\sqrt[n]{\frac{a_n}{a_0}}-1$$

式中，n 为年度数；a_n 为报告期数额；a_0 为基期数额。

例如，某广告客户 2014 年的广告费用为 40 000 元，销售额为 1 865 000 元。到 2019 年广告费用达 275 000 元，销售额为 9 743 000 元。利用上述公式计算如下：

$$\text{广告费用年均增长速度}=\sqrt[5]{\frac{275\,000}{40\,000}}-1=47\%$$

$$\text{销售额年均增长速度}=\sqrt[5]{\frac{9\,743\,000}{1\,865\,000}}-1=39\%$$

$$47\%-39\%=8\%$$

广告费用年均增长速度比销售额年均增长速度要快 8%，可见广告效果不够理想。

增长速度比较法也同样适用于利润平均增长速度、实现产值平均增长速度与广告费用年均增长速度的比较。

2. 小组比较法

（1）广告效果指数法。根据小组比较，在广告推出之后，进行消费者调研：是否看过广告，是否购买过广告商品。假定调研结果如表 14－5 所示。在表 14－5 中，A 表示看过广告而购买的人数；B 表示未看过广告而购买的人数；C 表示看过广告而未购买的人数；D 表示未看过广告也未购买的人数；N 表示调研的总人数。

表 14－5　广告观看情况　　单位：人

	看过广告	未看过广告	合计
购买广告商品	A	B	$A+B$
未购买广告商品	C	D	$C+D$
合计	$A+C$	$B+D$	N

从表 14－5 可以看出，即使在未看过广告的人中，也有 $B/(B+D)$ 的比例购买了广告商品，所以要从看过广告而购买的 A 中，减去因广告以外影响而购买的 $(A+C)\times B/(B+D)$，才是真正因为广告而唤起的购买效果。用这一人数除以调研的总人数所得的值，称为广告效果指数（advertising effectiveness index，AEI），其计算公式如下：

$$AEI=\frac{1}{N}\left(A-(A+C)\times\frac{B}{B+D}\right)\times 100\%$$

例如，某企业做过两次广告，每次广告之后，经调研所得资料及 AEI 计算结果如表 14－6、表 14－7 所示。

表 14－6　第一次广告　　单位：人

	看过广告	未看过广告	合计
购买广告商品	41	24	65
未购买广告商品	51	84	135
合计	92	108	200

$$AEI=\frac{1}{200}\times\left(41-92\times\frac{24}{108}\right)\times 100\%=10.28\%$$

表 14－7　第二次广告　　单位：人

	看过广告	未看过广告	合计
购买广告商品	52	20	72
未购买广告商品	45	83	128
合计	97	103	200

$$AEI=\frac{1}{200}\times\left(52-97\times\frac{20}{103}\right)\times 100\%=16.58\%$$

从计算结果可以看出，第二次广告比第一次广告效果显著。

（2）相关系数法。计算公式为：

$$F=\frac{AD-BC}{\sqrt{(A+B)(C+D)(A+C)(B+D)}}$$

式中，F 为相关系数；A、B、C、D 的含义与广告效果指数法相同。一般来说，相关系数值在 0.2 以下称为效果差；在 0.2～0.4 之间称为中等效果；在 0.4～0.7 之间称为效果较好；在 0.7 以上则为效果好。仍以广告效果指数法的数据为例：

第一次广告的相关系数为：

$$F=\frac{41\times 84-24\times 51}{\sqrt{65\times 135\times 92\times 108}}=0.238$$

第二次广告的相关系数为：

$$F=\frac{52\times 83-20\times 45}{\sqrt{72\times 128\times 97\times 103}}=0.356$$

由此可见，第二次广告的相关系数大于第一次广告的相关系数，表明第二次广告比第一次广告的效果更为显著。这与用广告效果指数法测算所得到的结论一致。如果前后两次广告的文稿内容不同，或创作手法不同，或媒体选择不同，那么可以得出结论，第二次广告表现或媒体选择使得广告效果更显著。以此调研结果为依据，可酌情修改企业已制定的广告策略、广告表现和媒体组合，以使广告充分发挥促进销售的潜能。

二、心理效果的测量方法

消费者购买商品的心理活动首先是从认识商品开始的，而认识商品的过程就是消费者将对商品个别属性产生的各种不同的感觉加以联系和综合反应的过程。这一过程主要是通过消费者的感觉、知觉、记忆、思维等心理活动来完成的。对广告心理效果的测量可以直接在上述各种心理活动中进行。

（一）心理效果的事前测量

在广告作品尚未制作完成或正式发布之前进行各种测验，或邀请有关专家、消费者团体进行现场观摩，审查广告作品存在的问题，或在实验室运用各种仪器来测量人们的心理活动效应，对广告作品可能获得的效果进行评价，就是对广告作品心理效果的事前测量。后续可根据测量中产生的问题，及时调整广告策略，修正广告作品，提高广告的成功率。

1. 专家意见综合法

专家意见综合法是事前测量中比较容易执行的一种方法。在广告文本或媒体组合计划做好后，往往会拿出几种可供选择的方案，请有关广告专家、推销专家进行评价，多方面、多层次地对广告文本及媒体组合方式的效果做出预测。通过详细记录、综合专家的意见及讨论的重点，预测广告推出后可能产生的效果。

这种方法的优势是测量过程容易掌握，费用不高。但值得注意的是，所聘请的专家应该能够代表不同的广告创意趋向，以保证获得的意见权威、全面。

2. 消费者评定法

消费者评定法是让消费者直接审定广告效果，可以请内部员工或同行提意见，也可以直接征求顾客意见。征求意见时，可以同时设计几则广告，请评审者从中择优，也可以设计一则广告请评审者评价。前者广告设计者要多做几个样本，后者则要求评审者有较高的评审能力。

这种方法的优点如下：只需采用广告设计草图，成本低廉；一旦选定评审者，很快便可判断出哪一则广告宣传效果最好。运用这种方法通常可以收集大量有关消费者购买习惯的资料。但也有不足之处：一是较难获取准确信息。调研表明，消费者对第一眼看到的广告印象往往最深，但此广告并不一定是最成功的。二是调研结果容易流于一般化，缺少独到见解。

3. 消费者打分评估法

首先根据广告效果的评价指标设计一个广告要点的评价项目和评价依据（见表 14－8)，然后请消费者给广告评分，以此来测量广告效果。

表 14－8　广告要点采分表

<table>
<tr><th>评价项目</th><th colspan="3">评价依据</th><th>加权系数</th><th>评分</th></tr>
<tr><td>吸引力</td><td colspan="3">吸引注意力的程度（视觉形象与听觉感觉）</td><td>0.2</td><td></td></tr>
<tr><td>认知性</td><td colspan="3">对广告销售重点的认识程度</td><td>0.2</td><td></td></tr>
<tr><td rowspan="2">易读性</td><td colspan="3">能否了解广告的全部内容</td><td>0.1</td><td></td></tr>
<tr><td colspan="3">广告引起的兴趣如何</td><td>0.1</td><td></td></tr>
<tr><td rowspan="2">说服力</td><td colspan="3">对广告商品的好感程度</td><td>0.1</td><td></td></tr>
<tr><td colspan="3">由广告引起的立即购买行为</td><td>0.2</td><td></td></tr>
<tr><td>行动率</td><td colspan="3">由广告唤起的潜在购买准备</td><td>0.1</td><td></td></tr>
<tr><td>优劣</td><td>最佳广告</td><td>优等广告</td><td>中等广告</td><td>下等广告</td><td>最差广告</td></tr>
<tr><td>分数线</td><td>80～100 分</td><td>60～80 分</td><td>40～60 分</td><td>20～40 分</td><td>0～20 分</td></tr>
</table>

表 14－8 中包括若干个评价项目，各评价项目的优劣用加权系数值表示，其总和为 1。要测量广告效果，需要给每个评价项目逐一评分（满分 100)，再用每一项的加权系数乘以该项的评价分数，然后求出各项乘积的和，其值的大小反映广告效果的程度。该值越接近 100，广告效果越好；反之，则效果越差。如果是多人评价，则独立评分，求和后再求出全体评价结果的平均值，即为所求广告效果的评价值。

加权求和公式为：

$$U=W_1F_1+W_2F_2+\cdots+W_nF_n=\sum_{i=1}^{n}W_iF_i$$

式中，U 为广告效果；W_i 为各评价项目的加权系数，表示各项的相对重要性；F_i 为各评价项目的评分。

4. 仪器测量法

（1）视向测验。人们的视线一般总是停留在所关心或感兴趣的地方，越关注，视线停留时间越长。视向测验器就是记录观看广告图文各部位的视线顺序及时间长短的装置。根据测量眼动轨迹图和各部位注目时间的比例对广告表现进行调整改进。

（2）瞬间显露器测验。瞬间显露器分为文度式、振子式、道奇式、哈佛式等，其中最常用的是哈佛式，它是利用电源的刺激，在短时间（1/2 秒或 1/10 秒）内呈现并测量广告各要素的注目程度。通过这种方法，可以测知画面设计的抢眼程度、构图的位置效果、文案易读性等。

（3）记忆鼓测验。记忆鼓是心理实验室广泛采用的仪器之一，它专门用来测验一定时间内人们对广告作品的记忆程度。主持测试者用回想或再确认法，测验被测试者对文案的记忆情况，从而估计出品牌名称、公司名称、主要广告内容等易于记忆的程度。

（二）心理效果的事后测量

心理效果的事后测量是建立在广告心理目标，即知名度、记忆、理解、好感及购买意愿等目标的基础上，根据广告心理目标的不同要求，采用各种不同的测量方法。

1. 认知测量法

测量认知的程度，就是让调研对象看一则广告，然后问他是否见过。如果回答是“见过”，说明他对这则广告有所认知。其中比较有名的方法是斯塔夫阅读率调研法，即广告刊载后，在报纸发行次日或杂志下期出版之前的规定日期，对读者进行抽样调查。

例如，调研人员出示报纸或杂志，询问被调研者是否看过广告，从而将被调研者分为三类：A 类——看过该广告，即能够辨认出曾看过该广告；B 类——认真看过该广告，即不但知道该商品和该企业，而且能够记得广告的标题或插图；C 类——浏览过并能够记得该广告 50%以上的内容。在此基础上，统计各类被调研者人数，分别计算注目率、阅读率、精读率，然后计算出广告阅读率。

$$注目率=\frac{A\text{类的人数}}{被调查总人数}\times 100\%$$

$$阅读率=\frac{B\text{类的人数}}{被调查总人数}\times 100\%$$

$$精读率=\frac{C\text{类的人数}}{被调查总人数}\times 100\%$$

$$广告阅读率=\frac{刊物销量\times 每类读者的百分比}{支付的广告费用}\times 100\%$$

斯塔夫的这套方法虽然比较陈旧，但得到了广泛的应用。这主要是由于广告测量的社会性需要不断增加。广告委托客户认为，这些信息资料尽管不太准确，但在一定程度上仍然反映了广告的效果。

2. 视听率测量法

这种方法主要用于测量广播和电视的广告效果。具体做法是，抽取若干样本家庭进行调研，统计出三方面的数据：A 类——电视机或收音机的拥有户数，B 类——广告节目的视听户数，C 类——认知广告名称的人数，然后分别进行如下计算：

$$视听率=\frac{B类的户数}{A类的户数}\times 100\%$$

$$认识率=\frac{C类的户数}{B类的户数}\times 100\%$$

由于电视或广播广告重复率高，所以应当在广告播放一定周期或若干次后做多次测量，以求得较为准确的测量结果。

3. 回忆测量法

广告的目的就在于让消费者获得信息，然后留下记忆。回忆测量法就是用来测量心理效果的记忆度和理解度。回忆测量法可分为纯粹回想法和辅助回想法两种。

纯粹回想法是让消费者独立地对已推出的广告进行回忆，调研人员只如实记录回忆情况，不对消费者进行任何提示。

辅助回想法是调研人员给予消费者某种提示，如广告的商标、品名、标题和插图等。在一定的提示下，调研消费者能够回忆出广告多少内容以及对广告的理解程度和联想能力。辅助回想法询问的项目或内容越具体，所获得的反馈信息越能鉴定消费者对广告理解程度的高低。

4. 态度测量法

一个人的态度很难用直接方法去观察，只能从其言辞或行动去做推测。态度测量法通常采用问卷调查法，通过使用李克特量表或者语意差别法，让消费者对某种说法或者事物的看法进行打分。

（1）李克特量表。通常是消费者就某个描述在 5 级或者 7 级量表上勾选出代表自己态度程度的级数，如“请问你对本餐厅提供的菜品是否满意，1＝非常不满意，7＝非常满意”。如果消费者非常满意，就勾选“7”；非常不满意，就勾选“1”；如果消费者的态度位于两者之间，就勾选代表其态度的其他数字。

（2）语意差别法。通常是针对测量广告作品中的人物等，让消费者在一系列各具差异的评语中尽可能选择最合己意的词语；调研者也可事先将回答分成等级并排列好，让消费者进行选择。最后根据所选答案进行统计处理。

5. 综合测量法

以上四种心理效果的测量方法都有一定的局限性，只反映了广告心理效果的部分情况。综合测量法弥补了这些缺陷，它将上次广告的综合心理效果与本次广告的综合心理效果用坐标图加以比较，从而综合衡量出广告的总体效果。综合测量法又称传播幅度形态法。当然，测量广告各种心理效果的指标并不一定都是同程度的“平行”发展，有些可能提高得快些，有些可能提高得慢些，但这些差别都可成为设定下次广告活动目标的依据。

综合测量法的优点是广告心理效果的测量比较全面，能够提供广告活动效果的综合性指标，便于人们检验广告活动的整体效果。但是，综合测量法只是检测广告心理效果的方法之一，它不能代替其他方法；同时，测量的结果还要结合商品的特性、品牌占有率和商品普及率等进行具体分析。

三、社会效果的测量方法

广告的社会效果主要表现为广告对消费者产生的社会影响，广告的社会效果测量即从法律规范、伦理道德、文化艺术、风俗习惯、宗教信仰等各个方面进行综合的考察、评估。

广告发布之前，可采用专家意见综合法对其产生的社会效果进行预测、评估。该方法是通过专家对广告的语言、表现及手段等诸要素，从法律规范、伦理道德、文化艺术等不同方面进行评定，并对其产生的社会效果进行预测。

广告发布之后，其社会效果的测量要采用来函反响统计测量法进行，该方法以广告后不同顾客的反响为依据，测量广告的社会效果。它要求企业把广告宣传后收到的来函逐项详细登记，以分析用户对广告宣传的反响。

广告的社会效果首先体现在广告必须具备真实性，即广告的内容必须如实反映产品的质量和功能，实事求是地向消费者传递产品的各种信息。这种信息分为单方面信息和双方面信息。单方面信息的广告只宣传产品或服务的优点；双方面信息的广告在宣传优点的同时，也承认产品可能存在某些缺点和不足。广告过分地进行单方面宣传，常会引起消费者的反感和不满，认为它带有虚假性；若此时进行客观全面的宣传，反而会产生意想不到的社会效果。

广告的宣传与传播从一个侧面反映了国家的社会伦理道德与文明建设水平。真实是广告的生命，在商品经济快速发展的今天，广告必须把真实性这一原则放在首位。“广告也要讲舆论导向”——通过广告的传播，把高尚的社会风尚、道德情操、社会主义核心价值观，同追求美的享受有机结合起来，开阔人们的视野，充实内心世界。

四、电视广告效果测量

前面介绍了广告效果的测量原则、指标和测量方法，本部分将以电视广告效果测量为例，具体介绍广告效果的测量方法。电视广告的效果测量可以分为传播效果的测量和销售效果的测量。传播效果决定了广告的影响程度，而销售效果决定了广告的实际产出，两者缺一不可。

（一）传播效果的测量

目前比较常见的传播效果测量方法有广告信息识别和线索回忆的测量、生理测量和广告信息说服力的测量。

1. 广告信息识别和线索回忆的测量

这是一种对消费者品牌认知的测量方法，主要测量消费者的品牌知觉和对品牌的态度。信息识别和线索回忆法既可以用于测量消费者对广告、产品、品牌的记忆力，同时也可用于测量传播效果中的识别度。这种测量方法有两种常见的研究方式，即 Bruzzone 测试和隔天回忆测试。

（1）Bruzzone 测试。其主要测试内容为消费者对广告的认知和态度，具体的测试方法是问卷测试。具体的测试过程是：首先选取一定人数作为研究样本，将他们集中于一处，在某种诸如电视剧的间歇插播公司的广告，待广告和所有节目都播放完后，向被试发放问卷（问卷题目示例见表 14－9），测试他们的态度，同时设定一个控制组，在相应时间插播其他公益性质的非广告节目，加以对比。问卷测试的结果可以用来预测该品牌产品的实际市场表现。

表 14－9　问卷题目示例

请选择以下你认为正确描述了刚才的广告的答案：		
□有趣的	□熟悉的	□空洞的
□吸引人的	□（画面）速度快的	□看过很多次的
□可信的	□温柔的	□敏感的
□聪明的	□富于想象的	□傻的，无聊的
□令人混淆的	□有信息量的	□真实反映生活的
□令人信服的	□荒谬的	□温暖的
□无趣的	□生动的	□制作良好的
□很容易忘记的	□原创的	□厌烦的
□有效的	□假冒的	□值得记住的

该测量方法是一种经济实用的方法，测试人数不是很多，场地设备也并不复杂。这种方法测试的是已经在媒体上投放的广告，故测试结果可用来衡量广告效果，作为是否应继续播放该广告的依据。但是如果广告失败，这种方法并不能及时挽救已经造成的损失。

（2）隔天回忆测试。这种方法主要测试的是受测对象在观看广告之后的第二天对广告的印象，目的在于对消费者收看广告的记忆程度进行测量。

2. 生理测量

生理测量是指利用仪器设备对被试在观看广告的过程中所产生的生理反应进行测量，这样的测量因其客观性而受到研究人员的关注。测量的内容包括以下六个方面：眼动轨迹图；瞳孔直径的变化；皮肤电反应；脑电波图的变化；视觉反应时间；瞬时记忆广度。上述六个方面的原理和具体的测量方式见本章第 2 节“广告心理效果的测量指标”部分。

3. 广告信息说服力的测量

这种测量方法的目的在于对消费者的品牌态度进行测量，以了解广告是否使消费者对产品的态度发生了改变，并朝好的方向发展。下面以广告研究系统（advertising research system，ARS）为例进行说明。

ARS 采用了实验法，通过对比事前事后数据来衡量广告信息的有效性。具体来讲，在这个测试中，被试会在研究者提供的产品目录中选择一定数量（一般是3～5个）的产品作为自己想得到的回报产品，之后被试会观看一组精心制作的节目和广告样片，其中被测试的广告被编排在里面。在看过这组节目后，在研究人员的要求下，被试会在同一本产品目录中选择同等数量的自己想得到的产品，作为参加此次调研的回报。在两次产品选择中，即事前测试和事后测试之间，测试广告中的产品被选择的比例会有变化，这个变化就是ARS分数。ARS分数可以预测该品牌产品实际市场份额的增减幅度（见表14-10）。

表14-10　ARS分数与市场份额（预测）的关系

ARS分数	平均市场份额变化	改变市场份额的广告比例		
		0.0+百分点	0.5+百分点	1.0+百分点
<2.0	−0.2	47	12	2
2.0～2.9	0.0	53	19	6
3.0～3.9	0.5	80	46	26
4.0～6.9	0.8	80	58	33
7.0～8.9	1.6	100	87	56

（二）销售效果的测量

销售效果测量主要指销售反应测量，它测量的是广告对于销售的影响，即广告经济效果的一种。测试者利用扫描仪和UPC产品编码对消费者进行单一线索追踪——消费者购买某品牌产品与观看该产品的电视广告的相关程度——采集消费者真实行为数据进行测量。以美国尼尔森公司的细节追踪方法为例，其测量过程如下：

（1）确定采样地区。通常会选择中小城市，因为中小城市相对来说环境干扰因素较少。该采样地区还应该同时具备以下两个条件，即拥有一家超市和拥有一家地方有线电视台，前者用于测量被广告产品的销售量或销售额，后者用于播放测试广告。

（2）确定采样人群。通常会选择3 000个以内的家庭作为样本，其中的一半是实验组，即观看测试广告的人群；另外的一半是控制组，即没有看到测试广告的人群。两个小组的基本情况应相似。

（3）配发测试工具。通常给样本家庭配备行为个人身份卡、掌中扫描仪，对家庭的每一次购物都进行追踪。通常是在超市结账的时候，会先扫描样本家庭的个人身份卡，然后扫描购买的每一件产品，数据会通过超市的终端发送到研究人员的终端。

（4）测试广告效果。通常在同一个时间段内，在控制组家庭观看的电视节目中并不播放测试广告，而在实验组家庭观看的电视节目中插播测试广告。之后通过记录其在超市购买产品的种类等情况来评价测试广告是否有效。如果实验组购买的测试广告中提及的产品多于控制组购买的该产品，则广告有效，反之则广告无效。

上述方法的跟踪时间可以很长，而且可以确定跟踪到个人，因而准确性很高，但是由于追踪时间长，环境可能已经发生变化，因而也有局限性。

五、互联网广告效果测量

（一）互联网广告效果测量的意义

互联网广告具有不同于传统媒体广告的特质，因此其测量方法也应有所不同。对互联网广告的效果进行测量具有以下意义：

首先，有利于广告主制定广告媒体决策。广告主经常不知道广告费的哪一部分被浪费，如果能够有效地评估广告的效果，将有利于广告主制定广告决策。

其次，有利于促进互联网媒体的发展。如今，互联网行业的主要营业收入还是来自广告。对广告效果的评价指标直接影响互联网媒体的运营策略。一个健全的互联网广告效果评估体系有利于互联网媒体行业的健康发展。

最后，有利于增进消费者的互联网体验。消费者是广告信息的接收者，如果广告主错误地理解了广告效果的指标，就会造成不当的广告行为，从而影响消费者的互联网体验。比如早期互联网的弹窗广告，广告主认为弹窗广告有利于吸引消费者的注意，但过多的弹窗广告反而引发了消费者的负面情绪，产生了负面效果。因此，消费者的互联网体验同样依赖于正确的广告评估理念。

（二）互联网广告效果测量的特点

互联网作为不同于传统媒体的平台，具有与传统媒体不同的特性——互动性、及时性、多样性等。互联网广告也因互联网的特性，有着与传统媒体广告不同的形式，因此，互联网广告效果的测量也具有与以往评估方法不同的特点。

（1）及时性。互联网媒体的及时性不仅体现在企业向消费者发布的信息方面，而且体现在将用户对广告的浏览、点击行为反馈给广告主方面。

（2）方便性。不论采用何种指标统计，只要使用适当的软件工具，都很容易统计出具体、准确的数据。这是传统媒体广告效果测量所无法比拟的。传统媒体广告效果测量，无论是广播电视还是报纸杂志，都只能通过问卷调查或专家评估得出一个粗略的统计数据。选择调查对象不当、专家意见偏差等原因可能造成评估数据失真，从而对广告主及广告发布者造成误导。而互联网本身就是一个技术型网络，它的全数字化从一开始就表明了统计数字的准确性。

（3）广泛性。互联网是全球性的媒体，所有介入其中的个体都能接收其中的信息。互联网广告的广泛性使其效果测量同样具有广泛性，每一个用户的浏览、点击行为都可以通过一定的技术手段予以记录，这保证了互联网广告效果测量数据收集的全面性，是传统媒体广告效果测量所不具备的。

（4）经济性。互联网本身就具备记录功能，因此用户行为可以很容易被记录下来，这就保证了测量数据收集的低成本。而传统广告效果测量的成本主要源于数据的收集。低测量成本是互联网广告的一个独特优势。

（三）互联网广告效果测量的方法

1. 传统网络广告测量方法

传统的网络广告测量通过服务器端，针对测量指标进行数据统计，其评价指标见第 13 章第 2 节。

2. 新型网络广告测量方法——以增效度量为例[①]

增效度量（lift testing）是移动互联网算法时代的一种新型广告效果测量方法。它利用大样本随机分组在线实验，测量广告是否对消费者购买行为产生影响，从而能够精确计算广告实际产生的价值。[②]

（1）产生背景。在互联网社交化、移动化背景下，算法应用使广告的个性化、强互动和精准性特征变得非常突出，传统的广告测量方法面临挑战。一方面，广告效果归因变得更加复杂——消费者跨平台、跨媒体、线上线下行为交叉；另一方面，互联网广告常用的 cookies-based 或 last-click 等方法都无法追踪用户在其他渠道中的转化，如视频信息流广告中的“种草”与“拔草”并不是在一个渠道中完成的。[③] 因此，互联网广告测量出现了新的方式。

（2）特征。该方法具有以下三个主要特点[④]：

1）大样本量。与传统方法抽取几百到几千人作为样本相比，该方法采用百万级甚至千万级的真实用户作为样本，接近真实的消费者数量。相比于根据抽样推测整体人群的结果来讲，这样的数据分析结果更为准确和真实。

2）场景性。与传统的人为设置的实验室相比，该方法是在真实互联网广告场景中进行实验，测量结果本身就是实际产生的效果。这种真实场景使得研究结果的生态效度更高。

3）在线控制实验。增效度量的原理是通过在线控制实验，比较两组人群（看到广告 vs. 原本可以看到广告）在广告投放后一段时间内的转化差异、行为差异和用户认知差异等，进而科学地衡量广告价值，验证广告投放对受众后续转化行为产生的影响。这种方法可以衡量在线广告的短期和长期效果。

案例分析

立白联合《为歌而赞》实现“增效度量”

立白作为一家老牌传统洗涤用品龙头企业，是数字化转型浪潮中的弄潮儿。从 2013 年起，立白就先后花费超过 10 亿元来赞助或冠名顶级综艺 IP。在注意到新消费势力崛起和消费场景转换的当下，立白联合《为歌而赞》在抖音发力。

《为歌而赞》将抖音生态中的流量分发逻辑运用到线下场景中，在电视直播中以百赞团的

---

① 张洪忠，王兢一．增效度量：一种在线实验的广告效果测量新方法．（2022-12-22）．https://m.gmw.cn/baijia/2020-11/13/34366888.html.

② 同①.

③ 同①.

④ 同①.

现场“转评赞”作为考核表演的标准，在手机端也可同步观看节目，实现两端用户的无缝互动和实时导流。立白联合《为歌而赞》，从普通观众视角切入，以转化为消费者为最终指标，每一步都提前预设，用创意内容借助传播杠杆撬动真实销量，让 IP 营销的增效度量成为现实。

增效度量的目的是让参与营销活动的各方在跨多设备、线上线下行为交叉和多场景下，通过前期的数据卖点和链路设置实现从曝光到购买的全链路记录和优化，从之前评价营销效果的“相关关系”变为“因果关系”，其核心作用是做到数据埋点和合理归因。立白从植入、曝光、传播，到刺激用户种草、产生消费转化、完成用户沉淀，完全依托巨量引擎作为流程承接的平台，记录从电视观众到抖音买家转变的全链路数据，同时借助跨屏互动、内容二创和端内流量推荐，由优质内容引发的消费都能按照流量来源做到合理归因，由曝光到效果能够被清晰量化。

除了在游戏形式上的创新和流量互通外，以内容起家的立白把曝光的每一分钟都利用到极致。除了常规的 ID、贴片和产品露出外，立白联合嘉宾开展了创意中插。产品会与前后剧情强相关，将内容、嘉宾和产品巧妙绑定的形式在综艺里也是首创。

在第 12 期百赞音乐盛典中，节目巧妙地将“纯净”的立意与立白产品相结合，像这样轻松自然的内容植入会在潜移默化中影响受众，同时不会引起反感。相较于以往的强调曝光的硬植入，在此次合作中，通过与内容的强关联和创意的软植入，在完成强曝光的同时也对产品的利益点进行深度演绎，这不仅扩宽了曝光效果的边际收益，同时为后续引导粉丝参与互动打下了基础。

立白的流量变现也令人印象深刻。《为歌而赞》播出期间，立白在抖音发起超凡除菌立白搞定挑战赛。节目所形成的流量场，在更细化的互动模式下逐渐沉淀出品牌的流量场。在此基础上，通过明星/素材授权的二次创作短视频也在多平台持续发酵，加速提升品牌与用户的连接和转化效率。同时，立白借助天猫“超级品牌日”的自发直播和官方合作也实现了总曝光 8 亿次、GMV 达到 3 100 万。

立白打通了每个节点，创意与效果兼顾的品牌把 IP 营销带入了新的维度，真正做到了以传播带动销量，实现品、效、销的三者合一。

资料来源：https://m.huanqiu.com/article/43Tw9PUmKV9.

讨论题

1. 立白是如何实现品、效、销三者何一的？
2. 什么是增效度量？增效度量帮助立白解决了什么问题？
3. 与传统的综艺赞助相比，立白和《为歌而赞》合作的本质是什么？

基本概念

广告效果（advertising cffcctiveness）
广告经济效果（advertising economic effects）
广告心理效果（advertising mental effects）
广告研究系统（advertising research system）
广告社会效果（advertising societal effects）
增效度量（lift testing）
广告说服力（advertising persuasion）

思考题

1. 简述广告效果测量的流程。
2. 广告心理效果测量的方法有哪些？试比较不同方法的优缺点。
3. 广告经济效果测量的方法有哪些？试比较不同方法的优缺点。
4. 为什么需要测量广告的社会效果？
5. 简述电视广告传播效果的测量方法。
6. 相比传统媒体广告测量，互联网广告效果测量具有什么特点？
7. 浅析增效度量这一网络广告效果测量的特征。

附　录

附录 1　《中华人民共和国广告法》

（1994 年 10 月 27 日第八届全国人民代表大会常务委员会第十次会议通过 2015 年 4 月 24 日第十二届全国人民代表大会常务委员会第十四次会议修订根据 2018 年 10 月 26 日第十三届全国人民代表大会常务委员会第六次会议《关于修改〈中华人民共和国野生动物保护法〉等十五部法律的决定》第一次修正根据 2021 年 4 月 29 日第十三届全国人民代表大会常务委员会第二十八次会议《关于修改〈中华人民共和国道路交通安全法〉等八部法律的决定》第二次修正）

目　录

第一章　总则

第一条　为了规范广告活动，保护消费者的合法权益，促进广告业的健康发展，维护社会经济秩序，制定本法。

第二条　在中华人民共和国境内，商品经营者或者服务提供者通过一定媒介和形式直接或者间接地介绍自己所推销的商品或者服务的商业广告活动，适用本法。

本法所称广告主，是指为推销商品或者服务，自行或者委托他人设计、制作、发布广告的自然人、法人或者其他组织。

本法所称广告经营者，是指接受委托提供广告设计、制作、代理服务的自然人、法人或者其他组织。

本法所称广告发布者，是指为广告主或者广告主委托的广告经营者发布广告的自然人、法人或者其他组织。

本法所称广告代言人，是指广告主以外的，在广告中以自己的名义或者形象对商品、服务作推荐、证明的自然人、法人或者其他组织。

第三条 广告应当真实、合法，以健康的表现形式表达广告内容，符合社会主义精神文明建设和弘扬中华民族优秀传统文化的要求。

第四条 广告不得含有虚假或者引人误解的内容，不得欺骗、误导消费者。

广告主应当对广告内容的真实性负责。

第五条 广告主、广告经营者、广告发布者从事广告活动，应当遵守法律、法规，诚实信用，公平竞争。

第六条 国务院市场监督管理部门主管全国的广告监督管理工作，国务院有关部门在各自的职责范围内负责广告管理相关工作。

县级以上地方市场监督管理部门主管本行政区域的广告监督管理工作，县级以上地方人民政府有关部门在各自的职责范围内负责广告管理相关工作。

第七条 广告行业组织依照法律、法规和章程的规定，制定行业规范，加强行业自律，促进行业发展，引导会员依法从事广告活动，推动广告行业诚信建设。

第二章　广告内容准则

第八条 广告中对商品的性能、功能、产地、用途、质量、成分、价格、生产者、有效期限、允诺等或者对服务的内容、提供者、形式、质量、价格、允诺等有表示的，应当准确、清楚、明白。

广告中表明推销的商品或者服务附带赠送的，应当明示所附带赠送商品或者服务的品种、规格、数量、期限和方式。

法律、行政法规规定广告中应当明示的内容，应当显著、清晰表示。

第九条 广告不得有下列情形：

（一）使用或者变相使用中华人民共和国的国旗、国歌、国徽，军旗、军歌、军徽；

（二）使用或者变相使用国家机关、国家机关工作人员的名义或者形象；

（三）使用“国家级”、“最高级”、“最佳”等用语；

（四）损害国家的尊严或者利益，泄露国家秘密；

（五）妨碍社会安定，损害社会公共利益；

（六）危害人身、财产安全，泄露个人隐私；

（七）妨碍社会公共秩序或者违背社会良好风尚；

（八）含有淫秽、色情、赌博、迷信、恐怖、暴力的内容；

（九）含有民族、种族、宗教、性别歧视的内容；

（十）妨碍环境、自然资源或者文化遗产保护；

（十一）法律、行政法规规定禁止的其他情形。

第十条 广告不得损害未成年人和残疾人的身心健康。

第十一条 广告内容涉及的事项需要取得行政许可的，应当与许可的内容相符合。

广告使用数据、统计资料、调查结果、文摘、引用语等引证内容的，应当真实、准确，并表明出处。引证内容有适用范围和有效期限的，应当明确表示。

第十二条 广告中涉及专利产品或者专利方法的，应当标明专利号和专利种类。

未取得专利权的，不得在广告中谎称取得专利权。

禁止使用未授予专利权的专利申请和已经终止、撤销、无效的专利作广告。

第十三条 广告不得贬低其他生产经营者的商品或者服务。

第十四条 广告应当具有可识别性，能够使消费者辨明其为广告。

大众传播媒介不得以新闻报道形式变相发布广告。通过大众传播媒介发布的广告应当显著标明“广告”，与其他非广告信息相区别，不得使消费者产生误解。

广播电台、电视台发布广告，应当遵守国务院有关部门关于时长、方式的规定，并应当对广告时长做出明显提示。

第十五条 麻醉药品、精神药品、医疗用毒性药品、放射性药品等特殊药品，药品类易制毒化学品，以及戒毒治疗的药品、医疗器械和治疗方法，不得作广告。

前款规定以外的处方药，只能在国务院卫生行政部门和国务院药品监督管理部门共同指定的医学、药学专业刊物上作广告。

第十六条 医疗、药品、医疗器械广告不得含有下列内容：

（一）表示功效、安全性的断言或者保证；

（二）说明治愈率或者有效率；

（三）与其他药品、医疗器械的功效和安全性或者其他医疗机构比较；

（四）利用广告代言人作推荐、证明；

（五）法律、行政法规规定禁止的其他内容。

药品广告的内容不得与国务院药品监督管理部门批准的说明书不一致，并应当显著标明禁忌、不良反应。处方药广告应当显著标明“本广告仅供医学药学专业人士阅读”，非处方药广告应当显著标明“请按药品说明书或者在药师指导下购买和使用”。

推荐给个人自用的医疗器械的广告，应当显著标明“请仔细阅读产品说明书或者在医务人员的指导下购买和使用”。医疗器械产品注册证明文件中有禁忌内容、注意事项的，广告中应当显著标明“禁忌内容或者注意事项详见说明书”。

第十七条 除医疗、药品、医疗器械广告外，禁止其他任何广告涉及疾病治疗功能，并不得使用医疗用语或者易使推销的商品与药品、医疗器械相混淆的用语。

第十八条 保健食品广告不得含有下列内容：

（一）表示功效、安全性的断言或者保证；

（二）涉及疾病预防、治疗功能；

（三）声称或者暗示广告商品为保障健康所必需；

（四）与药品、其他保健食品进行比较；

（五）利用广告代言人作推荐、证明；

（六）法律、行政法规规定禁止的其他内容。

保健食品广告应当显著标明“本品不能代替药物”。

第十九条 广播电台、电视台、报刊音像出版单位、互联网信息服务提供者不得以介绍健康、养生知识等形式变相发布医疗、药品、医疗器械、保健食品广告。

第二十条 禁止在大众传播媒介或者公共场所发布声称全部或者部分替代母乳的婴儿乳制品、饮料和其他食品广告。

第二十一条 农药、兽药、饲料和饲料添加剂广告不得含有下列内容：

（一）表示功效、安全性的断言或者保证；

（二）利用科研单位、学术机构、技术推广机构、行业协会或者专业人士、用户的名义或者形象作推荐、证明；

（三）说明有效率；

（四）违反安全使用规程的文字、语言或者画面；

（五）法律、行政法规规定禁止的其他内容。

第二十二条 禁止在大众传播媒介或者公共场所、公共交通工具、户外发布烟草广告。禁止向未成年人发送任何形式的烟草广告。

禁止利用其他商品或者服务的广告、公益广告，宣传烟草制品名称、商标、包装、装潢以及类似内容。

烟草制品生产者或者销售者发布的迁址、更名、招聘等启事中，不得含有烟草制品名称、商标、包装、装潢以及类似内容。

第二十三条 酒类广告不得含有下列内容：

（一）诱导、怂恿饮酒或者宣传无节制饮酒；

（二）出现饮酒的动作；

（三）表现驾驶车、船、飞机等活动；

（四）明示或者暗示饮酒有消除紧张和焦虑、增加体力等功效。

第二十四条 教育、培训广告不得含有下列内容：

（一）对升学、通过考试、获得学位学历或者合格证书，或者对教育、培训的效果做出明示或者暗示的保证性承诺；

（二）明示或者暗示有相关考试机构或者其工作人员、考试命题人员参与教育、培训；

（三）利用科研单位、学术机构、教育机构、行业协会、专业人士、受益者的名义或者形象作推荐、证明。

第二十五条 招商等有投资回报预期的商品或者服务广告，应当对可能存在的风险以及风险责任承担有合理提示或者警示，并不得含有下列内容：

（一）对未来效果、收益或者与其相关的情况做出保证性承诺，明示或者暗示保本、无风险或者保收益等，国家另有规定的除外；

（二）利用学术机构、行业协会、专业人士、受益者的名义或者形象作推荐、证明。

第二十六条 房地产广告，房源信息应当真实，面积应当表明为建筑面积或者套内建筑面积，并不得含有下列内容：

（一）升值或者投资回报的承诺；

（二）以项目到达某一具体参照物的所需时间表示项目位置；

（三）违反国家有关价格管理的规定；

（四）对规划或者建设中的交通、商业、文化教育设施以及其他市政条件作误导宣传。

第二十七条 农作物种子、林木种子、草种子、种畜禽、水产苗种和种养殖广告关于品种名称、生产性能、生长量或者产量、品质、抗性、特殊使用价值、经济价值、适宜种植或者养殖的范围和条件等方面的表述应当真实、清楚、明白，并不得含有下列内容：

（一）作科学上无法验证的断言；

（二）表示功效的断言或者保证；

（三）对经济效益进行分析、预测或者作保证性承诺；

（四）利用科研单位、学术机构、技术推广机构、行业协会或者专业人士、用户的名义或者形象作推荐、证明。

第二十八条 广告以虚假或者引人误解的内容欺骗、误导消费者的，构成虚假广告。

广告有下列情形之一的，为虚假广告：

（一）商品或者服务不存在的；

（二）商品的性能、功能、产地、用途、质量、规格、成分、价格、生产者、有效期限、销售状况、曾获荣誉等信息，或者服务的内容、提供者、形式、质量、价格、销售状况、曾获荣誉等信息，以及与商品或者服务有关的允诺等信息与实际情况不符，对购买行为有实质性影响的；

（三）使用虚构、伪造或者无法验证的科研成果、统计资料、调查结果、文摘、引用语等信息作证明材料的；

（四）虚构使用商品或者接受服务的效果的；

（五）以虚假或者引人误解的内容欺骗、误导消费者的其他情形。

第三章 广告行为规范

第二十九条 广播电台、电视台、报刊出版单位从事广告发布业务的，应当设有专门从事广告业务的机构，配备必要的人员，具有与发布广告相适应的场所、设备。

第三十条 广告主、广告经营者、广告发布者之间在广告活动中应当依法订立书面合同。

第三十一条 广告主、广告经营者、广告发布者不得在广告活动中进行任何形式的不正当竞争。

第三十二条 广告主委托设计、制作、发布广告，应当委托具有合法经营资格的广告经营者、广告发布者。

第三十三条 广告主或者广告经营者在广告中使用他人名义或者形象的，应当事先取得其书面同意；使用无民事行为能力人、限制民事行为能力人的名义或者形象的，应当事先取得其监护人的书面同意。

第三十四条 广告经营者、广告发布者应当按照国家有关规定，建立、健全广告业务的承接登记、审核、档案管理制度。

广告经营者、广告发布者依据法律、行政法规查验有关证明文件，核对广告内容。对内容不符或者证明文件不全的广告，广告经营者不得提供设计、制作、代理服务，广告发布者不得发布。

第三十五条 广告经营者、广告发布者应当公布其收费标准和收费办法。

第三十六条 广告发布者向广告主、广告经营者提供的覆盖率、收视率、点击率、发行量等资料应当真实。

第三十七条 法律、行政法规规定禁止生产、销售的产品或者提供的服务，以及禁止发布广告的商品或者服务，任何单位或者个人不得设计、制作、代理、发布广告。

第三十八条 广告代言人在广告中对商品、服务作推荐、证明，应当依据事实，符合本法和有关法律、行政法规规定，并不得为其未使用过的商品或者未接受过的服务作推荐、证明。

不得利用不满十周岁的未成年人作为广告代言人。

对在虚假广告中作推荐、证明受到行政处罚未满三年的自然人、法人或者其他组织，不得利用其作为广告代言人。

第三十九条 不得在中小学校、幼儿园内开展广告活动，不得利用中小学生和幼儿的教材、教辅材料、练习册、文具、教具、校服、校车等发布或者变相发布广告，但公益广告除外。

第四十条 在针对未成年人的大众传播媒介上不得发布医疗、药品、保健食品、医疗器械、化妆品、酒类、美容广告，以及不利于未成年人身心健康的网络游戏广告。

针对不满十四周岁的未成年人的商品或者服务的广告不得含有下列内容：

（一）劝诱其要求家长购买广告商品或者服务；

（二）可能引发其模仿不安全行为。

第四十一条 县级以上地方人民政府应当组织有关部门加强对利用户外场所、空间、设施等发布户外广告的监督管理，制定户外广告设置规划和安全要求。

户外广告的管理办法，由地方性法规、地方政府规章规定。

第四十二条 有下列情形之一的，不得设置户外广告：

（一）利用交通安全设施、交通标志的；

（二）影响市政公共设施、交通安全设施、交通标志、消防设施、消防安全标志使用的；

（三）妨碍生产或者人民生活，损害市容市貌的；

（四）在国家机关、文物保护单位、风景名胜区等的建筑控制地带，或者县级以上地方人民政府禁止设置户外广告的区域设置的。

第四十三条 任何单位或者个人未经当事人同意或者请求，不得向其住宅、交通工具等发送广告，也不得以电子信息方式向其发送广告。

以电子信息方式发送广告的，应当明示发送者的真实身份和联系方式，并向接收者提供拒绝继续接收的方式。

第四十四条 利用互联网从事广告活动，适用本法的各项规定。

利用互联网发布、发送广告，不得影响用户正常使用网络。在互联网页面以弹出等形式发布的广告，应当显著标明关闭标志，确保一键关闭。

第四十五条 公共场所的管理者或者电信业务经营者、互联网信息服务提供者对其明知或者应知的利用其场所或者信息传输、发布平台发送、发布违法广告的，应当予以制止。

第四章 监督管理

第四十六条 发布医疗、药品、医疗器械、农药、兽药和保健食品广告，以及法律、行政法规规定应当进行审查的其他广告，应当在发布前由有关部门（以下称广告审查机关）对广告内容进行审查；未经审查，不得发布。

第四十七条 广告主申请广告审查，应当依照法律、行政法规向广告审查机关提交有关证明文件。

广告审查机关应当依照法律、行政法规规定做出审查决定，并应当将审查批准文件抄送同级市场监督管理部门。广告审查机关应当及时向社会公布批准的广告。

第四十八条 任何单位或者个人不得伪造、变造或者转让广告审查批准文件。

第四十九条 市场监督管理部门履行广告监督管理职责，可以行使下列职权：

（一）对涉嫌从事违法广告活动的场所实施现场检查；

（二）询问涉嫌违法当事人或者其法定代表人、主要负责人和其他有关人员，对有关单位或者个人进行调查；

（三）要求涉嫌违法当事人限期提供有关证明文件；

（四）查阅、复制与涉嫌违法广告有关的合同、票据、账簿、广告作品和其他有关资料；

（五）查封、扣押与涉嫌违法广告直接相关的广告物品、经营工具、设备等财物；

（六）责令暂停发布可能造成严重后果的涉嫌违法广告；

（七）法律、行政法规规定的其他职权。

市场监督管理部门应当建立健全广告监测制度，完善监测措施，及时发现和依法查处违法广告行为。

第五十条 国务院市场监督管理部门会同国务院有关部门，制定大众传播媒介广告发布行为规范。

第五十一条 市场监督管理部门依照本法规定行使职权，当事人应当协助、配合，不得拒绝、阻挠。

第五十二条 市场监督管理部门和有关部门及其工作人员对其在广告监督管理活动中知悉的商业秘密负有保密义务。

第五十三条 任何单位或者个人有权向市场监督管理部门和有关部门投诉、举报违反本法的行为。市场监督管理部门和有关部门应当向社会公开受理投诉、举报的电话、信箱或者电子邮件地址，接到投诉、举报的部门应当自收到投诉之日起七个工作日内，予以处理并告知投诉、举报人。

市场监督管理部门和有关部门不依法履行职责的，任何单位或者个人有权向其上级机关或者监察机关举报。接到举报的机关应当依法做出处理，并将处理结果及时告知举报人。

有关部门应当为投诉、举报人保密。

第五十四条 消费者协会和其他消费者组织对违反本法规定，发布虚假广告侵害消费者合法权益，以及其他损害社会公共利益的行为，依法进行社会监督。

第五章 法律责任

第五十五条 违反本法规定，发布虚假广告的，由市场监督管理部门责令停止发布广告，责令广告主在相应范围内消除影响，处广告费用三倍以上五倍以下的罚款，广告费用无法计算或者明显偏低的，处二十万元以上一百万元以下的罚款；两年内有三次以上违法行为或者有其他严重情节的，处广告费用五倍以上十倍以下的罚款，广告费用无法计算或者明显偏低的，处一百万元以上二百万元以下的罚款，可以吊销营业执照，并由广告审查机关撤销广告审查批准文件、一年内不受理其广告审查申请。

医疗机构有前款规定违法行为，情节严重的，除由市场监督管理部门依照本法处罚外，卫生行政部门可以吊销诊疗科目或者吊销医疗机构执业许可证。

广告经营者、广告发布者明知或者应知广告虚假仍设计、制作、代理、发布的，由市场监督管理部门没收广告费用，并处广告费用三倍以上五倍以下的罚款，广告费用无法计算或者明显偏低的，处二十万元以上一百万元以下的罚款；两年内有三次以上违法行为或者有其他严重情节的，处广告费用五倍以上十倍以下的罚款，广告费用无法计算或者明显偏低的，处一百万元以上二百万元以下的罚款，并可以由有关部门暂停广告发布业务、吊销营业执照。

广告主、广告经营者、广告发布者有本条第一款、第三款规定行为，构成犯罪的，依法追究刑事责任。

第五十六条 违反本法规定，发布虚假广告，欺骗、误导消费者，使购买商品或者接受服务的消费者的合法权益受到损害的，由广告主依法承担民事责任。广告经营者、广告发布者不能提供广告主的真实名称、地址和有效联系方式的，消费者可以要求广告经营者、广告发布者先行赔偿。

关系消费者生命健康的商品或者服务的虚假广告，造成消费者损害的，其广告经营者、广告发布者、广告代言人应当与广告主承担连带责任。

前款规定以外的商品或者服务的虚假广告，造成消费者损害的，其广告经营者、广告发布者、广告代言人，明知或者应知广告虚假仍设计、制作、代理、发布或者作推荐、证明的，应当与广告主承担连带责任。

第五十七条 有下列行为之一的，由市场监督管理部门责令停止发布广告，对广告主处二十万元以上一百万元以下的罚款，情节严重的，并可以吊销营业执照，由广告审查机关撤销广告审查批准文件、一年内不受理其广告审查申请；对广告经营者、广告发布者，由市场监督管理部门没收广告费用，处二十万元以上一百万元以下的罚款，情节严重的，并可以吊销营业执照：

（一）发布有本法第九条、第十条规定的禁止情形的广告的；

（二）违反本法第十五条规定发布处方药广告、药品类易制毒化学品广告、戒毒治疗的医疗器械和治疗方法广告的；

（三）违反本法第二十条规定，发布声称全部或者部分替代母乳的婴儿乳制品、饮料和其他食品广告的；

（四）违反本法第二十二条规定发布烟草广告的；

（五）违反本法第三十七条规定，利用广告推销禁止生产、销售的产品或者提供的服务，或者禁止发布广告的商品或者服务的；

（六）违反本法第四十条第一款规定，在针对未成年人的大众传播媒介上发布医疗、药品、保健食品、医疗器械、化妆品、酒类、美容广告，以及不利于未成年人身心健康的网络游戏广告的。

第五十八条 有下列行为之一的，由市场监督管理部门责令停止发布广告，责令广告主在相应范围内消除影响，处广告费用一倍以上三倍以下的罚款，广告费用无法计算或者明显偏低的，处十万元以上二十万元以下的罚款；情节严重的，处广告费用三倍以上五倍以下的罚款，广告费用无法计算或者明显偏低的，处二十万元以上一百万元以下的罚款，可以吊销营业执照，并由广告审查机关撤销广告审查批准文件、一年内不受理其广告审查申请：

（一）违反本法第十六条规定发布医疗、药品、医疗器械广告的；

（二）违反本法第十七条规定，在广告中涉及疾病治疗功能，以及使用医疗用语或者易使推销的商品与药品、医疗器械相混淆的用语的；

（三）违反本法第十八条规定发布保健食品广告的；

（四）违反本法第二十一条规定发布农药、兽药、饲料和饲料添加剂广告的；

（五）违反本法第二十三条规定发布酒类广告的；

（六）违反本法第二十四条规定发布教育、培训广告的；

（七）违反本法第二十五条规定发布招商等有投资回报预期的商品或者服务广告的；

（八）违反本法第二十六条规定发布房地产广告的；

（九）违反本法第二十七条规定发布农作物种子、林木种子、草种子、种畜禽、水产苗种和种养殖广告的；

（十）违反本法第三十八条第二款规定，利用不满十周岁的未成年人作为广告代言人的；

（十一）违反本法第三十八条第三款规定，利用自然人、法人或者其他组织作为广告代言人的；

（十二）违反本法第三十九条规定，在中小学校、幼儿园内或者利用与中小学生、幼儿有关的物品发布广告的；

（十三）违反本法第四十条第二款规定，发布针对不满十四周岁的未成年人的商品或者服务的广告的；

（十四）违反本法第四十六条规定，未经审查发布广告的。

医疗机构有前款规定违法行为，情节严重的，除由市场监督管理部门依照本法处罚外，卫生行政部门可以吊销诊疗科目或者吊销医疗机构执业许可证。

广告经营者、广告发布者明知或者应知有本条第一款规定违法行为仍设计、制作、代理、发布的，由市场监督管理部门没收广告费用，并处广告费用一倍以上三倍以下的罚款，广告费用无法计算或者明显偏低的，处十万元以上二十万元以下的罚款；情节严重的，处广告费用三倍以上五倍以下的罚款，广告费用无法计算或者明显偏低的，处二十万元以上一百万元以下的罚款，并可以由有关部门暂停广告发布业务、吊销营业执照。

第五十九条 有下列行为之一的，由市场监督管理部门责令停止发布广告，对广告主处十万元以下的罚款：

（一）广告内容违反本法第八条规定的；

（二）广告引证内容违反本法第十一条规定的；

（三）涉及专利的广告违反本法第十二条规定的；

（四）违反本法第十三条规定，广告贬低其他生产经营者的商品或者服务的。

广告经营者、广告发布者明知或者应知有前款规定违法行为仍设计、制作、代理、发布的，由市场监督管理部门处十万元以下的罚款。

广告违反本法第十四条规定，不具有可识别性的，或者违反本法第十九条规定，变相发布医疗、药品、医疗器械、保健食品广告的，由市场监督管理部门责令改正，对广告发布者处十万元以下的罚款。

第六十条 违反本法第三十四条规定，广告经营者、广告发布者未按照国家有关规定建立、健全广告业务管理制度的，或者未对广告内容进行核对的，由市场监督管理部门责令改正，可以处五万元以下的罚款。

违反本法第三十五条规定，广告经营者、广告发布者未公布其收费标准和收费办法的，由价格主管部门责令改正，可以处五万元以下的罚款。

第六十一条 广告代言人有下列情形之一的，由市场监督管理部门没收违法所得，并处违法所得一倍以上二倍以下的罚款：

（一）违反本法第十六条第一款第四项规定，在医疗、药品、医疗器械广告中作推荐、证明的；

（二）违反本法第十八条第一款第五项规定，在保健食品广告中作推荐、证明的；

（三）违反本法第三十八条第一款规定，为其未使用过的商品或者未接受过的服务作推荐、证明的；

（四）明知或者应知广告虚假仍在广告中对商品、服务作推荐、证明的。

第六十二条 违反本法第四十三条规定发送广告的，由有关部门责令停止违法行为，对广告主处五千元以上三万元以下的罚款。

违反本法第四十四条第二款规定，利用互联网发布广告，未显著标明关闭标志，确保一键关闭的，由市场监督管理部门责令改正，对广告主处五千元以上三万元以下的罚款。

第六十三条 违反本法第四十五条规定，公共场所的管理者和电信业务经营者、互联网信息服务提供者，明知或者应知广告活动违法不予制止的，由市场监督管理部门没收违法所得，违法所得五万元以上的，并处违法所得一倍以上三倍以下的罚款，违法所得不足五万元的，并处一万元以上五万元以下的罚款；情节严重的，由有关部门依法停止相关业务。

第六十四条 违反本法规定，隐瞒真实情况或者提供虚假材料申请广告审查的，广告审查机关不予受理或者不予批准，予以警告，一年内不受理该申请人的广告审查申请；

以欺骗、贿赂等不正当手段取得广告审查批准的，广告审查机关予以撤销，处十万元以上二十万元以下的罚款，三年内不受理该申请人的广告审查申请。

第六十五条 违反本法规定，伪造、变造或者转让广告审查批准文件的，由市场监督管理部门没收违法所得，并处一万元以上十万元以下的罚款。

第六十六条 有本法规定的违法行为的，由市场监督管理部门记入信用档案，并依照有关法律、行政法规规定予以公示。

第六十七条 广播电台、电视台、报刊音像出版单位发布违法广告，或者以新闻报道形式变相发布广告，或者以介绍健康、养生知识等形式变相发布医疗、药品、医疗器械、保健食品广告，市场监督管理部门依照本法给予处罚的，应当通报新闻出版、广播电视主管部门以及其他有关部门。新闻出版、广播电视主管部门以及其他有关部门应当依法对负有责任的主管人员和直接责任人员给予处分；情节严重的，并可以暂停媒体的广告发布业务。

新闻出版、广播电视主管部门以及其他有关部门未依照前款规定对广播电台、电视台、报刊音像出版单位进行处理的，对负有责任的主管人员和直接责任人员，依法给予处分。

第六十八条 广告主、广告经营者、广告发布者违反本法规定，有下列侵权行为之一的，依法承担民事责任：

（一）在广告中损害未成年人或者残疾人的身心健康的；

（二）假冒他人专利的；

（三）贬低其他生产经营者的商品、服务的；

（四）在广告中未经同意使用他人名义或者形象的；

（五）其他侵犯他人合法民事权益的。

第六十九条 因发布虚假广告，或者有其他本法规定的违法行为，被吊销营业执照的公司、企业的法定代表人，对违法行为负有个人责任的，自该公司、企业被吊销营业执照之日起三年内不得担任公司、企业的董事、监事、高级管理人员。

第七十条 违反本法规定，拒绝、阻挠市场监督管理部门监督检查，或者有其他构成违反治安管理行为的，依法给予治安管理处罚；构成犯罪的，依法追究刑事责任。

第七十一条 广告审查机关对违法的广告内容做出审查批准决定的，对负有责任的主管人员和直接责任人员，由任免机关或者监察机关依法给予处分；构成犯罪的，依法追究刑事责任。

第七十二条 市场监督管理部门对在履行广告监测职责中发现的违法广告行为或者对经投诉、举报的违法广告行为，不依法予以查处的，对负有责任的主管人员和直接责任人员，依法给予处分。

市场监督管理部门和负责广告管理相关工作的有关部门的工作人员玩忽职守、滥用职权、徇私舞弊的，依法给予处分。

有前两款行为，构成犯罪的，依法追究刑事责任。

第六章 附则

第七十三条 国家鼓励、支持开展公益广告宣传活动，传播社会主义核心价值观，倡导文明风尚。

大众传播媒介有义务发布公益广告。广播电台、电视台、报刊出版单位应当按照规定的版面、时段、时长发布公益广告。公益广告的管理办法，由国务院市场监督管理部门会同有关部门制定。

第七十四条 本法自 2015 年 9 月 1 日起施行。

附录 2 《互联网广告管理办法》

（2023 年 2 月 25 日国家市场监督管理总局令第 72 号公布　自 2023 年 5 月 1 日起施行）

第一条　为了规范互联网广告活动，保护消费者的合法权益，促进互联网广告业健康发展，维护公平竞争的市场经济秩序，根据《中华人民共和国广告法》（以下简称广告法）《中华人民共和国电子商务法》（以下简称电子商务法）等法律、行政法规，制定本办法。

第二条　在中华人民共和国境内，利用网站、网页、互联网应用程序等互联网媒介，以文字、图片、音频、视频或者其他形式，直接或者间接地推销商品或者服务的商业广告活动，适用广告法和本办法的规定。

法律、行政法规、部门规章、强制性国家标准以及国家其他有关规定要求应当展示、标示、告知的信息，依照其规定。

第三条　互联网广告应当真实、合法，坚持正确导向，以健康的表现形式表达广告内容，符合社会主义精神文明建设和弘扬中华优秀传统文化的要求。

利用互联网从事广告活动，应当遵守法律、法规，诚实信用，公平竞争。

国家鼓励、支持开展互联网公益广告宣传活动，传播社会主义核心价值观和中华优秀传统文化，倡导文明风尚。

第四条　利用互联网为广告主或者广告主委托的广告经营者发布广告的自然人、法人或者其他组织，适用广告法和本办法关于广告发布者的规定。

利用互联网提供信息服务的自然人、法人或者其他组织，适用广告法和本办法关于互联网信息服务提供者的规定；从事互联网广告设计、制作、代理、发布等活动的，应当适用广告法和本办法关于广告经营者、广告发布者等主体的规定。

第五条　广告行业组织依照法律、法规、部门规章和章程的规定，制定行业规范、自律公约和团体标准，加强行业自律，引导会员主动践行社会主义核心价值观、依法从事互联网广告活动，推动诚信建设，促进行业健康发展。

第六条　法律、行政法规规定禁止生产、销售的产品或者提供的服务，以及禁止发布广告的商品或者服务，任何单位或者个人不得利用互联网设计、制作、代理、发布广告。

禁止利用互联网发布烟草（含电子烟）广告。

禁止利用互联网发布处方药广告，法律、行政法规另有规定的，依照其规定。

第七条　发布医疗、药品、医疗器械、农药、兽药、保健食品、特殊医学用途配方食品广告等法律、行政法规规定应当进行审查的广告，应当在发布前由广告审查机关对广告内容进行审查；未经审查，不得发布。

对须经审查的互联网广告，应当严格按照审查通过的内容发布，不得剪辑、拼接、修改。已经审查通过的广告内容需要改动的，应当重新申请广告审查。

第八条 禁止以介绍健康、养生知识等形式，变相发布医疗、药品、医疗器械、保健食品、特殊医学用途配方食品广告。

介绍健康、养生知识的，不得在同一页面或者同时出现相关医疗、药品、医疗器械、保健食品、特殊医学用途配方食品的商品经营者或者服务提供者地址、联系方式、购物链接等内容。

第九条 互联网广告应当具有可识别性，能够使消费者辨明其为广告。

对于竞价排名的商品或者服务，广告发布者应当显著标明“广告”，与自然搜索结果明显区分。

除法律、行政法规禁止发布或者变相发布广告的情形外，通过知识介绍、体验分享、消费测评等形式推销商品或者服务，并附加购物链接等购买方式的，广告发布者应当显著标明“广告”。

第十条 以弹出等形式发布互联网广告，广告主、广告发布者应当显著标明关闭标志，确保一键关闭，不得有下列情形：

（一）没有关闭标志或者计时结束才能关闭广告；

（二）关闭标志虚假、不可清晰辨识或者难以定位等，为关闭广告设置障碍；

（三）关闭广告须经两次以上点击；

（四）在浏览同一页面、同一文档过程中，关闭后继续弹出广告，影响用户正常使用网络；

（五）其他影响一键关闭的行为。

启动互联网应用程序时展示、发布的开屏广告适用前款规定。

第十一条 不得以下列方式欺骗、误导用户点击、浏览广告：

（一）虚假的系统或者软件更新、报错、清理、通知等提示；

（二）虚假的播放、开始、暂停、停止、返回等标志；

（三）虚假的奖励承诺；

（四）其他欺骗、误导用户点击、浏览广告的方式。

第十二条 在针对未成年人的网站、网页、互联网应用程序、公众号等互联网媒介上不得发布医疗、药品、保健食品、特殊医学用途配方食品、医疗器械、化妆品、酒类、美容广告，以及不利于未成年人身心健康的网络游戏广告。

第十三条 广告主应当对互联网广告内容的真实性负责。

广告主发布互联网广告的，主体资格、行政许可、引证内容等应当符合法律法规的要求，相关证明文件应当真实、合法、有效。

广告主可以通过自建网站，以及自有的客户端、互联网应用程序、公众号、网络店铺页面等互联网媒介自行发布广告，也可以委托广告经营者、广告发布者发布广告。

广告主自行发布互联网广告的，广告发布行为应当符合法律法规的要求，建立广告档案并及时更新。相关档案保存时间自广告发布行为终了之日起不少于三年。

广告主委托发布互联网广告，修改广告内容时应当以书面形式或者其他可以被确认的方式，及时通知为其提供服务的广告经营者、广告发布者。

第十四条 广告经营者、广告发布者应当按照下列规定，建立、健全和实施互联网广告业务的承接登记、审核、档案管理制度：

（一）查验并登记广告主的真实身份、地址和有效联系方式等信息，建立广告档案并定期查验更新，记录、保存广告活动的有关电子数据；相关档案保存时间自广告发布行为终了之日起不少于三年；

（二）查验有关证明文件，核对广告内容，对内容不符或者证明文件不全的广告，广告经营者不得提供设计、制作、代理服务，广告发布者不得发布；

（三）配备熟悉广告法律法规的广告审核人员或者设立广告审核机构。

本办法所称身份信息包括名称（姓名）、统一社会信用代码（身份证件号码）等。

广告经营者、广告发布者应当依法配合市场监督管理部门开展的互联网广告行业调查，及时提供真实、准确、完整的资料。

第十五条 利用算法推荐等方式发布互联网广告的，应当将其算法推荐服务相关规则、广告投放记录等记入广告档案。

第十六条 互联网平台经营者在提供互联网信息服务过程中应当采取措施防范、制止违法广告，并遵守下列规定：

（一）记录、保存利用其信息服务发布广告的用户真实身份信息，信息记录保存时间自信息服务提供行为终了之日起不少于三年；

（二）对利用其信息服务发布的广告内容进行监测、排查，发现违法广告的，应当采取通知改正、删除、屏蔽、断开发布链接等必要措施予以制止，并保留相关记录；

（三）建立有效的投诉、举报受理和处置机制，设置便捷的投诉举报入口或者公布投诉举报方式，及时受理和处理投诉举报；

（四）不得以技术手段或者其他手段阻挠、妨碍市场监督管理部门开展广告监测；

（五）配合市场监督管理部门调查互联网广告违法行为，并根据市场监督管理部门的要求，及时采取技术手段保存涉嫌违法广告的证据材料，如实提供相关广告发布者的真实身份信息、广告修改记录以及相关商品或者服务的交易信息等；

（六）依据服务协议和平台规则对利用其信息服务发布违法广告的用户采取警示、暂停或者终止服务等措施。

第十七条 利用互联网发布、发送广告，不得影响用户正常使用网络，不得在搜索政务服务网站、网页、互联网应用程序、公众号等的结果中插入竞价排名广告。

未经用户同意、请求或者用户明确表示拒绝的，不得向其交通工具、导航设备、智能家电等发送互联网广告，不得在用户发送的电子邮件或者互联网即时通讯信息中附加广告或者广告链接。

第十八条 发布含有链接的互联网广告，广告主、广告经营者和广告发布者应当核对下一级链接中与前端广告相关的广告内容。

第十九条 商品销售者或者服务提供者通过互联网直播方式推销商品或者服务，构成商业广告的，应当依法承担广告主的责任和义务。

直播间运营者接受委托提供广告设计、制作、代理、发布服务的，应当依法承担广告经营者、广告发布者的责任和义务。

直播营销人员接受委托提供广告设计、制作、代理、发布服务的，应当依法承担广告经营者、广告发布者的责任和义务。

直播营销人员以自己的名义或者形象对商品、服务作推荐、证明，构成广告代言的，应当依法承担广告代言人的责任和义务。

第二十条 对违法互联网广告实施行政处罚，由广告发布者所在地市场监督管理部门管辖。广告发布者所在地市场监督管理部门管辖异地广告主、广告经营者、广告代言人以及互联网信息服务提供者有困难的，可以将违法情况移送其所在地市场监督管理部门处理。广告代言人为自然人的，为广告代言人提供经纪服务的机构所在地、广告代言人户籍地或者经常居住地为其所在地。

广告主所在地、广告经营者所在地市场监督管理部门先行发现违法线索或者收到投诉、举报的，也可以进行管辖。

对广告主自行发布违法广告的行为实施行政处罚，由广告主所在地市场监督管理部门管辖。

第二十一条 市场监督管理部门在查处违法互联网广告时，可以依法行使下列职权：

（一）对涉嫌从事违法广告活动的场所实施现场检查；

（二）询问涉嫌违法当事人或者其法定代表人、主要负责人和其他有关人员，对有关单位或者个人进行调查；

（三）要求涉嫌违法当事人限期提供有关证明文件；

（四）查阅、复制与涉嫌违法广告有关的合同、票据、账簿、广告作品和互联网广告相关数据，包括采用截屏、录屏、网页留存、拍照、录音、录像等方式保存互联网广告内容；

（五）查封、扣押与涉嫌违法广告直接相关的广告物品、经营工具、设备等财物；

（六）责令暂停发布可能造成严重后果的涉嫌违法广告；

（七）法律、行政法规规定的其他职权。

市场监督管理部门依法行使前款规定的职权时，当事人应当协助、配合，不得拒绝、阻挠或者隐瞒真实情况。

第二十二条 市场监督管理部门对互联网广告的技术监测记录资料，可以作为对违法广告实施行政处罚或者采取行政措施的证据。

第二十三条 违反本办法第六条、第十二条规定的，依照广告法第五十七条规定予以处罚。

第二十四条 违反本办法第七条规定，未经审查或者未按广告审查通过的内容发布互联网广告的，依照广告法第五十八条规定予以处罚。

第二十五条 违反本办法第八条、第九条规定，变相发布医疗、药品、医疗器械、保健食品、特殊医学用途配方食品广告，或者互联网广告不具有可识别性的，依照广告法第五十九条第三款规定予以处罚。

第二十六条 违反本办法第十条规定，以弹出等形式发布互联网广告，未显著标明关闭标志，确保一键关闭的，依照广告法第六十二条第二款规定予以处罚。

广告发布者实施前款规定行为的，由县级以上市场监督管理部门责令改正，拒不改正的，处五千元以上三万元以下的罚款。

第二十七条 违反本办法第十一条规定，欺骗、误导用户点击、浏览广告的，法律、行政法规有规定的，依照其规定；法律、行政法规没有规定的，由县级以上市场监督管理部门责令改正，对广告主、广告经营者、广告发布者处五千元以上三万元以下的罚款。

第二十八条 违反本办法第十四条第一款、第十五条、第十八条规定，广告经营者、广告发布者未按规定建立、健全广告业务管理制度的，或者未对广告内容进行核对的，依据广告法第六十条第一款规定予以处罚。

违反本办法第十三条第四款、第十五条、第十八条规定，广告主未按规定建立广告档案，或者未对广告内容进行核对的，由县级以上市场监督管理部门责令改正，可以处五万元以下的罚款。

广告主、广告经营者、广告发布者能够证明其已履行相关责任、采取措施防止链接的广告内容被篡改，并提供违法广告活动主体的真实名称、地址和有效联系方式的，可以依法从轻、减轻或者不予行政处罚。

违反本办法第十四条第三款，广告经营者、广告发布者拒不配合市场监督管理部门开展的互联网广告行业调查，或者提供虚假资料的，由县级以上市场监督管理部门责令改正，可以处一万元以上三万元以下的罚款。

第二十九条 互联网平台经营者违反本办法第十六条第一项、第三项至第五项规定，法律、行政法规有规定的，依照其规定；法律、行政法规没有规定的，由县级以上市场监督管理部门责令改正，处一万元以上五万元以下的罚款。

互联网平台经营者违反本办法第十六条第二项规定，明知或者应知互联网广告活动违法不予制止的，依照广告法第六十三条规定予以处罚。

第三十条 违反本办法第十七条第一款规定，法律、行政法规有规定的，依照其规定；法律、行政法规没有规定的，由县级以上市场监督管理部门责令改正，对广告主、广告经营者、广告发布者处五千元以上三万元以下的罚款。

违反本办法第十七条第二款规定，未经用户同意、请求或者用户明确表示拒绝，向其交通工具、导航设备、智能家电等发送互联网广告的，依照广告法第六十二条第一款规定予以处罚；在用户发送的电子邮件或者互联网即时通讯信息中附加广告或者广告链接的，由县级以上市场监督管理部门责令改正，处五千元以上三万元以下的罚款。

第三十一条 市场监督管理部门依照广告法和本办法规定所作出的行政处罚决定，应当依法通过国家企业信用信息公示系统向社会公示；性质恶劣、情节严重、社会危害较大的，按照《市场监督管理严重违法失信名单管理办法》的有关规定列入严重违法失信名单。

第三十二条 本办法自 2023 年 5 月 1 日起施行。2016 年 7 月 4 日原国家工商行政管理总局令第 87 号公布的《互联网广告管理暂行办法》同时废止。

图书在版编目（CIP）数据

广告学：整合营销沟通视角／蒋晶，苗杰编著．--8版．--北京：中国人民大学出版社，2023.6
新编21世纪市场营销系列教材
ISBN 978-7-300-31717-5

Ⅰ.①广… Ⅱ.①蒋… ②苗… Ⅲ.①广告学－高等学校－教材 Ⅳ.①F713.80

中国国家版本馆CIP数据核字（2023）第090199号

高等教育国家级教学成果奖一等奖
普通高等教育“十一五”国家级规划教材
新编21世纪市场营销系列教材
广告学：整合营销沟通视角（第8版）
蒋 晶 苗 杰 编著
Guanggaoxue：Zhenghe Yingxiao Goutong Shijiao

出版发行	中国人民大学出版社		
社　　址	北京中关村大街31号	**邮政编码**	100080
电　　话	010－62511242（总编室）		010－62511770（质管部）
	010－82501766（邮购部）		010－62514148（门市部）
	010－62515195（发行公司）		010－62515275（盗版举报）
网　　址	http://www.crup.com.cn		
经　　销	新华书店		
印　　刷	北京七色印务有限公司	**版　　次**	1994年5月第1版
开　　本	787 mm×1092 mm　1/16		2023年6月第8版
印　　张	20 插页1	**印　　次**	2024年6月第2次印刷
字　　数	456 000	**定　　价**	55.00元

中国人民大学出版社　管理分社

教师教学服务说明

中国人民大学出版社管理分社以出版工商管理和公共管理类精品图书为宗旨。为更好地服务一线教师，我们着力建设了一批数字化、立体化的网络教学资源。教师可以通过以下方式获得免费下载教学资源的权限：

★ 在中国人民大学出版社网站 www.crup.com.cn 进行注册，注册后进入“会员中心”，在左侧点击“我的教师认证”，填写相关信息，提交后等待审核。我们将在一个工作日内为您开通相关资源的下载权限。

★ 如您急需教学资源或需要其他帮助，请加入教师 QQ 群或在工作时间与我们联络。

中国人民大学出版社　管理分社

教师 QQ 群：648333426（工商管理）　114970332（财会）　648117133（公共管理）
教师群仅限教师加入，入群请备注（学校＋姓名）

联系电话：010-62515735，62515987，62515782，82501048，62514760

电子邮箱：glcbfs@crup.com.cn

通讯地址：北京市海淀区中关村大街甲 59 号文化大厦 1501 室（100872）

管理书社　　人大社财会　　公共管理与政治学悦读坊